U0936636

中国收藏拍卖年鉴

启功题

主编 张忠义

人民美術出版社

图书在版编目（CIP）数据

中国收藏拍卖年鉴 . 2014 / 张忠义编 . — 北京 : 人民美术出版社 , 2014.10
ISBN 978-7-102-07020-9

Ⅰ . ①中… Ⅱ . ①张… Ⅲ . ①收藏—中国— 2014 —年鉴②拍卖—中国— 2014 —年鉴 Ⅳ . ① G894-54 ② F724.59-54

中国版本图书馆 CIP 数据核字 (2014) 第 253155 号

中国收藏拍卖年鉴 2014

编辑出版	人民美術出版社 （100735 北京北总布胡同 32 号） http：//www.renmei.com.cn
主　　编	**张忠义**
责任编辑	**刘士忠**
特约编辑	**杨松霖**
责任印制	**文燕军**
制版印刷	**北京雅昌艺术印刷有限公司**
经　　销	**新华书店总店北京发行所**

2014 年 9 月 第 1 版 第 1 次印刷
开本 :887 毫米 ×595 毫米 1/16 印张：30.75
ISBN 978-7-102-07020-9
定价：398.00 元

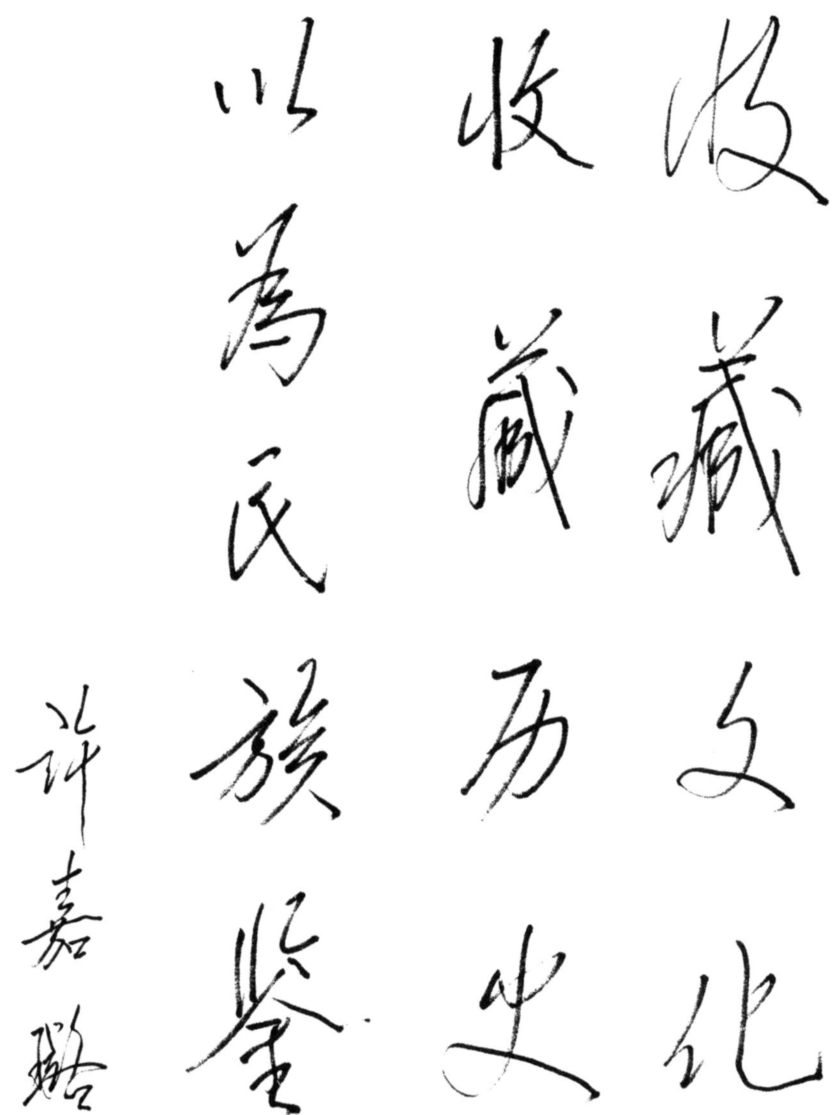

九届、十届全国人大常委会副委员长许嘉璐为《中国收藏拍卖年鉴》题词

中国收藏拍卖年鉴
（2014）
专家顾问委员会

肖燕翼　国家文物鉴定委员会委员，故宫博物院原副院长

邹佩珠　李可染艺术基金会理事长，李可染夫人

沈　鹏　中国收藏家协会顾问，中国书法家协会名誉主席

宋新潮　国家文物局副局长，中国博物馆协会理事长

张文台　上将，中国人民解放军总后勤部原政委，全国人大环境与资源保护委员会副主任委员

张　柏　中国文物保护基金会理事长，国家文物局原副局长

张延华　中国拍卖行业协会会长，国家标准化管理委员会原副主任

张忠义　中国收藏家协会副秘书长、书画收藏委员会主任，李可染画院研究员

张振宇　中国收藏家协会书画收藏委员会顾问，《爱物琐记》专栏作家，李可染画院名誉理事

陈燮君　上海博物馆馆长，中国博物馆学会副理事长

欧阳中石　首都师范大学教授、博士生导师，中国书法文化研究院名誉院长

罗伯健　中国收藏家协会会长

罗哲文　中国收藏家协会专家鉴定委员会名誉主任，中国文物学会名誉会长

郑欣淼　中国收藏家协会顾问，中华诗词学会会长，故宫博物院原院长

郑闻慧　炎黄艺术馆理事会理事长，黄胄夫人

郎绍君　国家文物鉴定委员会委员，中国艺术研究院研究员

胡妍妍　中国嘉德国际拍卖有限公司董事总裁，中国嘉德（香港）国际拍卖公司总裁

胡德生　国家文物鉴定委员会委员，故宫博物院研究馆员

姚作岩　北京翰海拍卖有限公司总经理

耿宝昌　中国收藏家协会顾问，国家文物鉴定委员会副主任委员，中国古陶瓷学会名誉会长

贾春旺　中国画院名誉院长，中华人民共和国最高人民检查院原院长、首席大检察官

寇　勤　中国拍卖行业协会副秘书长，中国嘉德投资公司董事总裁兼 CEO

彭卿云　中国文物学会会长，国家文物局原副局长

覃志刚　中国文联副主席，第十二届全国政协常委

温桂华　北京拍卖行业协会会长，苏富比（北京）拍卖有限公司总裁

徐庆平　中国人民大学徐悲鸿艺术研究院院长，徐悲鸿纪念馆副馆长，徐悲鸿之子，全国政协委员

熊光楷　上将，中国人民解放军原副总参谋长，中国国际战略研究基金会名誉会长

戴志强　国家文物鉴定委员会委员，中国钱币学会副理事长，中国钱币博物馆名誉馆长

中国收藏拍卖年鉴
（2014）

中国收藏拍卖年鉴
（2014）

主办单位

中国收藏家协会

中国拍卖行业协会

雅昌文化集团

学术支持

《中国收藏拍卖年鉴》专家顾问委员会

雅昌艺术市场监测中心

制作单位

北京慧鉴国际文化艺术交流中心

中国收藏拍卖年鉴
（2014）

支持单位

（排名不分先后）

人民美术出版社

中国文物保护基金会

中国文物学会

中国书画收藏家协会

雅昌艺术网

中国嘉德国际拍卖有限公司

北京保利国际拍卖有限公司

北京翰海拍卖有限公司

北京荣宝拍卖有限公司

北京华辰拍卖有限公司

北京匡时国际拍卖有限公司

中贸圣佳国际拍卖有限公司

西泠印社拍卖有限公司

苏富比（香港）有限公司

佳士得（香港）有限公司

上海朵云轩拍卖有限公司

河南省华夏美术馆

《人民日报》人民网收藏频道

新浪网收藏频道

《收藏天下》全国专业电视频道

中央数字电视书画频道

《中国文化报》

《中国文物报》

《中国艺术报》

《中国拍卖》杂志

《中国收藏》杂志

《收藏》杂志

《文物天地》杂志

《艺术商业》杂志

前 言

执行副主编 朱颜

2013 年是文物艺术品行业在调整巩固中稳步发展的一年。经历了前一年的市场回调后，市场总额出现小幅增长。藏家对高价拍品蜂拥追捧的热情降低，而中端拍品市场份额涨幅明显，体现出市场更为成熟、理智的趋势。

2013 年对中国市场产生主要影响的门类依然是中国书画，拥有 56.09% 的市场份额，稳固占据了中国艺术品拍卖市场的半壁江山，相比 2012 年成交量明显上升，带领艺术品市场止跌企稳。瓷器与杂项共同占据 25.33% 的市场份额。其中瓷器市场量升价跌，虽然总成交量上升，但成交总额却比 2012 年继续下降。相较瓷器而言，杂项市场更为活跃，尤以小众市场的佛教文物表现更为突出——佛教文物成交额比 2012 年增加 91.39%。油画及当代艺术的市场份额继续小幅扩大，占 9.92%，少数几位艺术家的高价作品对该板块起到重要推动作用。

2013 年，在国家大力提倡文化创意产业的政策支持下，民间收藏事业的规模迅速发展。在政策引领下，企业与机构收藏的比重明显增加，传统以个人藏家为主的收藏群体格局正被打破。艺术品收藏投资已从个人行为转变为企业营造文化形象与树立品牌的重要战略，越来越多地对社会文化经济产生影响。可以预见，机构收藏将成为中国艺术品市场长期稳定发展的重要推动力。在此格局下，民营美术馆也将进入发展的高峰时期，将民间收藏事业向精品化、高端化、社会效益化推动。

为了准确把握行业趋势，保证《年鉴》的权威性、学术性与实用性，《年鉴》编委会邀请了文博、拍卖、收藏及文物出版业内多位专家、领导，于 2014 年 3 月齐聚于首都博物馆，针对文物艺术品收藏拍卖市场与《年鉴》内容进行了研讨。

九届、十届全国人大常委会副委员长许嘉璐在研讨会上提出了诸多中肯的建议与设想，并进行了指导性发言。他指出，《年鉴》是后世对文物艺术品行业进行学术研究、历史研究的宝贵资源，应为基本国情调研留下最珍贵的原始资料。文物艺术品行业是财富，更是一个民族的历史与文化。为此，许嘉璐副委员长为《年鉴》题词：“收藏历史，收藏文化，以为民族鉴。”

在吸收与会各位专家、领导的讨论建议后，《年鉴》于本期修正了“年度重要拍品”的门类划分，预计于 2015 年完善“学术编”、“业界动态”等部分，并计划对代表民间收藏水准的民营博物馆、非物质文化遗产等行业结构进行详细调研，收编入册。

目录

第一部分　专家论著

许嘉璐：纪念张伯驹先生 坚守民族文化 …… 3
郑欣淼：故宫文物上的清代文化 …… 4
陈燮君：回归自然 启迪现代 …… 10
魏鹏举：深化中国文化产业投融资体系建设的若干思考 …… 19
徐庆平：用审美的眼光看待生活 …… 24
欧树英：中国文物艺术品拍卖市场全球化大幕正在拉开 …… 32
岳峰：书画鉴定方法研究 …… 34
龙霄飞：古陶瓷收藏雅俗辨 …… 38
张传亭：启功先生《自撰墓志铭》解读 …… 43

第二部分　艺术市场报告

序言 …… 51
A 规模：市场平稳发展 主流品类涨跌互现 …… 53
B 品类：市场供需结构调整 精品板块显现买家偏好 …… 57
C 收益：中长线投资收益显著 短线投资收益难保 …… 67
D 行业：国际化趋势加强 拍卖电子商务兴起 …… 71
E 区域：港澳台地区市场份额提升 京津地区与去年持平 …… 75
F 海外： 市场完美收官 以中国为首的亚洲买家需求猛增 …… 77
G 市场预期：市场信心回升 2014 年市场稳健发展 …… 79
H：2013 年年度十大中国艺术家排行榜 …… 82
附录一 2013 年中国艺术品拍卖高价 TOP100 …… 86

第三部分　年度重要拍品

古代书画 …… 93
近现代书画 …… 119
油画及当代艺术 …… 162
古董杂项 …… 202

其他艺术品 225
2013 年度中国艺术品拍卖信息 248

第四部分　艺苑撷英

张大千《柳下长吟图》 297
王国维 郭兰祥 合作成扇 298
任熏《兰石图》 299
高凤翰《南村老人书画合璧册》 300
溥儒 水墨洒金对联 302
汤贻汾《洪蒙青嶂图》 303
齐白石《双福图》 304
董作宾《甲骨文书法》 305
吴昌硕《寿桃》 306
黄胄《为杨仁恺画像》 307
黄胄《牧驴图》 308
茅盾《关于小学生学会拼音字母又回生的问题》手稿 309
沈鹏 草书《宋徐元杰诗》 310
黄胄《速写人物》 311
黄胄《双牛戏水图》 312
黄胄《目索人间佞谗》 313
黄胄《六驴图》 314
黄胄《女人体》 315
王雪涛《荷花》 316
黄钺《仿倪云林秋林读易图》 317
莫友芝《曾子名言二则》 318

第五部分　政策法规

中华人民共和国文物保护法（2013 年修正） 321
拍卖监督管理办法 331
1949 年后已故著名书画家作品限制出境鉴定标准（第二批） 333
国家重点文物保护专项补助资金管理办法 334
文化市场行政审批规范化建设示范标准 338
文化部关于全国文化市场技术监管与服务平台建设的实施意见 342
世界文化遗产申报工作规程（试行） 346

第六部分　业界动态

河北：召开厅际联席会议 部署 2013 年文物安全工作......353
四川：邓小平故里景区形象标志徽章正式确定并使用......353
甘肃：文物局考核领导小组赴省直各文博单位考核 2012 年度目标管理工作......353
浙江：“2012 年度良渚遗址保护管理工作会议”召开......353
陕西：西北大学向省考古院移交早期长城资源调查资料......353
山东：文物保护与收藏协会成立......353
河南：文物考古学会文物建筑专业委员会在郑州成立......353
四川：甘孜州 2 处全国重点文物保护单位维修保护工程通过竣工验收......353
陕西：首次面向公众举办考古成果汇报会......354
浙江：《宁波市文物保护单位（点）名册》编印发行......354
浙江：建德 2012 年度 14 处农村历史建筑维修工程通过验收......354
四川：“中国 · 四川绵竹年画精品展”巡展启动......354
四川：“第四届成都诗圣文化节”开幕式在成都杜甫草堂博物馆隆重举行......354
四川：“雒城风华——广汉文物精华展”在三星堆博物馆开幕......354
新疆：“中国西域 · 丝路传奇文物展”在日本长崎开幕......355
四川：邓小平缅怀馆举行开工奠基仪式......355
北京：“第五届亚洲艺术博览会”开幕......355
河北：《元中都遗址总体保护规划》获省政府批准公布......355
陕西：首次网络公示“珍贵古籍名录”......355
浙江：宁波市新增 25 处文物保护点......356
新疆：吐鲁番博物馆举办“荆楚深情——九连墩楚墓出土文物精品展”......356
河南：新郑市旅游文物局建造石刻碑廊保护散落文物......356
黑龙江：佳木斯博物馆举办喜迎“两会”祖氏雕刻艺术展览活动......356
北京：“首届中华紫砂大会”开幕......356
四川：全国首部大遗址保护的综合性管理办法《成都市大遗址保护管理办法》颁布......357
浙江：《杭州市良渚遗址保护管理条例（修改）》正式列入杭州市人大今年立法计划......357
江西：实施全省博物馆“百馆展示工程”......357
新疆：吐鲁番地区丝绸之路申遗工作现场会在高昌故城召开......357
甘肃：定西市成立文物局......357
浙江：宁波地区古代城址考古获国家批复立项......357
河南：“洛阳市第四届民间文物收藏展”在洛阳博物馆开幕......357
陕西：“丽山园探秘”模拟考古活动在秦陵博物院举行......358
北京：海关试水艺术品保税拍卖......358
河南：“国际动物考古协会第九届骨器研究学术研讨会”在郑州召开......358
四川：安岳县木门寺大雄殿移交文物部门管理......358
四川：文物局召开“4 · 20”芦山地震灾后文物抢救保护专家评估会......359

陕西：“东波斋珍藏展”集中展出明代皇家金器 359
陕西：安康市汉滨区上许家台宋墓石刻群顺利搬迁 359
陕西：考古发掘国际学术研讨会在西安召开 359
陕西：政府常务会议审议通过杜陵、统万城遗址文物保护规划 359
河南：“中国文字图片展”在温哥华开幕 360
甘肃：明代丝绸之路巨幅地图长卷在嘉峪关城市博物馆展出 360
河南：文博专家对焦作市800余件当阳峪窑瓷器进行鉴定 360
陕西：“西安碑林名碑拓本展”在苏州碑刻博物馆开幕 360
黑龙江：“中华瑰宝”国家特拨瓷器亮相黑河 360
陕西：全国首座文物图书中心在碑林博物馆建成 360
四川：“洞穿世界的眼睛——奥托 · 迪克斯作品展”在四川博物院开展 361
河北：石家庄井陉正丰矿工业建筑群文物保护规划原则通过专家评审 361
甘肃：“龟兹敦煌石窟壁画展”在敦煌莫高窟举办 361
四川：粤赠大禹雕塑入驻汶川博物馆 361
广西：“赤子丹心铸丰碑——南洋华侨机工文物图片展”在广西博物馆隆重开幕 361
辽宁：沈阳市十大历史建筑新鲜出炉 361
北京：《中国收藏拍卖年鉴》（2013年版）隆重发行 361
陕西：“中国明清城墙申遗联展”在西安展出 362
陕西：“首届陕西文物之美摄影大赛获奖作品展”在西安博物院开幕 362
四川：凉山多家文博单位首次合作“凉山历史名家书画展”开幕 362
河南：南阳邓州举行“太子岗遗址保护标志碑揭碑仪式” 362
宁夏：举行“纪念水洞沟遗址发现90周年大会” 362
陕西：博物馆文物保护展览首次邀公众全程体验 362
甘肃：“丝绸之路古城邦国际学术研讨会”在高台举办 363
新疆：吐鲁番博物馆举办“流光溯影——古代铜镜艺术展” 363
辽宁：“印象故宫——辽沈地区名家书画作品展”开展 363
陕西：首届“中国中古史前沿论坛”学术研讨会在西安召开 363
陕西：西安市立法强调保护秦岭文化遗产资源 363
河南：巩义市文物考古研究所挂牌 363
四川：峨眉山市成立文物管理局 363
江苏：文物局公布第二批“江苏大遗址”名单 363
内蒙古：周口店遗址巡展走进包头博物馆 364
浙江：宁波市民办博物馆协会成立 364
山东：“第十一届中国临沂书圣文化节”开幕 364
四川：广汉文庙正式对外开放 364
江苏：扬州崔致远纪念馆举办“跨越千年的记忆——崔致远与扬州”展览 364
上海：“2013中国上海 · 第三届全国集卡收藏博览会”开幕 364
河南：巩义石窟寺拓片展在台湾高雄开幕 365

北京：故宫研究院成立 365
广西："跨越海洋——中国'海上丝绸之路'九城市文化遗产精品联展"第五站（北海站）在广西南宁开幕 365
湖北：孙中山宋庆龄纪念地联席会议在武汉召开 365
黑龙江：大庆博物馆被授牌为"AAAA"国家级旅游景区 365
河北：邢窑白瓷赴浙江慈溪展出 365
北京："永不消失的光泽——银器文化收藏展"在京开幕 365
台湾：陕西专家赴台参加第五届海峡两岸文化资产论坛 366
台湾："晏阳初乡村建设的重庆乐章"展在台北开幕 366
北京：越窑青瓷精品展在北京大学赛克勒博物馆开幕 366
浙江：第十届"中国历史文化名楼论坛"在宁波举行 366
四川：遂宁市举办"川北民间中国古钱币珍藏展览" 366
澳门："盛唐回忆——洛阳唐三彩珍品展"在澳门开幕 367
四川：古城阆中首届古玩艺术品交流会成功举办 367
陕西：两个国家考古遗址公园获得立项 367
北京：中国拍卖行业协会与Artnet全球有限公司联合发布《2012年全球中国文物艺术品拍卖市场统计年报》 367
北京：纪念张伯驹先生诞辰115周年"首届张伯驹论坛"在京举行 367
"第十一届全国博物馆十大陈列展览精品评选" 367

第七部分　考古发现

2013年度全国十大考古新发现 371
河南：洛阳衡山路北魏大墓考古发掘田野工作全部结束 371
云南：元谋磨盘山新石器时代遗址再次发掘 371
河南：南水北调中线工程水源地丹江口库区出土文物3.5万多件（套） 372
河北：赵县出土两尊石雕赑屃 372
河南：荥阳发现两周时期大型环壕聚落 372
湖南：考古汇报会举行2012年全省考古发掘各类文物考古标本三千余件 372
江苏：文物局召开"南水北调工程泰东河工程文物保护工作总结表彰大会暨2010-2011年度全省考古工作汇报会" 373
河南：汤阴发现3000多年前商周古城墙 373
陕西：发现秦汉渭桥遗址 为同时期全世界最大木构桥 373
河南：郑州市惠济区发现一明代砖室墓 373
河南：郑州城区发现商代夯土基址和殷商时期墓葬群 373
陕西：发现最密集旧石器遗址 374
四川：三星堆遗址考古再获重大突破 374
河南："郑州市南水北调工程地方配套工程考古发掘项目"顺利推进 374

四川：自贡市文物局收缴并移交 9 件文物......374
甘肃：泾川发现重要佛教遗址......374
陕西：清涧辛庄发现商代遗址......375
河南：淅川下寨遗址发现仰韶晚期至石家河文化时期墓地......375
陕西：富县出土“安史之乱”墓志铭......375
甘肃：岷县山那树扎新石器时代遗址出土文物 3800 余件......375
河北：唐县发现唐代墓志佐证古中山国都城所在地......376
陕西：洋县发现明、清雕像......376
四川：遂宁市船山区出土宋墓......376
陕西：礼泉县发现新出土唐代石人石虎......376
浙江：义乌桥头遗址发现近 9000 年前太阳纹彩陶......376
贵州：遵义发现明代播州土司杨铿墓......377
广西：南宁发现首个明代瓷器窑址......377
河南：新安汉函谷关遗址考古调查与发掘......377
广西：柳州发现史前人类祭祀坑......377
河南：郑徐高铁萧县段现古墓群 年代最早可达西汉早期......377
四川：纳溪发现精细完整宋代墓葬石刻......378
河北：内丘邢窑遗址出土瓷器窑具残片二十万件......378
河北：内丘城区出土隋代莲花纹瓦当范......378
四川：达州渠县发现东汉时期墓葬群......378
江西：庐山发现明代壁画古墓......378
河南：三门峡市发现宋代墓葬 出土文物四十余件......379
江苏：扬州出土“随故炀帝墓志”初步认定为隋炀帝墓......379
新疆：抢救性发掘多岗古墓群 研究龟兹地区青铜文化......379
河南：新郑发现金元时期古墓葬......379
重庆：一工地挖出两座古墓......379
甘肃：镇原县出土一批宋代陶瓷器......380
新疆：发现无史料记载古城遗址 面积 4000 多平米......380
新疆：库车工地发现 3000 枚唐代“开元通宝”钱币......380
浙江：温州市瓯海区丽塘村清理一座东汉墓......380
山东：烟台三十里堡发现汉墓群......380
内蒙古：通辽哈民遗址第三次发掘获重要发现......380
河南：新乡发现秦汉时期墓群发掘出“屈肢葬”......381
河北：石家庄市赵县贾吕村发现新石器时代遗存......381
陕西：安康城市庄园汉墓发掘成果丰硕......381
山东：临淄齐故城冶铸考古取得重要收获......382
新疆：吐鲁番最大规模佛教石窟群出土大量壁画残片......382
河北：隆化新发现一处金元时期古瓷窑址......382

河北：平泉发现战国时期钱币窖藏......382
陕西：咸阳礼泉出土石碑上记载660年前“文物清单”......382
四川：剑阁县颜家沟遗址发现十二桥文化遗存......383
山东：大汶口遗址首现大片古居址......383
甘肃：白银市发现汉代墓葬 明代之前曾被盗挖......383
河北：宣化发现古墓群 时跨战国至明清......383
安徽：皖东最大祭祀遗址首次发布考古成果......383
北京：大兴德寿寺遗址考古新发现......384
浙江：桐庐小青龙遗址考古发掘收获......384
江苏：常州象墩遗址的考古新发现......384
四川：完整宋代石室龟形墓在合江首次发现......384
浙江：安吉出土保存完整的楚文化墓......384
河北：临城发现一处北宋邢窑遗址 出土罕见印花模具......385
甘肃：礼县汉代墓葬发掘工作结束......385
内蒙古：巴丹吉林沙漠新发现6处近5000年古代遗址......385
湖北：随州文峰塔墓地发掘获重大发现......385
四川：甘青神县出土石刻类宗教人物造像......385
甘肃：临夏市发现一座金代砖雕墓......385
内蒙古：发现距今约3000多年青铜时代锡矿遗址......386
天津：考古发掘10座古墓 出土不同质地文物近百件......386
甘肃：定西发现最大古钱窖 挖出114公斤铜钱......386
浙江：湘湖再现古墓群 刷新萧山考古史三个“之最”......386
四川：乐山大佛及其周边区域考古调查收获......386
重庆：丰都县马鞍山墓群抢救性发掘工作......387
四川：什邡市星星村遗址考古发掘工作取得初步成果......387
福建：光泽重大考古发现10平方公里商周部落出土......387
山西：太原开化3座北齐墓出土135件色泽鲜艳陶俑......387
云南：昆明东川遗址填补滇北青铜时代考古空白......388
湖南：益阳出土两汉简牍 将对铁铺岭古城遗址全面考古发掘......388
河南：濮阳市发现一处晚商时期文化遗址......388
广东：广州出土近三万件清代晚期青花瓷......388
安徽：利辛县发现一座宋代古墓葬......389
河南：南水北调焦作段供水区考古工作全线展开......389
河南：漯河发现迄今百余墓葬......389
北京：房山大墓墓主确认为刘济 墓志内容填补史料记载......389
福建：闽清南木墩发现新石器时代遗址......389
黑龙江：齐齐哈尔发现洪河遗址......390
湖南：益阳兔子山遗址发掘收获......390

江西：景德镇落马桥窑址考古发掘 390
河南：新郑发现一批战国墓葬 390
四川：青白江发现战国中期船棺葬 390
河北：唐山发掘出西汉时期陶窑遗址 391
云南：江川光坟头遗址考古发掘收获 391
重庆：忠县发现明代冶锌遗址 出产锌锭或用来铸铜钱 391
陕西：凤翔发现西汉墓葬 391
安徽：亳州市发现墓葬群 年代跨度较大 391
湖北：叶家山一墓发现为西周考古之最 392
重庆：巫山发现东晋时期纪年墓 墓内壁砖刻“永和九年” 392
安徽：凌家滩遗址现大量红烧土遗迹 392
新疆：伊犁发现青铜鍑初步断定为西汉文物 392
甘肃：武威发现魏晋时期砖室墓 392
湖南：益阳出土5000枚简牍 时间跨度从先秦到三国 392
浙江：杭州萧山老虎洞遗址考古发掘取得重大收获 393
山西：太原龙山童子寺佛阁遗址考古发掘 393
江苏：扬州曹庄发现隋唐墓葬 393
安徽：柳孜运河遗址2012–2013年发掘收获 393
新疆：塔克拉玛干沙漠最完整汉代古城现身 394
湖北：考古发现一古墓 朱绘壁画与砖雕共存 394
四川：广元剑阁发现53座汉代崖墓 394
陕西：神木石峁遗址考古新发现4000多年前就有城防体系 394
河南：考古人员发现1900年前建造的“汉代金堤” 394
重庆：发现罕见镇墓兽壁画汉代墓葬 395
浙江：宁波轨道交通1号线二期沿线抢救性考古发掘 395
河北：发现现存第三大明代长城墩台 395
河南：新郑发现一批汉代清代墓葬 395
内蒙古：考古发现高等级战国贵族墓群 395
江苏：镇江考古发现明清京口闸遗址 395
陕西：宝鸡市凉泉村考古发掘一处汉代墓群 396
山西：绛县周家庄遗址的发掘 396
内蒙古：考古首次发现红山文化双室房址 396
浙江：良渚官井头遗址发掘取得重要成果 396
湖北：随州发现一春秋时期随国古文化遗址 396
陕西：考古研究院发掘唐昭容上官氏墓 397
河北：南和发现大规模汉代墓群 出土文物200件 397
河南：郑州发掘出古墓群 含商宋两代11座墓葬 397
四川：德阳什邡金桥村遗址结束考古发掘 397

安徽：凤阳乔涧子遗址考古发掘成果......398
河南：三门峡市考古发现一处唐代贵族墓葬群......398
河北：蔡家坟遗址发现大量孤竹文化遗存......398
新疆：对哈巴河4000多年前古墓进行抢救性考古发掘......398
四川：石渠发现大规模吐蕃时期（唐代）石刻群......398
黑龙江：桦川发现民国十八年名胜古迹古物调查表......399
内蒙古：呼伦贝尔发现东汉文物 出土金饰似有匈奴遗风......399
四川：广汉发现汉墓群及汉代遗址......399
浙江：宁波新发现两处河姆渡文化遗址......399
陕西：西安北郊发现汉代砖（石）椁墓......400
陕西：咸阳周陵贺家发掘一批战国秦墓......400
内蒙古：呼伦贝尔地区发掘出6座独木棺遗址......400
四川：广汉瓦店遗址发掘取得重要收获......400
河北：蠡县发现战国遗址和汉代墓葬......400
宁夏：一新石器时代遗址发掘出罕见窑洞式房屋......401
广西：龙州县宝剑山发现“洞穴贝丘与岩洞葬叠加”式遗址......401
陕西：秦始皇帝陵又有新发现......401
安徽：亳州一处工地发现一座墓葬......401
安徽：济祁高速公路安徽利辛段文物考古发掘工作进展顺利......401
山西：长子发现大型西周墓地......402
陕西：秦始皇帝陵“百戏俑坑”考古工作结束 新发现两类陶俑......402
湖北：随州叶家山曾国墓地二期考古发掘再获大批西周青铜器......402
甘肃：新出土3800余件仰韶文化遗物......402
甘肃：进行黑水国遗址考古挖掘......402
福建：福州地铁站挖出上千件文物 为闽越王都遗址......403
江西：九江发现汉唐墓葬群 出土器物110余件......403
河南：洛阳衡山路发现北魏大墓......403
河南：洛阳邙山出土西汉原始青瓷......403
福建：福州出土完整唐代古墓 出土超30件文物......403
陕西：西安羊头镇住宅小区发掘古墓葬......404
浙江：德清成年坞宋代窑址发掘......404
陕西：宁强发现羌人古墓群 首次以墓葬群形式出现......404
陕西：西安考古发现两座“由隋入唐”墓......404
湖南：铁铺岭古城址发现汉殇帝年号简牍......404
浙江：杭州市对吉如遗址进行抢救性考古发掘......404
四川：阆中发现明代四室墓......405
四川：眉山市东坡区发现大型唐宋券顶砖室墓葬......405
山西：昔阳发现7座宋金墓葬 出土宋代罕见瓷枕......405

河南：濮阳发现唐代早期墓葬......405
山西：芮城县坑头墓地抢救性清理出西周青铜器......405
山东：胶东地区首次发现宋代纪年壁画墓......405
河北：发现西汉酿酒作坊遗址......406
江西：景德镇南窑发现唐代龙窑遗迹......406
广东：包茂高速信宜段沿线遗址发掘......406
安徽：战国古墓现身工地......406
山西：建筑工地发现大型西周墓葬......406
安徽：淮北柳孜运河遗址第二次考古发掘再获重要发现......406
甘肃：甘谷毛家坪遗址考古发掘获得重大发现......407
河南：新郑发现东周时期墓葬群 已清理出200余座......407
安徽：凌家滩遗址发掘又有新发现......407
黑龙江：哈尔滨地区发现最大金代铜权......407
四川：成都出土2000年前西汉古墓 扁鹊学派医术或现世......407
浙江：海宁酒地上遗址发现良渚文化早中期显贵墓葬......408
甘肃：镇原县新发现北朝至唐代的龙枣寺石窟......408
北京：朝阳区发现罕见辽代经幢......408
河南：南阳淅川马山根仰韶文化遗址发掘取得成果......408
陕西：宝鸡石鼓山西周墓地考古发掘取得重大发现......408
云南：昌宁大甸山青铜时代墓地考古发现......408

第八部分　文物知识

明清家具......411
近现代书画......421

第九部分　文化机构名录

全国文物拍卖企业名单......433
全国主要艺术收藏组织名录......446
全国主要博物馆名录......449

第一部分 专家论著

纪念张伯驹先生 坚守民族文化
——许嘉璐先生致“首届张伯驹论坛”的函

九届、十届全国人大常委会副委员长，中华社会文化发展基金会名誉会长 许嘉璐

各位贵宾，各位朋友：

得知将举行“首届张伯驹论坛”，我非常高兴。但因得到信息较晚，早已安排的活动无法调整，不能前来负笈聆教，甚为遗憾。谨以崇敬之心致此短函，略表我对伯驹先生的敬意和对与会诸公的感佩。

伯驹先生冥诞115周年，国家文化部、文物局、故宫博物院先后举办了一系列纪念活动，意在弘扬伯驹先生的爱国精神，缅怀他为保护和传承祖国文化遗产所作出的不可磨灭的贡献。当今，我国最大的问题之一是中华民族传承几千年的优秀道德精神严重缺失，这对于实现中华民族伟大复兴的“中国梦”与建设文明、富强、民主、和谐的中国特色社会主义社会也是最大障碍。继承和弘扬伯驹先生的精神，无疑是对学术界、文物界和广大知识分子的有力鞭策和激励。

世界的文化是多元的，不应该、也不可能一元化。不同文化之间展开自由、平等的交流，是人类文化不断前进、智慧不断提高的重要动力。中华民族所创造的文化是世界上唯一从未中断过的文化。究其原因，最根本的是中华文化的核心理念是从现实生活中总结提炼出来，又反作用于社会、人心，并且不断丰富、完善、提高。因而最适合人类的生存、繁衍、发展、壮大。因此历代学者和民众爱护之，坚守之，捍卫之。中华民族的文化传统是我们无穷力量的源泉。道路自信、理论自信、制度自信，其最重要的基础和动力就是民族文化的自信。

承传祖宗留下来的宝贵文化遗产，是中华民族每个人的责任。伯驹先生就是杰出代表之一。他捐献文物，为的是让全国人民乃至全世界人民更好地认识、热爱博大精深的中华文化。纪念他就是为了促进民族的文化自觉，保护民族精神，促进世界多元文化的相互交融。

伯驹先生的女公子张传綵女士，决定将先生位于北京什刹海的故居建成“张伯驹潘素故居纪念馆”，展示伯驹、潘素伉俪的多方成就和可歌可泣的往事。这是一个令人敬佩的决定，是伯驹先生“天下为公”伟大情怀的实实在在的传统，为我们树立了一个光辉的榜样。感谢张传綵女士！

祝“首届张伯驹论坛”获得圆满成功！

许嘉璐
2013年12月18日于
日读一卷书屋

故宫文物上的清代文化
——谈谈乾隆皇帝的收藏与鉴赏

中国收藏家协会顾问，中华诗词学会会长，故宫研究院院长　郑欣淼

乾隆皇帝，即清高宗弘历（1711–1799 年），是清代第四位皇帝，也是中国历史上掌权时间最长以及最长寿的皇帝。他当了 60 年皇帝和 3 年太上皇，活了 89 岁。他是一位雄才大略颇有作为的皇帝。他在位期间，多次用兵统一疆土，对于清朝统治全盛局面的形成，对于中国疆域版图的最后形成，有着重要作用。康雍乾盛世是中国历史上最后一个盛世。康熙、雍正时期是盛世的上升阶段，而乾隆时期则是盛世的高峰和终结。乾隆帝又是一个有着深厚汉文化传统素养的帝王，重视文化事业，毕生致力于文物收藏。这种收藏又与他对文物的鉴赏、整理、弘传及自己的艺术创作结合在一起，形成了多姿多彩的文化活动，显现了他儒雅的生活情趣。

清人有一种明显的向传统复归的心理态势。这种心理与当时整个时代环境相汇合，造成了清王朝持久而深入的一股复古潮流。在这种以古雅为美的审美风潮中，对古代文物的收集和珍藏可算是一个突出的表现。

收藏热中的宫廷与社会

对于源远流长的皇室收藏，它不仅是“宜子孙”的一笔宝贵财富，也不只是供皇帝个人赏玩的珍稀艺术品，更重要的是这些藏品所具有的强烈的政治与文化象征意义。

中国历代宫廷都有收藏文物的传统，清代此风尤盛。特别是乾隆时期，闳富的宫廷收藏达到封建时代的顶峰。后来随着国势日衰，外患频仍，宫廷收藏也屡遭厄运，大量珍贵文物被劫掠、毁损或流散，但仍留存下相当丰富的文物藏品，成为中华历史文化的实物见证与中华文明的重要载体。

在考察乾隆时期宫中收藏的盛况时，应该注意到清代前期、中期文化建设与学术发展的一些特征。王国维在谈到清代学术时说：“国初之学大，乾嘉之学精，而道咸以来之学新。”这种“大”与“精”的结合，使清代文化艺术发展具有了一个重要特征，就是总结性，即集传统之大成的潮流。所谓“集大成”，从本质上讲是对传统的全面整理和总结。如在学术文化方面，有《康熙字典》、《佩文韵府》、《古今图书集成》、《四库全书》等的编修；在美术方面，《营造法式》的补齐编修集历代建筑之大成，苑囿离宫集公私、南北园林之大成，景德镇官窑集历代制瓷之大成，造办处诸作集历代特种工艺之大成等。

还应看到，这种总结又与清代文化的复古潮流相联系。清政府高度认同汉民族的封建文化，一切“仿古制行之”。汉族文人以选择古学而维护民族的自尊，维护既有文化底色。同时出于对明政权覆亡的反思，许多人认为祸根就在于明末对于传统文化的反叛。鉴于此，清人有一种明显的向传统复归的心理态势，这种心理与当时整个时代环境相汇合，造成了清王朝持久而深入的一股复古潮流。在这种以古雅为美的审美风潮中，对古代文物的收集和珍藏可算是一个突出的表现。《清稗类钞》中有《鉴赏类》，收录了无数清人好古董的故事。这种好古之风，更充分体现到清代的仿古瓷器中。

图 1　丁观鹏《是一是二图》

《是一是二图》（图 1）为故宫藏画。图绘乾隆皇帝身着汉人服饰，正在坐榻上观赏皇家收藏的各种器物。其身后点缀室内环境的山水画屏风上，悬挂一幅与榻上所坐乾隆皇帝容颜一样的画像。上有乾隆皇帝御题："是一是二，不即不离。儒可墨可，何虑何思。长春书屋偶笔。"

图中乾隆皇帝的画像具有肖像画特点，四十余岁，其面部刻画细致传神，表现出他睿智而自信的神态。书房中有一组古物，左上角的古铜器为"新莽嘉量"，为王莽在创立新朝时所颁的度量衡标准。其形制乃是据《考工记》的文字叙述推衍想象而成。这是王莽当时在文化上复古企图的体现。高置方几之上的是明宣德青花蓝查体梵文出戟法轮盖罐，侍童手执明永乐青花缠枝文藏草瓶，圆桌上置有明永乐青花双耳扁瓶及明宣德青花凤穿花纹罐等。这些古物至今仍在故宫珍藏着。通过这幅图画，可见乾隆皇帝对古物的痴迷，也可见那个朝代互动于宫廷与民间的复古之风。

"三希堂"与"四美具"：收藏的巅峰

故宫文物的来源主要有三个渠道：一是承袭前朝皇室的收藏。清军入关进驻北京接收了明皇室的文物收藏，包括各种三代铜器、瓷器、书画、玉石器、典籍等，并且通过努力搜求，征集了一批珍品。以书画为例，例如晋王珣《伯远帖》、隋展子虔《游春图》、唐韩滉《五牛图》、五代顾闳中《韩熙载夜宴图》等著名书画，都曾载在《宣和书谱》、《宣和画谱》或《石渠宝笈》中，现仍藏在北京故宫。晋王羲之《快雪时晴帖》（唐人摹本）、唐孙过庭《书谱》、唐怀素《自叙帖》等著名法书，曾入存宋元宫廷，现藏于台北故宫。

二是清宫制作。为了满足皇帝对宫廷日用器皿及各种工艺品的需要，从康熙初年起，清宫内府就创立了造办处。康乾时期是清代社会发展的盛世，尤其是乾隆皇帝对各类艺术的酷爱，推动了当时工艺的发展，使工艺技术达到了前所未有的高度，新奇制品层出不穷。遗留至今的很多精美绝伦的工艺品，如玉器、珐琅器、钟表、文玩等，都是当年造办处制造的。造办处的档案保存至今，故宫所藏清代工艺美术品，有许多仍可以在档册中找到作者是何人，是某年月日开始设计画样、做模型，某日完成，以及陈设地点等。

三是新的收藏与征集。除承袭前朝文物、制作新的美术工艺品外，清朝统治者还多方搜求，不断充实新的收藏。其中一个重要方面是贡物。朝贡制是中国特有的一种体现中央和地方、中心与属国之间关系的等级制度。清宫收藏有大量贡物，故宫至今仍集中着一批。从现有史料来看，清朝特别是作为进贡顶峰时期的乾隆朝，臣工的进贡早已突破了传统意义上的进贡，内外官员都可以进贡，贡品不再限于茶果、吃食等方物，而是种类繁多，如金银、玉器、古玩、字画、瓷器、铜器、绸缎织物、皮张、洋货等等。逢年过节、万寿大典或外出南巡，臣工往往多有贡献，其中又以进贡书画、文玩较为讨喜。乾隆皇帝在《石渠宝笈续编・序文》上说："自乙丑至今癸丑，凡四十八年之间，每遇慈宫大庆、朝廷盛典，臣工所献古今书画之类及几暇涉笔者又不知其凡几。"

查抄没收物品也是宫廷收藏的一个来源。清代特别是乾隆时期，许多犯案的官员被查抄，财产被没收入官。入官之物分为解京物与留变物两类，解京物也分为两类：金银、玉玩、书画、铜瓷及其他特别贵重之物大部分解内府；其余值钱的，含新旧但不一定珍贵之物，都可解崇文门变卖。整个乾隆六十年间因案被抄家的不下 200 人，其中不乏总督、巡抚、藩臬二司等地方大员在内，大半都是贪赃所致。他们的珍玩都成了内府的收藏。

访书与刻书、抄书。清宫藏书是以明代皇室遗存为基础，经过数百年的访求、编刻、缮写，收藏了大量的珍贵图籍，超越以前各代。清朝统治者以“稽古右文”自命，对图书典籍非常重视。

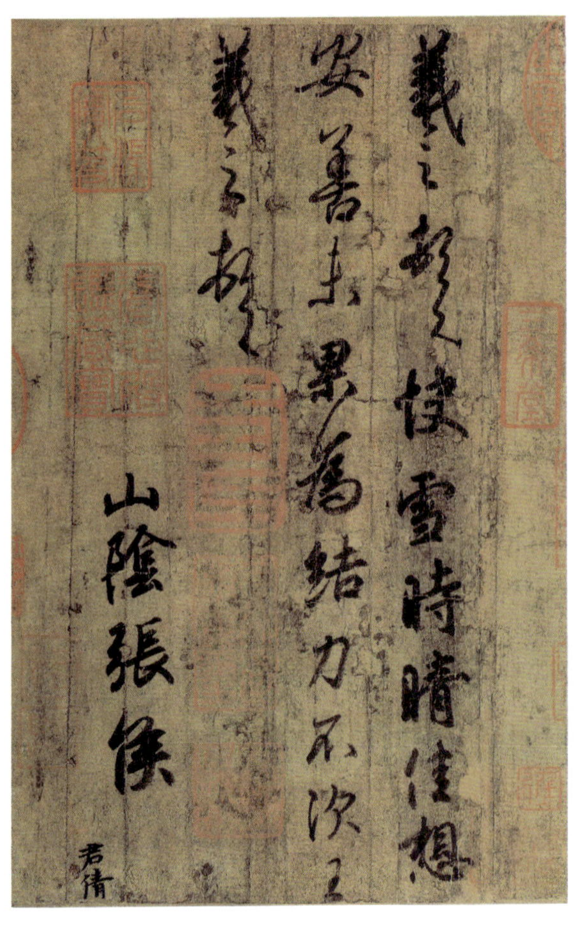

图 2　王羲之《快雪时晴帖》

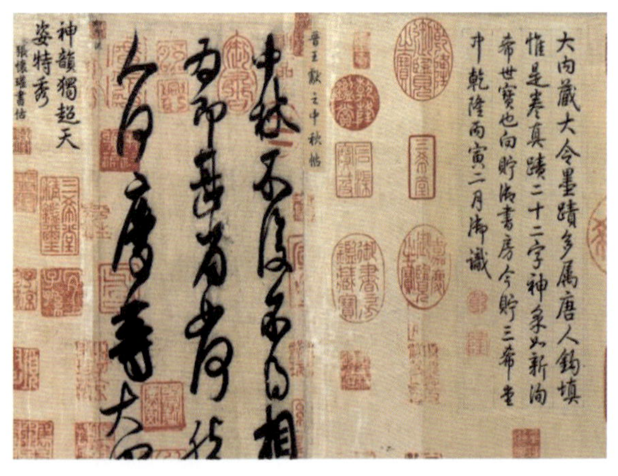

图 3　王献之《中秋帖》

从顺治初年为纂修《明史》即下令搜采明朝史志，康熙、乾隆二帝又广搜博采天下遗书。为纂修《四库全书》，乾隆帝数次下诏求书，并采取奖励政策，凡进献百种至百种以上者，分别赏给内府初印本《佩文韵府》等书一部；或于精醇之本，高宗亲为评咏题识简端，优先发还；或将藏书家姓名载入《四库全书总目提要》之末等，后来共采访得书 13781 种。清宫藏书是以明代皇宫秘籍为基础，又经过历年的搜求，加上清宫编纂刊刻、抄写的各类图籍，其收藏之富，超越以前各代。清前期，清内府主持编纂、刊刻和抄写了许多大部头的图书。这些图书不仅在中国图书史上占有极为重要的位置，同时也成为清宫藏书的重要来源。清内府在编刊图籍的同时，由于康乾二帝崇尚书法，内府抄写书籍亦极为盛行，其抄写之精、装帧之美、数量之大，均可与内府刊本书相媲美。乾隆年间编纂的《四库全书》最为有名，同时产生的《四库全书荟要》和《武英殿聚珍版丛书》也颇有影响。这些内府刊本与抄本，都成为尔后故宫博物院的文物藏品。

在清宫收藏中，“三希堂”与“四美具”有着标志性的意义。王羲之的名迹《快雪时晴帖》（图 2）原放在乾清宫，此为皇帝之正式寝宫。王献之的《中秋帖》（图 3）则置于御书房。乾隆皇帝在乾隆十一年（1746 年）得到王珣的《伯远帖》（图 4）后，遂在自己进行日常政务的养

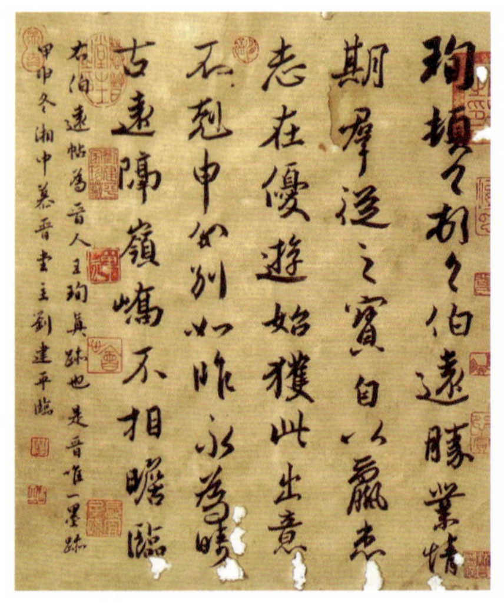

图 4　王珣《伯远帖》

心殿居所中，辟专室存放这三件晋人名迹，并铭之为“三希堂”。他为此写有《三希堂记》，认为这三件书迹不仅是中国书法的“希世之珍”，而且是分别经过宋、金、元诸代的皇室收藏的“内府秘笈”，因而三帖的重聚因此就有着非凡的意义：“今其墨迹经数千百年治乱兴衰存亡离合之余，适然荟萃于一堂，虽丰城之剑、合浦之珠无以逾此。子墨有灵，能不畅然蹈抃而愉快也。”

“四美具”同样具有重要意义。所谓“四美”，即晋顾恺之《女史箴图》和传为宋李公麟的《潇湘卧游图》（图5）、《蜀川胜概图》、《九歌图》（图6）。这四件画作，明代为上海人顾从义所收藏，顾能书善画，好古精鉴，嘉靖年间以善画选直文华殿，后授中书舍人。这四件国之瑰宝，在明代即被董其昌称为“四名卷”。他对此四件巨迹散佚后自己只能得其一而为之感慨不已。乾隆年间，在有史以来最大规模的艺术搜集行动中，这四件名品相继进入清宫，至乾隆十一年夏，“四美”重新团聚。

乾隆皇帝对“千古法宝，不期而会”叹为“不可思议”，并非常高兴，御题《蜀川胜概图》有“乃今四美具一室，赏心乐事无伦比”诗句。于是，特在建福宫花园静怡轩辟出专室存放“四美”，并命名曰“四美具”。又命董邦达绘《四美具合幅图》，并御题《“四美具”赞》：“虎头三绝，妙极丹青，桓元巧偷，自诧通灵。有宋公麟，名冠士夫，海岳避舍，顾陆为徒。潇湘澹远，蜀江清峻，九歌瑰奇，奕奕神隽。中舍鉴藏，名迹归重，剑合珠还，雅置清供。”与“三希”重聚的感慨一样，他也将“四美”重聚比做春秋时期的干将、莫邪雌雄双剑在西晋永平年间重现，以及东汉顺帝时期合浦珍珠在吏治腐败时避迁交趾、吏治清明时重到合浦的传说，足见乾隆皇帝的志得意满及其收藏的千古之盛。

鉴赏功力与藏品整理

乾隆皇帝不仅致力于收藏，而且重视文物的鉴赏，常在文学侍从、内廷画家的陪侍下阅赏品鉴，作为政务之暇的消遣。乾隆朝著名的文学侍从有梁诗正、张照、汪由敦、董邦达、钱陈群、沈德潜、于敏中、刘墉等。这些人学问优长，能诗能文，兼具书画艺术创作与鉴赏能力，陪着酷好诗文艺术的皇帝进行创作、鉴赏，整理皇室收藏。乾隆皇帝本人艺术修养甚高，精于古物鉴赏，嗜古成癖，对收藏的书画及工艺珍品进行认真的鉴评。阅赏钤印是乾隆帝的喜好，故宫藏的很多传世书画精品上都钤有乾隆的玺印。乾隆一生拥

图5　李公麟《潇湘卧游图》

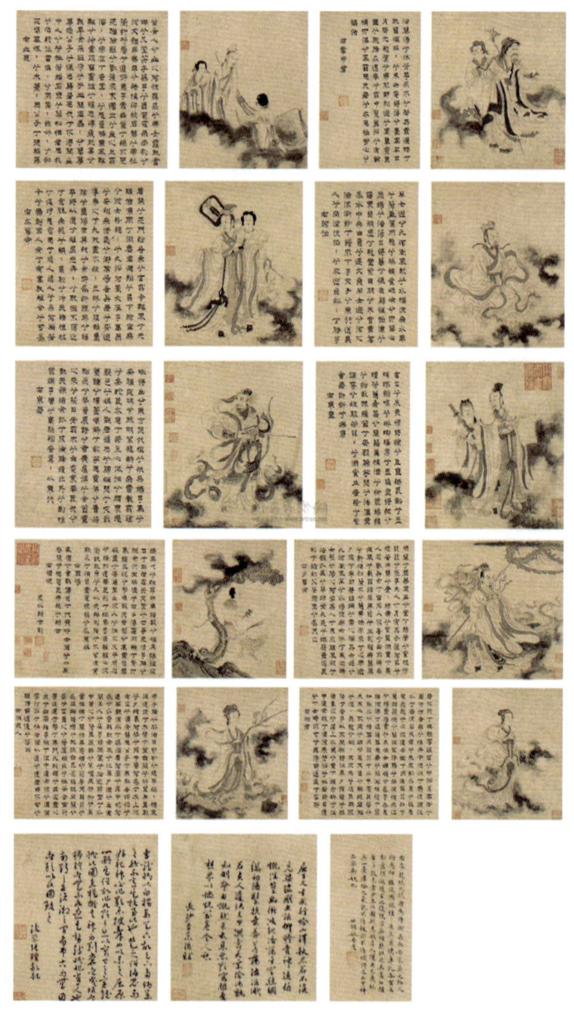

图 6 李公麟《九歌图》

有过的玺印远远超过他曾钤用过的玺印。据统计，乾隆一生共治玺印 1800 余方，钤用过的也有千余方，是历史上留下印迹最多的一位皇帝。

乾隆皇帝对古玉的鉴别水平很高，对玉器的沁色和俏色很有研究，这是在实践中学习获得的。他写有《御制玉杯记》，记载了玉工姚宗仁祖制玉杯的经过及做旧方法。这种方法给乾隆帝留下了深刻印象。他也积累了好多经验，能够准确鉴别古玉的真赝。

元代至正十年（1350 年），82 岁的黄公望画成生平最重要的名作——《富春山居图》卷。这幅画卷为纸本水墨画，在清顺治年间不幸遭遇火厄，分成两卷。其残存的一段，通称《富春山居图》（剩山图），为全卷起首。360 余年间，《剩山图》与《富春山居图》各自流传。此外，流传的《富春山居图》有构图完全相同的两卷，一为题赠郑无用师的《无用师卷》，另一为落款“子明”的《子明卷》。两卷于乾隆时期先后进入内府。乾隆帝误辨《子明卷》为真，《无用师卷》为仿本，引发后世诸多讨论。

清宫有无假画？肯定有。1936 年马衡院长曾因易培基冤案问题，在庆贺张菊生（即张元济）七十寿辰时写的《关于书画鉴别的问题》一文中，列举了历史上许多书画名家和风雅帝王关于书画鉴定方面的理论，指出：“书画之真赝问题早已成为不易解决之问题。虽一代鉴家董文敏（即董其昌）也认为‘谈何容易’。其中问题复杂得很，不是简单的几句话所能解决的。”他说：“现在故宫所藏书画，有许多品质虽劣，名头则甚不小，……凡是名气越大的，件数必愈多。大约臣工进献之时，不管内容如何，贡品单子上不能不写的好看。好在是送礼的性质，无关政事，也谈不到欺君之罪。于是‘往往有可观览’之外，尽有许多不可观览的。”对有些虽为赝本但流传有序、本身价值并无动摇的书画，马衡也发表了自己的见解。总之，马衡通过大量实例，论证了书画之赝本，自古有之。帝王之家、社会名流所藏书画，大多来自于民间，当然不乏赝品。书画的真赝鉴定“谈何容易”，而法院仅听黄宾虹一家之言就断定“帝王家收藏不得有赝品，有则必为易培基盗换无疑”，实在是没有道理的。

鉴与赏是分不开的。乾隆皇帝的阅赏活动在他的诗文中也有充分反映。除诗歌之外，乾隆皇帝在书画上题跋则更多，仅《快雪时晴帖》就在 49 年中题跋达 73 处。对于许多工艺珍品，他也常有题跋和题诗刻在其上，例如御题官窑葵瓣口碗、御题剔红《百花图》长方盘、御题尤侃雕犀角槎杯等，或记叙文物的收藏经过，或抒写感想，反映了他的艺术趣味和审美观念。

乾隆皇帝不仅重视收藏，还对宫中藏品进行了整理、登记，例如《秘殿珠林》和《石渠宝笈》，就是两部大型书画著录。《秘殿珠林》专记宫藏宗教题材的书画；《石渠宝笈》则专记宫藏一般题材的书画及其他，全书的编纂过程，前后长达74年之久，共收录书画作品一万多件。包括《西清古鉴》、《西清续鉴》、《宁寿鉴古》在内的《西清三编》，收录了清宫所藏的数千件古代铜器；《四库全书》则共收书3503种79337卷，约9.97亿字。乾隆年间，于昭仁殿庋藏宋金元明之精善藏书，编有《钦定天禄琳琅书目》（前编）十卷。嘉庆二年（1797年）昭仁殿失火，前编书尽毁，乾隆又令再辑宫中珍藏《钦定天禄琳琅书目后编》二十卷。《天禄琳琅书目》为我国第一部官修善本目录，沿袭汉代以来书目解题传统，在版本著录体例方面多有创见，如记载收藏家印记即为其中一大创举，于清代藏书家讲究版本鉴定、注重善本著录之风影响深远。

乾隆皇帝对于收集的许多珍贵法书名作，不仅自己摹写欣赏，还热衷于书法艺术的普及推广，命令于敏中、梁国治等大臣组织刊刻了“淳化阁帖”、“三希堂法帖”等供给普通士人临摹之用。

当然，我们在看到乾隆帝以收藏为中心的文化大业时，也要清醒地看到其中的文化专制主义，大兴文字狱，编纂《四库全书》时对古籍的篡改、禁毁等，这也是不容讳言的。

我们今天如何看待乾隆皇帝的收藏？乾隆皇帝生活的18世纪，在人类历史上具有特殊重要的意义，以英国产业革命和法国大革命为标志，资本主义在西欧已确立了统治地位。成立于1753年的大英博物馆在6年后正式对公众开放。1793年8月10日，卢浮宫艺术馆正式对外开放，成为一个博物馆。18世纪的中国仍处于漫长的封建社会末期，封建专制政治的典章制度得到了进一步完善。清统治者自认为是“天朝上国”，君临天下，统驭万方。宫廷的收藏，自然也是作为君主法统的象征和仅供皇帝观赏享用。但是，这些文物毕竟是中华文明的载体和记录，是中华传统文化的结晶和瑰宝。乾隆皇帝毕竟也是中国历史上一位了不起的帝王。辛亥革命后，故宫博物院成立，这些文物成为全国人民共享的文化财产。

现在主要收藏在两岸故宫博物院的故宫文物有三个特点：一是这些文物包括了古代艺术品的所有门类，具有品级、品类、数量上的优势。其历史文化内涵更涉及建筑、园林、历史、地理、文献、文物、考古、美术、宗教、民族、礼俗等诸多学科，在我国历史文化遗产中具有突出的历史价值、科学价值和艺术价值；二是这些文物显示了中华民族五千年的文明是一条绵延不断的历史长河，中华民族绵延不断的历史文化在故宫的各类文物藏品里均得到充分的印证；三是这些文物与我们民族有着特殊的关系，特别是在抗日战争时期，故宫文物南迁，和我们民族共患难，被赋予了特殊的价值，寄托了我们民族的感情。

回归自然 启迪现代

上海博物馆馆长，中国博物馆学会副理事长 陈燮君

2013年9月19日至12月1日，上海博物馆迎来了“从巴比松到印象派：克拉克艺术馆藏法国绘画精品展”。这次展览由上海博物馆与克拉克艺术馆筹备三年联合打造。所有73件展品均来自克拉克夫妇的毕生收藏，由1955年克拉克亲自筹划建立的克拉克艺术馆保管至今。配套的“斯特林·克拉克在中国：1908–1909”展览在另一展厅同步展出，向广大观众介绍克拉克先生的生平与他在中国西北的科学考察之旅。

穿透历史的巴比松艺术与印象派哲理

美国克拉克艺术馆是西方著名的艺术博物馆,馆内展品涵盖文艺复兴至20世纪初欧美绘画、雕塑和装饰艺术品等，其中尤以绘画收藏见长。本次展览的73幅作品涵盖了当时多个绘画流派。此次展览由“追逐光与色”、“传统与创新”和“19世纪法国的日常生活”三部分组成。第一部分“追逐光与色”，以广大中国观众熟悉的巴比松派和印象派的风景画起始。观赏者可以直面法国巴比松派的领军人物卢梭、柯罗、米勒等画家的经典作品，以及印象派大师莫奈、毕沙罗、雷诺阿等人的风景写生画。在展览的第二部分“传统与创新”，曾在官方沙龙中绽放异彩的学院派画作在这里与落选者沙龙中的印象派典型作品共聚一堂，让大家一掠19世纪中、后期法国画坛的真实面貌。最后，观众们将在第三部分与生活在19世纪不同阶层的人物见面，目睹他们的日常生活、娱乐活动以及时尚风潮。

随着工业革命的到来和科学技术的突飞猛进，欧洲绘画艺术也以前所未有的更迭速度迅速展开：19世纪，以法国为核心的欧洲绘画艺术，先后经历了新古典主义（约1780–1810年）、浪漫主义（约1810–1830年）、现实主义（约1830–1870年）、印象主义（约1870–1886年）、新印象主义（约1880–1990年）和后印象主义（约1878年–20世纪初）等几个主要的艺术思潮。其中，巴比松画派和印象派是占据19世纪中、后期的两个重要的艺术流派，无疑肩负着承上启下的历史重任。整个19世纪的这种艺术思潮短期快速的更迭现象、绘画理论的不断创新和对古典美术的终结与现代绘画的启迪，无不彰显了工业革命对艺术发展的影响力，同时也深刻反映了艺术新潮对社会文明发展的震撼力。

巴比松画派是19世纪30年代在法国兴起的一个画派，亦称“枫丹白露画派”。其名来自巴黎南郊枫丹白露森林入口处一个叫巴比松的村庄。19世纪30–40年代，法国大革命的失败，王朝复辟和后来的1830年巴黎七月革命，多变的政治起伏、工业大都市建设的节奏快速化、生产技术的多样化和商业经贸的货币化，使整个社会变得越来越浮躁、虚伪和唯利。越来越多的艺术家在不断揭露工业资本家丑陋本性的同时，普遍希望在精神上寻求一片能洁净心灵的伊甸园。一批不满七月王朝统治和学院派绘画的画家，陆续来到巴黎近郊的风景优美的巴比松定居作画，并形成画派。他们活动于1830–1880年间。该派从浪漫主义派生出自然主义创作态度，一方面反对浪漫主义过于夸张的感情和肤浅的生动性，另一方面以“自然”的风景反抗古典主义做作的“历

史”风景。他们拉开了与工业都市的距离，远离政治中心，在汲取荷兰与英国风景画营养的基础上，提出“面对自然、对景写生”的口号。他们厌倦都市活动，信奉“回归自然”。该派画家崇尚在自然中寻找单纯普遍的景色，如田野、森林、河岸等。

印象主义兴起于19世纪60年代，盛行于70、80年代。印象主义是在欧洲（最早在法国）唯美主义与自然主义基础上形成的一种文艺思潮和艺术流派。主要表现在绘画上，反对学院派的保守，主张到大自然中去写生，直接获取光与色的无穷变化以作艺术表现，追求光色变化中表现对象的整体感和气氛的创作方法，主张根据太阳光谱所呈现的赤橙黄绿青蓝紫七种色相去反映自然界的瞬间印象。印象派乃至后印象派是工业革命直接催生出来的一股艺术思潮，也是人类将艺术与科技相互融合的一种全新的成果，其结果就是终结了古典绘画美学的核心观念，并启迪了现代绘画的前卫理念。

回归自然——巴比松大师绘画实践的文化追求

巴比松画派最主要的绘画理论是摒弃学院派在室内画自然风景的传统，在绘画理念上提出“面对现实写生”的口号，主张画家直接到户外先进行自然风景的写生，然后在写生的基础上进行风景画创作。在绘画风格上，他们受17世纪荷兰风景画精细写实和英国风景画对景写生及其流畅明快画风的影响，做到真实写生而不完全临摹；在绘画意境上，他们强调以画家各自的真实感受去探索和描绘自然环境内在的生命力，从而出现了学院派“历史风景画”所无法企及的将带有情感的人物融入风景的“风景人物画”，恰似中国同时代清中期由“四王”流衍出来的娄东派、虞山派等的山水意境画。正是这种用心去感受自然，描绘自然环境，表现自然风景与人物有机互动的现实风格，一改巴洛克、罗可可艺术的虚浮，展现了巴比松画派的精髓，不仅迎合了19世纪初期势如破竹的现实主义思潮，也成为艺术史上写实主义的中坚，甚至对后来印象派的崛起产生了深远的影响。

西奥多·卢梭是巴比松画派的领军人物。此次展出的《朗德省的农场》（图1）是卢梭中晚年的力作，是他对波尔多以南自然景色进行写生后回巴比松历时二十多年辛勤创作的。画面描绘了被画家比喻为“伊甸园”的一片农家庭院的自

图1　西奥多·卢梭《朗德省的农场》

然风貌。蓝天白云下的农家庭院宁静而有生机，坐落在森林边缘的小院在日落余晖之下，修车的农夫、玩耍的小孩、喂牛和晾衣的女子、闲步的小鸭和蹲坐的黑狗构成生命的主体；院前被砍伐掉的树根区域形成开阔的前景，与后面茂密的树林错落有致；右上方湛蓝的天空给人无限遐想，与工业大都市的喧嚣窒息有着天壤之别。作品以动情的方式抒发了卢梭对乡村生活和纯朴自然一如既往的热爱。当时，照相技术开始普及，正当其他画家筹措加快绘画速度之时，卢梭却费时二十多年不断修改和完善这幅画，1859年这幅画在沙龙展出时被认为是一件重要的实验性作品。

卡米耶·柯罗是巴比松画派的中坚人物。此次展出他的作品以风景画和人物画为主：《罗马圣天使堡》、《露易丝·阿尔迪安》、《伯约明群岛的浴女》和《柳树林中的洗衣女》（图2）等。除了《露易丝·阿尔迪安》（图3）是以人物画为主之外，其他作品均是风景画。在《罗马圣天使堡》（图4）中，拱桥、圣彼得大教堂的穹顶

图 2　卡米耶 • 柯罗《柳树林中的洗衣女》

图 4　卡米耶 • 柯罗《罗马圣天使堡》

图 3　卡米耶 • 柯罗《露易丝 • 阿尔迪安》

图 5　卡米耶 • 柯罗《伯约明群岛的浴女》

和圣天使堡横向排列，前端描绘的是普通船夫的生活情景，在整体风格上依然留有学院派风景画的传统基因，例如古典式的标志性建筑、晦暗平均的色彩与构图、精谨宏伟的神话风景等。《伯约明群岛的浴女》（图 5）体现了画家诗意朦胧的晚期风格。画面的主体是水中逆光而立的一株参天大树，隐喻场景的密闭性和私密感。右侧的山石和左侧草木繁茂的堤岸增强了这种隐密的气氛。叶缝间透下柔和的阳光，静谧和谐，波光粼粼，宛如在仙境之中。

现在的巴比松已经成为众多画廊的聚集地，不少著名画家居住过的房屋被保留至今，其中保留最完整的当数米勒的故居了。米勒的主要题材依然是反映朴实的农民生活及其农村风情。此次来展的米勒作品有《指导编织》和《牧羊女：巴比松平原》，两者都是反映农家妇女编织的生活情景。一幅是成年妇女在室内指导小女孩，一幅是户外放羊女让一侧的小黑犬代为看管着羊群，自己则专心编织着手中的棕色袜子。《指导编织》（图 6）中的成年女性神态安详，目光专注；小女孩学习织袜，认真可爱。作品中屋顶横梁，房内铺砖，后墙挂橱，门上插匙，柜上有壶，旁有衣物，白猫自乐，阳光柔和，气氛安康，农家勤朴。《牧羊女：巴比松平原》（图 7）刻画了画

图 6　米勒《指导编织》

图 7　米勒《 牧羊女：巴比松平原》

家钟爱创作的单独牧羊女，羊群安和，黑犬尽职，女子朴实，编袜专情，画面亲切，情意感人。

启迪现代——印象派画家崇尚科学的美学哲理

印象主义最明显的美学哲理是力图客观地描绘视觉现实中的瞬息片刻，从而使绘画艺术与新兴的照相技术得以各取所长。他们对光学进行了解、探索并应用于艺术实践。正是这种对新科学积极探索的历程，使印象派绘画开始反对一切传统的绘画理论，从而告别了西方漫长的古典美学。此次来展的印象派著名画家有马奈、莫奈、西斯莱、毕沙罗、德加、雷诺阿和波蒂尼、莫里索等。

图 8　马奈《瓶中的百叶蔷薇》

法国画家、版画家马奈是司法部官员之子，1850 年师从古典派画家库图尔，1856 年建立画室。他在创作题材上开创了从现实生活和风光中取材的先河，提出绘画不一定要有主题的美学理论，强调绘画的色块安排要超出或高于描绘作用。19 世纪 60 年代后期，马奈的作品更加注意色调的关系以及光度和气氛的复杂关系。此次来展的马奈作品有《瓶中的百叶蔷薇》（图 8），画中色调较灰，小幅尺寸和静物画似乎显示了作者晚年病痛缠身的不佳状况。在这幅作品中，马奈成功地表现出光线透过曲面玻璃后产生的折射和桌上沙漏状花瓶的沉重感。花束看似被随意地插入花瓶，却充分表现出画家精湛的艺术技巧。这种自然和随性给观赏者直观的感受。对称的画面被略微左倾的花瓶而打破，营造了一种微妙的动感——“静物不静，动中有静”。作品闪烁着蔷薇花的鲜丽，仿佛传递着马奈勇于与病魔奋斗的精神。

莫奈是印象主义绘画运动的发起人、领导者和坚定不移的鼓吹者。1874 年莫奈展出《印象：

图 9　莫奈《印象：日出》

图 11　莫奈《象鼻山峭壁》

日出》（图 9）之后，批评家以“印象主义者的展览会”为题在报上评论这一运动，印象派和印象主义因而得名。此次来展的他的作品有《溪中鹅》、《象鼻山峭壁》、《莱顿附近萨森海姆的郁金香花田》和《吉维尼的春天》等。《溪中鹅》(图 10）创作于 1874 年首届印象派集体画展的数月间，用色明亮，色彩厚涂，秋叶橙黄，波光泛蓝，

图 10　莫奈《溪中鹅》

远处农舍白墙，母子走向大门，近景鹅群簇集，水岸边界模糊，两侧树木高大，作品风格新锐。《象鼻山峭壁》(图 11）表现由峭壁和弯拱构成的“阿瓦石门”，峭壁凹凸起伏，象鼻置于阴暗，晨曦点亮柱顶，倒影闪烁波光。曾目睹莫奈在象鼻山写生的作家居伊·德·莫泊桑是这样描写的：“他站在景物前，等待着、观察着光影的变化，寥寥几笔便捕捉到了投射的日光和飘过的浮云……我看见他抓住了白色悬崖上的那束亮光。”《莱顿附近萨森海姆的郁金香花田》（图 12）用红黄白塑造盛放的郁金香花色，以绿紫描绘叶子，厚涂法凸显空间感，随风摆荡的视觉肌理在“印象”

图 12　莫奈《莱顿附近萨森海姆的郁金香花田》

中生成。《吉维尼的春天》（图 13）松动了画面的焦点，削弱了空间纵深理念，远处的房屋被掩映于前方的树木和画家规整的笔触之中，作品强调了外在色彩与内在肌理的“印象派”演绎。

西斯莱的绘画艺术无疑属于印象主义，但他对风景画的执著在很大程度上受到他所尊敬的柯罗、库尔贝，以及巴比松画家等印象派以前画家的影响。与莫奈后期的知名度相比，西斯莱似乎

图 13 莫奈《吉维尼的春天》

图 15 西斯莱《汉普顿宫旁的泰晤士河》

图 14 西斯莱《篮中的苹果与葡萄》

图 16 西斯莱《毕镇的塞纳河畔》

是未被世间认识的印象主义者。经济上的穷困始终伴随着他的晚年，不善交际的他逐步远离其他印象派画家，过起隐居般的生活。同样，与莫奈豪放强烈的绘画风格相比，西斯莱的艺术更多的是给人一种祥和、平静和传统的经典气息。此次来展的他的作品有 4 幅：《汉普顿宫旁的泰晤士河》、《篮中的苹果与葡萄》、《毕镇的塞纳河畔》和《莫雷雪景：卢万河畔的磨坊》。除了《篮中的苹果与葡萄》（图 14）是静物画外，其他三幅均为西斯莱最擅长的风景画，从中可以明显感受到不同于莫奈的绘画哲理：一是以静取胜，《汉普顿宫旁的泰晤士河》（图 15）描绘了一段在夏日阳光下优美而宁静的泰晤士河，平稳又富有对比性的左右构图与水天浑然一色的上下布局，在和谐的气氛中追求微妙的动感，大树屹立，白云舒卷，华丽砖房隔岸设置，帆船白鹅依水而行，与莫奈强调动感的光阴跃动相比，作品如同他的性格而更显安静谨慎。二是韵律十足，《毕镇的塞纳河畔》（如图 16）是他不惑之年后的作品，画面中小径富有变化，蓝衣女子从容走来，天空蓝灰渐变，土地黄绿紫灰，深色粉绿润饰，由大及小渐次刻画，这件“受控的即兴作品”对光线、色彩和大气的变化掌控自如，典型的河道、小路与斜坡的组合，形成富有节奏感和层次感的空间纵深构图，与莫奈大节奏快跳跃相比，树干与草丛的韵律感被表现得淋漓尽致，尤其是草丛中精准细腻的各种笔触显得生气勃发和韵味常异。三是和而不同，《莫雷雪景：卢瓦河畔的磨坊》（图 17）是他后期的经典力作，下段的河水、中段的积雪、上段的云天，三者虽然主色调基本是蓝色和白色，但细小的笔致描绘出不同的效果，与莫奈在雪景中突出霓彩色系相比，整体色调和谐雅致，局部描写却丰富多彩。《莫雷雪景：卢瓦河畔的磨坊》画得大气浑然，水面倒影和茫茫蓝天

图 17　西斯莱《莫雷雪景：卢瓦河畔的磨坊》

之下的远岸画得尤其出彩，“湿画法”使画面显得别具一格，多变的笔法使画面趋于“和而不同”。此画对寒冷孤寂的描绘令人印象深刻，画家用笔细腻而感性，彰显了画家卓越的绘画技艺。

法国印象派画家毕沙罗是犹太富商之子。12岁赴巴黎求学，很早就对美术产生兴趣，5年后回西印度群岛随父经商，开始作画素描。1855年回法国，开始画人像和农村风景，对大自然能作精细的观察。后师从柯罗，也倾慕米勒和库尔贝的作品。19世纪60年代曾与青年画家雷诺阿和莫奈一起作画。他一生作画1600余幅，此次来展的他的作品有7幅：《雨中路》、《卢浮西耶纳：通向凡尔赛的道路》、《蓬图瓦兹附近的瓦兹河》等。《雨中路》和《卢浮西耶纳：通向凡尔赛的道路》是他1870年的作品。《雨中路》（图18）描绘的是雨天里的光色关系，路面潮湿，在黯淡的光线下散发微光，倒映着各色景物，芳草湿润，下笔洒脱，艺术地捕捉到雨天“环境氛围的瞬时变化”。《卢浮西耶纳：通向凡尔赛的道路》

图 18　毕沙罗《雨中路》

图 19　毕沙罗《卢浮西耶纳：通向凡尔赛的道路》

（图19）描绘了蓝天白云下的积着薄雪的乡间道路，林阴道曲折宽阔，通过透视引向纵深，马车和农夫取道前行，增添了人文气息，日光斜射在卵石路上，墙体与房屋土坯在光影中斑驳有致。画面中的气氛凝滞、树枝硬朗和道路质朴，栩栩如生地展现了画家的不屈性格——在贫穷时的坚韧、对待生活的恬淡和面对困难时的冷静。《蓬图瓦兹附近的瓦兹河》（图20）画得十分松灵，

图 20　毕沙罗《蓬图瓦兹附近的瓦兹河》

作品中洋溢着夏天的盛情。浮云掠动，薄霭暖融，几何形屋顶硬朗，水面上侧影朦胧，“传递出光线的瞬间变幻给画家带来的愉悦感受”。

法国画家德加，被誉为表现动态人物的绘画大师。他使用多种方式作画，油画、色粉画、素描等都非常知名。此次来展的他的作品有4幅：《自画像》、《男子肖像》、《教室中的舞者》和《比赛之前》。《自画像》（图21）的构图十

图 21 德加《自画像》

图 23 雷诺阿《自画像》

图 22 德加《教室中的舞者》

图 24 雷诺阿《少女肖像》

分饱满。在作品中，画家侧身注视观众的眼神、合拢的嘴角和橙色的围巾无不凸显出他贵族后代的气息、受过良好教育的屐痕和孤独寡言的灵魂。《教室中的舞者》（图 22）是德加特殊尺幅系列中的一件，宽度逾高度两倍的作品呈狭长的水平构图，表现了芭蕾舞者在宽敞的练功房内排练或休憩的情景。画中舞者姿态和神情各异，舞裙、腰带和彩扇把画面色彩挑亮，空间切割简明而有变化，画作横楣式的宽构图和高处俯瞰的视角可能是受到日本套色版画的启发。

雷诺阿是法国印象画派的先驱。他的早期作品是典型的印象主义的真实写照，充满了闪烁的色彩和光线。此次来展的他的作品最多，有 22 幅，《自画像》、《少女肖像》、《读书的莫奈夫人》、《做钩针编织的女孩》等，其中人物画 15 幅、风景画 4 幅、静物画 3 幅。《自画像》（图 23）描绘了雷诺阿 35 岁左右时的样貌，精致的着装和蓬乱的脸须，警觉的表情反差巨大，挺括的蓝

图 25 雷诺阿《读书的莫奈夫人》

图 26 雷诺阿《剧院包厢》

条纹衣领和蓝色领结凸显帅气，人物偏离的目光和充满肌理感的明亮脸部衬托出无畏的表情，用笔温婉柔和，带有实验性质。《少女肖像》（图

图 27 雷诺阿《盘中的苹果》

24）以薄涂笔法间杂色彩浓烈的点染，围巾、帽子丰富的蓝色与细腻的肤色形成对比，金棕色的头发呈蓝红绿橙黄各色，双目深蓝，唇透红润，少女一手轻柔地抓握围巾，一手的手指提至嘴边，神态期盼，略显拘谨。《读书的莫奈夫人》（图25）描绘了卡米耶·莫奈读书的整体形象，人物形象温顺贤良、安静谦逊，身穿蓝色土耳其袍，点描用笔，构图大胆，肌理感十足，画面富有生机。在《剧院包厢》（图 26）中，左侧女子身着长款黑色礼服，笑容甜美，侧身少女着装简朴，羞涩扭头，手持乐谱鲜花，陷于沉思之中。在雷诺阿众多表现剧院包厢高贵人物的作品中，这幅是最后、也称得上是难度最高的一件。《盘中的苹果》（图 27）整体冷暖色交织、相互映衬，富于变化，反映了雷诺阿正试图从静物画入手开展新的尝试。

上海这座海派艺术诞生的城市，曾经多次迎来巴比松画派和印象派展览，每次都能引起观众的轰动，这是因为巴比松画派向往“回归自然”，而印象派艺术是追求光影变幻的艺术，是平衡理性与感性的艺术，是揭示人心灵魂的艺术，亦是“启迪现代”的艺术。

深化中国文化产业投融资体系建设的若干思考

中央财经大学经济研究院院长、教授　魏鹏举

伴随着文化体制改革的推进和文化产业的不断发展，政府出台的一系列政策推动金融业支持文化体制改革和文化产业的发展。2010年由中宣部、文化部等文化管理部门会同中国人民银行、财政部等金融管理部门联合颁布了《关于金融支持文化产业振兴和发展繁荣的指导意见》，2014年3月由文化部、中国人民银行、财政部发布了《关于深入推进文化金融合作的意见》。在这两个专门针对文化产业投融资的文件基础上，2014年4月国办发〔2014〕15号文《国务院办公厅关于印发文化体制改革中经营性文化事业单位转制为企业和进一步支持文化企业发展两个规定的通知》中，重点提出了“关于投资与融资”的部署，明确提出“鼓励和引导社会资本以多种形式投资文化产业，参与国有经营性文化事业单位转企改制”等一系列政策意见。这些文件对于构建政府引导的多元多层次文化产业投融资体系起到了关键性的政策推进作用，但中国文化产业投融资体系实践推进还有待进一步的体制机制创新。

现代市场体系的基本特征是统一开放、竞争有序。文化产业的很大特殊性来自文化产品或服务的内容价值，现代文化市场体系建设的基础是文化内容管理标准的逐步建立和内容审查制度的进一步完善，比如电影、游戏等的分级制管理亟待探讨出台。在加强和完善内容监管的基础上，文化产业的产业属性应当打破体制区隔，建立统一开放的文化投融资准入或退出制度，可以探索不同资本类型的文化投资负面清单管理模式，为多元化的文化产业投融资体系打造扎实的制度基础。根据文化产业的发展特征，借鉴国际经验，紧随中国金融体系的建设步伐，完善并不断探索创新能够有效支持文化产业发展繁荣的多层次资本市场。综合来看，中国文化产业投融资体系的建设至少需要从以下五个维度进行深化与创新：

第一，改善政府投资，完善国有文化资产的投融资管理模式，积极吸纳民营资本、国际资本，探讨国有文化企业建立混合所有制、特殊管理股制度等创新机制。处理好政府与市场的关系，这是建设中国文化产业投融资体系的关键。政府是中国文化产业的管理者，也是主要推动者。政府职能发挥的好坏对于中国文化产业的发展及其投融资体系的建设具有至关重要的影响。从此前的文化产业发展实践来看，政府的大力推动与扶持总体上是积极和正面的，但也确实存在很多问题。比如大量的财政投入明显存在体制性歧视，非公企业或项目获得资助的几率很小，而且难度也很大；绩效管理整体缺失，无法确切判断政府投入对于文化产业发展的实际影响。过分积极的财政支持，有时往往会适得其反。比如当国有文化企业可以更多更方便地从政府获得成本低廉的财政资助的时候，原本先天不足的市场动力就会进一步减弱，这正好背离了文化体制改革的目标。还有，过多的财政扶持对风险投资会形成挤出效应。国有文化企业本来就不善于开拓资本市场，况且风险资本对于企业的内部治理结构、经营团队、财务管理、商业模式等都有较为严苛的要求，如果能有更符合国有文化企业性格的财政资金，风险资本一般很少会进入这些企业。也就是说，积

极的政府投入其实干扰甚至破坏了企业精神和市场机制。因此，中国文化产业投融资体系的建设首先要从政府投资的改善做起，发挥政府投资在培育文化资本市场方面的引导作用，要更多地通过组合投资、风险陪同等模式推动风险资本、私募基金等社会资本投资文化产业，尤其要推动国有文化企业建立市场化发展导向，推动国有文化资产的管理创新，建立国有文化投融资平台，对国有文化企业的管理从直接的业务管理向间接的资产管理转变，从微观的经营管理向宏观的投资管理转型。创新国有文化资产的产权制度，建立和完善混合所有制，在重点的文化传媒企业探索特殊管理股制度，通过管理权与经营权的适度分离，在保障重大导向管理的同时，充分放大国有文化资本的产业带动效益，促进国有文化企业提升市场竞争能力并不断地做优做强。

第二，发挥政策性银行的引导和示范作用，积极推动银行业的文化金融创新，结合科技银行的经验，探索文化艺术银行的新模式。银行信贷是现代金融体系中最为成熟的资本业态，在绝大多数市场经济国家都是占主导的金融主体。中国的银行业基本上是国有体制，这对于银行业支持文化产业有一定的制度优势，因为政府支持文化产业的战略政策也是银行业支持文化产业的政策利好。但这种国有垄断型的央行业态也有其很大的问题和缺陷，银行业的市场化程度相对不充分，银行业的运营模式比较单一，因此在金融创新方面总体动力不足。文化产业是一种以无形资产为主的新兴经济形态，一般较难满足银行信贷的抵质押要求，尤其是固定资产较少的中小型文创企业在通过银行融资时更是困难重重。目前，在政策利好的推动下，按官方统计，中国的文化产业信贷余额在 2013 年接近 1600 亿人民币，如果按将文化设施、文化商业、文化旅游等包含在内的大口径，国内各类相关信贷规模已经达到 4000 亿人民币[1]。但需要注意的是，银行的涉文信贷绝大多数还是投给了文化产业的基础设施建设、文化商业项目或文化旅游等固定资产为主的文化类领域，知识产权等无形资产质押融资的案例还很稀缺，中小微文创企业获得的信贷支持也是微乎其微的。在中国，信贷资本是资本市场的绝对主力，文化产业的发展必须依靠银行业的支持，这是中国文化产业投融资体系建设中极为重要的一个部分。首先，政策要鼓励商业银行探索适应文化产业发展的金融创新模式，比如艺术品抵质押模式，尤其应当为民营银行及中小城商行创造较为宽松的金融管理环境，积极探索和创新文化金融模式，因为这些银行有开展文化产业信贷的积极性，而且这类创新业务对于它们来说机会成本也相对较小。其次，政策性银行尤其应当在推动文化产业发展方面发挥积极作用。一方面，现有政策性银行要在各种擅长的领域推动文化产业的融合发展，比如国家开发银行可以推动文化产业在现代城市的改造发展中发挥积极作用，农业发展银行可以在推动文化产业与现代农业以及新城镇建设中融合方面发挥重要作用，而进出口银行无疑需要在中国文化产业资本向国际拓展方面做出应有的贡献。另一方面，中国也可以参考美国的硅谷银行，发展艺术银行甚或专门的文化产业银行，这也是与建设社会主义文化强国相适应的中国文化金融的创新风范。

第三，大力推动文化产业类的天使投资、风险投资、私募基金等风险偏好型投融资形式，规范并推动文化企业在主板、中小企业板、创业板以及新三板等证券市场上市，发展集合债等有利于中小文创企业直接融资的各类金融工具。文化产业是以创新为内涵的新经济业态，和高新技术产业一样，都属于高收益与高风险并行的行业。与高新技术产业相比较，文化产业除了有科技创新的内涵外，更有文化创意的特质，因此，文化

1.2013 年中国文化产业中长期本外币信贷余额达 1574 亿元，较年初新增 419 亿元，同比增长 36.28%。

产业的创新内涵更为丰富和复杂。鉴于文化产业的这种创新特质，直接融资显然更适合文化产业的发展，尤其是天使投资、风险投资等风险偏好型的投融资形式，是中小文创企业获得资金的主要渠道。也只有当这些直接投融资业态能够与文化产业形成对接，中国文化产业的生态性繁荣才能真正实现。结合中国文化产业发展的实践，当前大力推动文化产业直接融资发展应当成为投融资体系建设的重点和基本方向。这需要在如下四个方面加大工作力度。

其一，通过政府的投资引导天使投资、风险投资、私募基金等积极投资文化产业，发展文化产业组合投资。政府资金以低息或无息贷款的形式补贴投资风险，以配比组合的方式撬动各类社会风险资本进入文化产业。其二，完善规章制度，建立健全投融资信用体系，规范文化企业的内部管理与财务制度。因为中国大多数文化企业还不是规范的市场主体，要么是从事业体制转变过来的，要么是由“文化人”主导的中小微民营文创企业，对于市场化运营还不熟悉，对于资本市场的认识还很粗浅。文化创意型的企业要学会与资本市场打交道，要与资本形成平滑对接，要能够得到资本的信任，这应当也是发展中国文化产业投融资的一个基础条件。其三，规范并推动文化企业在主板、中小企业板、创业板以及新三板等证券市场上市，丰富文化企业的股权融资途径，完善风险投资的退出机制。对于规模较大的文化企业来说，股权融资是其发展壮大的主要模式，同时也有利于规范并约束文化企业的运营管理；对于中小文化企业来说，创业板乃至新三板是其实现股权融资的重要渠道。同时，权益资本市场的完善会更好地激励风投私募进入文化产业领域。其四，积极发展文化产业的相关债券融资市场，鼓励私募债、集合融资等多种形式的债券融资模式，补充丰富文化产业的直接融资市场。债券融资对于文化企业的发展有着重要的价值。和央行信贷相比，债券融资的成本较高，但融资时效更长，有利于中长期文化项目的开展；与股权融资相比，会形成文化企业的债务负担，但并不改变企业的治理结构，有利于保护创业者的权益，也有利于文化项目执行的稳定以及企业管理的统一连续。

深化中国文化产业投融资体系的建设第四点，开发和建立多层次文化要素市场，规范和提升各类文化产权交易所，探索建立区域性的文化金融创新试验区，积极推动文化产权与金融资本的对接。文化要素是文化产业发展的基础资源，也是文化产业与资本市场对接的主要介质，这是文化产业投融资体系建设的重要组成部分。当前，中国文化产权市场的发展有些超乎寻常，甚至有些畸形。2009 年深圳与上海才开始初步尝试，但在短短的四年时间里，全国各类文化产权交易所（简称“文交所”）层出不穷，许多地市级城市都成立了文化产权交易所。2010 年天津文化艺术品交易所开展的艺术品份额化交易模式一下子把中国的文化产权交易推上了顶峰，而紧接着 2011 年 11 月国家出台的治理整顿政策又让中国的文化产权交易顿时跌入深谷。分散无序，大起大落，这是当前中国文化要素市场发展过程中很显著的问题。文化产权市场是中国的一个创新，不仅对中国文化产业投融资体系的建设意义重大，也有可能成为中国在新兴资本市场影响世界甚或引领全球的重要契机。我们一定要善待这难得的创新，固然要规范发展，但也不可因噎废食，不能因为艺术品份额化的冒进之弊而扼杀了整个文化要素市场的活力。中国文化产权交易所的发展需要着眼长远，把握几个原则：其一，不可拘泥于艺术品，须放眼各类文化资源和文化资产。文交所能在中国激流猛进，很大程度上就是得益于艺术品份额化交易模式的市场成功，但由于缺乏审慎的论证和产业价值基础，迅速膨胀的泡沫不仅毁了这种创新模式，也极大地制约了文交所的健康发展。文交所的视野必须从狭窄的艺术交易拓展到开阔的文化资源，积极发展多层次文化资源与文化资产交易模式，推动金融资本进入文化资源的保护开发，推动文化资产要素的市场化流动及其价值实现。其二，整合同质市场，适度发展特色文化产权交易市场。文交所一窝蜂而上，大多仓促上马，许多文交所缺乏基本的行业经验和资产实力，业务大多相互模仿，同质化严重。为今之计，亟待提升这个领域的进入门坎，提升从事文化产权交易的主体资质，鼓励兼并重组，大幅度增强中国文化交易市场的集中度；与此同时鼓励和推动特色文化产权交易市场的发展，比如专门的艺术品交易所、非物质文化遗产展示交易平台、文化企业的私募股权交易平台等。其三，以公有体制为主体，鼓励各类资本性质的文化产权交易所的竞争与创新。从 2011 年 11 月国务院出台整顿政策以来，中国文化产权交易市场就步入了典型的“国进民退”发展路径。这尽管符合中国的社会期待，也是中国政府的擅长所在，但长期来看不利于中国文化产权交易的创新发展。文化产权交易应当总体尊重其市场化的地位，允许并鼓励各类资本参与，政府要做的是规范引导，而不是单纯管制甚或取而代之。

第五，积极关注互联网金融等新的金融业态的成长与发展，大胆探索基于金融创新的文化产业发展模式创新，搭建融通文化创意、文化科技、文化创业、文化消费的文化金融模式。文化产业是一场革命，互联网金融也是一场革命，文化产业投融资体系的建设绝对不能少了互联网金融的部分。互联网金融的本质是网络化用户创造价值的大数据金融，对于传统的精英中心主义的金融业态有着革命性的影响与促动。文化产业的产业链结构具有很显著的哑铃特征，即在内容创意与服务供给端是海量的分散主体，也就是说，每一个有着创意能力和意愿的个人都会是文化产业的产品与服务生产者或供给者，文化产品或服务的需求端也是海量的分散主体。文化需求是高度个性化、差异化的需求，在数字化的时代，这是文化产业发展的基本趋势。从现代文化产业的发展实践来看，规模化生产或复制是其基本商业模式，满足大众文化需求也是其主导的盈利模式，这些也是现代文化产业出现和发展壮大的基础。比如，当出版行业具有了大规模复制的技术条件以及适合规模化大众消费的图书产品时，德国法兰克福学派所批判的“文化工业（Cultural Industry）”也就出现了。随着多媒体技术尤其是数字技术的发展，文化产业的规模经济或范围经济效益日益显著，这是使文化产业能成为许多国家的支柱产业的技术与经济模式的基石。随着互联网日益进入人们的日常生活，文化产业也在互联网时代出现崭新的发展前景。文化产业相对于一般传统的实体经济类型，在经济收益模式上形成了革命性的突破，即打破了一般的边际成本递增而边际收益递减的经济规律。在现代技术条件下，一方面文化无形资产的复制传播成本会随着规模的扩大而趋于零，另一方面文化产品的文化价值收益以及商业价值收益会随着市场规模的扩张而不断增值，相对于边际成本的不断降低，边际收益不断递增。这是文化产业在规模经济与大众消费时代的显著优势。当文化产业发展进入互联网时代，文化产业的个性化、精准化的新发展机遇出现了，这又是文化产业的独特优势。这种优势的发挥自然需要与之有伴生性关联的互联网金融的支持。最值得关注和期待的文化产业相关互联网金融模式是众筹网模式，它是整合海量分散创意创造与海量分散个性需求的投融资商业平台。典型的众筹网模式是 2009 年在美国上线的 Kickstarter，在 2013 年进入了井喷发展期，累计为各类小微文化创意或科技创新项目成功融资十多亿美元。全球众筹融资产业规模从 2009 年的 32.1 亿元人民币飙升至 2012 年的 168 亿元人民币，3 年增长 380%[2]。中国的众筹网发展近年来也风生水起，出现了诸如点名时间等日益有影响力和实力的众筹平台。目前，由于现行金融相关制度的约束，

2. 据 Kickstarter 官方网站的介绍，2013 年总计有 300 万用户参与了总计 4.8 亿美元的项目众筹，平均每天筹集 130 万美元资金、或每分钟筹集 913 美元，众筹成功的项目总共有 19911 个。2012 年的参与用户是 220 万，筹资总额 3.2 亿，成功项目 18109 个。

众筹模式还不能进行金融性质的投融资，只是为小微创意项目提供面向不特定大众的预购式筹资。不过，随着中国互联网金融的深入发展，我们可以对文化产业相关的众筹模式抱以更高的期待。

用审美的眼光看待生活

中国人民大学徐悲鸿艺术研究院院长，徐悲鸿纪念馆副馆长，徐悲鸿之子　徐庆平

审美和生活是一个人每天所必须经历的。

每个人的生活里都有审美存在，但我们往往自己意识不到，特别是当我们处在快节奏生活之中的时候。今天的生活节奏比一个世纪以前快很多，艺术形式也有很大的变化，因此我们每天忙于工作，对于审美就有很大的忽视。但是审美真的是人生活中不可或缺的一个主要内容。那么，什么叫做审美?

我认为审美就是人的感官体验到极大愉悦的过程。在生活中，我们的眼睛、耳朵、身体在接触到某些人、事、物的时候会感到很愉快、很喜悦，这个过程其实就是审美的过程。正因为它是一个非常自觉的过程，是生活中不可或缺的一部分，所以审美需要两样东西——真诚和自信。不能人云亦云，别人说它美就是美。审美不需要别人告诉你，而是要你自己去体验，自己觉得它是美的，那就是美的。别人说的美可以鉴别，因为美是千差万别的。有一百个人就有一百种不同的看法、不同的体验，所以审美没有完全一样的。在审美时，一定要保持真诚和自信。

审美的对象在生活中分为两个方面。

一方面是自然产生的，比如美的自然风景、美的石头，有时候石头变化的纹理、形状的构成以及它的动感，都会给人一种非常美的感觉。所以米芾看到好的石头会去拜，像对待神一样尊敬它，就是因为它给人的感官带来了极大的愉悦。自然中的风景也会有对感官发生极大冲击力的瞬间。我记得一次体验是在河南信阳干校的时候。那个时候河南信阳的干校是在一个土坡上面，有一天黄昏，突然看到火烧云和彩霞，那么广阔、那么炫丽的色彩，把我惊呆了，我站在那一直观察直到它消失，留下了终身难忘的印象。

另一方面的审美对象是我们创造出来的，人类制造的物件是一个重要的审美对象。它介于自然审美对象和人的中间，并且还有人参与，这一点很重要。爱美之心人皆有之，对于人的长相、装饰有关的物件，像美女、美男、时装杂志、时尚杂志我们天天可以看到，受到关注。在原始社会就已经有人制造出来一些物件。这些物件有的是艺术品，是审美对象，有的不是。比如一个古老的盛水陶罐，虽然有一定价值，但如果它仅仅只是一个盛水实用器，上面并没有其他装饰，那么就不算是艺术品，也称不上一件好古董。但是如果它上面有纹路，有黑的、红的或者其他颜色的各种纹饰，就会使人有许多联想。我想古人们是从自然现象中发现了美，曲线很可能表现的是水，也有雷形纹，可能是他们看到闪电打雷时候的情景后，把它夸张变化成纹饰放到陶瓶上去。这些就是人创造出来的艺术品。因为它跟自然形成的东西不同，也跟专门为了实用所生产的器具不同。

西方对艺术有一个定义——“艺术是工业的女儿”。意思是艺术是生产劳动的结果。在工业生产的时候，比如最简单的制造陶罐，陶罐本来就是用来盛水的，在实用目的之外另附加给它的，就是人的艺术创造，是人类智慧的代表。其实这个道理大家都知道，但是目前我们现代社会的人往往忘记了艺术和非艺术的区别。艺术家往往不

是用他的智慧进行让人类叹为观止的创造，而是为了经济效益。当然这是另一种实用，但丧失了艺术本身的意义就等同于一种工业制造，所以它并不能代表人类最高的智慧，不能代表人的心声。

人类对世界万物产生美的感受、产生愉悦心情的时候主要通过两个方面：一个是美术，一个是音乐。

美术是通过眼睛来感受，音乐是通过耳朵来感受。我们近些年来有一个非常重要的考古发现，就是一根古笛。去年非常有幸我在广州参观一个南越王墓的博物馆，那里举办了一个中国古代乐器的展览。我看见了这支我多少年想要寻找和看到的骨笛。它是用仙鹤的腿骨做的，把仙鹤的腿骨挖了窟窿做成笛子。它的伟大令人赞叹。我在1985年从巴黎回国第一次到湖北美术馆的时候，看到了在春秋时候的曾侯乙墓，墓葬出土了一套完整的编钟。我还有幸用锤子敲了几个音。当时还可以敲，现在绝对不行了。我还听了听这套编钟音乐家敲出的音乐，现代的乐曲一丝不差完全可以用编钟敲出来，里面的伴音准确之极，应该说可以和今天的音乐达到的水平相媲美。同时出土的还有一批漆器，有红色的和黑色的，非常漂亮。中国的漆器在全世界也是独一无二的。我当时特别赞叹，感受到了漆器这种震撼力，同时也感到我们民族的先人是何等伟大。

我们常说中国的文明在贾湖出土。中华民族在世界上属于拥有最悠久历史的民族。与中国文明相当的一个是埃及，另一个是两河流域。埃及和两河流域都留下了距今四千五百年的文字。但是我们的文字在甲骨文之前是没有的，也就是说我们的文化被世界承认是从商代开始的。因为商代才有文字，有了文字才能够证明有商代。没有文字就说商代之前还有夏代，但是没有证据流传至今，能证明商之前还有夏。所以夏代的历史只能是“据说”、“传说”了。从文字的历史看，似乎我们的文明比埃及和两河流域晚了很长时间。

但是这根古笛的出土告诉我们，中华文明不仅是上下五千年，而是上下七千年。我们是最古老的。因为七千年前拥有这个笛子的民族，在那个时候已经拥有了艺术和审美，拥有极高的文明，足以代表人类的最高智慧。所以对于这个笛子，不论是耳朵的审美还是眼睛的审美，我们都是世界上最古老的民族，在世界上拥有最优秀传统的民族。这种智慧是人天生的，也就是说人的审美是人的自觉，是与生俱来的。既然是自觉的，赋予全部真诚和自信而进行的创造，就代表着独一无二的人类的智慧。所以我们把艺术的创造，哪怕是有些简陋的创造，都视为人类智慧的结晶。

在人类历史上，出现过三个伟大的艺术高峰时期。第一个是希腊，第二个是意大利文艺复兴，第三个是欧洲19世纪。在艺术史中谈到意大利文艺复兴的时候，全世界都知道要去罗马看博物馆。说到欧洲19世纪艺术，都知道要去巴黎。这两个地方是两个人类艺术高峰的所在地。

什么是意大利文艺复兴？简单地说，所谓文艺复兴，就是在16世纪的前25年出现了6位伟大的天才，分别是达芬奇、拉斐尔和米开朗基罗。这是美术中的“三杰”。还有提香、委罗内塞和丁托列托，被称为“小三杰”。这6个人代表了人类艺术的最高智慧和高峰。他们创造出来的东西代表着人类艺术的最高智慧。

用中国的诗来说，杜甫在看到一张画时说：“元气淋漓幛犹湿，真宰上诉天应泣。”这是中国人认为的画的最高境界。“元气淋漓”——看到画摆在那水还没有干的时候，那种“幛犹湿”的感觉，那么生动。“真宰上诉”——艺术作品所传达出来的人类的智慧、人类对美的理解、人类创造出来的美的因素，如此的神奇伟大，拿到天上让上帝看，上帝都会感动的掉下眼泪，所以叫“真宰上诉天应泣”。所以我父亲有很少的几幅得意作品盖上了章“真宰上诉”。艺术创造把人类对美的理解呈现给上苍，上苍感动得掉眼泪，这是真正好的艺术作品的价值。

因此我们要去看美术馆，也是这个时代生活中我们需要大大加强的一件事。我1981年到法国待了五年，至今始终忘不了第一次进卢浮宫的情景。那个时候刚刚结束文革，我做梦都想看看西方的艺术真品，突然间梦想实现的那种喜悦是难以想象的。到巴黎的第一天晚上，我就自己跑到卢浮宫门前，非常幸福地看着这栋建筑。第一个星期天我就去了卢浮宫，在五年里，几乎每个星期天我都是在卢浮宫中度过的。

所有艺术品给我的冲击都不如我第一次进卢浮宫时的冲击大。那时我是和十几个孩子一起进卢浮宫的，其中第一个展厅是建筑展厅。我听见老师对孩子们说："你们仔细看，看完告诉我希腊罗马建筑和哥特建筑的美有什么不同？"我当时特别受震撼。我从小生活在一个艺术家庭里面。我到巴黎去工作，去联合文教科文组织任职，在飞机上的一张普通报纸上看到一个标题："哥特艺术在什么时间产生在什么地方？"我想这个题目不要说普通人，就算美术史专业的都不一定答得出来。而在卢浮宫，老师为一群小孩子出了这样一个思考题。七八岁的孩子就要思考这个问题，可见他们从小受的是什么教育。

后来我知道了，为什么法国每个星期天街上都没有一个人，像刚刚发生战争一样，所有店铺全部关门，面包都买不到。因为大家星期天休息要去博物馆，所有的人都去看各种各样的展览，从市里、到区里、到街道上。还有人去听音乐会。这是他们多年养成的习惯。中国人在那待久了也会学到这个习惯。让我特别欣慰的是，2011 年在新疆参观博物馆时，我看到我们的孩子们也开始参观博物馆，他们在看夏、商、周的青铜器。所以我觉得，我们国家的确在很快发展，其中一个重要的标志之一就是大家对于审美有了很强烈的要求。因为人的审美主要通过美术来进行。

我对审美有一些想法和建议。首先，在审美时，我们的眼睛中有一个美的视线。怎么样才是美呢？这里有几个重要因素。

第一，形状。审美的时候一定要注意形状间配合的美。一般人即使不是专业学音乐的，也一定能听出什么音乐好听。因为这七个音符组合在一起的时候千变万化，产生美的旋律，给我们的耳朵带来极大愉悦。美术也是同样，只是这个作用不是由音符来制造，而是由形状知道的。我们在画上看到的各种各样的形状，就等于各种各样的音符，组合在一起的时候就会在无形之中带给我们的眼睛极大的愉悦，就像音乐一样自然产生的美感。

例如米开朗基罗创作的《大卫像》（图 1），

图 1　米开朗基罗《大卫像》

图 2　维米尔《窗前读信的少女》

可以清楚地看出他对每一块重大肌肉形状的考虑。这些形状都灌注了力量，每个部分都是有表情的。所以我们在欣赏艺术作品时，要特别注意肌肉的表情和力量。荷兰 17 世纪的代表画家维米尔，创作了《窗前读信的少女》（图 2）。这个画家一生留下了 30 幅作品，但每一张都是精雕细刻、反复推敲才创作出来的。在这幅画中，光从左上方射入，窗户上部有一块窗帘，窗帘一半在窗户前面，一半在窗户后面，造成了皱褶形状的变化。窗户的白是没有东西的，外面有许多窗棱，窗棱中间有各种装饰，玻璃的形状也产生变化。这种比较平板的变化旁边就是人物。人物取了一个正侧面，看起来很自然，其实却是刻意为之，突出了侧面剪影的效果，让人的神态和动态得到最充分的体现。

图 3　达芬奇《蒙娜丽莎》

图 4　莫奈《印象 · 日出》

在 15 世纪以前，意大利、法国，所有的肖像都是正侧面的。达芬奇的《蒙娜丽莎》（图 3），她的微笑是人类第一次在四分之三的侧面上发现人的美的作品。他画出了非常深沉的人内心的情感。这位夫人儿子刚刚死去，非常痛苦，尽管画家用各种办法想让她不要那么痛苦，但是始终达不到效果。据说当时达芬奇是安排了一个乐队奏乐。她在作模特时听到非常美妙的音乐，嘴角露出了一丝不易察觉的笑容，所以这张画也叫做《微笑》。正因为它完美地表现了这个微笑，才成为了表达内心深刻的千古名作。很多名画都是如此，你不能试图去改动它，稍微去掉一块就没有那么完美，想再加一点又会显得多余。正是经过画家的千锤百炼，才令画作表现的恰到好处。这就是形状美的结构。

第二，色彩美。形状、色彩是造型艺术两个最重要的、不可或缺的要素。中国人在水墨方面的审美独一无二，但比较遗憾的是，在颜色方面的审美落后了很多。中国的每一个城市，特别是建筑的颜色不堪入目，相互之间没有配合。这种式样在建筑史上叫国际式建筑——不是中国一家这样，第二次世界大战之后每个国家都是这个样子。本来形状就不好看，全部是火柴盒式，颜色互相之间还不协调。整个中国人的审美，尤其对颜色的审美都值得我们注意。

怎么提高我们的颜色审美？首先，颜色有色调。就像音乐有调子一样，不管是穿衣还是盖房子都要有色调。在 19 世纪 70 年代，法国出现了印象派。最伟大的作品在法国卢浮宫旁边的菊园美术馆，它地下的一个厅里摆放了一位画家的作品。这个画家就是莫奈。他画的《印象 · 日出》（图 4），速写式的表现出帆船正要出港那一瞬间海上的景象，引起了大家的讨论，并被命名为“印象派”。这个画派的伟大之处就是使人对颜色的认识有了新的突破和革命。他后期的画都是

图 5　莫奈《鲁昂教堂》

同一个题目，比如《鲁昂教堂》（图 5）。他对着鲁昂的教堂画了几个月，画每天的光照在建筑物上产生的颜色变化。所以才有画中不同色调的鲁昂教堂，蓝色、橙色、紫色、绿色等各种颜色。这是把握美的色调。城市和我们穿衣服一样，也要有色调，要和谐统一对立达到平衡。颜色可以安排得和谐统一，也可以安排得很对立。颜色的美有冷色和暖色。颜色主要分三个原色——红色、黄色和蓝色。在三原色的基础上又出现了三间色，就是三辅色——绿、紫、橙。它们不是原来单纯的颜色。三间色和三原色互为补色，三个颜色中其中一个是原色，剩下两个混在一起就是它的补色。它们两个放在一起是最丰富、愉悦的。红和绿、紫和黄、橙和蓝都互为补色关系。颜色在这个时候给人最丰富的感觉。中国有一句古话叫“红配绿，一块玉”，古代的人很自觉红色和绿色互为补色关系。

莫奈有一幅作品叫《丽春花的原野》（图 6）。这张画非常和谐美丽。印象派的一大变革就是取消了酱油色。以前人们对暗部的颜色没有认识，认为那都是一个颜色。一直到了 19 世纪，人们经过科学研究发现，颜色是由光决定的，人平常看到的颜色也取决于光。光谱的发现也同样是在

图 6　莫奈《丽春花的原野》

19 世纪。而光中含有七种颜色——红橙黄绿青蓝紫。不同的波长反映光的颜色是不一样的，照在东西上反映出来的颜色也是不一样的，因此，光的存在决定了视觉的色彩。暗部也有光的七种颜色，只不过波长不样。到了莫奈时候，所有的暗部都有了颜色。画家在画上有意运用互为补色关系的色彩来使画面更漂亮。这张画红橙黄绿青蓝紫都有，而且在组合上充分发挥了补色关系的魅力。紫灰颜色旁边的一点黄，还有绿树旁边的红花。画家的眼睛观察到自然中色彩的变化，并且极大地强调出来。就好像穿衣服，为了稳重穿一件黑的一定好看。而要把握住一个大的整体色调，和谐统一，想要颜色丰富一些，那么就要利用互

图 7　亚历山大 · 安提俄克《米罗的维纳斯》

图 8　安格尔《泉》

图 9　波留克列特斯《持矛者》

为补色关系的色彩。这很考验一个人对色调的把握，不同的黄和不同的紫，水平不同的人搭配起来的感觉也不一样。

美的第三个重要因素是曲线美。这个问题在西方特别有讲究。米罗岛出土了第一个艺术高峰期中希腊的《米罗的维纳斯》雕像（图 7），现在是卢浮宫最宝贝的一件展品，每天都有无数闪光灯在对它闪耀。米罗维纳斯的美，体现为形状的美，头型和发型的形状非常讲究。希腊人的鼻子很高，整个造型的线条非常美。乳房、腹部的曲线都非常美。特别是下面的裙子、袍子也用了非常复杂的线条。这些褶皱非常繁琐，就是为了使洁白的身体在繁琐的线条旁边显得格外圆润和光滑。所以尽管这具雕像是石头刻的，也能给人冰晶玉肤的感觉。所有希腊雕像的人体都非常讲究曲线美。头朝一边，身子就朝另一边，呈现出两个 S 型。

随着社会发展，人对神也有了新的认识，武力不再是神祇审美的单一原则。神的形象变成整个氏族中间首领的形象，审美准则是公正、威严的。这个时候的神非常端庄，面部非常沉稳，动作非常微妙。而维纳斯就代表了曲线的美。在后来的安格尔的《泉》（图 8）中，画面中同样有着微妙的曲线。安格尔有一句名言，“世界上最美的形状是圆形。”所以西方画家无时无刻不在考虑曲线美。每一个形状的诞生都进行了丰富的配合考虑，不同颜色的形状在一起组合。而在这之前，西方绘画有两个经常用的构图方法：一个是金字塔式，一个是对角线式。

第四，黄金分割。在审美时一定要考虑比例。人的外观都存在着一定的比例。希腊大雕塑家波留克列特斯做了创作了《持矛者》（图 9），被当时的人认为是人体最佳比例。七个头长这个概念就是说以头长为长度标准，身材比例是七个头长的人是最美的。从下巴到乳部弧线是一个头，从乳部到肚脐是一个头，肚脐到大腿中间是第四个头，大腿到膝盖，膝盖到小腿，小腿往下。脸也有比例关系——三庭五眼。人正面对着你的时候，鼻子底部到眉毛是一个标准的衡量办法，这个长度是衡量头部的长度。这个长度和鼻底到下巴的长度，眉毛到发际线的长度都是一样的，这就是三庭。人脸的宽度是五个眼睛宽，两个眼睛中间是一个眼睛宽，眼角到耳朵是一个眼睛，这就是五眼。这是古代留下的人体比例的标准。

人体之外的比例还要更丰富。长和宽要有比例关系——平衡和不平衡的比例。正方形是一种比例，长方形是另一种。这些都经过人类几百年的研究。近代华罗庚发现优选法，发现了和古人一样的黄金分割。比如评估一个学校成绩，想通过学生个体的水平来看，要找到第 6 个学生时，这个人才最能代表这 10 个人的水平。在美术上，无数画家经过探讨，最后在文艺复兴时期找到了黄金分割。AP:PB=AP:AB=0.618。这两段的比例可以让眼睛得到最大的愉悦。标准尺寸就是符合黄金律的。

黄金分割对中国人非常有作用。当我们写字的时候怎么样能把字写的漂亮呢？汉字分为上下和左右结构。拿“剧”字来讲，左边大右边小，想要对人的眼睛造成最大的愉悦，这个大小比例的分界点就定在 0.618。启功先生也研究黄金律，他后来写的字也都是按照这个来写的。“一从证得黄金律，顿觉全牛骨隙宽。”写字怎么写好看是最难的，但是一旦把黄金律运用到其中，就游刃有余了。启功先生稍微有点极端了，要求写任何一个字都要四个点，上面两个，下面两个，分别处于黄金律的位置上，以上面的点为中心，下面半边字占的比例是 0.618；以下面的点为中心，上面半边占的比例也是 0.618。以左侧的点为中心，右边是 0.618；以右侧的点为中心，左边是 0.618。所有字上面的笔画都往这四个点上靠，所以字就显得特别丰满、紧凑和匀称。可见，书法也有艺术的规律，审美规律存在于生活的方方面面。

黄金律的使用对于中国艺术来说是共通的，但是中国艺术有比西方艺术更加高明的地方，那就是形状美。在制定美的文字时，我们有篆书，西方字体则被称为圆形字。中国人很了不起，不仅考虑它的实用价值，还充分考虑它的审美意义。世界上所有的文字中，只有中国文字充分考虑了审美的意义。篆书中所有的字都在向圆形靠拢。这些形状组合在一起有和谐的韵律关系，使我们的眼睛感到愉悦。后来为了增加实用性，篆书变为了隶书。隶书保留了一些弧线，但是整个形状变为瘪的长方形。隶书之后出现了方块字的楷书，楷书基本不强调弧形，全是直线，整个字体在直线之间布置。所以我们最讲究的是篆书，中国人的审美在古代就很高，制定文字方面我们有着独一无二的审美取向。之后到了行书，形状变为不规则形，形状美就更多样了。再到了草书的时候，不光是每个字的形状不一样，甚至每块形都要求不一样，而且每个空白的地方也要不一样，造成了不平衡和奇特的美。书法家要考虑这些空白，这叫“知白守黑”，空出来的白要把它当成黑一样去描画和安排，这是中国形状审美的高明所在。外国人考虑的是涂的颜色，而中国人即便不涂色也要考虑，这就足以看出中国古人审美的多样和深邃。

在中国存在着特有的两种美，第一种是中国的线条美。中国的画和文字是用线造型的。我们的宣纸和笔有着世界上独一无二的性能。不管是画还是字，都能通过纸笔把心里的想法表现出来。所以说中国的书法是把作者的心画出来了。中国的水墨要求线条要如锥画沙，要有金石般的流畅和生涩，强调美感，留下痕迹。这个西方没有办法学去，因为这是靠手工一点一点磨练的。

另一种就是人和自然的关系。在西方，艺术都是人驾驭自然，直到 19 世纪的印象派才给了自然与人同等的地位。而在中国绘画中，从一开始人和自然就同等重要。东晋顾恺之的《洛神赋图》（图 10）是中国最古老的架上作品。这幅画一张在西方博物馆，另一张在辽宁省博物馆。原件由于年代太久远，不可能存到现在，所以现在

图 10　顾恺之《洛神赋图》（局部）

唐宋摹本都等同于顾恺之原作。曹植看到洛神的表情还比较粗犷，对人表现的还处于初级阶段。这张作品对每一个道具及自然万物的表现都精到之极，并没有重视人而不重视自然。但在西方世界不是这样。法国有一位画家洛兰。他后半生生活在意大利，是17世纪西方世界最伟大的风景画家，专画海边风景，被西方美术史称为“风景画中的拉斐尔”。在19世纪之前都没有独立的风景画，而是被命名为“历史风景画”。直到19世纪，独立的风景画才登上大雅之堂。在这方面，中国独立的山水花鸟画比西方早1000年，远远领先于世界。中国的艺术中，人和自然万物是合为一体的，这就是“天人合一”。

两河流域有一块浮雕，被认为是全世界表现动物表现得最好的浮雕——《猎狮头》。可见，杀戮和武力是他们所表现的目标。狮子并不是主体，真正要表现的是人。浪漫主义的特点就是画狮子和马、狮子和人斗。中国人在画狮子时与他们不同。比如我父亲徐悲鸿画的《负伤之狮》（图11），即便受伤之后，狮子也没有丢下尊严。孔子说：“君子惠而不费，劳而不怨，欲而不贪，泰而不骄，威而不猛。”中国的狮子是威风，不是张牙舞爪，这是中国艺术中的哲学，借用狮子来传情。这个特点上，中国艺术高于西方艺术。中国艺术画狮子和麻雀把自己对美的强调都放在里面，把观众和自己都放在里面。有时候画的是马，但表达的其实是画家自己在那个时代的期望。中国对待人和自然就是天人合一，物我两忘，没有谁主导谁，这是特别重要的一点。

我的父亲徐悲鸿追求神圣的美，画过孔子。当时他出国填宗教信仰的时候，填了“儒教”。他对孔子的研究和美学理解远远高于现在的画家。他画孔子选的是四个弟子陪着老师上课的情节。孔子说，如果你们得到赏识，你们的人生会怎么样？孔子旁边画的就是他赞赏的曾点，最粗鲁的是子路。子路说，要有一千辆兵车的国家，让我去治理。另一个弟子说，我会去五六十辆兵车的小国，让我去，三年能够治理得路不拾遗、夜不闭户。另一个说，我愿意在祭典时当个司仪，对老百姓进行教育。孔子都不以为然。最后曾点说，我最喜欢做的事就是暮春三月的时候，春服既成，带上五六个朋友、六七个小孩，去玩。浴乎沂，风乎舞雩，咏而归。这是我的抱负。孔子说，点啊，我的抱负和你一样啊！画家的抱负和孔子的也一样，不是什么治国大策。这就是中国的美学中人和自然的关系。人能够享受自然给予的美，这就是人的最高理想了，虽然不是那么容易做到的。孔子就是这样教导我们的，对于美和人生的理解和西方不同，很深邃。

图11　徐悲鸿《负伤之狮》

西方人则更喜欢走极端，写实，非常具体。综合主义从梵高开始，形变得越来越简单，最后演变成“白纸上的黑方框”。中国画家的写实和写意从来都没有极端，在处理各种矛盾时都要求恰到好处，这是中国哲学所说的“中庸”。齐白石说：“太似为媚俗，不似为欺世”。每个人在审美时都在处理矛盾，有直和曲的关系，有颜色和黑白的关系，有虚和实、大和小。中国艺术的伟大在于处理这些矛盾时处理得恰到好处。所以道中庸是讲将矛盾达到一个完美的和谐，这个特点在孔子的书中讲得很明白：尊德性，道问学，致广大，尽精微，极高明，道中庸。不走极端而是恰到好处，我认为是我们审美的最高境界。

我们的眼睛、耳朵、身体，所处的是一个美的世界。会审美，眼睛看到的、耳朵听到的都会和一般人不同。有了这个，我们的生活就会有更多的美丽、更多的真诚、更多的自信，还有更多的愉快。

中国文物艺术品拍卖市场全球化大幕正在拉开
——兼谈 2014 纽约中国艺术品国际论坛

中国拍卖行业协会副秘书长　欧树英

中国文物艺术品拍卖全球性市场已经形成

近年来，随着中国经济高速发展，以及中国新富阶层日益强大，中国文物艺术品拍卖市场得到了快速发展，也推动了全球性中国文物艺术品拍卖市场的逐渐形成。

2013 年 12 月，中国拍卖行业协会联合美国 Artnet 全球有限公司在北京、纽约同步发布《2012 全球中国文物艺术品拍卖市场统计年报》。年报显示，随着中国文物艺术品收藏投资的升温，世界其他地区做出相应调整以顺应市场对中国艺术品收藏日益高涨的兴趣。2012 年，全球共有 593 家企业从事中国文物艺术品拍卖，其中，中国大陆以外共有 238 家拍卖企业经营中国文物艺术品，比 2011 年增加 5.3%。尽管 2012 年中国大陆文物艺术品拍卖成交额大幅回调，导致全球市场缩减 37%，但海外的中国文物艺术品成交额达 166 亿元人民币（25.2 亿美元），占全球市场的 36.5%。这些数据表明，一个全球性的中国文物艺术品拍卖市场已经形成。

市场全球化下产生交流、协调新问题

在全球化背景下，进入 2013 年，中国的艺术品拍卖市场从业者发现，不论是中国嘉德、北京保利登陆香港开展业务，还是国际巨头苏富比、佳士得先后落户北京和上海，回应市场需求、满足收藏群体日益多元化的品味已成为市场关注的重点。但与此同时，国际上对中国艺术品市场 20 年来发展速度的不了解、震惊甚至质疑的声音却也始终存在。

更为重要的是，面对已经形成的全球性中国文物艺术品市场，正如中国拍卖行业协会会长张延华女士所说，以拍卖为先行的艺术市场在国际化过程中，各国观念、文化政策、进出口管理的不适应、不对等、不协调随处可见。国内艺术行业如何更好地参与国际竞争？艺术品进出境税制、拍卖增值税等困扰中国艺术市场国际化发展的现实问题如何解决？这些都成为了当下中国艺术品拍卖行业刚刚走向世界就已经体会到的现实问题。为此，交流与对话成为未来中国文物艺术品拍卖市场全球发展和中国文化走出去的客观需要。

艺术市场“中国军团”正式亮相纽约

为回应外界的疑问，同时寻求国际化过程中现实问题的解决之道，2014 年 3 月 13 日，中国拍卖行业协会选择在纽约亚洲艺术周期间，在世界艺术文化中心城市之一的纽约举办了“中国艺术市场的现实与未来”国际论坛。

论坛旨在搭建中国与世界艺术品行业领袖深层对话的高端交流平台，把脉中国艺术品市场的现实与未来，推动中国艺术品市场的健康发展。在历时一天的活动中，全球中国艺术品市场的权威人士与大量美国及来自世界艺术领域的听众进行了深入的交流。充分体现出论坛水准高、关注度高的特点。

论坛以探讨全球艺术品拍卖市场新时局推进全球艺术品市场的了解与融合为切入点，吸引了国际上中国艺术市场的相关权威人士纷纷到场。

中国方面，由文化部市场司孙秋霞副巡视员、中国拍卖行业协会会长张延华等带领，中国嘉德、北京匡时、北京翰海、北京华辰等国内主要艺术品拍卖企业积极参与。画廊、会展、研究机构等方面相关专家也集体亮相论坛。国际方面，包括法国拍卖协会（SYMEV）、美国国家拍卖师协会（NAA）、美国亚洲协会等重要机构，佳士得、苏富比等全球知名拍卖公司，以及画廊经纪、收藏、艺术市场研究、艺术品金融、主流媒体等各方面领军人物也纷纷前来参加。在这些国内外机构和专家的共同参与下，论坛的探讨水准代表了当前国际上对中国艺术市场发展与现状最权威的认识和判断。

应该说，此次论坛契合了近年来快速发展的中国艺术品市场对世界的影响不断扩大、而世界也亟需了解中国市场、共同寻找交流、发展机会的背景。因此，论坛消息刚发出就得到了积极的回应，论坛会场的100多个座位很快被预订满员，为此，论坛期间，会场外还专门开通了视频直播分流听众，安置闻讯赶来的艺术领域相关人士。据不完全统计，整个论坛期间，前来现场的听众将近200人。99艺术网、《中国拍卖》、《中国商报》、《艺术商业》等中国艺术品市场主要媒体对论坛进行了全程现场报道。在纽约总领馆帮助下，新华社、侨报等华文媒体记者到会采访，美国《巴伦周刊》、纽约时报等国外媒体也关注了此次论坛。

中国艺术品市场主动走出去初见成效

评价此次论坛，一方面，纽约论坛达到了交流的目的。嘉宾们围绕“新兴经济体下的中国艺术市场”、“中国艺术品需求和艺术品金融化趋势”、“中国当代艺术的发展”、“国际视野下中国拍卖市场的展望”四个话题展开讨论，非常及时地向国际解答了中国艺术品市场高速发展的实际情况及美好发展前景。而论坛外的各种探讨与交流也极大地加深了彼此对文化、市场、资源等方面的了解和认识。

另一方面，在中国拍卖人的努力下，纽约论坛收获了一个艺术品市场全球化的实质性成果——达成了“建立国际拍卖联盟，开启拍卖全球化时代”的共识。论坛期间，中国拍卖行业协会代表根据论坛嘉宾的互动，结合当前艺术品市场全球化的趋势，提出了“建立国际拍卖联盟，开启拍卖全球化时代”的倡议。以拍卖为先行的艺术品市场正在迎来一个全球化的时代，实现艺术品市场真正的全球化不仅体现在跨地区的业务经营，更需要把诸多不同观念和思想协调起来，共同解决国际业务中的不适应、不对等、不协调。这一倡议得到了美、法两国拍卖行业协会会长的积极响应。美国拍卖行业协会首席执行官汉尼斯·康柏斯特表示，拍卖是最好的定价方式，希望可以建立一个国际组织，各国间彼此合作推广，她期待着加入拍卖联盟。

国际联盟——应对市场全球化新的开端

纽约论坛的意义得到了媒体的高度评价。新华社、中央人民广播电台、上海证券报等以《中拍协拟牵头建国际拍卖联盟应对市场全球化》、《中国艺术界全面出击 争夺全球艺术市场话语权》、《中国艺术市场精英首次集中亮相纽约》等为题对论坛进行了报道和评价，认为“本次论坛最值得关注的亮点和精彩之处，不仅在于为不同国家之间的拍卖交流发展搭建了平台，还在于直接促成了以中国为倡议国，涵盖美、法两大拍卖市场的国际拍卖联盟的初步形成。”

客观的讲，国际联盟的建设，仅是解决当前日益困扰中国艺术市场全球化发展中公平、开放市场政策环境的一个新起点，艺术品进出境税制、拍卖增值税等的困扰仍然在短期内无法全面解决。

但有一点可以肯定，中国作为联盟发起国，背靠广阔的艺术市场，不仅争取到了中国艺术品拍卖的主动权和国际话语权，也将中国艺术市场带领到了一个新的高度。

书画鉴定方法研究

中国国家博物馆艺术品鉴定中心主任、研究馆员　岳峰

书画（书法和绘画）的真伪鉴定和真假鉴定是一个非常复杂的课题，特别是进入21世纪后，书画鉴定随着国内艺术品市场的火爆升温，出现了许多新的情况和问题。这些增加的难题也变得日趋复杂：高科技带来了高水平的以假乱真的高仿赝品；艺术品拍卖行业及鉴定行业的混乱使书画收藏爱好者和投资者不知所措；大量的高仿作品充斥市场，不仅是古代书画，近现代书画、当代书画作品特别是名家名作，均有仿制。这些现象不仅搅乱了艺术品市场，也使广大的书画收藏爱好者、投资者感到书画艺术品收藏与投资的水太深、风险太大，望而生畏，如履薄冰。因此本文就现代条件下如何进行书画鉴赏，谈一点看法与研究，仅供大家斟酌参考。

第一，书画的鉴定工作，无论是对征集、研究、陈展，还是收藏、投资、交流来说，都是一项最基本的基础工作。因为当我们对一幅书画的好坏和真伪没有一定认识的时候，所做出的任何行为都是盲目的，都承担着一定风险。所以书画的鉴定工作是所有书画行为中无法回避的一个重要程序。笔者认为，当我们打开一幅书画作品时，首先应对作品的艺术水平和艺术造诣的高低进行评判，然后再研究其真伪或真假。我们应该承认，在艺术品的瀚海中存在着“真的不一定好、假的不一定差”的现象。高水平的仿品同样也有一定的观赏价值和艺术价值，仿造者如果没有深厚的艺术功底，也仿不出高水平的作品。如张大千仿石涛一样，同样也有很高的收藏价值。更何况有不少古代的书画作品需要一个认定和研究的过程。除非是十分开门的精品之作或是仿得水平极差的东西，打开便知真假。而对于早期的古代书画作品和高仿名家作品，则应先评判好坏和高低，决定是否收藏，然后再去研究它的真伪与真假，决定怎么收藏。如果在一个有限的时间和空间里来确定一件古代书画和名家作品的真假，决定是否投资收藏，出现失误是很正常的，所承担的风险也较大。除非是有对某一个历史时期的作品或者是对某一个名家的作品相当熟悉，或有相当权威的专家在场，否则就会受骗上当。

真正的大家、名家的笔墨功底是非常到位的。而多数仿制者是无法比拟的，否则也就不用去仿了。所以，书画大家、名家的作品无论是工笔还是写意、无论是水墨还是着色、无论是界画还是泼彩、无论是山水人物还是飞禽走兽，无论是宫廷画家还是文人画家，其笔墨都非常准确到位，绝无多余之笔，既惜墨如金，又洒脱自然。而仿品是一笔一笔地照猫画虎，恭恭敬敬地进行仿制。而如果离开原作，故意洒脱，又会功力不足，就会失真，一定会出现“恭”而无“功”的感觉，这是仿品无法回避的现象。仿品中缺失真迹那种画家心、手、笔全神惯注、一气呵成、上下贯通的运笔效果，没有真迹的自然、洒脱与生动，也没有真迹中的灵气与神韵。因为真迹的每一处笔墨都源于画家的心底和情感（例1）。

第二，传统书画鉴定方法分为主要依据和辅助依据。主要依据是指时代特征和个人风格，辅助依据是指落款、印章、纸绢、题跋、著录、传续、装裱、鉴藏章、生卒年代对照等等（例2）。

例 1　左图为黄胄水墨毛驴伪作，右图为真迹

今天的书画鉴定方法中还增加了一些科技检测手段，如用场发射电子显微镜对纸张等的显微形貌、结构和织构进行图像观察与综合分析，用超景深视频显微镜对字画墨迹与纸张和绢丝纤维结合状况、痕迹和真品书画进行对比判断真伪；还有用便携式红外光谱仪鉴定化合物和测定分子结构，对书画的墨、颜料、印泥、绘画胶结材料等无机物和有机材料进行数据分析鉴定等。我们不能否认这对书画的鉴定是极为有益的，但是也必须承认，目前的科技检测方法还不够成熟，有待完善，无法像用仪器检测珠宝玉石的矿物成分那样简单明了。科技检测对书画鉴定的使用目前只能是一种辅助性手段，传统的目鉴法仍然是书画鉴定中的主要手段。

我们在书画鉴定要处理好主要依据和辅助依据的关系，主要依据来源于辅助依据，有的作品要看主要依据，有的作品可能要看辅助依据。虽然我们不能随意因某一项辅助依据来给一件作品

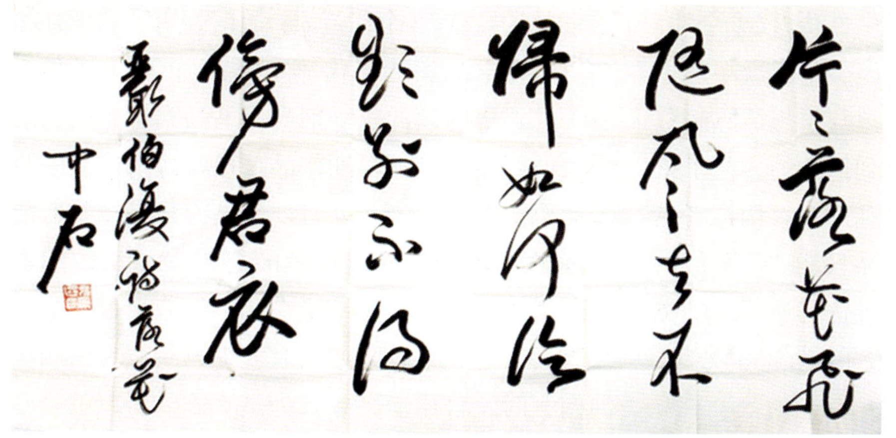

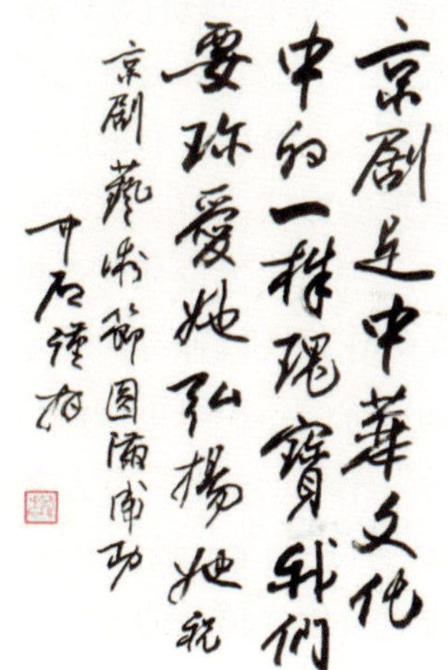

例 2　左图为欧阳中石书法伪作，右图为真迹

下结论，但是往往辅助依据却在我们的进行分析研究中起着相当重要的作用。所以，我们对一件书画作品的认定，一定要从全面的角度进行综合分析。现代高仿作品仅靠看落款、对图章、检测纸绢等方法是解决不了问题的。最关键的还是要看作品的时代特征和个人风格，也就是时代造就的痕迹和画家个人的笔墨风格特性。因为每一个画家，特别是大家、名家，在艺术上都是造诣非凡、自成一体的艺术家。由于他们各自的身世、修养、情感、思想、追求及审美理念的不同，因而形成了艺术上不同的个性风格差异和特征，这是伪作者所不知道、也无法具备的，因此无法仿制出与真品神形兼备的作品来。这是我们今天鉴定书画作品时需要把握的一个最重要方面。

作为一个书画鉴赏者，必须尽可能多地熟悉画家的方方面面，懂得画家的笔墨风格特征，了解画家的生活环境和时代背景。真正的艺术家，特别是大家、名家，对艺术的追求是很执著的，对艺术的态度是很严谨的，在艺术创作上也是非常负责任的。他们对于每一幅作品都很认真，即便是应酬作品也能见到大师们的功底与神韵。所以，每一幅作品都表达着画家的思想，寄托着画家的情感，流露着画家的心情，蕴涵着画家的寓意，都是他们对人生的理解、对社会的感悟、对客观事物及环境的认识和审美理念的体现。笔墨是画家通过手和笔流露出的内心情感与思想，从心到眼、到臂、到肘、到腕、到指、到笔、到墨、到纸，是一气贯通的。在笔墨之中见功力、见个性、见情感、见情趣。有的画家笔墨美感远远超过了所表现的形式内容，深深的寓意与思想情感暗藏其中。仿品是无论如何也做不到这点的。艺术家们在创作每一幅作品时的心境和用意，伪作者是永远也琢磨不出来的。所以仿品只能“形”似而“神”不似。那种“应物象形、传移摹写、随类附彩、古法用笔、经营位置、气韵生动”[1]的效果，伪作者是望尘莫及的。

第三，鉴定书画的古今真伪和作品的真假，除了上述要通过全面综合的研究和分析得出结果，更重要的是取决于作品给我们带来的有形的信息和无形的感觉，也就是画家的笔墨个性特征和通过笔墨所表现出来神韵与感觉。面对着浩如烟海的中国古代书画、近现代书画、当代书画，应该如何去认识和把握每个书画家的时代特征和个人笔墨风格呢？这就要靠一个书画鉴赏工作者长期认真、刻苦、专心地去对某一个历史时期或者是某几个画家、艺术家及其作品进行反复深入的研究，才能比较全面地认识和把握某一个历史时期作品的时代特征，或者是某几个画家的笔墨个性与神韵，否则就不可能成为一个有眼力的书画鉴赏家。虽然书画鉴定有一定的共性，但如果一个书画鉴赏工作者无论是古代、近现代还是当代作品，什么都能看，那他一定是个不负责任的、缺失严肃态度的所谓专家。因此，一个鉴赏家的知识水平、鉴赏能力与他的职业态度和人品道德是同样重要的。

书画鉴定是一项很复杂的工作，决不能随意仅凭某一方面现象就进行肯定或否定。最忌讳的行为就是在没有对作品认识和研究到位的情况下，随意得出绝对的真假结论，特别是对同一历史时期的高仿大家、名家的作品。如果不是十分“开门”的作品，轻率的做出结果性的定义，是一种既不客观也不负责任的态度。历史上同时代作假的情况，鉴定难度是很大的。如：明代大书法家董其昌有 13 个代笔人；周臣是唐寅的老师，在唐寅出名后给唐寅代笔（例 3）；张大千仿石涛等等。更麻烦的是个别当代书画家竟然因为水平太低否定自己的早期作品。现在博物馆、院收藏的范宽等人的宋、元时期作品，只是在我们所掌握的有限的信息资料范畴之内予以认定的真迹，很难说这些鉴定结论在几十年或上百年之后是否会有变化。乾隆帝当时发现第一幅《清明上河图》时，群臣们一致认为是真迹，所以乾隆帝

1. 我国南齐时期谢赫在其著作《画品》中提出的“六法”。

又是题跋又是签章，等后来又出现了第二幅之后，比较之下，得出第二幅才是真迹的结论。而历代收藏家或是鉴赏家也不一定都把握得很到位。所以我们在鉴定书画时，由于受客观因素和知识、信息所局限，出现看走眼的情况是可以理解的。如果想尽量地减少走眼现象，在鉴定中划出一些“存疑品”是比较妥当、也是比较客观科学的。有些书画作品现在认定是真迹，也许过几十年之后又被确定为仿品；而现在认定为仿品的，也许过几十年或上百年之后可能又被确定为真迹。所以将一些无法认定的书画作品或是认定难度较大的书画作品暂时放入到“存疑品”的行列里，留待我们有了更多的信息、更丰富的材料来进行研究和认识时，来作定论也不迟。如果为了顾及所谓“权威专家”的面子或声誉，在没有充足资料和根据的情况下，或是在某种利益关系的左右下，轻率地对一幅书画作品做出结论，将真的说成了假的，将假的定为了真迹，将是一种极不负责的违反职业道德行为，说严重点是对历史的犯罪、对中华民族文化的犯罪。

所以我们应该客观地认识到，对一幅书画作品进行鉴定，应该是对它进行认识和研究的过程。能看到哪一步，就看到哪一步，能认识到哪个程度、就认识到那个程度，这个过程长短将取决于其鉴定的难易程度。我们只要本着严肃认真、科学客观、公正公信的态度，本着对每一件书画作品都高度负责的态度去认识，就会减少失误，使每一件书画艺术作品都能得到相对准确的认定。

例 3　左图为唐寅《步溪图》伪作，右图为真迹

古陶瓷收藏雅俗辨

首都博物馆研究馆员，中国古陶瓷学会会员　龙霄飞

“崇高古器之风，自汉魏晋唐以来，至今日而极矣。百金贸一卮，数百金购一鼎，犹有病其价廉工俭而不足用者。常有为渺小之物，而费盈千累万之金钱，或弃整陌连阡之美产，皆不惜也。”[1] 明末著名的雅士李渔如是说，而今皆然。

当今之世，文物收藏热一浪高过一浪，而从古至今就是收藏重点的古陶瓷器更是人们持续追逐不断的“明星”。元青花鬼谷子下山图罐（图1）、明成化斗彩鸡缸杯（图2）等器物的天价拍卖助长了瓷器收藏的热潮，刺激着人们趋之若鹜。但这些高价之名品，可以说是古代瓷器中千筛万选的佳作，对于普通人来说那就是高不可攀的了。收藏热激发了普通人对收藏的向往与热衷，但对于没有收藏经历、鉴定经验和强大财力支持的普通人来说，要想得到好的收藏品更是难上加难。而即便是对富有财力的“土豪”藏家来说，往往就是以财力取胜，对于收藏到手的物品常常是雅俗不辨，物不所值。而真正的收藏家则有着独到的眼光，能在众多的各式器物中独具慧眼，收藏到物“雅”价“值”的尤物。

古陶瓷的收藏有着雅俗之分，收藏什么样的器物，投射出藏家的品位、修养与学识。如何来看古陶瓷收藏的雅与俗？在收藏过程中如何把握古陶瓷的雅与俗呢？

雅和俗是既对立又统一的概念，可以说是相反相成的。雅和俗的内涵十分丰富，既可以品评人物的行事风范、文学作品的写作风格，也可以表述艺术审美的理想、工艺技术的优劣。对于雅与俗的认知，不同时代、不同人群有着不同的看法，随着时代和风尚的演变而发生着相应的变化。“雅”与“俗”这对美学范畴是随着音乐兴起而产生的。其后，美和艺术的发展与雅俗的对立和

图1　元青花鬼谷子下山图罐

图2　明成化斗彩鸡缸杯

1. 明 · 李渔：《李渔全集》，第三卷《闲情偶寄》，浙江古籍出版社，1987年，第215页。

发展紧密联系在一起。雅与俗之争贯穿古今。

中国古陶瓷的发展演变也同样反映出雅与俗的不同格调，在其生产和制作的过程中，既反映出了当时社会对于雅与俗的基本共同认知，同时也多少掺入了制作工匠个人的审美与雅俗喜好。陶瓷属于工艺品的范畴，既有艺术品的创作，又有批量产品的生产，其雅俗标准自然有所区别。古人对此也有清醒的认识，特别是明代士人、文人等知识阶层对于古代工艺品的鉴赏是有着基本要求和标准的，这一点要比今天我们很多所谓的收藏家眼光要高的多。

明代文震亨在《长物志 · 卷七 · 器具》中说道："今人见闻不广，又习见时世所尚，遂致雅俗莫辨。更有专事绚丽，目不识古，轩窗几案，毫无韵物，而侈言陈设，未之敢轻许也。"[2]这也是当今古陶瓷收藏中常见的情况。时下收藏家层次良莠不齐，真正有品位、有见地、有追求和有个性的藏家可以说是凤毛麟角；而更多的是经济实力雄厚、但对于所要收藏的对象缺乏研究和鉴赏，甚而是要依靠专门的鉴赏家或者掮客来收购、竞拍藏品的"藏家"。自己对于所要收藏的门类都没有一定的研究或者鉴赏水平，连藏品的真假都不能断定，更谈不上对于器物的雅俗分辨了。

明代高濂在《遵生八笺 · 论官哥窑器》中指出："俗人凡见两耳壶式，不论式之美恶，咸指曰'茄袋瓶也'，孰知有等短矮肥瘦无矩度者，似亦俗恶。若上五制，与敀姬壶样，深得古人铜铸体式，当为官窑第一妙品，岂可概以茄袋言之？"[3]这其中明确说到，同样一种器物，由于肥瘦高矮等的不同，而体现出了雅与俗的不同品味。

那么陶瓷的雅与俗是如何表现的呢？知道"雅"也就可以判断"俗"了。

古陶瓷的"雅"应该有以下几个方面：

首先，器物在制作上精巧细致。陶瓷的制作是土与火的艺术，从取土、炼泥、拉坯直至上釉、烧成等一系列的过程都要精益求精，每一步都不能苟且，这才能保证出窑后器物的精巧与细致。古人形容著名的柴窑作品是"青如天，明如镜，薄如纸，声如磬"，这也是对制作精细的陶瓷器物的生动描述。青如天，表明了器物表面的釉色滋润、透亮；明如镜，指出了器物釉面的光泽度好，对光线有很好的反射；薄如纸，说明了器物的胎体轻薄而细腻；声如磬，体现了器物胎质坚硬，陶泥炼制细腻精纯。因此，一件陶瓷器物的制作是否精细，要看其胎质是否坚致细腻、釉色是否光洁莹润。

如何看一件器物制作是否精细呢？要看细节。釉层无论是厚还是薄，都要匀净光润；如果施釉有浓淡变化，则要求釉层的变化要过渡自然。釉面的光泽度虽然有"明如镜"的赞誉，但不能过于刺目，要有深沉、含蓄的韵味，也就是我们常说的不能贼光太重。对于器物的胎体来说，拉坯要圆润，修坯要规整，通过釉面不能看到过于明显的拉坯痕迹，特别是有接胎做法的器物，接胎的痕迹不能过于突出。

其次，器物在造型上要讲究。

一件陶瓷器物让人看到或者感觉到的首先是它的外形，就如同一个人映入别人眼帘的首先是他的身形一样。因此，陶瓷器物造型的好与坏、优与劣同样反映了其雅与俗的程度。

判断一件古陶瓷器物造型的雅俗，可以从其线条是否流畅、比例是否协调上来考量。

器物的轮廓线就是线条，不同时期、不同种类的器物外形轮廓是有差异的。器物的造型有繁简之分，因而在线条勾勒上也是各有特点。简单造型的器物线条看似单调，但往往难于把握，容易流于僵硬、滞涩。直线要笔直而有力度，虽然直却看似有弹性；弧线要有曲度，起伏要柔缓而富于韵律。复杂造型的器物线条由于结构的不断地重复与组合避免了过多较长的线条而易于把

2. 明 · 文震亨原著，陈植校注：《长物志》，江苏科学技术出版社，1984 年，第 246 页。
3. 明 · 高濂：《雅尚斋遵生八笺》，书目文献出版社，第 405 页。

握，但无论是对直线还是弧线的审美要求都是一致的。器物线条的流畅与陶瓷工艺密不可分。拉坯成型时手艺的熟练与否，决定了外形的线条是否连贯以及胎体收与放的程度；修坯时如能够去除拉坯时出现的缺陷，则可以修正外形轮廓线条出现的问题；而修坯的好坏也影响着施釉的效果，釉的厚薄同样也影响着器物外形线条的流畅程度。

陶瓷器物各部分的比例是否协调也决定着这件器物的雅与俗。比例是器物自身各部分的大小、长短、高低在度量上的比较关系。比例的协调与否全凭工匠的个人修养、经验与审美水平。依现代审美要求来说，如果能够符合黄金分割比例是最完美的。但我们对于古人是不能如此苛求的。对于陶瓷器物来说，各部分的比例能够基本符合时代审美要求，相对协调就是很好的了。

比例是否协调必须要符合几个原则，即“统一与变化、对称与均衡、节奏与韵律、过渡与呼应”。

统一与变化是艺术创作的普遍法则。统一是使器物实现形、色、质的同一，呈现出整齐、简洁、纯净的状态；变化是器物在形、色、质上的差异，在保持统一的前提下，表现出器物各部分的差异性，使得器物造型呈现出丰富多姿的形态。对称与均衡是形式美的原则。对称能够产生肃穆、端庄、稳定的效果，均衡则使器物动中有静，生动、活泼而有变化。节奏与韵律是自然和现实中体现美的规律，表现在器物造型上，就是指线条的流动、色彩的变化、形体的高低错落等。节奏与韵律的共同之处是重复与变化，在重复与变化中不断强化韵律美，丰富造型的表现力。节奏表现的是秩序，而韵律表现的则是变化。过渡与呼应是产生联系美的法则。过渡是在器物的不同形状或者色彩之间，采用既联系又渐变的形式让二者相互协调；呼应是器物不同部位间的形、色、质之间的相互联系与照应。过渡与呼应让人在视觉上产生整体的和谐感与相互关联的统一感。

一件器物能够达到以上几个原则，就基本做到了比例的协调，也就可以说一定程度上实现了“雅”的效果。

再次，器物表面的装饰要工细。

器物表面的装饰包括釉、彩、纹饰。釉与彩表现出的是色彩的效果，而在色彩的颜料上需选配合理，冷暖色调的搭配要协调，不致出现艳俗的效果。宋代钧窑天青釉与玫瑰紫斑颜料的相配合，青与红色彩的搭配呈现出一冷一暖的效果，以对比的手法相互衬托表现出各自色彩的风采，青色冷艳，红色浓烈，呈色极正；而元代钧窑则青色泛灰发白，呈色也不匀，玫瑰紫斑也十分浅淡，与泛灰发白的青色很难形成对比，远远不及宋代钧窑的水平。纹饰则既有图也有各种附饰。图则分为规矩图案和绘画两种，规矩图案无论是二方连续还是四方连续都要设计合理、描绘工细；绘画则要看构图与用笔，应以古人绘画的要求来判断，合乎古人绘画构图与用笔的基本要求。附饰则是指在器物表面装饰的模印、贴花、堆塑等装饰物。附饰只是作为点缀来出现，设计合理可以锦上添花，而不能喧宾夺主。

最后，要从器物的整体面貌来审视。一件器物在整体上要合乎规范，符合时代审美风格，品相要好。整体合乎规范，就是从选料、拉坯、绘画直到烧制等都要合乎工艺流程。符合时代审美风格，就是从器物造型、釉彩色泽、纹饰描绘以及工艺特色上都要能体现出时代风格，具有典型的时代特点，有鲜明的时代个性。品相要好，则是指一件器物造型要规整，线条要流畅，釉面要匀净，纹饰要精美，不能出现夹扁、剥釉、烧失等工艺缺陷。釉色美者，沉静怡人；器型美者，优雅动人；纹饰美者，生动引人。

当然，雅与俗的判定并不是绝对的，而是相对的。不同时期、不同地区、不同人群对同样物品雅俗的判定是存在差异的。“至于永乐细款青花杯，成化五彩葡萄杯及纯白薄如玻璃者，今皆极贵，实不甚雅。”[4]永乐青花、成化斗彩（当时人称作五彩）葡萄杯等在今天看来并不是欠雅之物，价也极高，而在明代时人看来，虽然价值“极贵”，但确是“实不甚雅”之物。古今审美差距之大可见。我们常常可以看到题材俗而造型雅、造型俗而题材雅的器物；雅可以俗，俗也可雅。李渔在他的名著《闲情偶寄 · 器玩部 · 制度第一》中举例说到：“如瓮可为牖也，取瓮之碎裂者联之，使大小相错，则同一瓮也，而有哥窑冰裂之纹矣。柴可为扉也，取柴之入画者为之，使疏密中窾，则同一扉也，而有农户儒门之别矣。人谓变俗为雅，犹之点铁成金，惟具山林经济者能此，乌可责之一切？”[5]可见，不同的处理方法，同样的物品可以不同的风格；雅俗同理。时俗风尚也是随着时代的变化而发生更易。“时尚流行、变化之快，其结果则是显而易见：正当流行之际，大众普遍以此为美，无不崇尚，殊不知时尚流行速度太快，先前还以为美妍的服饰，等到大众上身，穿戴出去，反而被人掩口而笑。”[6]

收藏既要明白雅俗之辨、清楚雅俗之意，要有一以贯之的独到审美精神，同样也要有“与时俱进”的胆量与眼光。不同时代，都会涌现出伴随时代要求应运而生的各类实用器物和工艺品，有思想、有眼光的收藏者往往能够抓住时机，预测并把握收藏风尚，获得心仪之物。“古玩、古董（一作骨董），是历代常见之词，人们崇尚古玩，甚至将其当作清雅之物，并不奇怪。按照一般的常理，玩好之物，理应以古为贵。但明代出现的‘时玩’这一新名词，倒是颇为令人瞩目，而且吸引了众多收藏家的注意。诸如永乐之剔红，宣德之铜器，成化之窑器，虽说都是出于明代的时玩，但其价格已经可以与古玩相匹敌。这股好时玩之风，始于一二雅人的赏识摩挲，滥觞于江南的好事缙绅，最后经徽州那些巨商大贾的推波助澜，在全社会形成了一时风气。”[7]陶瓷的收藏亦然。

雅俗之辨，不是非此即彼，对于雅的认识是需要培养的，不是谁告诉这个雅、那个俗你就能够把握住雅与俗了。要把握古陶瓷收藏的雅与俗，就要掌握中国古陶瓷的基本知识，要了解不同时期陶瓷发展的风貌与特点，掌握基本的中国古陶瓷发展史。古人常说，功夫在诗外。古陶瓷文化是中国文化中的一个分支，在收藏古陶瓷的过程中，不能仅仅掌握陶瓷本身的知识，还要了解与之相关的历史、文化、艺术、技术等背景知识和基础知识。由于古陶瓷文化涉及的内容丰富，举凡历史、美学、工艺等方面都在古陶瓷中有所反映，说到具体内容则包含了诗词歌赋、历史典故、书法绘画、篆刻雕刻、古人生活、饮食起居、美术设计等诸多方面。

我们在看陶瓷器物的造型时，对于美学设计方面要有基本的认识，明确什么样的线条、什么样的造型是优美的、典雅的；在了解陶瓷器物的用途时，就要知道不同时代古人的生活习惯与习俗，要把器物放到当时的历史环境中去找寻它本来的面目；探讨陶瓷器物的装饰和纹饰时，对于装饰有文字与绘画的内容，要清楚历代书法绘画的特点，要知晓民间书画与宫廷书画的特色；对于不同的故事画面，要能运用古代的历史典故、历史故事来解释和说明这件器物；对于书法和绘画的特色，要能与同时代的书法绘画风格进行比对，找出渊源和模本；对于诗文要能明了其出处。这些对于深入和全面了解一件古陶瓷器物的方方面面是十分有帮助的。因此，加强各方面的修养和知识储备，对于古陶瓷的收藏是非常必要的。

最后，介绍几本收藏、鉴赏中国古陶瓷应该读的基本著作。

1.《陶说》

4. 明 · 文震亨原著，陈植校注：《长物志》，江苏科学技术出版社，1984 年，第 318 页。
5. 明 · 李渔：《李渔全集》，第三卷《闲情偶寄》，浙江古籍出版社，1987 年，第 201 页。
6. 陈宝良：《明代社会生活史》，中国社会科学出版社，2004 年，第 16 页。
7. 陈宝良：《明代社会生活史》，中国社会科学出版社，2004 年，第 45 页。

清朱琰撰，共六卷，分为《说今》（饶州今窑、陶冶图说）、《说古》（原始、古窑考）、《说明》（饶州明窑、造法）、《说器上》（唐虞器、周器、汉器、魏晋南北朝器、隋器）、《说器中》（唐器、宋器、元器）、《说器下》（明器），全书对中国陶瓷工艺史、艺术史和经济史等方面进行了概括性叙述，是我国第一部陶瓷史性质的专著。

2. 《陶雅》

《陶雅》原名《瓷学》，后改名《陶瓷汇考》，成书于20世纪初，作者为陈浏（寂园叟）。该书为笔记体，文字简练，一物一条，涉及瓷器的釉彩、器型、窑口、纹饰、款识等诸多方面的问题，但缺乏一定的系统性和条理性。

3. 《景德镇陶录》

《景德镇陶录》为清景德镇人蓝浦原著，后经郑廷桂增补，嘉庆年间刊行。全书共十卷，讲述了景德镇窑的历史、制陶工序、陶务、不同时期器物的特点以及仿古窑的情况等内容，是一本详细介绍景德镇陶瓷烧造的专著。

4. 《中国陶瓷史》

《中国陶瓷史》由中国硅酸盐学会主编，文物出版社出版。这本书是中国硅酸盐学会组织全国各方面的陶瓷专家集体编写而成的中国古陶瓷的专业书籍，共十个部分，按照中国历史时期从新石器时代到清代分别介绍每一时期的陶瓷发展概况，全面、系统讲述了中国古代陶瓷的发展历史；本书重史实，以资料说话，丰富而翔实，是学习、研究、收藏古陶瓷的必备书籍。

5. 《中国陶瓷》

《中国陶瓷》是国家文物局系列文物教材之一，由著名古陶瓷研究家冯先铭先生主编，上海古籍出版社出版，朱伯谦、李辉柄、安金槐、汪庆正等著名陶瓷学者参与编写，是一部十分权威的著作，但又不是学术论著，因此有简明而实用的特点，全书分为陶器和瓷器两个大部分，分别论述，重点在瓷器部分，非常适合初学者使用。

6. 《明清瓷器鉴定》

《明清瓷器鉴定》是古陶瓷鉴定家耿宝昌先生的著作，为作者长期从事陶瓷鉴定的经验总结，属于断代陶瓷鉴定的专书；该书内容详备，行文简洁，条目清晰，对于明清瓷器的鉴定可以说是一本非常实用的工具书。

7. 《中国古陶瓷鉴赏》

《中国古陶瓷鉴赏》为陈文平先生所著，由上海科学普及出版社出版。

这本书以通俗的语言和精美的图版介绍中国陶瓷的历史、鉴定和欣赏的基本知识，论述简明扼要，重点突出。在陶瓷鉴定上讲述了鉴定的方法、内容，辨别古瓷和仿古瓷的规律，详细介绍了一些名词术语，这些都是在学习古陶瓷鉴定时应该具备的基本常识；在具体的内容上按照窑口讲述不同品种的基本特点，分条指出鉴定要点，一目了然。

还有三本工具书，也是案头必备的。

1.《中国古陶瓷图典》冯先铭主编，文物出版社 1998 年 1 月出版。

2.《简明陶瓷词典》汪庆正主编，上海辞书出版社 1989 年 11 月出版。

3.《中国工艺美术大辞典》（陶瓷部分）吴山主编，江苏美术出版社 1989 年 8 月出版。

收藏是一种艺术，不是附庸风雅。

“至于玩好之物，惟富贵者需之，贫贱之家，其制可以不问。然而粗用之物，制度果精，入于王侯之家，亦可同乎玩好；宝玉之器，磨砻不善，传于子孙之手，货之不值一钱。”[8]

8. 明 · 李渔：《李渔全集》，第三卷《闲情偶寄》，浙江古籍出版社，1987 年，第 201 页。

启功先生《自撰墓志铭》解读

阜阳市书法家协会名誉主席，启功先生学生　张传亭

启功先生 66 岁还健在时，就预先给自己写好了墓志铭，这真是一大奇事！27 年后，这篇墓志铭就镌刻在北京香山万安公墓里启先生的墓盖上。

墓志铭全文如下：

“中学生，副教授。博不精，专不透。名虽扬，实不够。高不成，低不就。瘫趋左，派曾右。面微圆，皮欠厚。妻已亡，并无后。丧犹新，病照旧。六十六，非不寿。八宝山，渐相凑。计平生，谥曰陋。身与名，一齐臭。”

这其实就是一首三言的自嘲诗。虽不能说后无来者，但可以说前无古人。真是好诗、奇诗！夺人眼球，撼人心旌，语淡意深，幽默含蓄，警世醒俗。下面试着谈谈读后的感受和体会，以求教于方家。

启先生的墓志铭无疑是其一生的高度概括，句句写实却句句含有故事。“中学生”，准确地说，启先生是高中肄业生。他虽是“天潢贵胄”，但家道中落，且屡遭不幸。一岁时父亲病逝，十岁时曾祖父和祖父相继去世，难以度日。他祖父的众多门生共捐款 2000 元，为其买长期公债，每月得利息 30 元。他家三口从他 11 岁到 18 岁靠的就是这笔钱了。小学和中学分别有人为他提供担保和资助。提供中学担保的是他曾祖父的门生，并表示愿意资助他一直念下去，直至大学以至出国留学，但他高三没读完就因故中途辍学了。他之所以后来能成为“副教授”，与他的恩师陈垣先生的栽培和提携是密不可分的。他辍学后为了谋生计找工作，别人把他推荐给时任辅仁大学校长的陈垣。陈校长称赞他“写作俱佳”（字写得好，文作得亦好），并两次把他介绍到中学教书。但每次教不到两年，皆因中学没毕业教中学，以“不合制度”为由把他解聘了。启先生为养家糊口，教过家馆，卖过自己的画。在他处于困境之时，陈校长施以援手，对他说：“不教中学咱教大学，你来我校，从大一国文教起，我与你教同一个年级同一个教材，咱一块备课。”就这样，在陈校长多年精心培养下，启先生从一个中学生成长为一位大学副教授。

他开篇就写“中学生，副教授”，就是对资助他、培养他成长的好心人的最好回报，没有让他们失望。字内包含以往的艰辛，外透心中的万分感恩之情。“副教授”还有另外一层意思，1956 年启先生任教授不久，被划为右派，教授也被黜免，降级仍为副教授。知此背景，读到“副

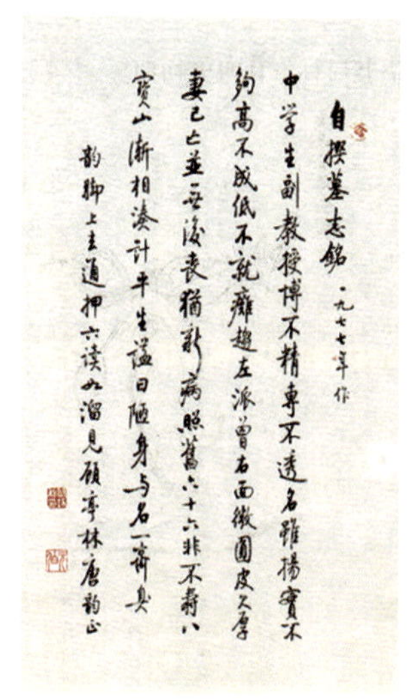

启功《自撰墓志铭》

教授”谁不辛酸，谁不扼腕？启先生写此之时，尚未平反改正，明为实话实说，暗则借此以泄胸中之块垒也。

“博不精，专不透”，其实不然。被称作中国民间文学之父的钟敬文先生，后来题诗盛赞曰：“诗思清深诗语隽，文衡史鉴尽菁华。先生自富千秋业，世论徒将墨法夸。”钟先生指出，启先生不单单是书画家，更重要的是“文衡史鉴”家，是诗人，是思想家。“先生自富千秋业”，更是对启先生骄人业绩的高度概括和热情礼赞。众所周知，启先生精于文史，精于古代书画鉴定，尤其鉴定古代书画，需要博与专的知识，方能相得益彰。他自言“博不精，专不透”，不知他的经历者会以为仅仅是他谦虚的说法，了解他的人就会于此无声处听到他心底的呐喊：连我这样的平常人，还落个受到多次批判走白专道路的下场，天理何在？

“名虽扬，实不够”。启先生1952年为人民文学出版社出版的《红楼梦》程乙本作注释，这是新中国建国后首次出版的《红楼梦》注释本。连红学大家俞平伯先生也称赞说：“注《红楼梦》非启元白不可（启功字元白）。”1957年《文物》杂志刊载全国五十位著名画家，启先生居其中。1965年中日两国首次书法展选了启先生书写的陆机的《平复帖》释文。晋代陆机的《平复帖》，历来被认为文字奇古，不可尽识，日本的一位书家学者试释第一行竟错了几个字，启先生是完整释读它的第一人，此举震动当时的中日书坛。1971年，启先生被顾颉刚点将，参与了中华书局《二十四史》和《清史稿》的点校工作。1977年中华书局出版了启先生手写的《诗文声律论稿》，赢来诗坛和书坛的钦敬与喝彩。此时虽未达到鼎盛之巅，但已名扬中外了，可见“名虽扬”不为虚夸，而他仍保持平常心，因为胸中还有更高的追求，所以深感“实不够”。

“高不成，低不就”。聘为教授对教师而言可算是高“已”成了，而启先生聘为教授不久被划为右派又降为副教授，真是“高不成”了；作为教师，登上讲台授课是最起码的待遇吧，即所说“低不就”，他划成右派后被剥夺了登台授课的权利，“文革”中被罚打扫厕所，不是他不想低就，是人为的不让他低就，他不能低就。启先生借俗语入诗，明是自谦、自嘲，实是对自己遭受不公正待遇的强烈控诉。

“瘫趋左，派曾右”。启先生还有诗曾道：“左臂行将枯，左目近复坏。左颧又跌伤，真成极右派。”说明“瘫趋左”不假，他被打成右派也是事实。他以实言身体左部有病起兴，引出政治上曾受的迫害——1958年被错划成右派。他不是在北京师大划为右派的，是在被临时抽到中国画院时，该院为了凑够右派指标数定他为右派的，是一个无“鸣”、“放”言论的右派。了解启先生的人都知道，不要说给党提意见，就是给朋友

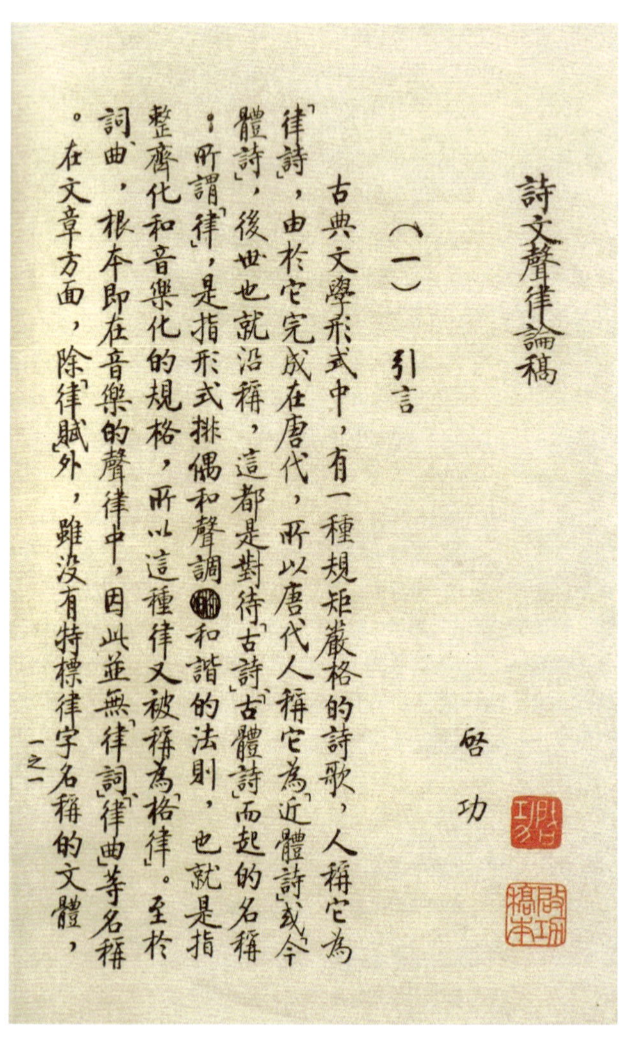

詩文聲律論稿

啓功

（一）引言

古典文學形式中，有一種規矩嚴格的詩歌，人稱它為「律詩」，由於它完成在唐代，所以唐代人稱它為「近體詩」或「今體詩」，後世也就沿稱，這都是對待「古詩」「古體詩」而起的名稱。所謂「律」，是指形式排偶和聲調和諧的法則，也就是指整齊化和音樂化的規格，所以這種律又被稱為「格律」。至於詞曲，根本即在音樂的聲律中，因此並無「律詞」「律曲」等名稱。在文章方面，除「律賦」外，雖沒有特標律字名稱的文體，

一之一

启功《诗文声律论稿》

他也不会提意见。那怎么会成为右派呢？常言道，欲加之罪，何患无辞。整他的人终于找到一条罪状，说他曾称赞过某画家的画有个性，并引用“春色满园关不住，一枝红杏出墙来”的诗句赞美这位画家的美好未来。于是在批判他的会上，整人者无限上纲，说他不满当时的大好形势，意欲“出墙”脱离党的领导，大搞个人主义。会后启先生被正式划为右派。启先生以左边身体之病与政治上受到严重迫害被划为右派并论，左、右相对之工，举重若轻，实乃含泪的幽默啊！当时他曾悲愤地劝慰师母说：“我是‘封建余孽’，不做‘右派’谁做呀！”这其中谁知饱含多少痛苦和辛酸！

“面微圆，皮欠厚”。读到这里，启先生的形象立刻浮现在眼前：矮胖的老人和蔼可亲，微圆的面孔透着慈祥与微笑。他襟怀坦荡，与世无争，将辛酸与苦辣咽下。他脸皮薄不是说对丑恶无动于衷！为什么先生讲自己“皮欠厚”呢？难道读者不会想到有一些人并非如此吗？启先生口述历史中曾说：“令我奇怪的是，在摘掉右派帽子之后，那位给我戴帽的先生好象没事人一样，照样和我寒暄周旋，真称得上‘翻手为云覆手雨’、‘宰相肚里能撑船’了。”启先生没说此人即脸皮厚者也。由此我联想到，不学无术窃居要职者、贪他人之功据为已有者、虚报成绩大吹大擂者、错整他人不知悔悟者等等，皆“皮欠厚”之反面——脸皮厚者也！脸厚心黑者，就会走向道德沦丧、违法乱纪犯罪之路，遭人唾弃。看来，在名利面前还是“皮欠厚”。启先生的妻子章宝琛，长他两岁，贤惠达理，敬老侍长。他们虽无子女，却恩爱相伴终身。在最苦难的反右日子里，启先生的母亲和姑姑（为抚养启功，终生未嫁）相继去世，全靠他妻子一人照顾两位老人。为此，为感恩妻子，启先生请妻子坐在椅子上，给她磕了一个头。妻子病重时，启先生给她读自己写的诗：“结婚四十年，从来无吵闹。白头老夫妻，相爱如年少。”“相依四十年，半贫半多病。虽然两个人，只有一条命。”“今日你先死，此事坏亦好。免得我死时，把你急坏了。”读着读着两人抱头痛哭。1975 年，他的妻子没看到他平反昭雪，没看到他重获荣耀，撒手去了。

启先生万分悲痛，常对人说，妻子跟他受尽了苦，没享过福。他多次为妻子念往生咒，把歉疚、祝愿、感念全寄托在声声经诵中。妻子去世时启先生 62 岁，不久平了反，后来名气越来越大，为先生介绍对象的踏破门槛。以当时的情形看，启先生如想续弦，找一个大姑娘也是易事，但他对妻子的真情至爱是忠贞不渝的。写墓志铭时距妻子离世刚两年，之所以说“丧犹新”，是因为不能忘！自己照旧病着，更勾起对亲人的思念。启先生还有一首《赌赢歌》诗，讲他妻子曾戏言，她死后一定有人给先生介绍对象，为此两人打赌，结果是启先生赢了——未续弦。这一赌一赢，既是对亡者深沉的悼念，又表现了启先生崇高的爱情观和脱俗的人格。黄苗子先生曾发出这样的感慨：“受了《赌赢歌》的感动，人们再也不会有包二奶之类的妄念了。”先生说“并无后”，从血缘关系上说是实言，另一方面，足以表明先生不囿于“无后为大”的世俗偏见。启先生爱学生，把学生视为自己的孩子悉心教导。我可以告慰先生：你的学生和你的粉丝就是你的孩子，将延续你的香火，传承你的学养和精神，直到永远。

“六十六，非不寿。八宝山，渐相凑”。这是面对人生的乐观看法，生与死是人生的规律。不以人的意志为转移。以宋代为例，晏殊、欧阳修、王安石、苏轼、黄庭坚、范成大、姜夔等几乎都是在 65 岁左右去世的，也不能说不长寿，更何况他们的诗篇千古不朽呢。启先生光阴并未虚度，且成绩斐然，扬名宇内，与古代大家比肩亦毫无逊色。正值劫后余生，他敢于直面渐近八宝山（公墓）这一现实，更懂得时不我待。1976 年粉碎四人帮后，他重登讲台，欣喜地为“文革”后首届学生写诗道：“粉碎四人帮，日月当头换……长征踏新途，四化争贡献。”他深知须加倍努力，方不负大好时代。

“计平生，谥曰陋。身与名，一齐臭”。头两句字面上的意思，是说回首以往，自己只能称作“浅陋”。启先生为何如此自嘲呢？使我想起他曾说过的话：“我嘲讽不了别人还不能嘲讽自己吗？”我感受到在这自嘲的字里行间洋溢着惋惜和愤慨之情。从划成右派到写墓志铭，已过去20年了，耽误了20年，岂能不“陋”！划右派时他46岁，正是精力旺盛、该出成果之时，要不是耽误了这20年，我想启先生的人生会更加精彩。他视已为“陋”，也许是由此而发的无限感慨吧。结尾两句，我认为启先生是想埋葬那20年的屈辱人生，预示着他将重获新生，面对的将是无限美好的未来。启先生小时候是北京雍和宫记名的小喇嘛，法号“察格多尔札布”。每年他都去拜佛，直到两条腿实在行动不便才没去，但也不忘托人替他去礼拜。正因为他是佛家弟子，所以才如此看淡名利，看淡世俗。

启先生这首短诗，高度概括了自己的前半生，如诉如泣，无悔无求，给人留下深刻的记忆并广为传诵。下面我试着谈一下此诗的五大艺术特色。

其一，这首诗抑扬顿挫协调。我发现所有奇数句的尾字几乎全是平声（只有一个“左”字是例外，为第三声，因要左对右，无法更改），所有偶数句的尾字全是仄声，且都是第四声，所以读起来一扬一抑，音调十分优美。另外，虽说此诗是三字句，但也有音节上的变化，如“中学生”、“六十六”、“八宝山”等是三字一个音节，要连读；如“博不精”、“名虽扬”、“计平生”等是两个音节，上一下二的句式，即读成“计——平生”；象“谥曰陋”、“一齐臭”等虽也是两个音节，却是上二下一的句式，读成“一齐——臭”。音节变化自由，音调抑扬有序，因之读起来朗朗上口。

其二，这首诗虽属古风，但诗里用了不少对偶句子，如“名虽扬，实不够”、“瘫趋左，派曾右”、“面微圆、皮欠厚”、“丧犹新，病照旧”，等等，均对仗工稳，内涵丰富，好读易记，增强了感染力。

其三，通篇72个字，无一个生僻字，不用一个典故，大量使用口语、俗语、平常语，用浅显易懂的语言表达厚重深沉的感情，且语言风趣诙谐，清新活泼，既易博得读者的认同感，又增强了亲和力。

其四，这首诗形如打油诗，似非经意之作，这样认为就大错特错了。此乃墓志铭，焉可随意而为？我以为此诗是先生倾情倾力之赋，独具匠心之作。举个小例子加以说明：诗后他自注“六，读如溜，见《唐韵正》。”如果不见此注，人们会把六读成仄声(不管读成liù或lù，都是仄声)，且是第四声，而下句的“非不寿”之寿（shòu），也是仄声，属第四声，这样两个第四声连读，就不如一平一仄那样的音韵给人以美感了。启先生加个注，说明六可读成平声，避免了两仄声重读的问题。我查了一下，方知《唐韵正》一书，乃清初顾炎武所撰，是研究音韵学的著作。正因为启先生具有广博深厚的音韵学功力，方能驾轻就熟，信手拈来又恰到好处。从启先生的加注，我体会到他写此诗认真用心，不经意处见学识，婉言与实话相映成趣，幽默与庄重相谐同辉，造意精细而深远，抒情至诚而浓郁。

其五，这首诗采用自嘲的手法，如天马行空，挥洒自如，充分抒发了内心的真情实感，是此诗深得读者喜爱的一大成功之处。

前些日子翻阅《清史稿》，看到有对启先生的先祖和亲王弘昼的记载。和亲王弘昼是雍正皇帝的第五个儿子，是乾隆皇帝的五弟，和王曾言：

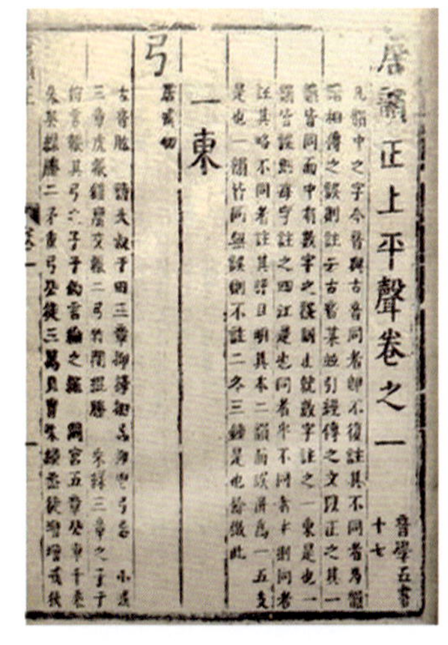
唐韻正上平聲卷之一
音學五書
十七
一東
弓
居戎切

明 顾炎武《唐韵正》

“人无百年不死者，奚讳为？”意思是他认为人没有不死的，为什么要忌讳它呢？这种正视生死的态度是可取的。下面的记载，就觉得这位和亲王有些怪诞了。说他“尝手订丧仪，坐庭际，使家人祭奠哀泣，岸然饮啖以为乐。”意思是，他活得好好的，亲自制订为他治丧的仪式，让人演习一番。他坐在庭院里，让他的家人都来痛哭祭奠他，而他严肃地又吃又喝，以此为乐。今日看来，实有点令人哑然失笑，但如此作为，使人们感受到他对人之生死十分坦然的心态。

启先生先祖和亲王活着的时候让人为他哭丧，被后世视为“谈资笑料”。而启先生66岁自撰的墓志铭，给后世留下的却是不朽的诗篇！

第二部分 艺术市场报告

序言

2013年，中国艺术品市场呈现平稳发展的态势。2012年的市场回调并没有在2013年带来市场总量的萎缩，反而市场总额比2012年有小幅增长。2013年各地区各门类共有4件过亿的拍品，以前高价迭出的中国书画门类，全年只有一件作品过亿，即黄胄的《欢腾的草原》。普遍的成交价格更为平实，高价艺术品的迟付拒付现象较之前两年大为减少，还有相当数量的名家精品守住了千万元以上的价格台地。

同时市场对于具有时代风貌的新作品新门类，比如当代工笔国画，呈现出明确的追捧势态。三年以来这个门类的价格已数倍于以前。由于传统板块的高端资源日渐稀缺，市场对于具有鲜明原创风格和时代风貌的作品风格和新兴门类有着很高的自觉性和热情。目前艺术市场对于拍品已有明确的升级换代意识，但新艺术家群体的出现和新艺术风格的确立很难一蹴而就。

2013年，艺术品作为企业资产配置的特点愈发明显。经过2010年和2011年的艺术市场的爆发和泡沫化，市场进入理性发展阶段。企业对艺术品的系统收藏呈现平稳扩张的势态。随着艺术品市场的演进，国家提倡文化创意产业政策的实施，企业收藏的规模和资金正在迅速发展。本年以来，上海的龙美术馆、南京的四方美术馆等一批民营美术馆陆续开幕，可以说经过多年的藏品积累，又恰逢政府提倡文化产业政策的配套，中国正在迎来一个民营美术馆发展的高潮。艺术品收藏的功能已经从单纯的投资保值形态，演变成企业利用艺术品营造文化形象和企业品牌的公司战略，艺术品从单纯的投资盈利功能演变成体现企业软实力的资产配置。

拍卖交易中的真伪鉴定引发的争议，在2013年度显得尤为引人关注。作为中国艺术品市场中的最大门类，占据约60%以上市场份额的中国书画，虽然有明确的不担保真伪的免责条款，但相关规定一直聚讼纷纭，广受藏家的诟病。书画的存疑品和赝品交易，众所周知向来分为两个门类，即新仿和老仿。其中新仿的赝品越来越多的开始入侵各个拍卖行的季拍、小拍，甚至成为某些小拍卖行的主打商品。从整个社会环境看，它与食品造假、药品造假、金融欺诈等诸多问题一样，是诚信缺失在艺术门类中的表现。但是由于拍卖中不担保真伪条款及缺乏政府监管，赝品交易在艺术品市场中尤为猖獗，极大的损害了收藏者的信心和利益。

传世书画作品鉴定的复杂性向来是中国艺术品市场聚讼纷纭的难点。在近二十年的中国书画市场上，有两次影响巨大的争议个案。一次是1999年美国大都会博物馆购藏王季迁所藏《溪岸草堂图》的争议，另一次就是最近在2013年底上海龙美术馆购入北宋苏轼《功甫帖》而引致的真伪争议。而《功甫帖》的争议则集中体现了真伪鉴定的复杂性和学术困局。收藏界和艺术市场都在思考，传世文物的真伪之争是否应当因行政主导而形成官方结论？上博馆员的鉴定意见公众应当理解为官方结论还是个人意见？公立文博机构及专业人员是否应当回应收藏界的殷切需求，通过适当途径提供鉴定服务？当下专家的个人意见与传世的权威结论之间如有冲突应如何向社会介绍展示？《功甫帖》的个案充分体现了这些问题的复杂性和不确定性。同时也表达出市场呼吁公立学术机构的专家介入鉴定服务的强烈需求。

回顾2013年艺术市场，展望未来，可以明确感受到艺术市场正在进入历史转折的弯道，它清晰地体现在三个方面：首先是收藏家和市场对于年轻艺术家和新的艺术风格的期盼，造成这种期盼的原因首先是传统的交易门类已经价格高昂和资源枯竭，其次是因为新一代藏家有着新的审美理念和收藏需求。在此我们要提醒投资者和藏家的是，能够通过艺术考验和市场筛选的艺术家及其作品终归是小概率事件。第二是机构收藏将成为中国艺术品市场持续发展的主要动力。2013年诸多私人企业美术馆的建立得到了政府发展文化产业政策的支持。企业美术馆的建立使艺术品交易摆脱了频繁换手、单纯牟利的模式，艺术品收藏成为建设企业品牌、承担社会责任的重要战略需求。第三，无论是在近现代绘画板块中大量存在的赝品交易，还是在古画市场中出现的鉴定困难，都凸显出中国艺术品交易中不担保真伪条款所造成的困局，市场和藏家强烈呼吁专业人员的介入，也强烈期盼交易规则的改善。中国艺术品市场大规模无标准的现状，已经发展到了不得不改的地步。对此而言，艺术品市场的健康发展一定要突破就事论事的技术层面，必须在资源整合和制度建设上有所建树，才能开拓新的局面。

A 规模：市场平稳发展 主流品类涨跌互现

图 A-1 2000-2013 年中国艺术品拍卖成交总额

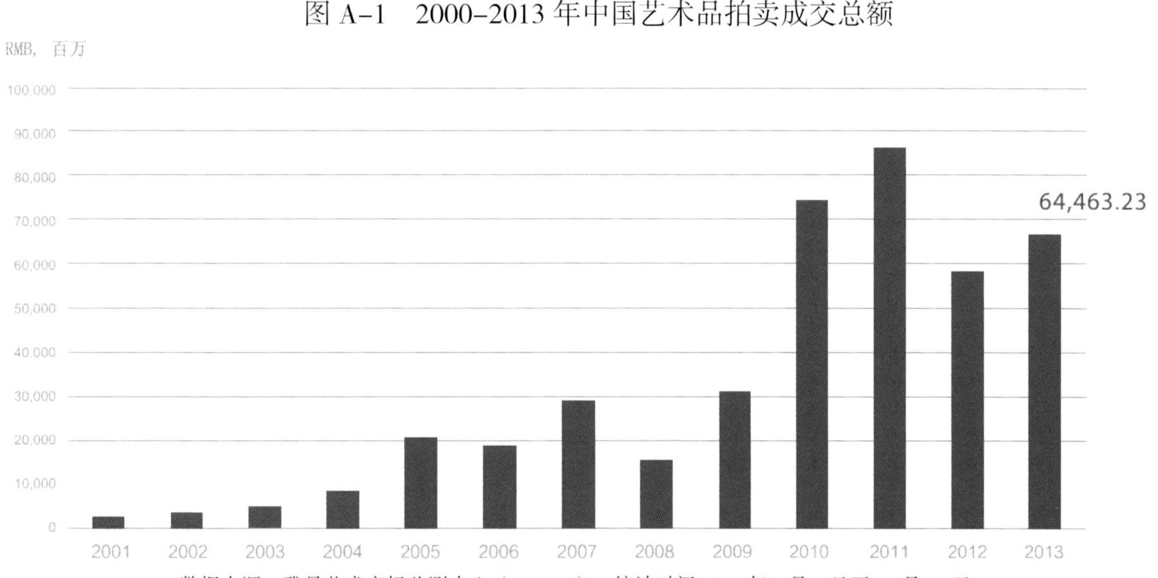

数据来源：雅昌艺术市场监测中心（AMMA），统计时间 2013 年 1 月 1 日至 12 月 31 日。

中国艺术品拍卖市场经过 20 年的发展，在经历成交额持续增长并在 2011 年达到峰值后，2012 年市场在结构和需求等方面的盘整使市场总额缩水 34.67%。2013 年迎来艺术市场的稳健发展，市场成交额、成交量与 2012 年基本持平，各品类的市场份额涨跌互现，拍品成交区间呈现的对比可见市场中低端市场的庞大需求。

2013 年度，举办拍卖会的公司数量、总拍卖会数、专场数、拍卖作品数量、成交数量和成交总额同比 2012 年均有所增加，其中上拍量、成交量和成交总额分别同比增长 14.94%、9.04% 和 1.88%，而拍品均价与成交率则有所降低，由 2012 年秋的 23.38 万元 / 件降至 21.85 万元 / 件，成交率仅为 46%。即在市场的供应量明显放大、需求基本稳定的情况下，入场资金增加不明显。主要原因在于精品释出量减少，普品乃至低端拍品、赝品鱼龙混杂，拉低拍品总体均价，影响市场交易质量。

尽管 2013 年度拍品市场均价下滑，但在市场信心提升、实力雄厚的买家增多及买家艺术品识别能力提升的情况下，市场关注度不仅仅聚焦在高端精品，而是遍布在各个价格区间，追捧有明确传承出处的精品佳作。2013 年度有 4 件亿元拍品，比 2012 年度减少 1 件，各主流品类各占 1 席，内地仅有 1 幅黄胄的绘画作品《奔腾的草原》在保利秋拍中以 1.29 亿元成交，其他 3 件亿元拍品均来自香港苏富比："明永乐 鎏金铜释迦牟尼佛坐像"由内地企业家郑华星以 1.87 亿元人民币拍得，摘得 2013 年度中国艺术品拍卖之冠；曾梵志《最后的晚餐》以 1.42 亿元的成交价刷新艺

图 A-2　2013 年各价格区间成交数量占比

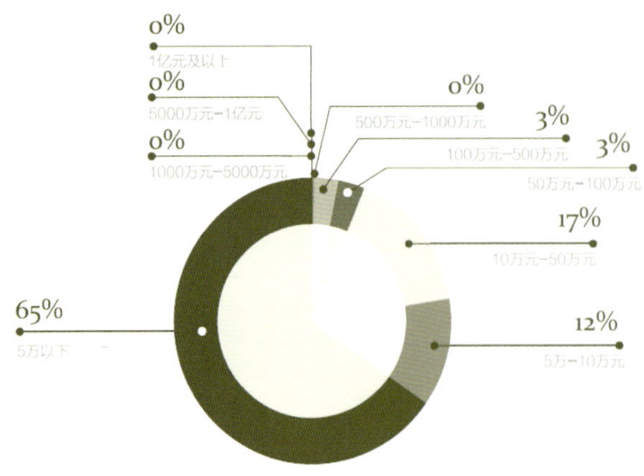

数据来源：雅昌艺术市场监测中心（AMMA），统计时间 2013 年 1 月 1 日至 12 月 31 日。

术家个人价格纪录以及当代亚洲艺术品的拍卖纪录；“明成化 青花缠枝秋葵纹宫碗”在“秋葵宫妆：成化青花宫碗”专场中最终以 1.11 亿元人民币成交。

与 2012 年度相比，除亿元拍品在数量及成交总额上减少之外，其他价格区间均有不同程度的增长，而作品单价提升的仅为 50 万以下的拍品。相较于以往掐尖的现象，2013 年度名家精品普遍守住了千万元以上的价格高地，千万至亿元的作品共有 472 件，比去年增加了 14.84%，成交额增幅 16.26%，市场支撑力度增强。100 万至 500 万价格区间仍然为市场资金集中区，市场份额最高为 29.1%。此外值得注意的是，占据市场交易量近 94% 的 50 万以下的拍品，作品单价提升，其中 5 万以下的作品单价比去年提高 3.04%。这显示出市场信心提升和平稳发展，拉动了低

表 A-1　2005-2013 年中国艺术品拍卖市场情况

项目	2005 年	2006 年	2007 年	2008 年	2009 年	2010 年	2011 年	2012 年	2013 年
拍卖公司数量	108	162	143	146	148	221	357	360	387
拍卖会数量	230	313	295	308	297	506	778	740	853
专场数量	665	863	881	911	963	1,694	3,112	2719	3168
上拍件数	193,570	227,313	218,167	234,494	241,331	422,820	663,653	558903	642397
成交件数	113,302	111,968	129,626	127,105	146,778	244,480	327,212	270567	295039
成交比率（%）	59	49	59	54	61	58	49	48	46
总成交额（RMB，百万）	15,593.14	16,546.75	25,705.91	20,420.03	23,145.69	59,652.51	96,845.90	63271.4	64463.23

数据来源：雅昌艺术市场监测中心（AMMA），统计时间 2013 年 1 月 1 日至 12 月 31 日。

图 A-3　2012 年和 2013 年各价格区间内总成交额分布图

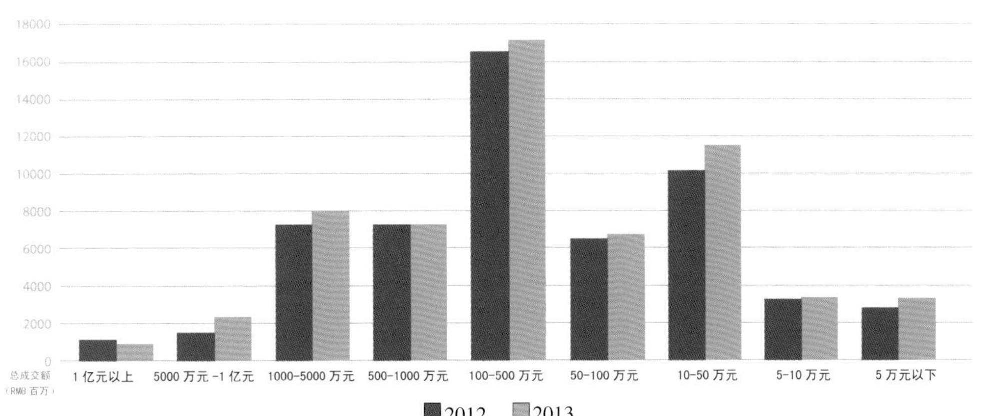

数据来源：雅昌艺术市场监测中心（AMMA），统计时间 2013 年 1 月 1 日至 12 月 31 日。

端拍品的价位，小名家精品、新青年艺术家作品和小杂项等已成为新入市买家和普通藏家关注的焦点。

拍卖主流品类方面也呈现出平稳上升的发展态势。2013 年三大主流品类总成交额为 581.33 亿元，占总成交额的 90.18%，较 2012 年上涨 2.43%。这主要归功于中国书画、油画及当代艺术的成交总额及所占市场份额的增加。2013 年，中国书画专场数量、成交数量明显上升，总成交额为 354.08 亿元，回到 2010 年的水平，市场份额为 54.93%，比上年度提升 4.73%。油画及当代艺术板块总体也呈现上升的势头，市场总额比去年增长 14.72%，市场份额提升 1.11%。而瓷器杂项在上拍和成交规模扩充的情况下，成交总额与市场份额双双下滑，总成交额为 163.31 亿元，比 2012 年减少 10.21%， 市场份额下降 3.41%，仅为 25.33%。这主要由于瓷杂拍卖地区拍卖总额的下滑，其中珠三角和长三角下滑最大，地区瓷杂成交额同比去年分别下降 53.12% 和 47.41%。究其原因在于瓷杂市场庞杂，拍品质量严重下滑，精品匮乏，市场难以为继。

整体而言，2013 年度中国艺术品拍卖市场呈现平稳发展的态势，2014 年市场依然沿着平稳可持续发展的轨道前进，并逐渐走向理性成熟与专业，拍卖公司更加注重商业和学术的深度与挖掘，市场新的增长点和着力点已经更加清晰。

图 A-4　2000-2013 年主要艺术品类成交额占总成交额比例图

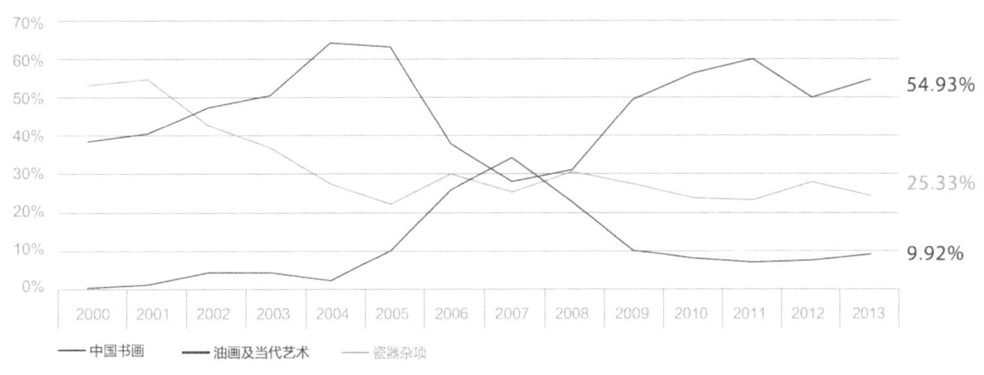

数据来源：雅昌艺术市场监测中心（AMMA），统计时间 2013 年 1 月 1 日至 12 月 31 日。

图 A-5　2013 年各艺术品类成交额占比

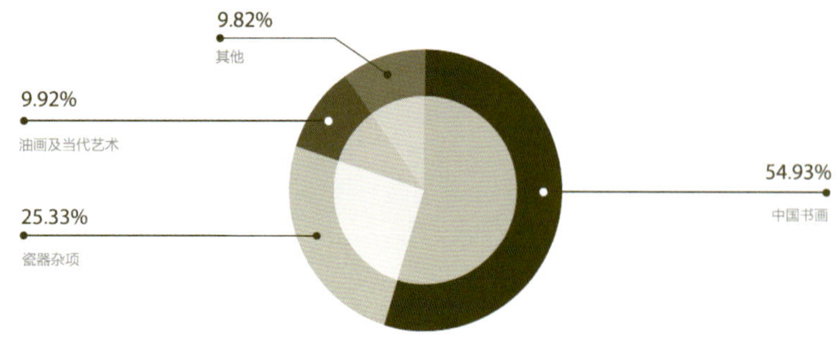

数据来源：雅昌艺术市场监测中心（AMMA），统计时间 2013 年 1 月 1 日至 12 月 31 日。

图 A-6　2013 年各艺术品类上拍数量占比

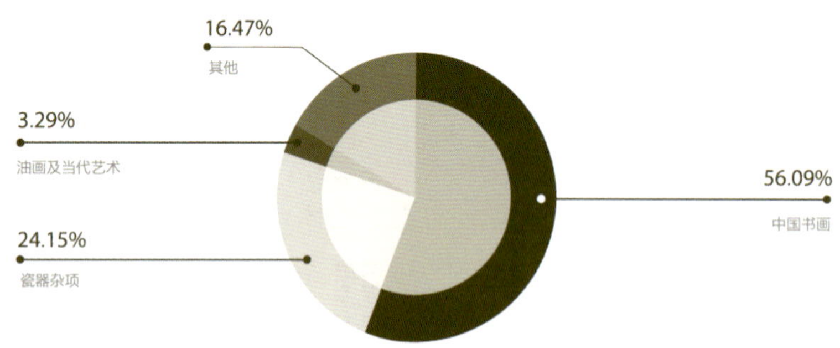

数据来源：雅昌艺术市场监测中心（AMMA），统计时间 2013 年 1 月 1 日至 12 月 31 日。

B 品类：市场供需结构调整 精品板块显现买家偏好

2013年，在收藏群体由传统的个人藏家向企业藏家转变的背景下，艺术品市场供需结构均在发生变化，各品类成交量变化有所不同，书画所占市场份额有小幅提升，油画与当代艺术成交量稳定，成交额明显上升，而瓷杂与此相反，成交量增大成交总额反而减少，单品价格更明显下挫。

B.1 书画：市场止跌企稳 精品难求备受追捧

2013年，中国书画仍占拍卖主导优势，总体成交状况平稳。据雅昌艺术市场监测中心（AMMA）统计，2013年度，中国书画板块成交总额为354亿元，占市场份额54.92%；作品上拍360,335件，同比上一年度增长64,278件，成交了160,544件。然而这些指标的增加并未带来书画市场作品单价及成交率的提升，拍品质量的参差不齐、精品数量的减少是主要原因之一。

作品价格区间方面，如2013年整体拍卖市场发展走势，中国书画高端市场份额缩减，中低端市场份额增长。2013年精品资源的稀缺性也使得亿元拍品的市场份额骤降，由2012年的7件跌至2013年的1件，市场份额缩水88.14%。而中低端市场涨幅明显，500–1,000万元的中高端市场份额比去年上涨了16.22%；中端、中低端、低端市场呈现递增式上涨，涨幅分别为6.64%、14.44%、23.13%。这一现象的出现主要与财富阶层的投资需求、收藏理念的变化密切相关。艺术品尤其是作为其中大项的书画，在资产配置方面的功用更加突显，经历市场“高烧”后，理性购藏的理念获得广泛认可，加之艺术品市场仍处于“挤泡沫”的时期，中端及以下的艺术品既能满足精神审美需求，其投资风险又相对较小。

图B–1 2013年中国书画市场行情企稳

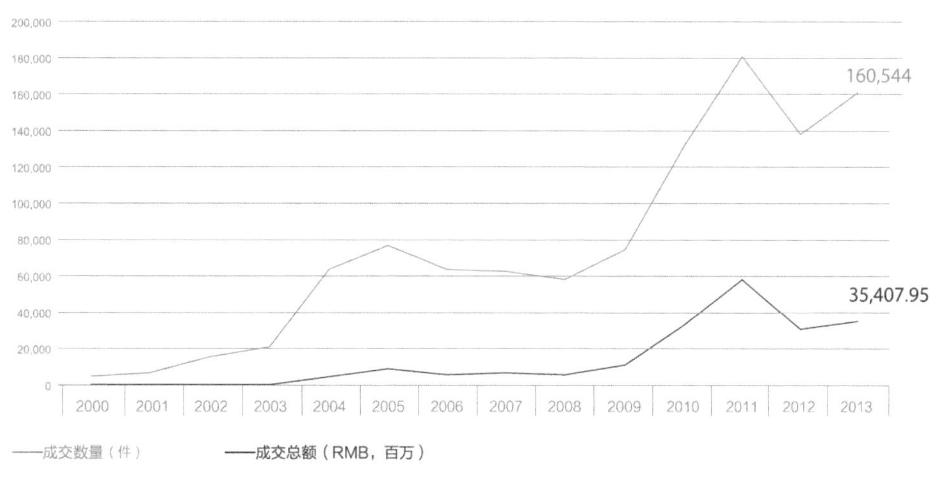

数据来源：雅昌艺术市场监测中心（AMMA），统计时间2013年1月1日至12月31日。

此外，中国书画板块没有出现较为集中突出

图 B-2　2013 年中国书画仍为艺术品市场的支柱板块

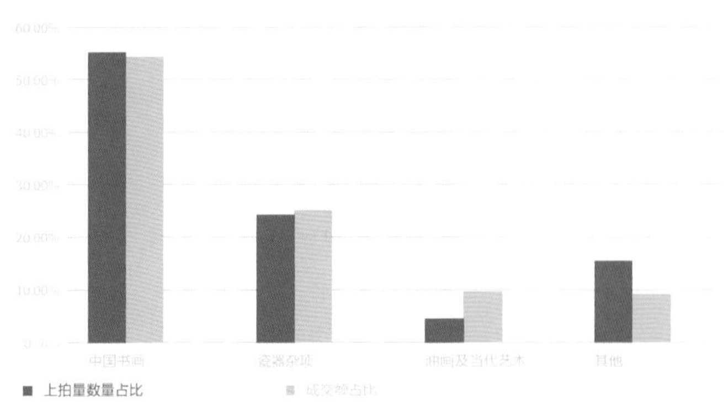

数据来源：雅昌艺术市场监测中心（AMMA），统计时间 2013 年 1 月 1 日至 12 月 31 日。

的大行情，各时期的书画成交状况中均有亮点，但比较分散，业内人士大多预测，未来 3 年至 5 年内，中国书画板块中的精品与普通作品之间的价格两极化的趋势将愈加明显。

中国古代书画板块中，由于这一市场此前被过度开发、快速消费，原先流通的古代书画精品正在沉淀，流入终极藏家手中，甚至成为博物馆、美术馆的藏品，导致其精品资源日益紧张，尤其是名家作品成交状况不佳，有力例证则是，古代书画板块中上镜率名列前茅的“元四家”、“明四家”、“清四王”等，其中多半出现明显的量价齐跌的局面，像“清四王”中的王翚，其作品成交量跌幅达到 53.19%，成交额也缩水了一半。而像鲜有露面的宋元时期作品，引得藏家竞相追捧，更成为促使 2013 年古代书画市场稳中有升的重要力量。北京保利在 2013 年秋拍中推出的“仰止——马远重要作品”宋画专场，不仅交出了白手套，其中《松岩观瀑图》和《高士携鹤图》更分别以 4,082.5 万元和 2,472.5 万元的高价成交。

2013 年，近现代书画市场呈现小幅震荡，仍然处于深度调整期，精品佳作、藏家专场仍然备受市场青睐。2013 年春拍时，北京匡时推出的“澄道——中国书画夜场”中，傅抱石 1946 年创作《后赤壁图》（立轴）以 3,795 万元人民币成交；张大千 1944 年创作《红拂女》（镜心）在嘉德春拍中以 7,130 万元被拍出。到了秋拍，黄胄无疑成为中国近现代书画市场最为火爆的艺术家，其作品出现在各大拍卖行展场的重要位置，作品

图 B-3 2013 年中国书画最具升值潜力的价位区间成交额小幅增长

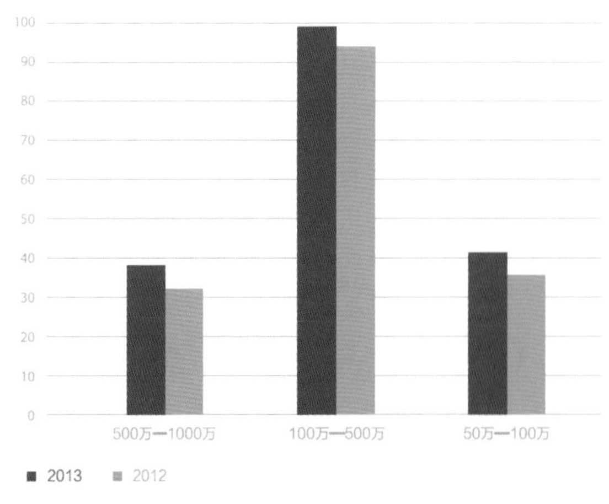

数据来源：雅昌艺术市场监测中心（AMMA），统计时间 2013 年 1 月 1 日至 12 月 31 日。

高价迭出。在北京保利“黄胄美术基金会推荐专场”中，除了一件过亿作品外，黄胄在1962年创作的《巡逻图》也以4,542.5万元高价成交；1972年创作的《幸福一代》则以4,025万元成交；1976年作《飞雪迎春》以2,357.5万元成交。

值得一提的是京津画派在近现代书画板块中一直处于强势地位，而到了2013年，这一现状的平静被来自其他地域性画派的代表人物打破了，比如来自长安画派的黄胄，50万元以上成交的作品有414件，比2012年仅多出3件，但其成交总额增幅则达到了44.56%；同一画派的刘文西，由其创作的《幸福渠》以4,060万元在中国嘉德秋拍中成交，其在中国书画成交排名中的位次也由2012年的511名升至26名。其在中国书画成交排名中的位次也由2012年的511名升至26名。无独有偶，岭南画派同样有不俗的表现，比如8,960万元成交的黎雄才《长青不老松》成为其2013年个人纪录中的冠军之作，两件过千万的黎雄才作品共斩获1.06亿元。对于不同画派的梳理和开发，一方面出于拍卖公司在近现代书画市场布局上力图避免单一化，从美术史中挖掘更多新鲜作品，以填补市场调整期出现的空档，另一方面也体现了藏家的审美需求更加多元化。

2013年，当代书画板块专场成交率较高，中坚阶层艺术家的作品市场交易较为活跃。当代书画板块的高人气足以说明，其收藏群体并未退场，且基础稳固。2013年当代书画专场共246场，比2012年多出74场，成交率100%以及成交率在70%–99%的当代书画专场，则分别比2012年多出8场和45场，其成交额也提升了24.37%和63.2%。这一方面说明资本炒作“退烧”，买家不再追涨，出价理性，以及藏家对当代书画审美标准及其艺术价值认定日趋成熟、客观。另一方面，中坚艺术家作品市场的稳中有升，更为真实地反映了当代书画板块的成交状况，成为这一板

图 B–4　2013年当代书画专场成交率较高

1000
100
10
1
成交专场　成交总额（亿元）　100%成交专场总额（亿元）　70%–99%成交专场总额（亿元）

数据来源：雅昌艺术市场监测中心（AMMA），统计时间2013年1月1日至12月31日。

图 B–5　2013年国画400成分指数下降8%

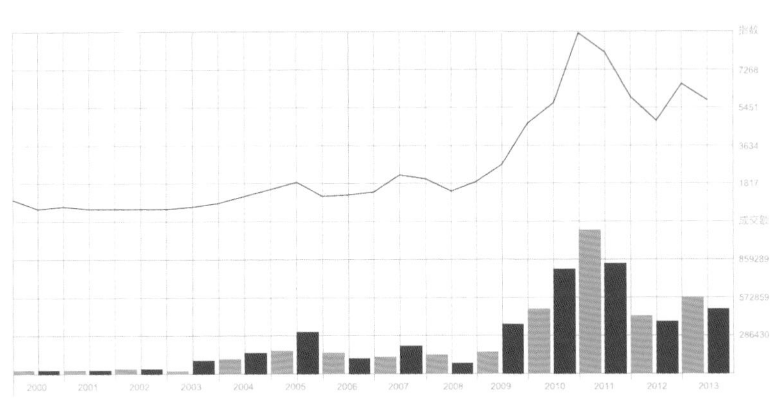

数据来源：雅昌艺术市场监测中心（AMMA），统计时间2013年1月1日至12月31日。

块持续发展的有效动力。

图 B-6　2013 年度瓷杂板块市场价位下移

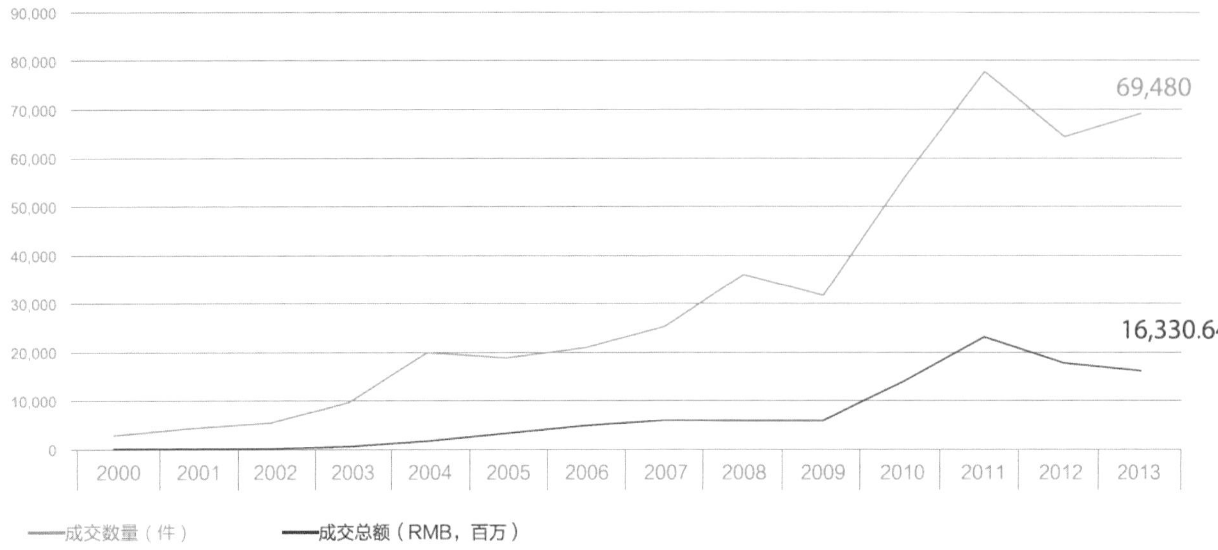

数据来源：雅昌艺术市场监测中心（AMMA），统计时间 2013 年 1 月 1 日至 12 月 31 日。

B. 2 瓷杂：市场整体量升价跌 精品优势不减

2013 年瓷器杂项市场表现差强人意，市场规模量升价跌。从 2012 年开始，受经济大环境的影响，瓷杂市场信心还处在培育和集结的过程中。2013 年，瓷器杂项市场共计上拍 155,163 件，成交 69,480 件，较去年分别增长 6,046 件和 4,717 件，成交额达 163.31 亿元，同比减少了 18.56 亿元。市场总体仍处于调整状态，藏家出手理性谨慎，更多目光集中在中低端拍品，这其中瓷器市场表现尤为明显。2013 年瓷器市场规模缩减，单品均价下跌，中低端拍品关注热度提高。瓷器上拍 39,741 件，成交 17,571 件，较去年多出 5,374 件，成交额 45.24 亿元，较去年下降 24,132 万元，均价由此前的 39 万元 / 件（套）下降至 26 万元 / 件（套），价格的下跌幅度较大。明清时期瓷器均价由 2012 年的 44 万元跌至 33 万元，近现代瓷器由 2012 年的 22 万跌至 12 万，下降幅度近一半。这一下滑趋势主要是由于：一方面精品资源减少，缺少高价拍品的拉动；另一方面，在整体经济环境不明朗的情况下，艺术品投资作为稳固的避险方式，吸引了部分藏家和机构的青睐，但是由于瓷器本身的特殊性（储运和鉴定难度大，流动性较差等），并不是投资型买家的理想对象。但不乏高价拍品出现，香港苏富比推出的“明成化 青花缠枝秋葵纹宫盌”，即以 1.11 亿元成功易主，该拍品既是本年底瓷器市场的价格之王，也是明代瓷器全球第二高拍卖成交价。

二三线瓷器拍品成为 2013 年度收藏投资的重要目标。在 2013 年瓷器市场中，500 万以上价格区间的拍品成交量同比下降 12.67%，成交额占瓷器市场成交总额的 37.43%，同比下降 6.31%；50–500 万价格区间拍品成交量下降 1.90%，成交额占瓷器市场成交总额的 30.42%，同比下降 4.98%；50 万元以内拍品数量上升 47.07%，成交额占瓷器市场成交总额的 26%，同比上升 8.71%。在市场调整期下，藏家资金倾向于价格合理的拍品，二三线瓷器拍品将成为这一阶段瓷器拍卖市场的基本成分，其价格结构将向着更为合理的方向调整。

从区域分布来看，香港地区瓷器市场优势突出。2013 年，香港市场在成交率相当的情况下，以相当于内地市场五分之一的成交量，获得了相当于内地市场一半的成交额，在均价上远胜于内地拍品，瓷器单价为 60 万元 / 件；并且在 2013

年中国艺术品拍卖TOP100榜单中，上榜的11件瓷器中有9件来自香港地区，内地仅有2件入围，地区优势由此可见一斑。

相较于瓷器市场，拥有较为稳定藏家群体的杂项市场更为活跃。2013年，入围年度中国艺术品拍卖高价TOP100中的26件瓷器杂项拍品中，杂项占有14席。具体到杂项细分门类中，佛教文物、古典家具、玉石器、古籍善本表现不乏可圈可点之处，体现出高端拍品多元化特征。

佛教文物在2013年因为1.87亿元人民币高价成交的“明永乐鎏金铜释迦牟尼佛坐像”鹤立于杂项市场。2013年佛像文物成交2,868件，成交额达10.61亿元，比2012年分别增加49.61%和91.39%，作品单价也由28.93万元/件增至37万元/件。珍精拍品拍卖亦表现出色，除了刷新中国雕塑世界拍卖纪录的“明永乐鎏金铜释迦牟尼佛坐像”，在香港苏富比秋拍“重要中国瓷器及工艺品”同一专场中，“宋12/13世纪木雕加彩观音菩萨半身像”成交价为1,092万元人民币；在香港苏富比秋拍“艺海观涛：坂本五郎珍藏中国艺术”中，一件“唐 夹纻乾漆佛头像”以3,191万元成交，该专场中以高古佛像为主的25件器物成交率达92%，这或对中国内地高古佛教艺术作品市场有一定推动。内地共有7件拍品突破千万，包括北京翰海“宋代（960–1279年）苏频陀尊者”与“宋代/元代（960–1368年）注荼半托迦尊者”，另外5件千万拍品均花落北京，且均为明代金铜造像。

玉石器作为蕴含深厚道德寓意与文化内涵的物质载体，其把玩件、摆件存世者重，为2013年度市场份额最大的杂项板块。玉石器呈现量增价跌的特点，虽然上拍量有所增加，但是并未提升成交总额与成交率。乾隆、嘉庆父子二人的两方玉制印玺为亮点。“清乾隆 御制白玉交龙钮‘自强不息’宝玺”在中国嘉德以6,670万元成交，位列年度艺术品拍卖TOP100第16位；“清嘉庆‘嘉庆御笔之宝’交龙钮碧玉宝玺”成交价为3,450万元。这两方玉玺竞得如此价格，反映出高端艺

表B–1　2010–2013年瓷器拍卖价格区间表

价格区间	2010（件）	2011（件）	2012（件）	2013（件）
1亿元以上	4	6	5	1
5000万元–1亿元	4	10		4
1000万元–5000万元	72	135	59	37
500万元–1000万	117	156	86	89
100万元–500万	533	984	632	632
50万元–100万元	541	904	684	659
10万元–50万	2,621	3,201	2,663	3,093
10万以内	9,221	11,408	8,068	13,056
总计	13,113	16,804	12,197	17,571

数据来源：雅昌艺术市场监测中心（AMMA），统计时间2013年1月1日至12月31日。

表 B-2 内地、香港两地拍卖行成交对比

	香港拍卖行	内地拍卖行
上拍量（件）	5437	27049
成交量（件）	2747	13839
成交额（万元）	164852	287550
均价（万元）	60	21
成交率（%）	50.52%	51.16%

数据来源：雅昌艺术市场监测中心（AMMA），统计时间 2013 年 1 月 1 日至 12 月 31 日。

术消费和投资呈现一定的刚性特征。田黄石品类亦表现不凡，福建东南拍卖推出的“郭懋介作 田黄石山居即景薄意摆件”以 3,680 万元成交，香港苏富比“17 世纪 田黄留皮雕‘坐狮观音’像”以 8.9 厘米高的方寸之石赢得 2,140 万元的成交价。可见无论年代新老，田黄石凭借稀少的存世量和深厚的文化底蕴保障了价值的稳定。

B. 3 油画及当代艺术：早期油画大师受追捧 当代艺术构筑上升空间

相较于中国书画市场和瓷器杂项市场年度拍卖市场份额的浮动，2013 年度油画及当代艺术板块的市场份额呈现出继 2010 年以来三年连升的趋势，占 2013 年 9.92% 的市场份额，比 2012 年增涨 1.11%，比 2011 年的市场份额增加 1.87%。

油画及当代艺术板块成为 2013 年度艺术品市场新的增长点，市场规模相比去年呈扩大状态。据雅昌艺术市场监测中心（AMMA）不完全统计，该板块上拍 21,118 件，比去年增加 2,789 件；成交 12,953 件，比去年增加 2,483 件，成交额比

图 B-7 2013 年杂项成交数量及成交额分布

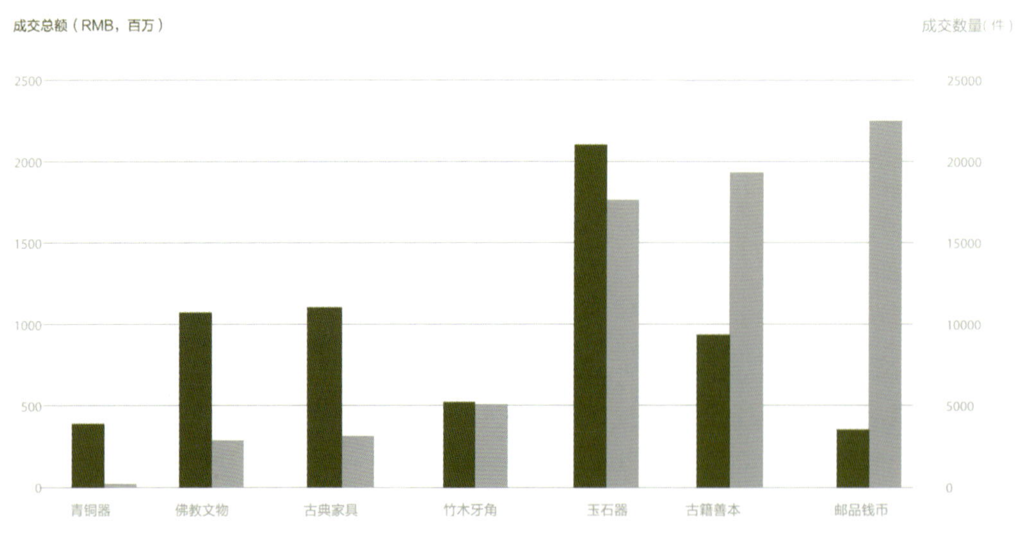

数据来源：雅昌艺术市场监测中心（AMMA），统计时间 2013 年 1 月 1 日至 12 月 31 日。

2012年度增幅14.72%，为63.94亿元。油画及当代艺术板块的市场走势从雅昌“油画100成份指数”更明显的看出，当前指数为18,804点，比去年同期有较大幅度的上涨，增涨48%。

油画及当代艺术板块的高价呈先抑后扬的趋势。从中国艺术品拍卖高价TOP100数据来看，高价拍品有18件出自2013年秋季拍卖会，仅4件出自2013年春季拍卖会。2013年度油画及当代艺术板块在中国艺术品拍卖高价TOP100榜单中的拍品数量与2012年基本一致，仍为22件，曾梵志和赵无极等艺术家的作品对此板块市场行情的提升起到了重要的推动作用。

早期油画支撑高价区间，当代艺术市场信心回升，市场向好的发展趋势与2013年初预期基本吻合。90件1,000万元以上的油画及当代艺术拍品中，早期油画占47件，占本年油画及当代艺术板块总成交额的19.4%；当代艺术有29件，占总成交额的11.25%，当代艺术的市场信心比2013年初预期的14.06%回升了2.61%；写实油画有14件，占比5.4%。

早期油画市场在2013年度也有亮点出现，赵无极、吴作人、潘玉良、丘堤等多位早期油画家的作品刷新个人作品的拍卖纪录。2013年春拍，中国嘉德推出的吴作人《战地黄花分外香》以8,050万元的高价成交。这一价格不仅刷新了吴作人作品的成交纪录，同时也在很大程度上刺激了正在复苏的油画及当代艺术市场。赵无极1958年作《抽象》在苏富比（北京）以8,968万元打破个人纪录，并成为2013年度中国艺术品拍卖第二高价作品。然而大部分早期名家精品的市场价位一般在10-50万元之间。2013年秋拍中国嘉德“二十世纪中国早期油画家”专场100万元以上的拍品有5件，50万至100万元的拍品有7件，10万至50万元的拍品有11件，10万元以下的拍品5件。早期油画中虽然赵无极、朱德群依然是早期油画的高价引领者，但是早期油画的市场还未完全打开，该板块每一季都有新的名单变动，拍卖行还应以学术引领市场，挖掘市场洼地，并推动市场发展。写实油画表现较为稳定，写实画派的市场呈现出一路上涨的趋势，即使遇到市场的调整期，也均在高位调整，未出现大幅跌落。从雅昌“中国写实画派30指数”来看，2013年度成交额比2012年度上涨15.55%。2013年度中国艺术品市场拍卖高价TOP100中，写实油画板块有3件作品上榜，靳尚谊成为了2013年的热点，2013年度靳尚谊作品总成交额排名

图B-8 2013年度油画及当代艺术市场规模扩大

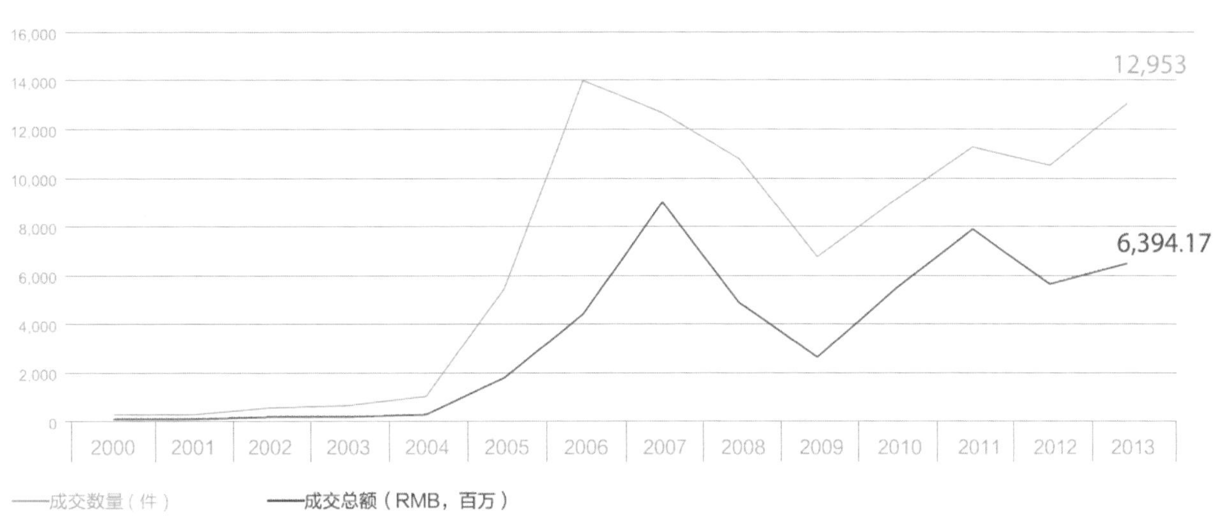

数据来源：雅昌艺术市场监测中心（AMMA），统计时间2013年1月1日至12月31日。

图 B-9　千万以上油画及当代艺术品成交数量及占总额比

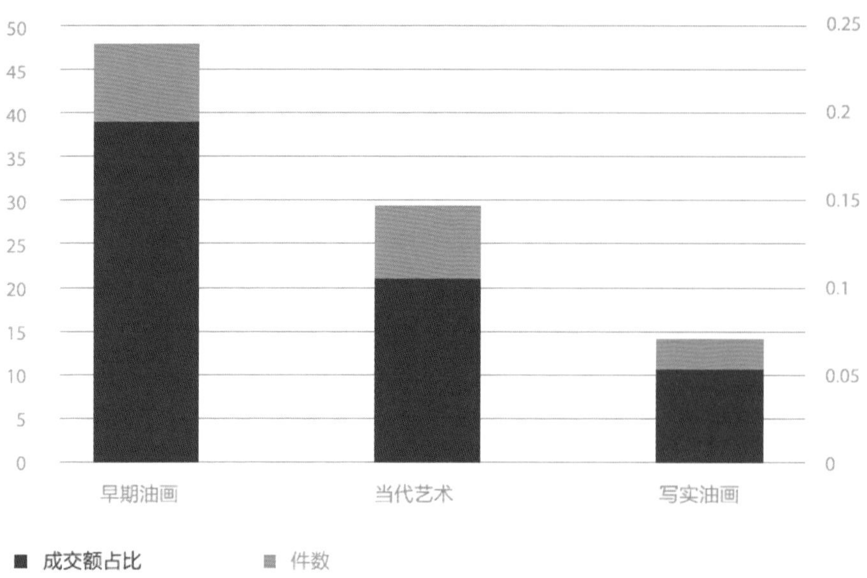

数据来源：雅昌艺术市场监测中心（AMMA），统计时间 2013 年 1 月 1 日至 12 月 31 日。

从 2012 年的第 162 位提升到第 31 位，一件 8,510 万元人民币成交的《塔吉克新娘》再次刷新其拍卖作品的历史纪录，在一定程度上助推了 2013 年秋油画及当代艺术市场，但这个价格是否能成为写实油画的风向标或拉升写实板块的未来发展还需进一步的观察。陈逸飞、王沂东、朝戈、忻东旺等 7 位艺术家价格指数呈上升趋势，王沂东以 73.81 万元 / 平方尺的价格指数位于“中国写实画派 30 指数”的首位，价格指数较上季提升 21%。中国写实画派的名家作品风格成熟、作品数量充足，名家效应一定程度上具有良好的导向作用，这在一定程度上有效规避了部分购藏风险，容易形成长期稳定的持续性增长，且新的资本在陆续注入、国内新晋藏家对于写实绘画的认同和偏爱、写实油画中青年艺术家高产的创作量和合理的价格等因素的推动，都促成了写实油画成为稳定的投资板块，但从中国艺术品市场日趋国际化和当代艺术史的发展角度上来看，还应理性对待写实油画的未来升值空间。

2013 年，当代艺术频创高价，打开了上涨通道，当代艺术对油画及当代艺术板块的提升起到较大的推动作用。目前，“当代 18 热门指数”为 27,227 点，比 2012 年上涨 18.92%，超出 2013 年年初的市场预期，故该板块的市场关注度明显提升。曾梵志作为 2013 年当代艺术市场的亮点，共上拍 63 件作品，成交 53 件，其个人指数上升了 99%，艺术家成交总额排名也从 2012 年的 28 位提升至 2013 年的 14 位，成为该样本艺术家中升幅最高的艺术家。有 10 位艺术家的价格指数处于上升通道，曾梵志、刘野、罗中立、刘炜等艺术家的高价作品对当代艺术的走势产生一定的拉升。罗中立的价格指数达到历史最高，为 40.99 万元 / 平尺，刘炜的个人价格指数也在 2013 年达到最高，为 44.49 万元 / 平尺。市场大量资金流向曾梵志、罗中立、刘炜、刘野等艺术家，拉升了他们市场上名作和精品在内的一二线作品，然而他们的普通作品存在 15% 以上的流拍率，在入手时还应考虑他们作品的后续表现。然而中国当代艺术以 F4 为代表的一类艺术家仍旧难掩疲软的市场，市场份额逐渐递减，而北京保利推出的方力钧的《1971.1》险遭流拍，以私洽的形式被藏家张小军购得。藏家更加理性，即使面对明星拍品，也纷纷衡量未来增值空间，在当代艺术预期不明的情况下谨慎买进。

图 B-10 2013 年度中国写实画派 30 指数平稳

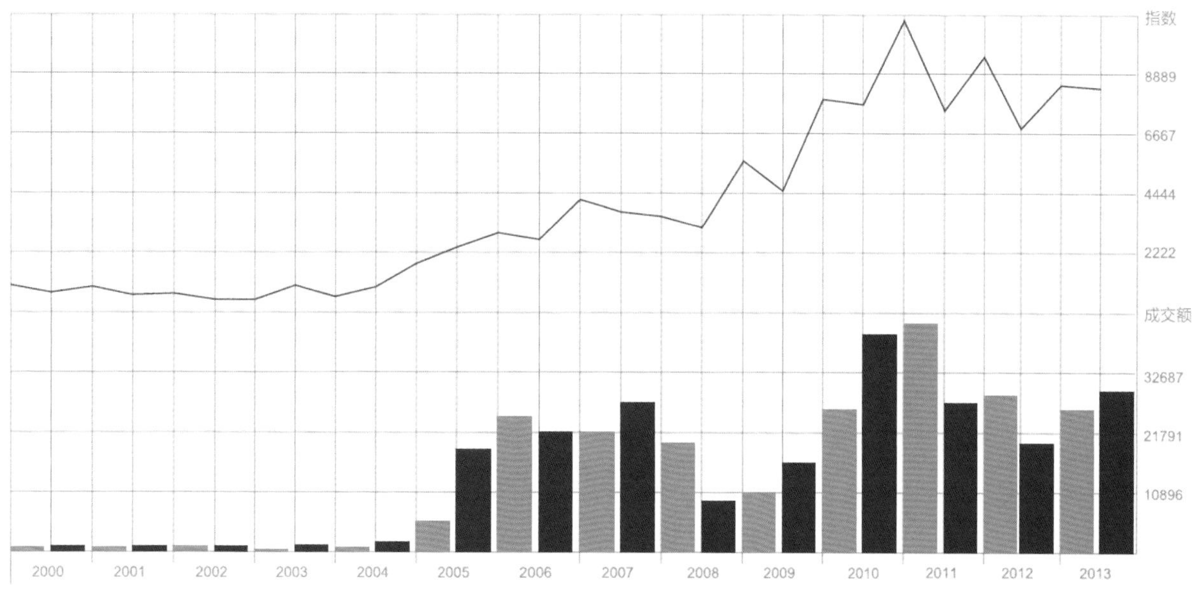

数据来源：雅昌艺术市场监测中心（AMMA），统计时间 2013 年 1 月 1 日至 12 月 31 日。

图 B-11 当代 18 指数大幅上涨

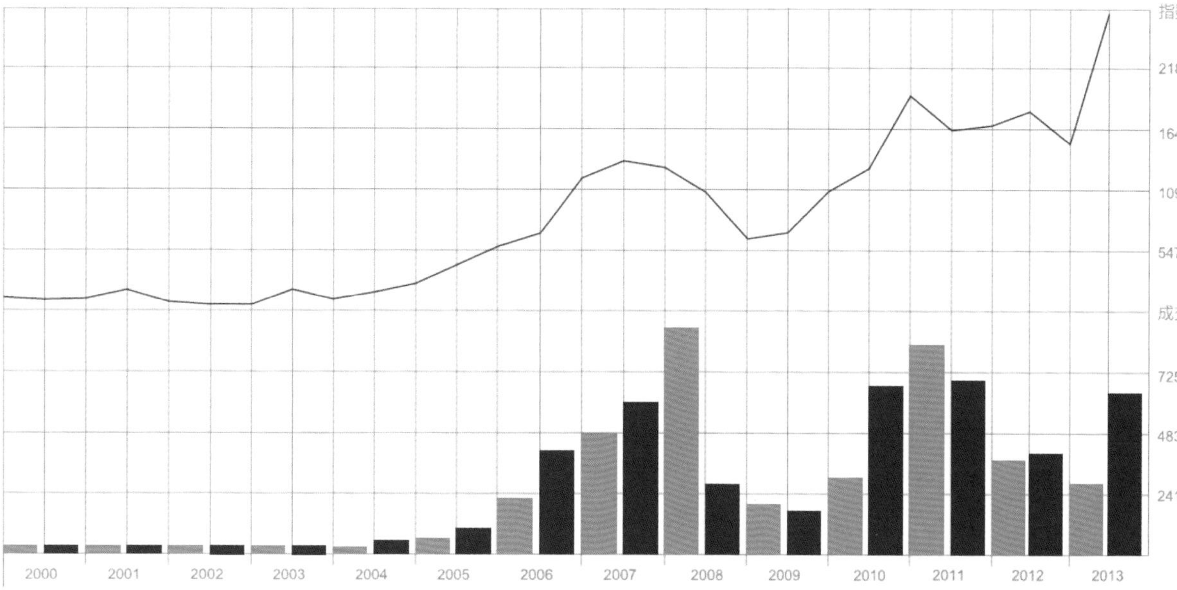

数据来源：雅昌艺术市场监测中心（AMMA），统计时间 2013 年 1 月 1 日至 12 月 31 日。

70、80 后青年艺术家板块成为 2013 年拍卖公司大力推广的板块，青年艺术家市场溢价幅度大，市场交投气氛活跃。80 后艺术家陈飞表现突出，作品《熊熊的野心》在苏富比（北京）起拍价为 18 万，最后以 542.8 万元成交，在秋拍油画作品溢价排名中位列首位，溢价率高达 14.51 倍，陈飞的画面精细、生动有趣，深得国内藏家的审美喜好。王子骄的作品《春宫纸牌》以 80.5 万元的价格成交，溢价率达 3.47 倍。虽然青年艺术家作品市场成交状况与一线艺术家作品市场相比还存在较大差距，但其溢价涨幅在近两年却屡创新高，这表明其市场具有较大的前景，藏家对其关注度、参与度迅速攀升，青年艺术家的作品成为新一轮的投资收藏热点。但需要注意的是，投资青年写实油画获利的空间较大，但其不稳定性更大，投资需要更加谨慎。

C 收益：中长线投资收益显著 短线投资收益难保

图 C-1　2013 年度样本各品类比重图

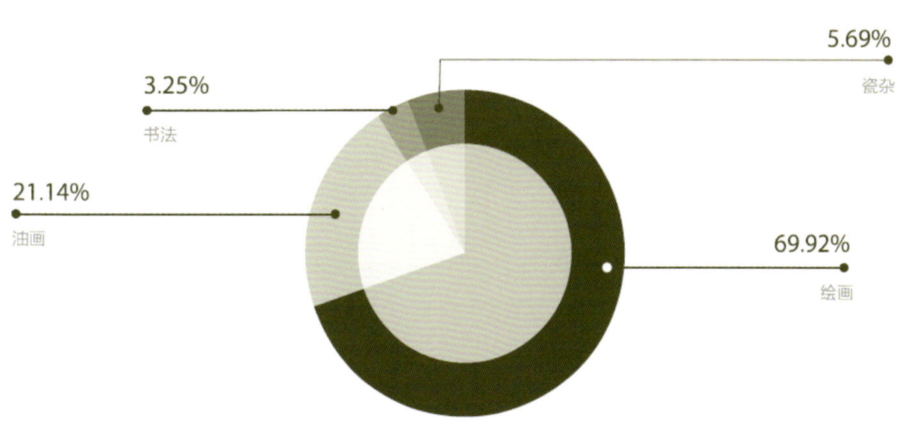

数据来源：雅昌艺术市场监测中心（AMMA），统计时间 2013 年 1 月 1 日至 12 月 31 日。

2013 年，中国艺术品市场平稳发展，艺术品作为资产配置的属性趋于金融产品，不过艺术品的投资收益率保持稳定，并没有出现明显上升。雅昌艺术市场监测中心（AMMA）对 2013 年价格排名前 2,000 位的艺术品进行了筛选，其中 246 件拍品在拍卖市场上具有重复交易记录。每一件拍品都是一个投资案例，分析这 246 个案例可以发现，对于艺术品投资而言，5 至 10 年是一

图 C-2　2013 年样本收益率分布比重图

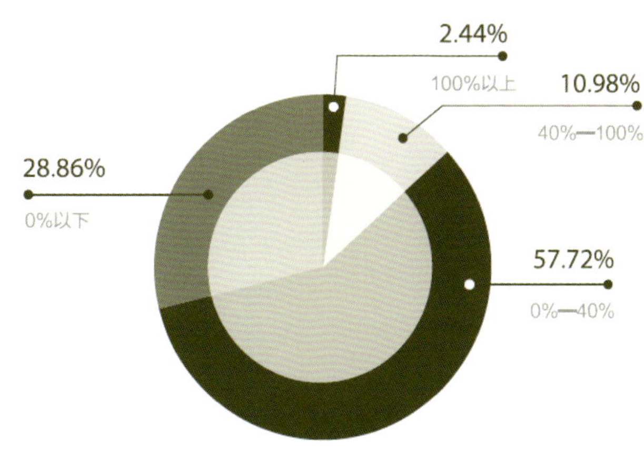

数据来源：雅昌艺术市场监测中心（AMMA），统计时间 2013 年 1 月 1 日至 12 月 31 日。

个最优的投资期限，收益率和风险配比可以达到最优化。长期投资的收益率较为稳定，风险最小；而短期投资收益率的波动最大，虽然最容易获得超额收益，但也承担了最大的风险。

艺术品长线投资优势依旧。在246件重复交易样本数据中，艺术品持有时间达到10年以上的有12件，100%实现了正收益；5至10年的有64件，94%实现了正收益；3至5年的50件，4%的亏损率；3年以下的有120件，54%的亏损率。收益率在40%以上的33件，0%-40%的142件，0%以下的71件，其中收益率0%-40%占到总样本的58%，这为艺术品市场上普遍认为的20%左右的收益率预期提供了可靠的数据论据。

2013年艺术品投资整体实现正收益，平均收益17.55%，最高收益340.74%，最低收益-59.20%。正收益样本175席，占总样本的71%；负收益样本71席，占29%。绘画类作品172件，占总样本的70%；油画类作品52件，占21%；书法及瓷玉杂项22件。

综合来说，在国内外经济以及金融形势多变的情况下，艺术品收益基本维持稳定，中长线投资收益效果更佳，也就是说在现阶段艺术品不失为一个绝佳的投资领域。

绘画市场：中线投资收益优势渐显

中国绘画类作品重复上拍率最高，投资收益也居于榜首。在2013年重复交易样本中，绘画类作品就占到70%。如果假设艺术品的平均交易成本为12%，通过收益率计算公式，我们得到2013年中国绘画类艺术品平均年复收益率为19%，这非常符合书画投资20%左右的收益率。在筛选出的172件绘画类样本中，收益率最高340.74%，最低-59.2%，收益率中位数为13.34%（中位数代表着数据总体的中等情况，可避免极端数据）。

在绘画类具有重复交易记录的样本中，以张大千、齐白石和黄宾虹等艺术家的作品居多，达到10件以上，其次是陆俨少、黄胄、傅抱石、李可染、徐悲鸿、谢稚柳、吴冠中、潘天寿、吴昌硕、林风眠等艺术家，作品重复上拍量也达到5件以上。张大千作品有18件，平均年复收益率为7.82%，收益率中位数为8.48%；齐白石作品有15件，其平均年复收益率为25.24%，收益率中位数为7.78%；黄宾虹作品有12件，其平均年复收益率为58.74%，收益率中位数为27.76%。

从艺术品持有期限（投资时间）来分析，绘画作品的收益率极差（反映的是变量分布的变异范围和离散幅度，极差越大，离散程度越大，反之，离散程度越小）与持有期限呈明显的反比例关系，即持有期限越短，收益率极差越大。持有期限10年以上的样本中，其平均年复收益率为22.88%，收益率中位数为24.6%，收益率极差为19.44%；持有期限5至10年的样本中，其平均年复收益率为24.96%，收益率中位数为24.59%，收益率

表C-1 2013年中国绘画类作品投资收益率情况

	平均年复收益率	收益率最高值	收益率最低值	收益率中位数	收益率极差
绘画类全部样本	19%	340.74%	-59.20%	13.34%	399.94%
持有期10年以上	22.88%	31.33%	11.89%	24.6%	19.44%
持有期5—10年	24.96%	64.04%	-1.97%	24.59%	66.01%
持有期5年以下	16.83%	340.74%	-59.20%	6.29%	399.94%

数据来源：雅昌艺术市场监测中心（AMMA），统计时间2013年1月1日至12月31日。

极差为66.01%；持有期限5年以下的样本中，其平均年复收益率为16.83%，收益率中位数为6.29%，收益率极差为399.94%。

在5年以下的样本中仅有57%实现了正收益，而在5年以上的样本中，96%实现了正收益，呈现出中长期投资正收益概率较高的特征。可见，在继长线投资收益优势明显后，中线投资收益优势也逐渐显现。

油画市场：短期投资收益极差扩张

油画作为拍卖市场的重要拍卖类别，AMMA筛选出52件具有两次以上成交记录的油画类艺术品样本来细分油画市场投资收益情况。今年中国油画平均年复收益率12.94%，跟去年13%的收益率相比基本保持不变，最高收益率152.83%，最低收益率-46.04%，收益率中位数7.53%，收益率极差为198.87%。

从投资时间角度来看，70%以上的油画负收益样本投资时间均在3年以下，相对绘画类短期投资，油画类短期投资亏损风险更大。投资时间10年以上的样本中，其平均年复收益率为17.91%，收益率中位数为7.53%，收益率极差30.61%；投资时间5至10年的样本中，其平均年复收益率为14.63%，收益率中位数为17.91%，收益率极差39.43%；投资时间5年以下的样本中，其平均年复收益率为10.94%，收益率中位数为2.56%，收益率极差198.87%。在5年以上的样本中，95%实现了正收益，显示出中长期投资风险较低的特征；在5年以下的样本中仅有59%实现了正收益，细分一步，在持有时间3年以下的样本中，正负收益样本各半，油画投资时间越短，投资风险越大。

在油画类具有重复交易记录的样本中，艾轩、靳尚谊、罗中立、王沂东、周春芽等艺术家作品较多，艾轩作品平均年复收益率为5.74%，靳尚谊作品平均年复收益率为7.36%，罗中立作品平均年复收益率为5.67%，王沂东作品平均年复收益率为8.48%，周春芽作品平均年复收益率为14.17%。

另外，油画类正收益样本平均持有时间5.1年，中位数5.3年，而负收益样本平均持有时间仅有1.9年，中位数1.4年，这从另一层面反映出油画艺术品的长期投资属性。在持有期限3年以下的油画样本中正收益概率为50%，收益率极差为198.87%，同样在持有期限3年以下的绘画类样本中，正收益概率仅45%，收益率极差为399.94%，同比，短线投资收益率极差进一步扩大。

极差扩大说明高收益与高亏损并存状态愈加明显，可见投资者需合理看待艺术品投资，始终要保持平和心态，结合市场趋势，针对艺术品定制投资策略，才能更贴近收益预期。

总之，从艺术品年复收益率情况来看，艺术品长期、稳定的投资价值属性更加凸显。同时，数据也在警示市场，艺术品更适合长期投资。如

表C-2　2013年中国油画类作品投资收益率情况

	平均年复收益率	收益率最高值	收益率最低值	收益率中位数	收益率极差
油画类全部样本	12.94%	152.83%	-46.04%	7.53%	198.87%
持有期10年以上	17.91%	33.22%	2.61%	17.91%	30.61%
持有期5—10年	14.63%	35.69%	-3.74%	14.17%	39.43%
持有期5年以下	10.94%	152.83%	-46.04%	2.56%	198.87%

数据来源：雅昌艺术市场监测中心（AMMA），统计时间2013年1月1日至12月31日。

（由于收益率的计算是源于公开的拍卖数据，所以这个计算结果只能仅供参考，因为对于拍品是否真正成交，我们无法得到准确的证据。这是我们研究和数据使用者共同的风险。）

果投资者一味的追求高收益、低风险的短期投资，投资者一定要具备足够的艺术品投资知识和市场观察能力，不能盲目。如果是中长期投资的话，投资者需要承担人们审美转变和经济金融市场波动的风险，并需要耗费一定的时间和精力等待其艺术品升值。整体而言，艺术品投资的最佳的投资期限还是5年以上，这是艺术品投资市场的一个客观规律。

D 行业：国际化趋势加强 拍卖电子商务兴起

图 D-1 2013 年度拍卖公司成交额和专场次数对比图

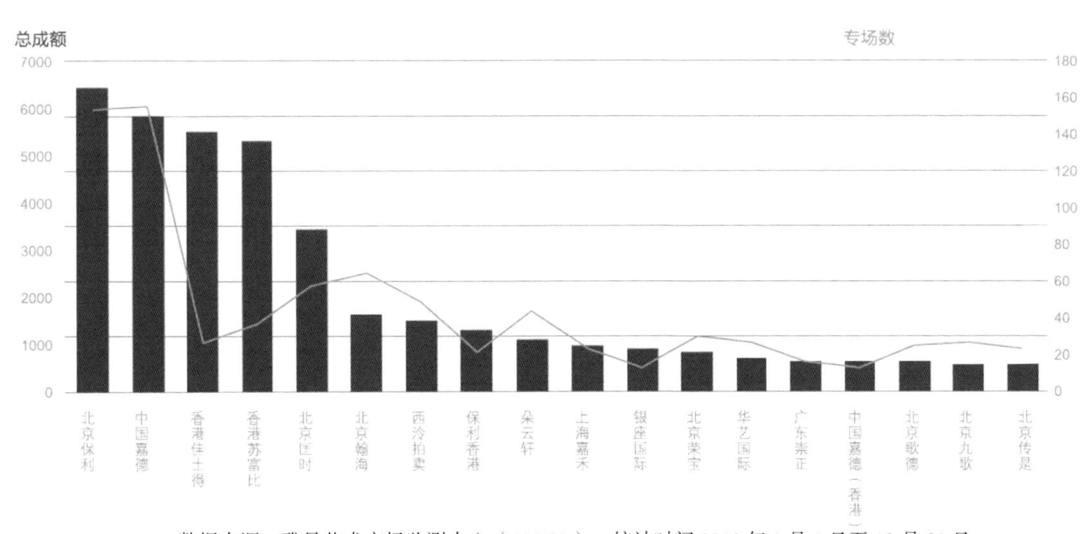

数据来源：雅昌艺术市场监测中心（AMMA），统计时间 2013 年 1 月 1 日至 12 月 31 日。

2013 年，中国艺术品拍卖市场经过两年的调整，整体趋向平稳发展，更加理性、成熟、专业和国际化。中国拍卖行业注重内外兼修，寻求健康化发展之道：积极调整经营策略，重视拍卖质量，挖掘拍品文化内涵，追求服务规范化、标准化和诚信化等内涵式发展，不再一味追求规模的迅速扩张。中国四大拍卖巨头市场支撑力度增强，拍卖行业两极化、分层化趋势突出。

2013 年度，香港苏富比、香港佳士得、北京保利和中国嘉德四家第一梯队拍卖公司年度拍卖

表 D-1 2013 年拍卖公司中国书画板块成交总额排名

排名	拍卖公司	成交额（元）	同比 2012 年
1	中国嘉德	4,420,953,286	75.23%
2	北京保利	3,780,052,800	13.94%
3	北京匡时	2,601,743,050	94.41%
4	香港佳士得	1,560,400,736	46.37%
5	朵云轩	952,787,995	-5.30%
6	香港苏富比	906,196,188	16.32%
7	上海嘉禾	875,585,115	
8	北京翰海	841,568,275	6%
9	西泠拍卖	781,203,280	2.60%
10	保利香港	766,499,943	

数据来源：雅昌艺术市场监测中心（AMMA），统计时间 2013 年 1 月 1 日至 12 月 31 日。

图 D-2　2011-2013 年中国书画板块成交总额连续位列前十的拍卖公司

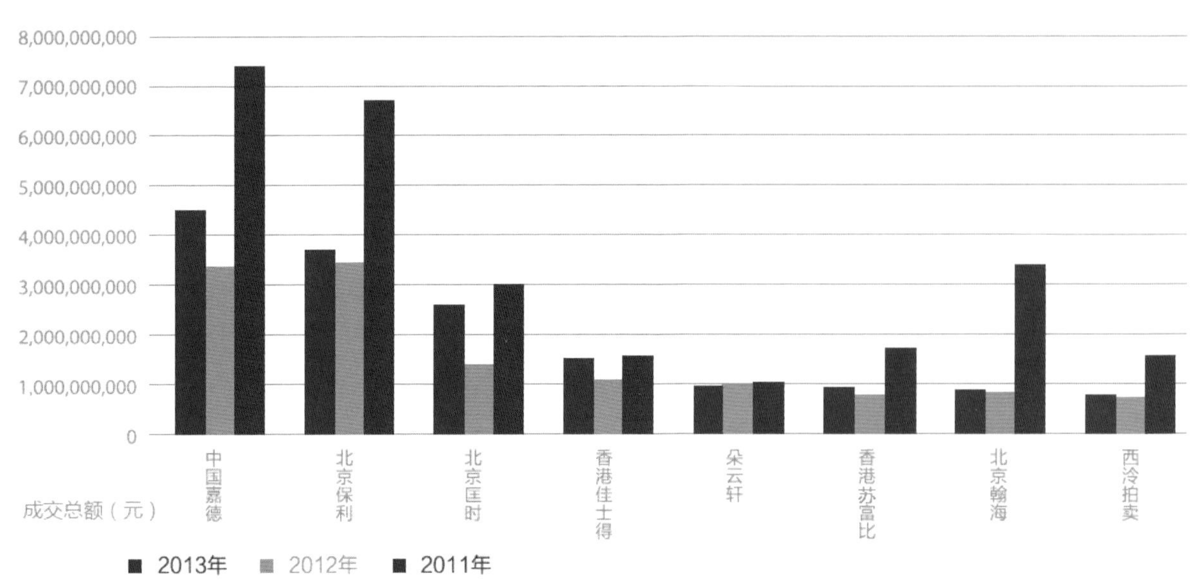

数据来源：雅昌艺术市场监测中心（AMMA），统计时间 2013 年 1 月 1 日至 12 月 31 日。

总额为 234.63 亿元人民币，市场份额由 2012 年的 29.93% 提升至 2013 年的 36.51%，其中 2013 年下半年拍卖份额同比增幅 8.39%，较春拍 4.94% 的同比增幅高出 3.46%。并且同比去年秋拍，四大拍卖公司拍卖总额均有不同程度的增加，其中香港苏富比增幅最大，为 97.90%。香港苏富比拍卖总额如此的增幅，除了与经济环境、市场信心恢复及广泛的国际买家群体有关之外，2013 年秋拍正值香港苏富比 40 周年，香港苏富比在拍品征集、专场设计、宣传推广等方面费尽心思，征集到许多世家旧藏，在买家愈发关注拍品性价比、传承出处的前提下，国际拍卖企业推出的精品佳作成为买家追逐的焦点，因此在拍卖规模变化不大的情况下，单价作品价位大幅提升。

从品类市场来看，各拍行的侧重点确有不同，但是实力强劲的拍卖公司在各方面表现得均比较突出，尤其以香港佳士得、香港苏富比为主，其更侧重于亚洲当代艺术、精品瓷杂的拍卖，国内拍卖行侧重于对传统门类，尤其是中国书画市场的开拓。

书画成交额代表拍卖公司在这个领域的地位和实力，朵云轩、北京翰海、西泠的书画是他们的传统强项，北京匡时近几年发展迅猛，书画成交额基本回归 2011 年高位，并在业内享有很好的口碑，中国嘉德与北京保利两大巨头，在书画方面也表现出很高的地位。他们的客户群体中机构客户的比例更大，且三年内的交易波动明显，说明客户群不稳定，需求更商业化。

在油画及当代艺术市场，香港佳士得与苏富比更占优势，成交额 TOP10 的榜单占了四席，台湾罗芙奥也榜上有名，内地市场对油画及当代艺术的关注度较低是很大的因素，老牌拍卖公司的客户集中在港台。此外，国内艺术家画作价格相对低，资源供给欠缺可持续性，嘉德和保利也在积极推动新的资源入场，为市场注入新血液，取得了比较好的成绩。

同样，香港苏富比和香港佳士得在瓷杂拍卖方面占有优势，内地拍卖行相对较弱，其中较为突出的为北京保利、中国嘉德、东征拍卖等，而嘉德和保利虽然成交额相对较大，但是连续三年成交额下跌，以量取胜，单价较低。北京荣宝、北京匡时、北京东正成交总额虽比不上国内两大巨头，但是单价却遥遥领先，在瓷杂方面占明显优势。

拍卖行业的国际化发展成为 2013 年拍卖行业的突出特点之一。中国拍卖行业在地域维度上、收藏门类上等真正实现了国际化。除了备受瞩目的佳士得进驻上海、保利在香港成立保利艺术空间之外，佳士得上海首场拍卖为中国内地带来了西方艺术、东南亚艺术，促进了中国艺术品拍卖结构的多元化，满足不断变化和多样化的市场需求。并且在国际拍卖行的引领和推动下，未来中国艺术品拍卖将会呈现以中国书画和瓷器杂项为主导，兼容中国油画及当代艺术、西方艺术、东南亚艺术等多元化拍品的架构。同时，国际拍卖行的入驻也将为内地拍卖行带来新的服务标准和交易理念，其百年老店的服务品质和艺术品交易中的诚信代理这种职业精神的体现，可以有效地规避中国的假拍拍假、迟付拒付、关联交易等种种痼疾。这种变化短期内会给本土拍卖企业一定的冲击，但从长远来看，会促进中国拍卖行业的健康、迅速发展，将中国拍卖行业带入一个新的时代。

此外，在全球资源配置流动性加强的背景下，中国藏家的国际化趋势更加明显，主要体现在中国藏家开始收藏全世界艺术。2013 年秋最引人瞩目的事件为大连万达购买毕加索作品事件。跨境交易和跨境买卖既包括中国传统产品，也包括西方的经典艺术品和当代艺术。这与人民币支付能力的国际化，中国企业国际化，以及在全球化趋势下人们的境外旅游、学习乃至移民等行为的大幅度上升，都是平行的现象。目前这种潜在现象

表 D–2　2013 年拍卖公司中国油画及当代艺术板块成交总额排名

排名	拍卖公司	成交额（元）	同比 2012 年
1	香港佳士得	153,798.76	50.25%
2	香港苏富比	153,319.82	80.76%
3	北京保利	75,449.72	12.78%
4	中国嘉德	50,127.61	53.04%
5	保利香港	25,388.55	131.75%
6	罗芙奥	25,155.17	–26.50%
7	苏富比（北京）	21,927.94	
8	北京匡时	21,663.85	39.68%
9	西泠拍卖	11,157.76	–8.89%
10	上海佳士得	9,934.2	

数据来源：雅昌艺术市场监测中心（AMMA），统计时间 2013 年 1 月 1 日至 12 月 31 日。

表 D–3　2013 年拍卖公司中国瓷杂板块成交总额排名

拍卖公司	成交件数	成交额（万元）	同比 2012 年	2013 年均价（万元）
香港苏富比	228	86,296	32.18%	378.49
香港佳士得	244	56,659	62.56%	232.21
北京保利	2,256	43,376	–27.37%	19.23
中国嘉德	1,595	22,563	–13.51%	14.15
北京东正	216	19,491	30.78%	90.24
北京翰海	1,275	18,676	–23.10%	14.65
北京匡时	470	15,915	60.22%	33.86
北京荣宝	195	12,933	63.32%	66.32
保利香港	164	7,724		47.10
北京九歌	70	6,122	4.43%	87.46

数据来源：雅昌艺术市场监测中心（AMMA），统计时间 2013 年 1 月 1 日至 12 月 31 日。

变成新闻关注事件，形成方向性的拐点。

2013 年市场的金融元素增多，保利打包文化产业香港 IPO 向金融业跨出一大步，业内人士表示此举对拍卖业的良性发展起到了积极的推动作用，也为国内拍卖企业指明了一条发展方向。互联网金融业务的深入发展也推动了艺术品电商化的拓展升级。此前有了成功的艺术品网络拍卖，2013 年多家公司拟定电商化计划，并尝试性与传统电商淘宝等企业合作进行艺术品拍卖，这也是拍卖公司未来发展的一个重点项目和赢利点。在现今文化消费的大环境下，艺术电商作为新时代互联网的产物，为拍卖行业和艺术行业注入新鲜的血液，这将带来企业管理运营思维的转变、艺术品交易方式的变革、人才知识结构上的转型，并促进艺术品收藏家的培养。但拍卖电商也存在一定的弱势，主要体现在买家对拍品的实际感受、审查等方面有一定的限制，这在一定程度上影响了上拍作品的等级和质量，甚至会限定客户群落。但这些可以通过一定的规则解决，例如买卖的赔付规则，线上和线下相结合的交易方式。毋庸置疑，艺术电商化是中国艺术品交易重要新趋势，必将为中国拍卖行业翻开新的篇章。

与此同时，私人洽购业务也因为苏富比、佳士得的良好业绩进入了内地拍行的视野。2013 年也有拍行试水，但受国家政策及国内拍卖市场的交易习惯限制，未来发展还要看政策倾向，但是不失为一个拍卖业发展方向的参考。

图 D-3　瓷器板块 TOP10 拍卖公司 2013 年成交额对比图

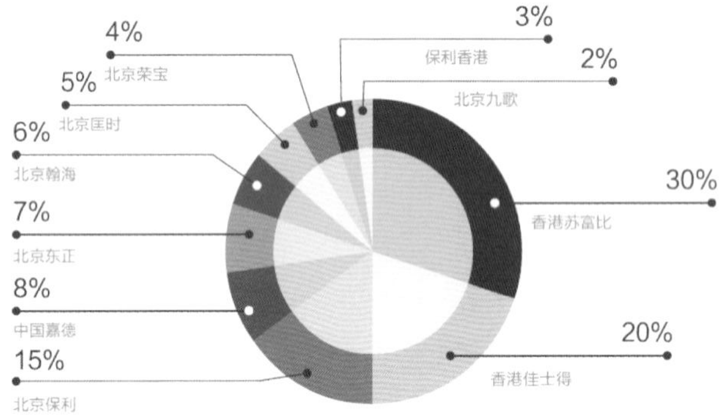

数据来源：雅昌艺术市场监测中心（AMMA），统计时间 2013 年 1 月 1 日至 12 月 31 日。

图 D-4　2011-2013 年瓷器成交总额连续位列 TOP 的拍卖公司成交额对比图

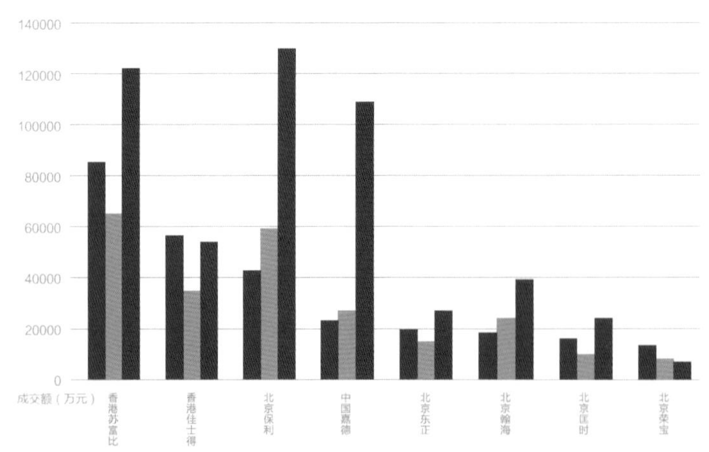

数据来源：雅昌艺术市场监测中心（AMMA），统计时间 2013 年 1 月 1 日至 12 月 31 日。

E 区域：港澳台地区市场份额提升 京津地区与去年持平

图 E-1 2000-2013 年各地区中国艺术品拍卖成交总额走势图

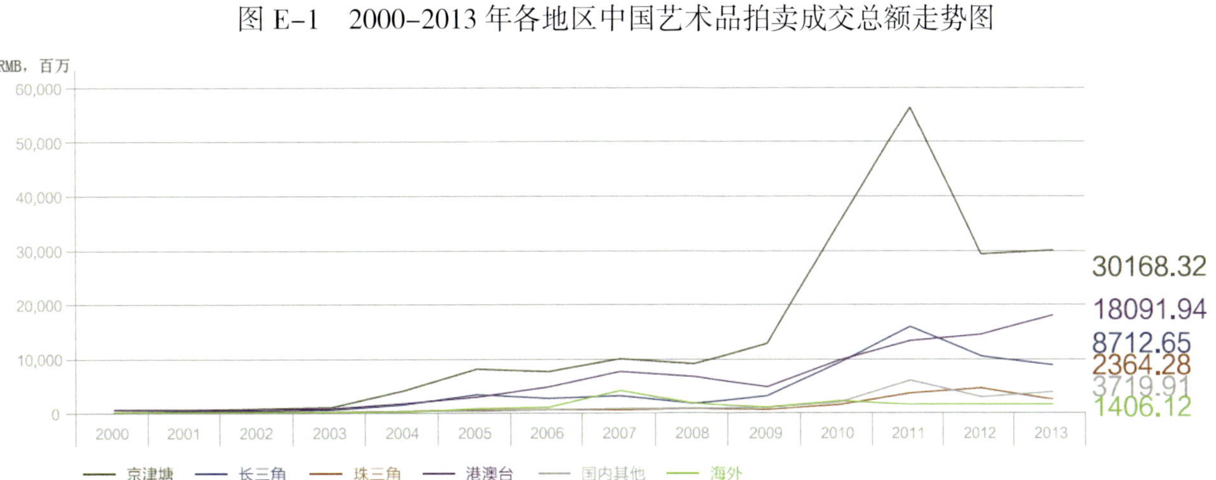

数据来源：雅昌艺术市场监测中心（AMMA），统计时间 2013 年 1 月 1 日至 12 月 31 日。

2013 年度，京津地区和港澳台地区中国艺术品拍卖成交额提升，其他地区均出现不同程度的下滑。从市场拍卖份额来看，港澳台地区上升幅度较大，京津地区与 2012 年度持平，长三角地区和珠三角地区呈下滑状态。

港澳台地区在本季度市场规模大幅增加，拍卖份额提升明显。市场份额由 2012 年秋的 23% 上升至 28%。作品上拍 7.19 万件，比 2012 年秋增加了 1.57 万件，成交 4.01 万件，同比增加 1.01 万件，拍卖总额同比增涨 25%，为 180.92 亿元。2013 年香港地区多件亿元拍品推动了市场复苏的势头，油画及当代艺术板块彰显了该地区的霸主地位，独占了该板块的 46% 的市场份额，成交额比去年增加 13%。嘉德香港和保利香港的加入为香港地区带来了更多的书画藏品资源和藏家资源，中国书画板块的专场数量和成交额都出现大规模增加，成交额同比 2012 年度增长 99.55%。该地区的拍卖优势项目瓷器杂项板块虽然支撑了整个拍卖总额的 43.18%，但在上拍量和成交量增加的情况下，成交额遇冷，同比下滑了 19,634 万元，单件拍品的价格由 2012 年的 78 万元 / 件跌至 65 万元 / 件。

2013 年，京津地区的市场份额与去年持平。北京作为亚洲地区艺术品拍卖的中心地位受到来自港澳台地区的挑战，但是经过多年的艺术学术及市场资源和完善的艺术产业链，北京的艺术市场龙头地位仍旧难以撼动。2013 年度京津地区整体规模提升，上拍量为 30.13 万件，同比增加 4.05 万件，成交 13.90 万件，成交额同比提升 8.26%。中国书画板块作为京津地区在拍卖方面的优势继续保持。2013 年，本地区中国书画上拍量和成交量均有增长，成交 6.74 万件，占中国书画成交量的 42%，成交额为 193.79 亿元人民币，占 2013 年度中国书画总成交额的 54.73%，另外，各品类在北京地区都可以找到发展空间，虽然书画占据中心地位，但由于苏富比（北京）的加入带来了更多的关注，京津地区的油画市场成交额提升了 49.15%，市场份额由去年的 28.79% 提升至 37.43%。

长三角地区值得关注的是上海佳士得的首次内地拍卖，43 件拍品促成 1.68 亿元的成交额，虽然暂未给该地区提供显著的市场份额，但国际资深拍卖行的加入势必会带来大量的国际关注和客户资源，促进该地区乃至中国整个拍卖行业品类结构变化、信誉体系建设等。长三角地区整体市场表现不佳，市场规模扩大，但成交率较低，为 44%，拍卖总额为 87.13 亿元，同比减少 16.87 亿元。这是由于长三角地区的各大拍卖公司没有形成区域性的合作，一直在京津和港澳台地区的挤压下分散发展的结果所致。

F 海外： 市场完美收官 以中国为首的亚洲买家需求猛增

图 F-1 现代艺术与印象派成交额上涨 年度增长率达 36.8%

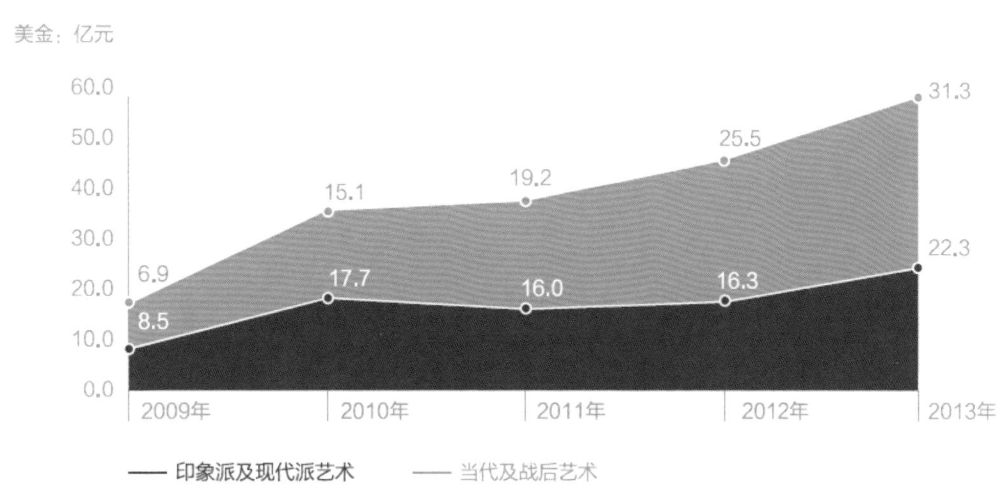

数据来源：雅昌艺术市场监测中心（AMMA），统计时间 2013 年 1 月 1 日至 12 月 31 日。

2013 年，西方艺术市场继续走好，2009 年以来的持续增长令经济危机的阴霾逐步消散，两大拍行私洽业务的成交业绩更是抢眼。此外，市场获得新的需求增长点——来自亚洲的买家群体。现代艺术及印象派拍卖成绩创历史新高，同比 2012 年 16.3 亿美元的拍卖总额，升幅达 36.8%，比 2009 年增长了接近 3 倍。战后及当代艺术，也实现了连续 5 年的增长，较 2012 年也有 22.7% 的增幅，相比 2009 年的低谷翻了 4 番。

截至 2013 年 12 月底，佳士得 2013 年全球成交总额达 45.4 亿英镑（约合 71.3 亿美元），较上年增长 16%。佳士得称，这是佳士得及整个艺术市场有史以来最高的全年成交总额，其中现场拍卖成交总额为 37.7 亿英镑，较 2012 年同期增长 15%。中国买家的成交额比 2012 年增加了 63%。

苏富比全年拍卖总成交高达 52 亿美元，比去年增长 19%，在亚洲艺术、珠宝及印象派及现代艺术等范畴，苏富比的表现更远超市场水平。苏富比年内成交最贵的作品：安迪·沃霍尔（Andy Warhol）的作品《银色车祸（双重灾难）》[Silver Car Crash（Double Disaster）] 以 1.054 亿美元的价格成交，也刷新了艺术家的作品拍卖纪录。

而佳士得在 11 月 12 日的晚间拍卖会上以 1.424 亿美元的价格成交：弗朗西斯·培根（Francis Bacon）的《弗洛伊德肖像画习作》（Three Studies of Lucian Freud）成为了有史以来通过拍卖售出的最昂贵的艺术品。

来自亚洲新兴经济体的购买热潮成为 2013 年海外市场的一大亮点。来自中国、印尼等亚洲的客户数量增加，购买品类趋向西方化。截至 2012 年的 5 年里，亚洲客户总计花了逾 20 亿美

图 F-2 印象派与现代艺术成交额占比反弹

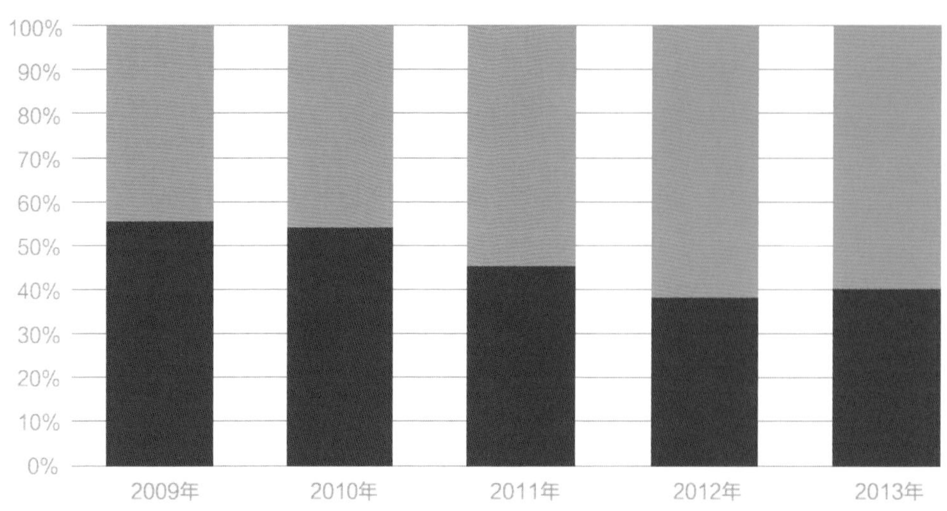

数据来源：雅昌艺术市场监测中心（AMMA），统计时间 2013 年 1 月 1 日至 12 月 31 日。

元来购买苏富比拍卖的“非本土”艺术品，较上一个五年增加了 200% 以上。以中国为例，目前许多中国藏家收藏脉络拓广，他们的兴趣已不再局限于中国陶瓷和绘画等传统藏品，经济繁荣所造就的购买力更多地对准了非中国艺术品，比如印象派画作、早期绘画大师的作品以及 19 世纪的欧洲家具等西方艺术品。2013 年秋拍，中国房地产集团大连万达的董事长王健林在佳士得纽约拍卖会上以 2,800 万美元拍得毕加索（Picasso）的油画《克劳德和帕洛玛》（Claude et Paloma），这是中国藏家参与国际艺术品收藏的一个代表。预计在未来一段时间，这也会是海外艺术市场继续上涨的主因。

G 市场预期：市场信心回升 2014 年市场稳健发展

图 G-1 2013 年艺术品市场略有回暖 市场资金充裕

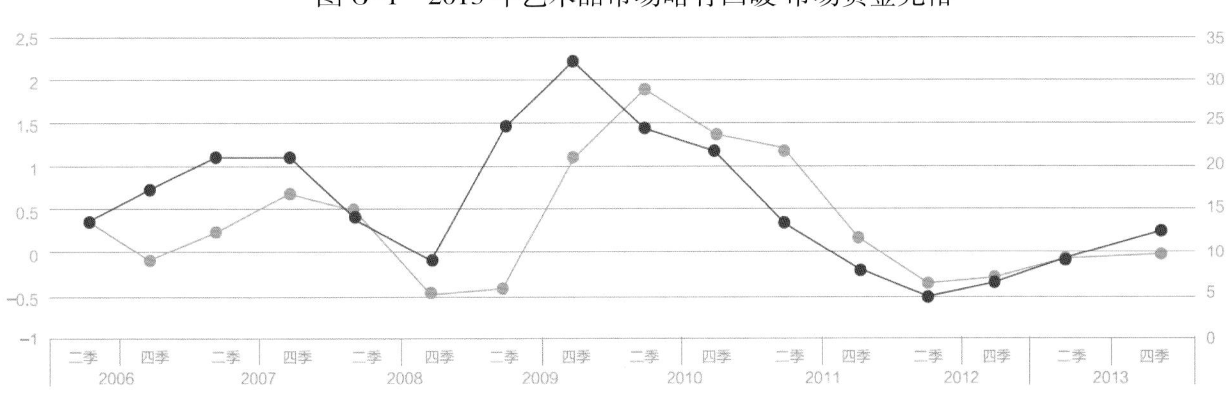

数据来源：雅昌艺术市场监测中心（AMMA），统计时间 2013 年 1 月 1 日至 12 月 31 日。

G.1 艺术市场增速与 M1 同步 彰显金融属性

2013 年艺术品作为资产配置的观念深入人心，艺术品已从单纯的交易品演变成体现企业文化软实力的文化资产，艺术品收藏的功能从单纯的投资保值形态，演变成企业利用艺术品营造企业文化形象和企业文化品牌影响力功能。正由于艺术品的交易功能和收藏阶层的变化，艺术市场与宏观经济的联动作用更加紧密。

2013 年的中国宏观经济整体稳定，波澜不惊。十八届三中全会通过《中共中央关于全面深化改革若干重大问题的决定》，中国进入了经济全面改革的新时代。从发展阶段而言，中国经济处于高速发展后的调整阶段，这并非简单意义的短期调整，这是政府主观调整和经济环境造成的客观被动调整双重因素共同造成，是中国改革开放以来的一次总的调整，非三五年可以完成。这其中或许会出现季节性的反弹，但并不能成为经济全面企稳复苏的信号，在中国经济转型未有实质进展之前，经济的复苏难有坚实的基础。而艺术品市场在这个相对健康的环境中，迎来了一个成熟稳健的交易年份。

国际经济环境相比国内略好。尽管欧美经济尚未完全走出阴霾，但金融危机之后的复苏正在进行，经历了真正低迷市场才会出现反弹的起点，海外市场未来的长阳基本可以确定。

在此宏观的背景下，2013 年中国艺术品拍卖市场呈现平稳发展的趋势，总成交额 645 亿元人民币，比 2012 年略有增长。正与我们 2012 年及 2013 年春拍所预测的一样，这是平稳发展的一年，宏观经济的稳健发展将有效地支持艺术品交易的社会氛围及资金需求。同时，中国艺术品市场成交额同比增速与代表资金流动性的 M1（货币供应量）增速呈现同步状态。中国狭义货币供给量 M1 在 2013 年同样呈现高增长率，2013 年二季度 M1 同比增长率为 9.1%，四季度 M1 同比增长 9.3%，均明显高于 2012 年的同期水平，近两年 M1 与艺术市场走势几乎同步，与此前的艺术市场滞后 M1 的现象有所不同。可见，艺术市场对经济的敏感度明显提升，金融市场对艺术市场的关注度猛增，艺术市场不再是可有可无的投资领域，其硬通货的属性令资金供给加大，作为避险产品的属性越来越被认可。

而从目前国内经济形势和艺术市场发展来看，由于前几年世家旧藏和精品的过度挖掘，致使近几年甚至十几年，都很难遇到同级别甚至同一精品，而低迷态势下持有未面世精品的藏家更加惜售，因此从供需面看，艺术市场在此背景下能有 2013 年的表现已经实属不易。

2014 年，在国家继续实施稳健的货币政策的经济背景下，国内艺术市场将持续平稳发展。2014 年，中国经济发展仍面临方向选择、结构化调整，央行将进一步推进利率市场化改革，保持人民币汇率在合理均衡水平上的基本稳定，未来经济形势将保持缓慢向好态势，并因新的经济增长点给市场带来信心。从 M1 与艺术市场走势的微妙变化可见，国内艺术市场未来几年内有望较经济面更强势，吸引更多资本参与。此外，在 2013 年春推出的互联网金融以及艺术品电商的布局将在 2014 年激增，均会提振中低端市场的需求。

与宏观经济一样，中国艺术品市场同样处于结构化调整的阶段。从市场内部结构看，艺术品市场需要新的增长点，在古代和近现代艺术资源有限的情况下转向当代艺术，近年新水墨、新工笔国画等门类的市场热度就是很好的例证。因此，未来艺术品市场是一个高端艺术珍品的价格不断上涨和当代艺术家资源被不断挖掘两者并存的市场。市场规模在接下来将继续调整，基本维持稳中有升的格局，但是否能全面回归上涨通道，仍难下定论。市场的挖掘和藏家群体的培养均需要时间，这不是一个可以在短期内解决的问题，接下来市场的波动难以避免，但是长期增长的趋势并没有改变。

G.2 市场信心继续回升 传统市场备受关注

2013 年先抑后扬的市场行情，令业内人士的信心提升。由雅昌艺术市场监测中心（AMMA）组织的艺术市场信心度调查显示，2014 年第一季度中国艺术市场信心指数值达到 54 点，连续两个季度上涨，并突破 50 的临界点。这是 2010 年以来，市场信心度指数第二次突破 50 点，可以说人们对未来艺术品市场充满信心。

在经济调整期，人们对于艺术品这种“硬资产”的价值认同开始普遍提升。在这次调查中，有超过 67% 的参与调查人群认为艺术品价格在未来三个月里会继续上涨，而认为艺术品价格会下跌的占 3%（图 G-2）。对艺术品的价值认同也影响了人们的购买决策，有 78% 的被调查者认为，未来是购买艺术品的合适时机。认为不适合购买艺术品的只占 22%（图 G-3）。可以预见，2014 年中国艺术品拍卖市场的参与人数应该还会继续增加，整个市场增长和发展的大趋势没有实质性的改变。

在这次调查中，近现代书画是被调查者最关注的艺术门类，有 25.76% 的被调查者选择最关注近现代书画。其次是中国瓷器，关注度有 19.70%。受访者对中国当代艺术、中国古代书画和玉器的关注度均超过 10%。这一比例结构，与目前中国艺术品市场各品类的市场份额基本上一致，并没有实质性的变化。（图 G-4）

与 2013 年年初相比，中国当代艺术的关注度明显提升，这与 2013 年当代艺术市场超出市场预期的价格表现有关。当代艺术家曾梵志作品进入亿元行列，在一定程度上提振了市场对这一门类的信心。不过市场对当代艺术的审美在改变，目前当代艺术市场已经与 2007 年时的市场结构差异甚大。

图 G-2 2014 年第一季度艺术品购买时机判断

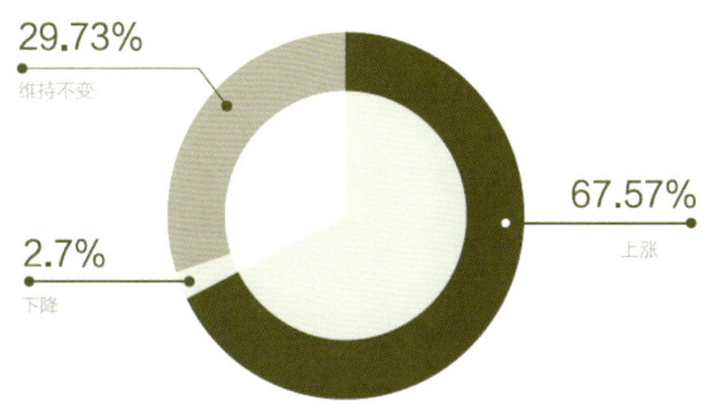

数据来源：雅昌艺术市场监测中心（AMMA），统计时间 2014 年 1 月 17 日。

图 G-3 2014 年第一季度中国艺术品价格走势判断

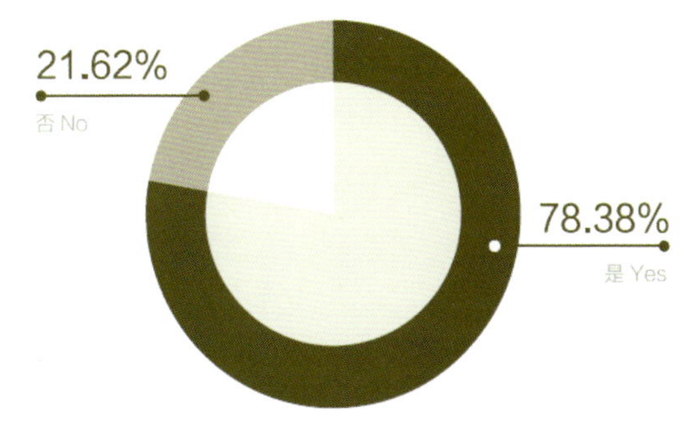

数据来源：雅昌艺术市场监测中心（AMMA），统计时间 2014 年 1 月 17 日。

图 G-4 2014 年第一季度近现代书画关注度回升

数据来源：雅昌艺术市场监测中心（AMMA），统计时间 2014 年 1 月 17 日。

图 G-5 2014 年第一季度中国艺术品市场信心指数上升 15%

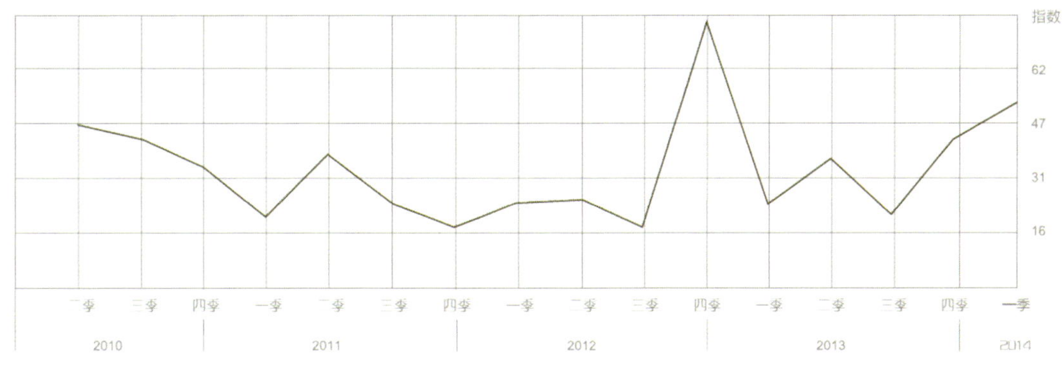

数据来源：雅昌艺术市场监测中心（AMMA），统计时间 2014 年 1 月 17 日。

H：2013 年年度十大中国艺术家排行榜

表 H-1　2013 年年度十大中国艺术家成交额涨跌幅榜

艺术家	2013 年（元）	同比 2012 年	同比 2011 年	同比 2010 年
张大千	2,509,174,585	11.42%	-62.28%	100%
齐白石	1,986,541,989	-2.50%	-6.40%	75.55%
黄胄	1,092,764,819	39.44%	-45.32%	133.52%
徐悲鸿	1,041,744,068	-20.96%	-43.59%	29.92%
陆俨少	907,452,363	12.31%	-43.64%	107.63%
赵无极	877,576,906	96.95%	-28.67%	82.23%
傅抱石	819,551,217	-28.70%	-44.12%	59.04%
黄宾虹	746,406,629	26.35%	-28.67%	86.26%
李可染	671,529,938	-45.45%	-19.75%	88.95%
吴冠中	609,069,514	32.74%	-79.97%	215.39%

数据来源：雅昌艺术市场监测中心（AMMA），统计时间截至 2014 年 1 月 17 日。

图 H-1　2010-2013 年年度十大中国艺术家成交总额平均值和中位数走势图

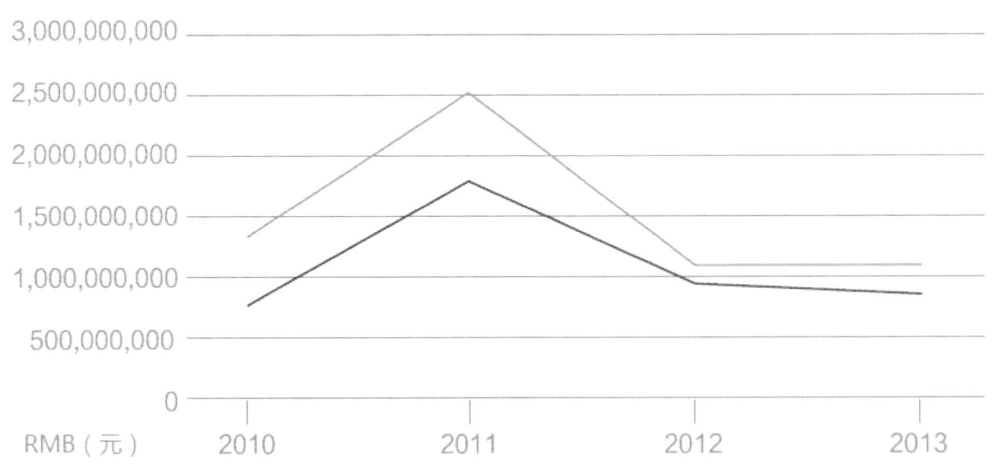

数据来源：雅昌艺术市场监测中心（AMMA），统计时间截至 2014 年 1 月 17 日。

注：中位数反映了去除极高或极低数值等特例后，成交额中较为集中的真实水平。

中国绘画艺术（包括中国书画、油画及当代艺术）支撑起中国艺术品市场的大半江山，2013 年，中国绘画艺术总成交额为 418 亿元，占 64.84% 的市场份额。为此，我们制作了年度中国绘画作品销售总额排名前十的艺术家榜单，其中中国近现代艺术家共 8 人，并包揽了榜单前三甲的席位，他们分别是张大千、齐白石、黄胄。以下十位中国艺术家，其作品市场完成总成交额 112.61 亿元，略低于 2012 年，占中国纯艺术类（仅包括中国书画、油画及当代艺术）市场 26.93% 的份额，成为中国高端艺术品市场的翘楚。

值得一提的是，2013 年年度十大中国艺术家排名中，有两位艺术家表现得最为抢眼，即黄胄和赵无极。2013 年，黄胄作品市场总额较比 2012 年增幅达到 39.44%，位次也从第 7 名一跃成为第 3 名，而赵无极更是“空降”榜单，位居第 6 名，比后一位次的傅抱石高出 5,802.56 万元，比前一位次的陆俨少仅低了 2,987.54 万元。

1. 张大千（1898-1983） 25.09 亿元人民币

作为中国艺术史中极具影响力的国画大师之一，张大千以 25.09 亿元的骄人成绩，连续三年蝉联年度中国十大艺术家榜首冠军宝座，比 2012 年的成绩增长 11.42%。其中，张大千作于 1944 年的《红拂女》在中国嘉德 2013 年春拍中，以 7,130 万元成交，成为其 2013 年个人纪录中的最高成交价作品。2013 年分布在 1000 万元以上的张大千作品共 40 件，总成交额为 9.79 亿元。

2. 齐白石（1864-1957） 19.86 亿元人民币

齐白石是中国美术史中的巨匠，其艺术成就已然成为后世难以企及的高峰。2013 年，50 万元以上成交的齐白石作品共 723 件，分布在 1000 万元以上精品区间的成交作品数为 28 件，其成交总额达到 5.34 亿元，于 1946 年创作的《高立千年》以 8,050 万元成为齐白石 2013 年作品成交中的冠军作品。

3. 黄胄（1925-1997） 10.92 亿元人民币

2013 年对于黄胄来说可谓是红火的一年，因此也被不少人称之为“黄胄年”。10.92 亿元的总成交额让黄胄备受关注，这个数据比 2012 年增长了 3.09 亿元，其中位居首位的高价作品为《欢腾的草原》，2013 年北京保利秋拍中该幅作品以 1.28 亿元易主。另外，2013 年位于 1000 万元以上的黄胄作品数量共 11 件，比 2012 年多了 8 件。

4. 徐悲鸿（1895-1953） 10.41 亿元人民币

徐悲鸿引领了中国近现代绘画的变革，强调在国画改革中融入西画技法，因此被誉为“中国近现代绘画之父”。2013 年，18 件千万元以上的徐悲鸿作品中大多成交于上半年的拍卖场上，比 2012 年千万元以上的作品减少了 2 件，其中徐悲鸿于 1948 年创作的《采芝图》在北京匡时春拍中以 2,645 万元成交。

5. 陆俨少（1909-1993） 9.07 亿元人民币

与李可染一起被誉为“北李南陆”的陆俨少在2013年的作品成交总额略高于2012年，作品每平尺价格为44.94万元，比2012年提升8%，成交率则基本持平。

2004年，在北京翰海拍卖行春季拍卖会，陆俨少的《杜甫诗意册》以6,930万元成交，成为陆俨少作品成交的最高纪录，迄今为止没有一件作品将其打破，2013年也不例外。2013年，陆俨少《杜陵诗意册页》以4,485万元在南京经典拍卖行成交，位居该年陆俨少作品成交价的榜首。

6. 赵无极（1921-2013） 8.77 亿元人民币

赵无极被称为“西方现代抒情抽象派的代表”，在绘画创作上将中西融合，创造出色彩变幻、笔触有力、富有韵律感和光感的新的绘画空间。在年度十大中国艺术家排名中，赵无极已实现连续四年名次上升，并于2013年荣登榜单，位居第六。不仅如此，2013年赵无极作品成交总额同时也是其近四年成交纪录的最高值，达到8.77亿元，相比2012年涨幅达到96.95%。需要特别强调的是，2013年4月9日，赵无极逝世，这一艺术大师的离去无疑是艺术界的一大损失，赵无极作品的价值也将在未来得到与其贡献和学术地位相匹配的合理体现。

7. 傅抱石（1904-1965） 8.19 亿元人民币

2013年6月5日，傅抱石在1946年创作的《后赤壁图》在北京匡时拍卖行以3,795万元成交，成为全年傅抱石作品最高价。不过，这一数据比2012年的傅抱石冠军作品价格缩水75.04%。在傅抱石高端作品成交价格分布中，2013年其高端作品成交价格中位数为1,495万元，而2012年这一数值为1,805.65万元。此外，傅抱石作品的成交率也由2012年的27.89%下降到22.19%。

8. 黄宾虹（1865-1955） 7.46 亿元人民币

黄宾虹是中国近现代美术史上能与齐白石相比肩的一位巨匠。其个人作品成交最高纪录创于2011年中国嘉德拍卖行上拍的《山川卧游卷》，成交价为5,290万元，该成绩一直保持至今。与其相比，2013年，黄宾虹最高价作品成交价为4,025万元，即在南京经典上拍的《山川卧游图》（四屏）。事实上，由于中国艺术品市场上黄宾虹的精品佳作释出量较少，导致其市场一直处于不温不火的状态，与同水平艺术家的市值存在明显差距，成为一个有待被激活的强力个股。

9. 李可染（1907-1989） 6.71 亿元人民币

自2012年起，一幅《万山红遍》点爆了李可染的人气，市场关注度极高，不过，高人气却未能维持其市场继续走高。2013年，李可染作品销售总额在年度十大中国艺术家榜单中跌幅最明显，由2012年的12.31亿元跌至6.71亿元，跌幅为45.45%。而2013年李可染在榜单中的位次，也是他连续四年登榜以来的最低值。根据雅昌艺术市场监测中心的统计，2013年，李可染作品在1000万元以上的数量为8件，比2012年减少一半，且没有出现一件过亿作品。

10. 吴冠中（1919-2010） 6.09亿元人民币

吴冠中的高端作品在经历了2012年的沉淀及其市值走低后，在2013年再次发力，其作品销售总额呈现上升态势，增幅达到32.74%，其最高价作品《松魂》在北京保利取得3,392.5万元的成绩，比2012年的最高价作品提高1,552.5万元。此外，2013年吴冠中作品的上拍量高于2012年，其作品每平尺的价格较比2012年提升了7%，并且高端作品的数量也多于2012年。

附录一 2013 年中国艺术品拍卖高价TOP100

排名	拍品名称	成交价（RMB, 元）	拍卖日期	拍卖公司
1	明永乐 鎏金铜释迦牟尼佛坐像	186,551,160	2013.10.8	香港苏富比
2	曾梵志 2001 年作《最后的晚餐》	142,367,160	2013.10.5	香港苏富比
3	黄胄 1981 年作《欢腾的草原》镜心	128,800,000	2013.12.2	北京保利
4	明成化 青花缠枝秋葵纹宫盌	111,438,360	2013.10.8	香港苏富比
5	清乾隆 紫檀高浮雕九龙西番莲纹顶箱式大四件柜	93,150,000	2013.6.4	北京保利
6	赵无极 1958 年作《抽象》	89,680,000	2013.12.1	苏富比（北京）
7	黎雄才 1984 年作《长青不老松》镜心	89,600,000	2013.3.30	北京荣宝
8	曾梵志 1992 年作《协和医院系列之三》	89,006,640	2013.11.23	香港佳士得
9	靳尚谊 1983 年作《塔吉克新娘》	85,100,000	2013.11.16	中国嘉德
10	吴作人 1977 年作《战地黄花分外香》镜心	80,500,000	2013.5.10	中国嘉德
11	齐白石 1946 年作《高立千年》立轴	80,500,000	2013.7.6	朵云轩
12	张大千 1944 年作《红拂女》镜心	71,300,000	2013.5.10	中国嘉德
13	明 唐寅 1508 年作《松崖别业图》手卷	71,300,000	2013.6.3	北京保利
14	清乾隆 豆青釉浮雕瑞蝠双鱼“百寿”图如意耳瓶	69,905,400	2013.10.8	香港苏富比
15	赵无极 1982 年作《15.01.82》（三联作）	67,254,360	2013.10.5	香港苏富比
16	清乾隆 御制白玉交龙钮“自强不息”宝玺	66,700,000	2013.5.12	中国嘉德
17	李可染 1976 年作《井冈山》立轴	66,118,320	2013.11.25	香港佳士得
18	张大千 1947 年作《荷塘野趣》四屏	63,763,920	2013.5.28	香港佳士得
19	黄永玉 田家梅 镜心	63,250,000	2013.12.6	北京盈时
20	明宣德 青花矾红彩“海兽图”高足杯	62,835,960	2013.10.8	香港苏富比
21	赵无极 1966 年作《16.5.66》	62,835,960	2013.10.5	香港苏富比
22	陈逸飞 1971-1972 年作《红旗之一》	62,835,960	2013.10.5	香港苏富比
23	崔如琢 2005 年作《千山飞雪图》（八幅通景）镜心	61,102,800	2013.5.28	香港佳士得
24	清康熙 御制胭脂红地珐琅彩莲花图碗	59,380,080	2013.4.8	香港苏富比
25	张大千 1955 年作《凤箫图》立轴	58,639,680	2013.5.27	香港苏富比

排名	拍品名称	成交价（RMB,元）	拍卖日期	拍卖公司
26	张大千 1966 年作《招隐图》镜心	56,865,600	2013.5.27	香港苏富比
27	明末 / 清 18 世纪 黄花梨架几案	56,510,009	2013.3.21	纽约佳士得
28	赵无极 1960–1969 年作《3.4.60–1.2.69》	55,766,520	2013.10.5	香港苏富比
29	朱德群 1963 年作《无题》	55,554,480	2013.11.23	香港佳士得
30	清 乾隆帝 1744 年作《御临唐寅·文徵明兰亭书画合璧》手卷	54,625,000	2013.12.3	北京保利
31	常玉 1930–1940 年作《八尾金鱼》	53,115,480	2013.10.5	香港苏富比
32	李可染 1988 年作《江山胜境图》立轴	52,325,000	2013.12.12	北京传是
33	明 文徵明《杂咏》 手卷	51,175,000	2013.11.16	中国嘉德
34	清康熙 青花万寿纹盘口瓶	50,712,720	2013.11.27	香港佳士得
35	明 沈周《仿梅道人山水树石册》册页 （十开）	50,600,000	2013.12.3	北京保利
36	清 董邦达《葛洪山八景》册页 （八开）	50,600,000	2013.11.16	中国嘉德
37	宋 苏轼《功甫帖》立轴	50,353,251	2013.9.19	纽约苏富比
38	元 赵孟頫《秋江待别图》镜心	50,255,000	2013.7.4	上海嘉泰
39	明 陈洪绶《花鸟草虫册》册页（十二开）设色绢本	45,770,000	2013.12.22	朵云轩
40	黄胄 1962 年作《巡逻图》镜心	45,425,000	2013.12.4	北京匡时
41	陆俨少《杜陵诗意》册页	44,850,000	2013.7.28	南京经典
42	赵无极 1991 年作《抽象山水 27.08.91》	44,840,000	2013.12.1	苏富比（北京）
43	张大千 1948 年作《唐人秋猎图》镜心	42,550,000	2013.6.2	北京保利
44	宋 马远《松岩观瀑图》镜心	40,825,000	2013.12.3	北京保利
45	西周早期 公元前 11 至 10 世纪宝彝簋	40,758,659	2013.9.17	纽约苏富比
46	明 周臣 1535 年作《长江万里图》手卷	40,700,880	2013.5.27	香港佳士得
47	刘文西《幸福渠》镜心	40,600,000	2013.11.16	中国嘉德
48	黄宾虹《山川卧游图》立轴 四屏	40,250,000	2013.7.28	南京经典
49	潘天寿《西子湖中所见》镜心	40,250,000	2013.11.16	中国嘉德
50	黄胄 1972 年作《幸福一代》镜心	40,250,000	2013.12.4	北京匡时
51	清 王翚 1715 年作《南溪高逸图》手卷	40,250,000	2013.12.3	北京匡时
52	常玉 约 1930–1940 年作《红衣女子》	39,708,720	2013.11.23	香港佳士得
53	张大千 1969 年作《松峰晓霭图》镜心	39,100,000	2013.6.2	北京保利
54	靳尚谊 1999 年作《髡残》	39,100,000	2013.6.1	北京保利
55	清乾隆 清宫花梨木雕花鸟纹落地罩	39,100,000	2013.6.4	北京保利
56	罗中立 1980 年作《春蚕》	38,828,400	2013.11.23	香港佳士得
57	赵无极 1956 年作《北风》	38,828,400	2013.11.23	香港佳士得

排名	拍品名称	成交价（RMB, 元）	拍卖日期	拍卖公司
58	张大千 1948 年作《峨眉华岩顶》立轴	38,039,760	2013.5.28	香港佳士得
59	傅抱石 1946 年作《后赤壁图》立轴	37,950,000	2013.6.5	北京匡时
60	明 龚贤《别馆高居图》立轴	37,375,000	2013.5.10	中国嘉德
61	郭懋介作 田黄石山居即景薄意摆件	36,800,000	2013.10.27	福建东南
62	清雍正 青花“折枝花果”图凸莲瓣撇口瓶	36,325,560	2013.10.8	香港苏富比
63	明 沈士充 1619 年作《江南秋色》手卷	36,225,000	2013.5.13	中国嘉德
64	常玉 约 1929 年作《帘前双姝》	35,378,640	2013.5.25	香港佳士得
65	清雍正 粉彩“蟠桃献寿”图圆盖盒	35,127,600	2013.4.8	香港苏富比
66	清雍正 粉彩菊花折沿盘（一对）	34,558,200	2013.10.8	香港苏富比
67	黄宾虹《蜀游峨眉山水册》册页	34,500,000	2013.7.28	南京经典
68	齐白石《花实各三千年》立轴	34,500,000	2013.12.2	北京保利
69	清嘉庆 “嘉庆御笔之宝”交龙钮碧玉宝玺	34,500,000	2013.5.12	中国嘉德
70	清乾隆 紫地粉彩龙纹夔耳瓶（一对）	34,491,600	2013.5.29	香港佳士得
71	元 青花战将人物纹罐	34,056,000	2013.5.28	中信国际
72	吴冠中《松魂》镜心	33,925,000	2013.12.2	北京保利
73	刘野 2001-2002 年作《剑》	33,674,520	2013.10.5	香港苏富比
74	宋 宋理宗 1259 年作《楷书联句》册页（一开）	33,571,950	2013.10.5	中国嘉德
75	黄胄 1982 年作《民族大团结》镜心	32,775,000	2013.6.5	北京匡时
76	张大千 1968 年作《阔浦晴岚》镜心	32,666,160	2013.11.25	香港佳士得
77	徐悲鸿 范曾 1946 年作《六朝诗意图·知足常乐》及廖静文 书法对联 镜心	32,480,000	2013.6.21	鼎天国际
78	张大千 1948 年作《峨眉接引殿》立轴	32,200,000	2013.5.10	中国嘉德
79	傅抱石 1943 年作《林和靖赏梅图》立轴	32,200,000	2013.6.5	北京匡时
80	唐 夹纻乾漆佛头像	31,907,160	2013.10.8	香港苏富比
81	明 顾炎武《五台山记》（一册）	31,625,000	2013.5.10	中国嘉德
82	张大千 1978 年作《晴麓横云》镜心	31,050,000	2013.12.23	朵云轩
83	赵无极 1964 年作《30.7.64》	30,139,800	2013.10.5	香港苏富比
84	清乾隆 / 嘉庆 御制紫檀雕兽面龙纹条桌（一对）	30,056,400	2013.5.29	香港佳士得
85	商晚期 青铜兽面纹“耳丁”卣	30,056,400	2013.5.29	香港佳士得
86	宋 丁度等奉敕撰《礼部韵略》五卷	29,900,000	2013.12.4	北京匡时
87	奇楠王 沉香	29,900,000	2013.12.21	上海嘉禾
88	赵无极 1983 年作《10.03.83》（双联作）	29,738,160	2013.4.6	香港苏富比
89	明 陈继儒 梅花册（十六开）	28,980,000	2013.7.14	西泠拍卖
90	方力钧 1997 年作《1997.1》	28,750,000	2013.12.1	北京保利

排名	拍品名称	成交价（RMB,元）	拍卖日期	拍卖公司
91	齐白石《花卉》册页（十开）	28,750,000	2013.12.12	北京传是
92	张大千 1946 年作《晚山看云》立轴	28,750,000	2013.7.6	朵云轩
93	赵无极 1965 年作《11.03.65》	28,264,560	2013.11.23	香港佳士得
94	西周 史颂簋	28,175,000	2013.12.4	北京保利
95	齐白石《山水人家》立轴	27,600,000	2013.12.29	中鼎国际
96	李可染 1986 年作《千岩竞秀图》立轴	27,600,000	2013.11.16	中国嘉德
97	张大千《丹山春晓》镜心	27,488,760	2013.10.7	香港苏富比
98	清乾隆 青花粉彩缠枝花卉开光梅菊图御制诗文柿蒂耳瓶	27,025,000	2013.5.12	中国嘉德
99	傅抱石《侧耳含情披月影》立轴	27,025,000	2013.11.16	中国嘉德
100	张大千 1949 年作《湖光山色》立轴	26,706,240	2013.5.27	香港苏富比

第三部分 年度重要拍品

古代书画

作品名称	成交价（RMB）	拍卖公司	页码
明 唐寅 1508 年作《松崖别业图》手卷	71,300,000	北京保利	94
清 乾隆帝《御临唐寅·文徵明兰亭书画合璧》手卷	54,625,000	北京保利	95
明 文徵明 行书《杂咏》手卷	51,175,000	中国嘉德	96
清 董邦达《葛洪山八景》册页（八开）	50,600,000	中国嘉德	97
明 沈周《仿梅道人山水树石册》册页（十开）	50,600,000	北京保利	98
明 陈洪绶《花鸟草虫册》册页（十二开）	45,770,000	北京朵云轩	99
宋 马远《松岩观瀑图》镜心	40,825,000	北京保利	100
明 周臣 1535 年作《长江万里图》手卷	40,700,880	香港佳士得	101
清 王翚 1715 年作《南溪高逸图》手卷	40,250,000	北京匡时	102
明 龚贤《别馆高居图》立轴	37,375,000	中国嘉德	103
明 沈士充 1619 年作《江南秋色》手卷	36,225,000	中国嘉德	104
宋 宋理宗 1259 年作《楷书联句》册页（一开）	33,571,950	中国嘉德	105
明 顾炎武《五台山记》（一册）	31,625,000	中国嘉德	106
宋 丁度等奉敕撰《礼部韵略》五卷	29,900,000	北京匡时	107
明 陈继儒《梅花册》（十六开）	28,980,000	西泠拍卖	108
明 祝允明 1516 年作《秋兴八首》手卷	26,450,000	北京华辰	109
明 龚贤《自书诗二十四首》手卷	26,450,000	中国嘉德	110
清 张为邦 1752 年作《下元灵佑图》手卷	26,313,150	中国嘉德	111
清 董邦达《石梁瀑布》立轴	25,623,600	香港佳士得	112
清 石涛 1698 年作《桐阴觅句》镜心	25,300,000	中国嘉德	113
清 张宗苍《云林烟艇图》立轴	25,300,000	中国嘉德	114
宋 马远《高士携鹤图》镜心	24,725,000	北京保利	115
清 董邦达《西湖十景册》册页（十开）	24,044,775	保利香港	116
清 髡残 1661 年作《为周亮工作山水》立轴	23,575,000	中国嘉德	117
明 赵左 1609-1610 年作《溪山高隐图》手卷	20,700,000	中国嘉德	118

注：所选取的数据来源为中国拍卖行业协会发布的《中国文物艺术品拍卖企业自律公约》成员单位，以及《中国收藏拍卖年鉴》所制定的样本拍卖公司。

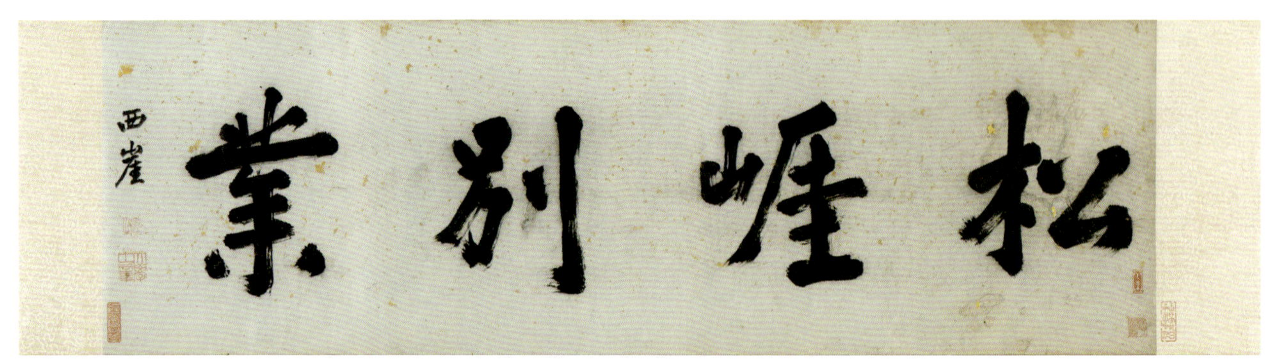

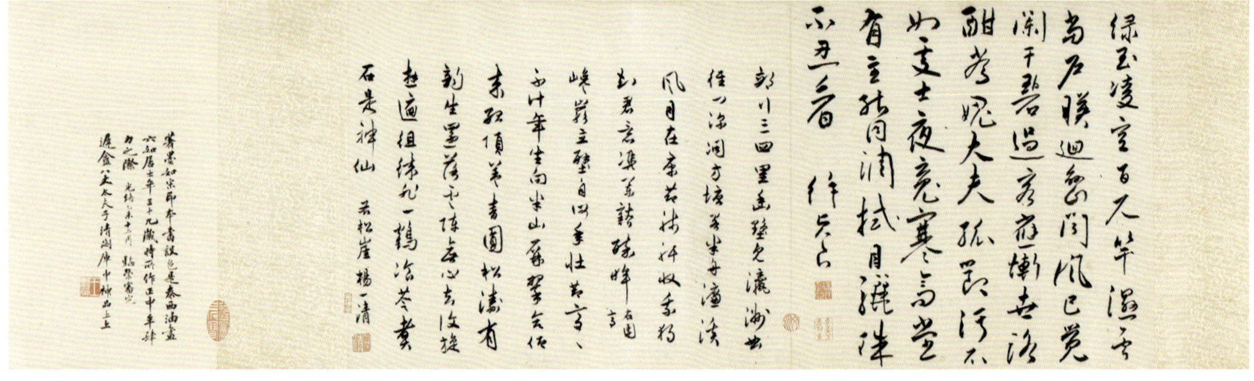

明 唐寅 1508 年作《松崖别业图》手卷

画 32cm×124cm，约 3.5 平方尺

跋 32cm×96cm，约 2.8 平方尺

成交价：RMB 71,300,000

北京保利 2013 年春

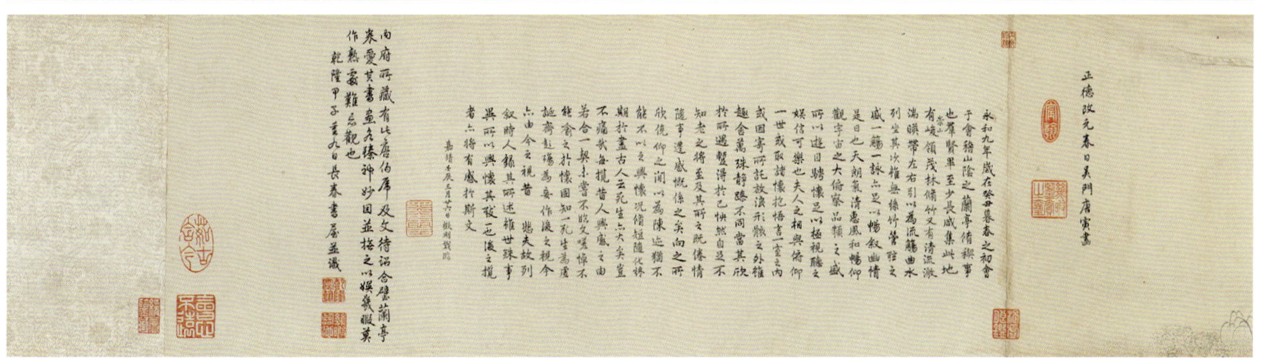

清 乾隆帝《御临唐寅·文徵明兰亭书画合璧》手卷

画 18.5cm×83cm，约 1.4 平方尺

跋 18cm×46cm，约 0.7 平方尺

成交价：RMB 54,625,000

北京保利 2013 年秋

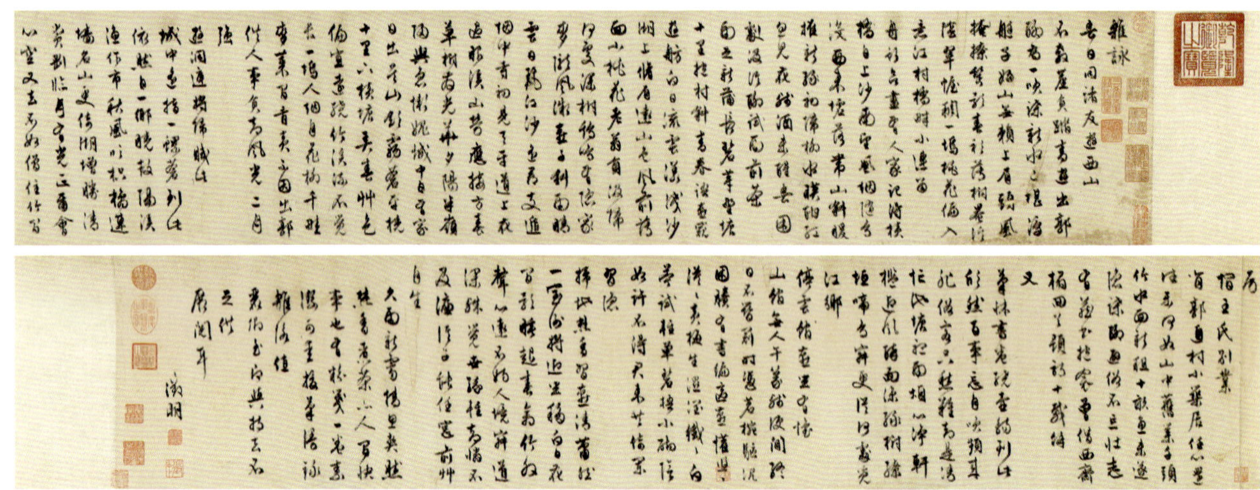

明 文徵明《杂咏》手卷

25.6cm×258cm，约 8 平方尺

成交价：RMB 51,175,000

中国嘉德 2013 年秋

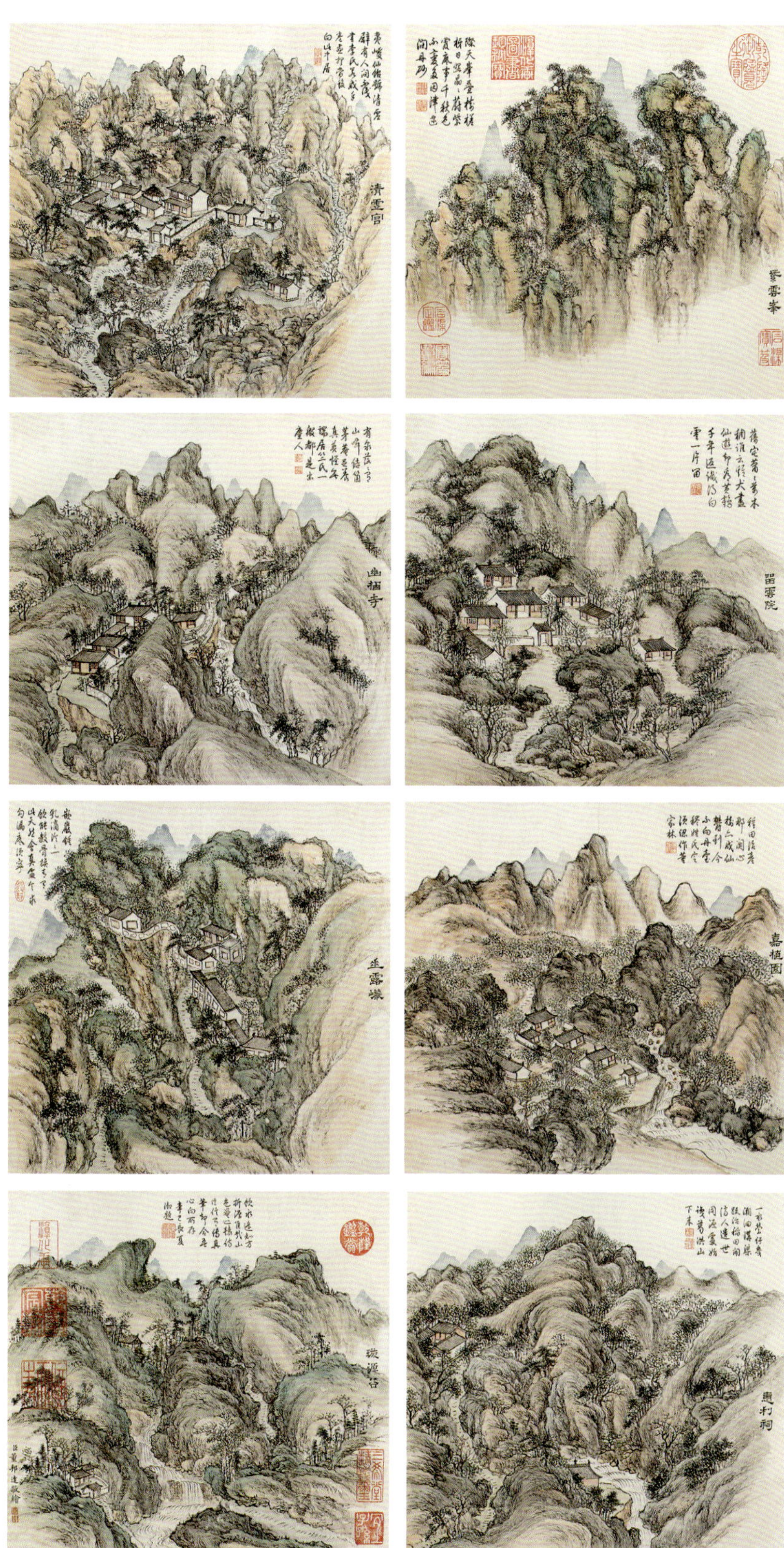

清　董邦达《葛洪山八景》册页（八开）

28.5cm×30.5cm×8，约0.8平方尺(每幅)

成交价：RMB 50,600,000

中国嘉德　2013年秋

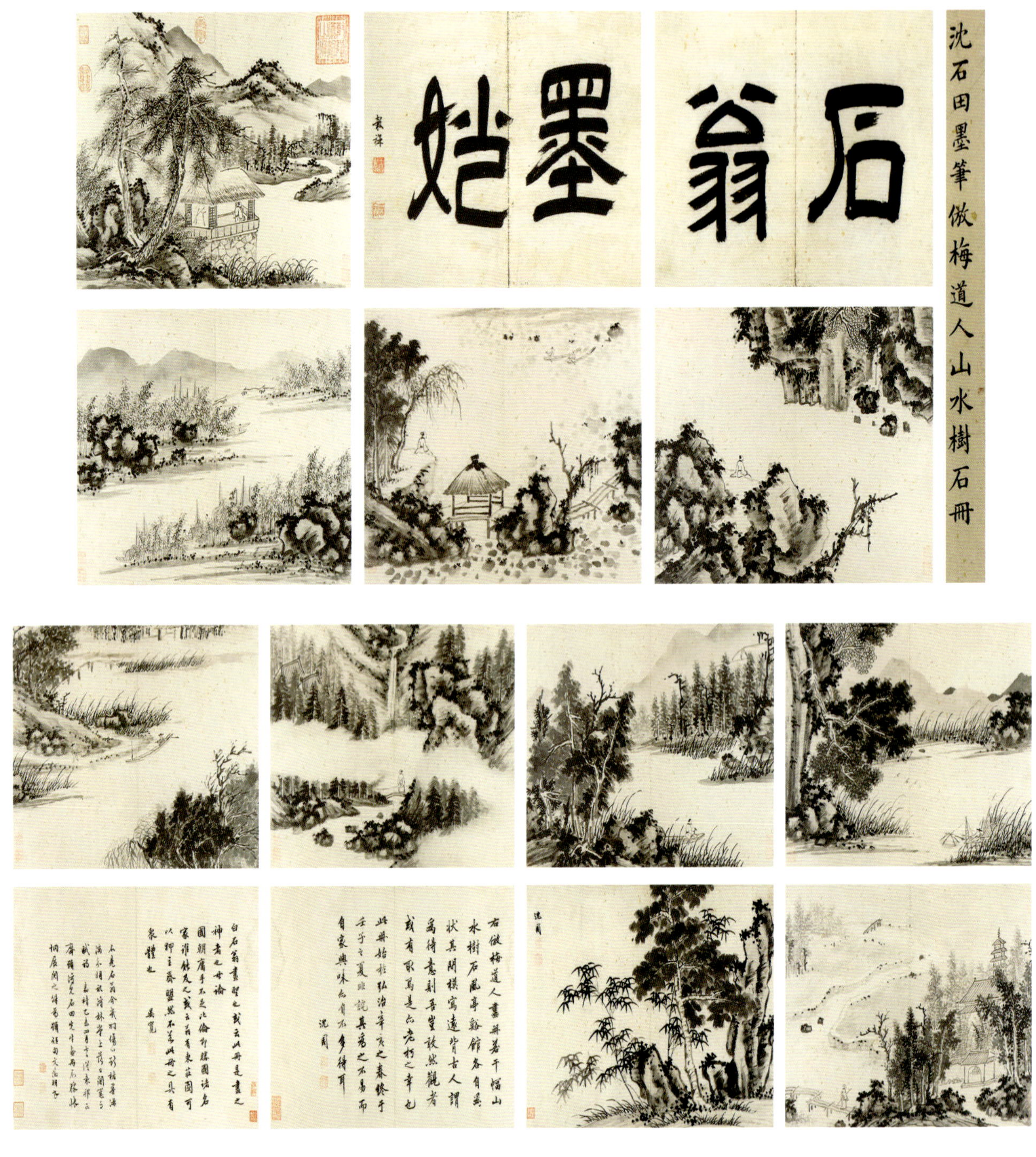

明 沈周《仿梅道人山水树石册》册页（十开）

45cm×64cm×10，约 2.6 平方尺（每幅）

成交价：RMB 50,600,000

北京保利 2013 年秋

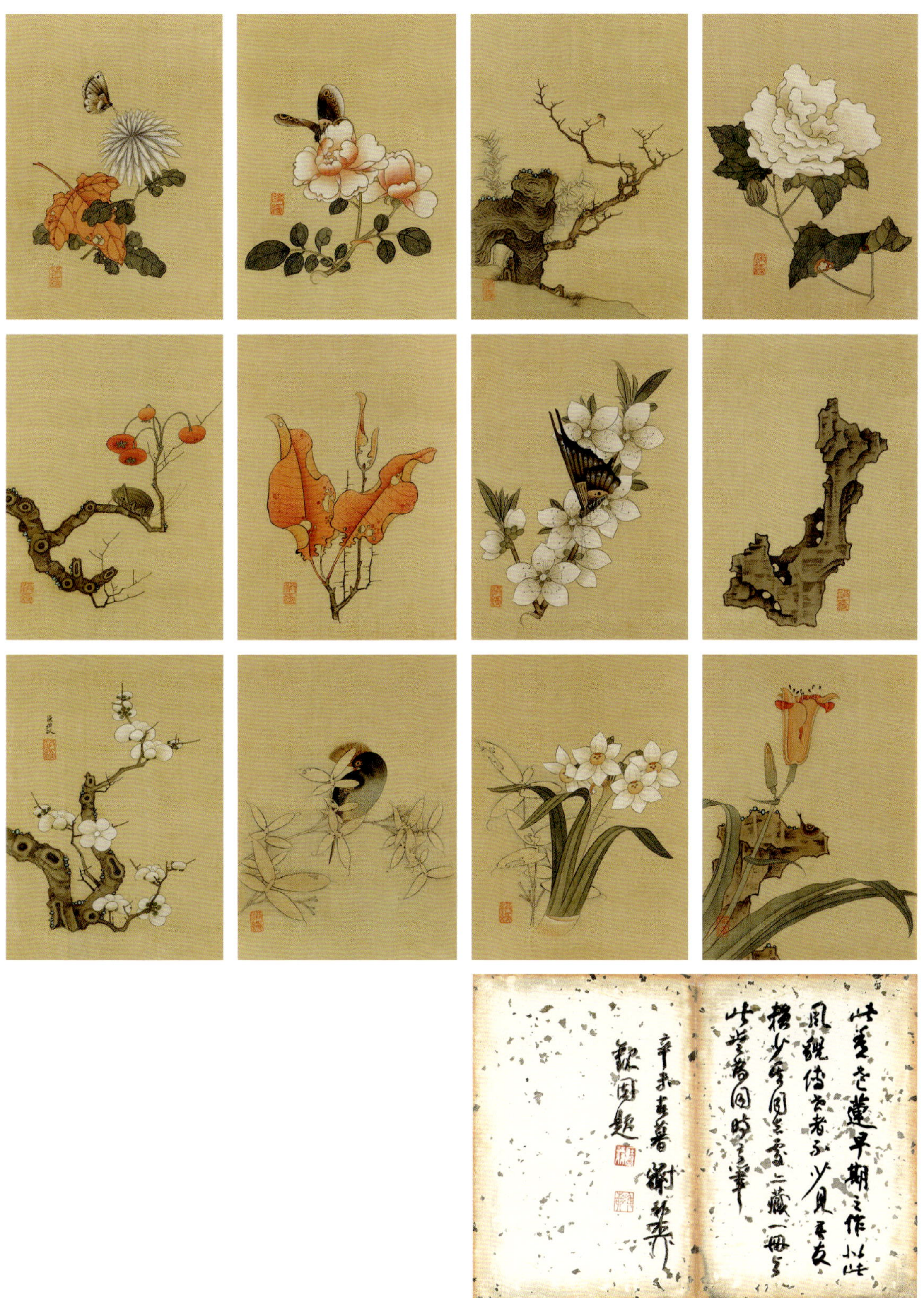

明 陈洪绶《花鸟草虫册》册页（十二开）

22cm×16cm×12，约 0.3 平方尺（每幅）

成交价：RMB 45,770,000

北京朵云轩 2013 年秋

宋 马远《松岩观瀑图》镜心
26cm×24.5cm，约 0.6 平方尺
成交价：RMB 40,825,000
北京保利 2013 年秋

明 周臣 1535 年作《长江万里图》手卷

43cm×2043cm，约 79 平方尺

成交价：RMB 40,700,880

香港佳士得 2013 年春

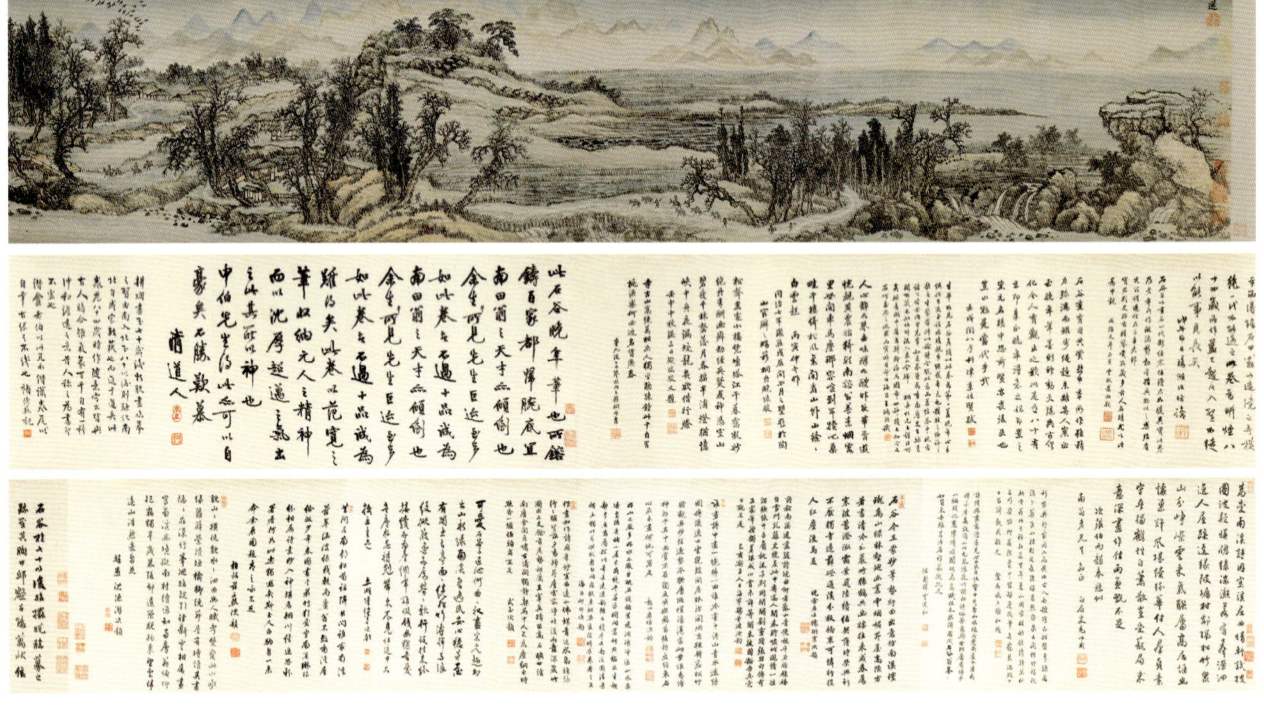

清 王翚 1715 年作《南溪高逸图》手卷

本幅 37cm×329cm，约 11 平方尺

题跋 36.5cm×422cm，约 13.9 平方尺

成交价：RMB 40,250,000

北京匡时 2013 年秋

明 龚贤《别馆高居图》立轴

212.5cm×55.5cm，约 7.5 平方尺

成交价：RMB 37,375,000

中国嘉德 2013 年春

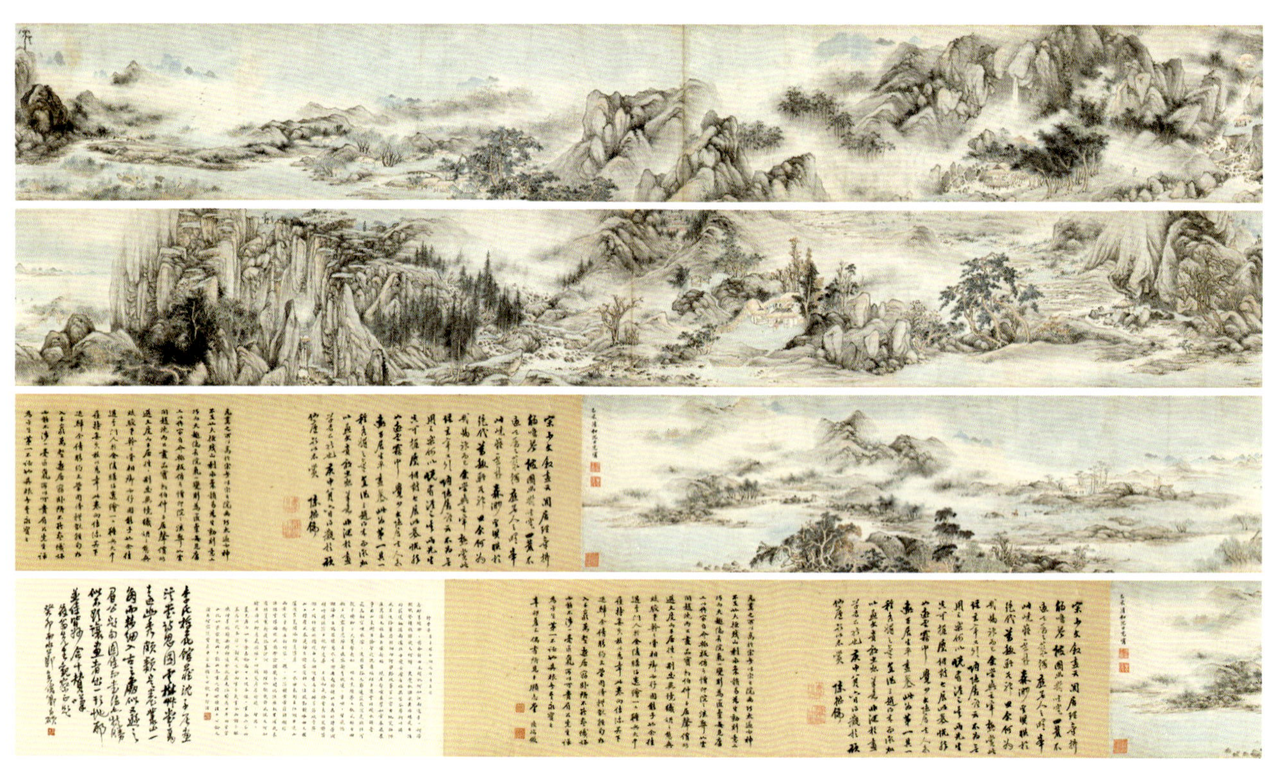

明 沈士充 1619年作《江南秋色》手卷

26cm×584cm，约18平方尺

成交价：RMB 36,225,000

中国嘉德 2013年春

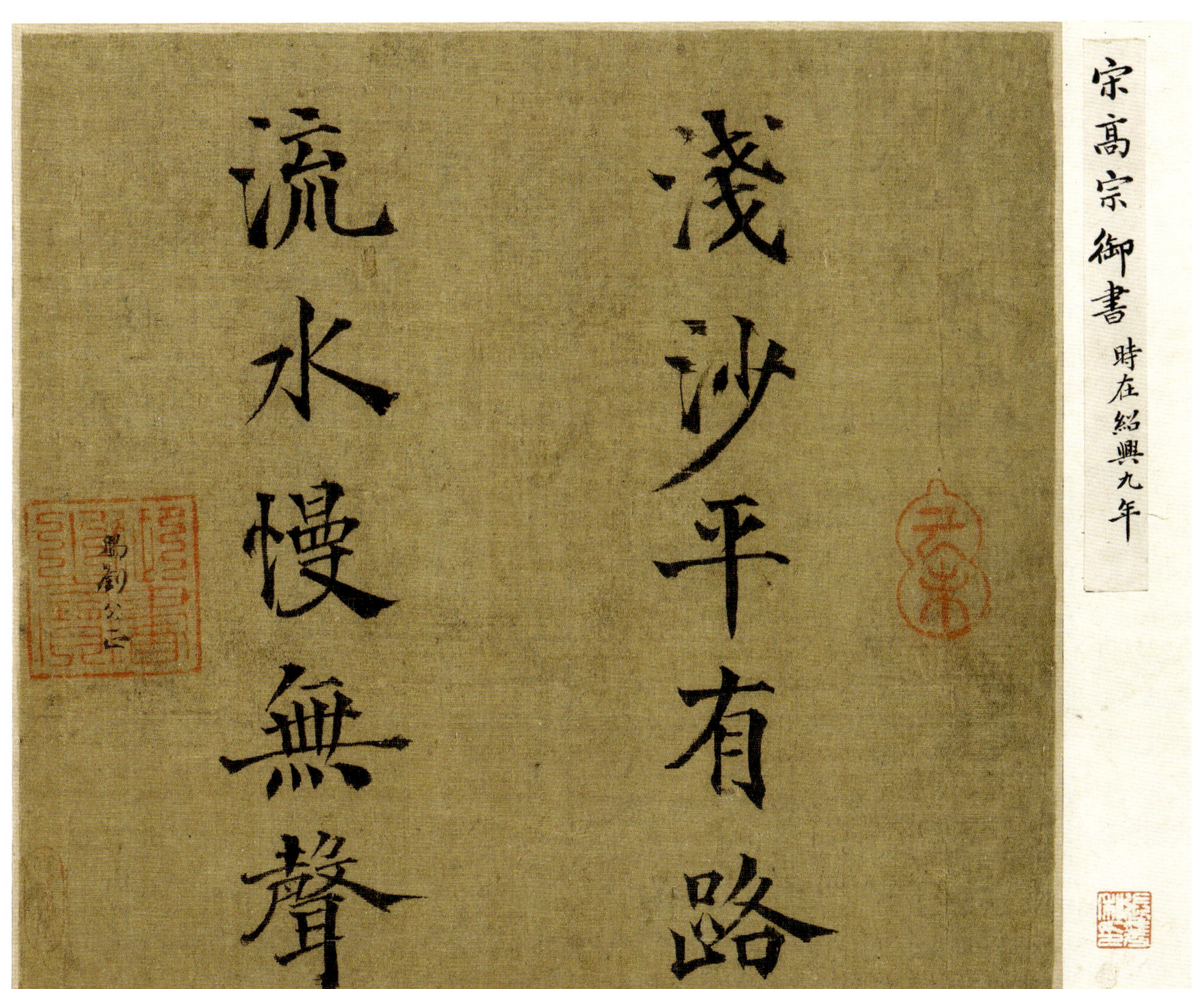

宋 宋理宗 1259 年作《楷书联句》册页（一开）
37.6cm×37cm，约 1.1 平方尺
成交价：RMB 33,571,950
中国嘉德 2013 年秋

五臺山記

五臺山在五臺縣東北一百二十里西北距繁峙縣一百
三十里胡三省曰五臺山在代州五臺縣山形五峙相傳以
爲文殊示現之地華嚴經䟽云清凉山者即代州鴈門五
臺山也歲積堅冰夏仍飛雪曾無炎暑故曰清凉五峰聳
出頂無林木有如壘土之臺故曰五臺余考昔人之言五臺
者過侈有謂環基所至五百餘里有謂四埵去中臺各一
百二十里東埵爲趙襄子所登以臨代國南埵爲帝堯遭
洪水繫舟之處北埵夏屋山後魏孝文駐蹕之所西埵天
池隋煬帝避暑之龍樓鳳閣者皆太廣遠而失其實惟今
山志所言五臺者近是北臺最高後人名之叶斗峰有龍
湫其東二十里爲華嚴嶺又東二十里爲東臺上可觀日
出其東爲龍泉關路自北臺而南二十里爲中臺其巔西
北有太華泉又西十五里爲西臺其西疊嶂數十里北有秘

明 顾炎武《五台山记》一册

13.5cm×23.5cm（册）

成交价：RMB 31,625,000

中国嘉德 2013 年春

宋 丁度等奉敕撰《礼部韵略》五卷

成交价：RMB 29,900,000

北京匡时 2013 年秋

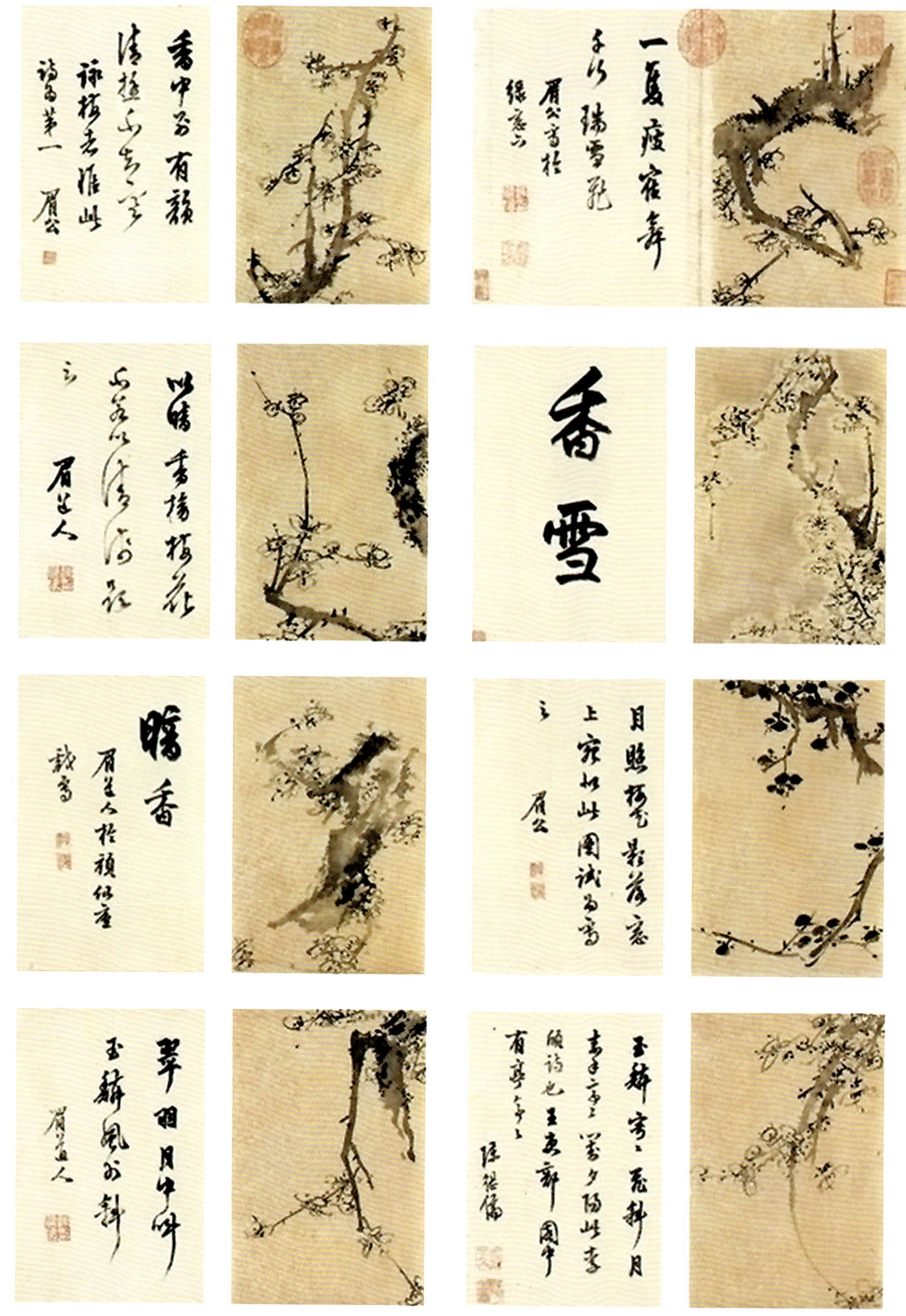

明 陈继儒《梅花册》（十六开）

21.5cm×13.8cm×16，约 0.3 平方尺（每幅）

成交价：RMB 28,980,000

西泠拍卖 2013 年春

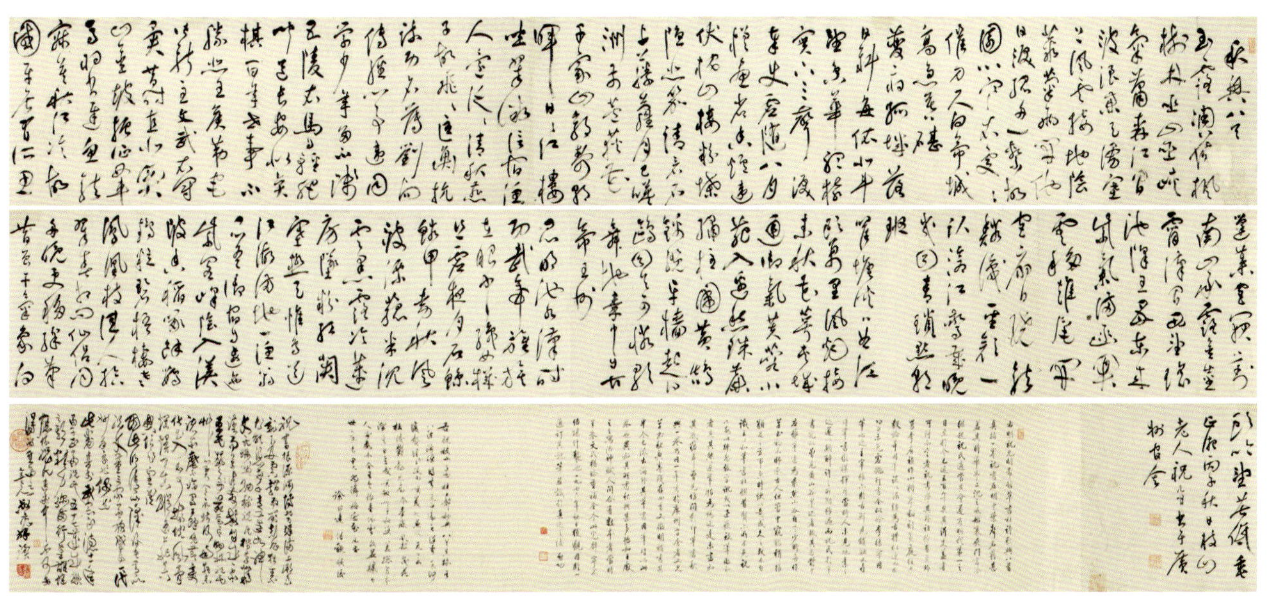

明　祝允明 1516 年作《秋兴八首》手卷

32cm×485cm，约 14 平方尺

成交价：RMB 26,450,000

北京华辰　2013 年秋

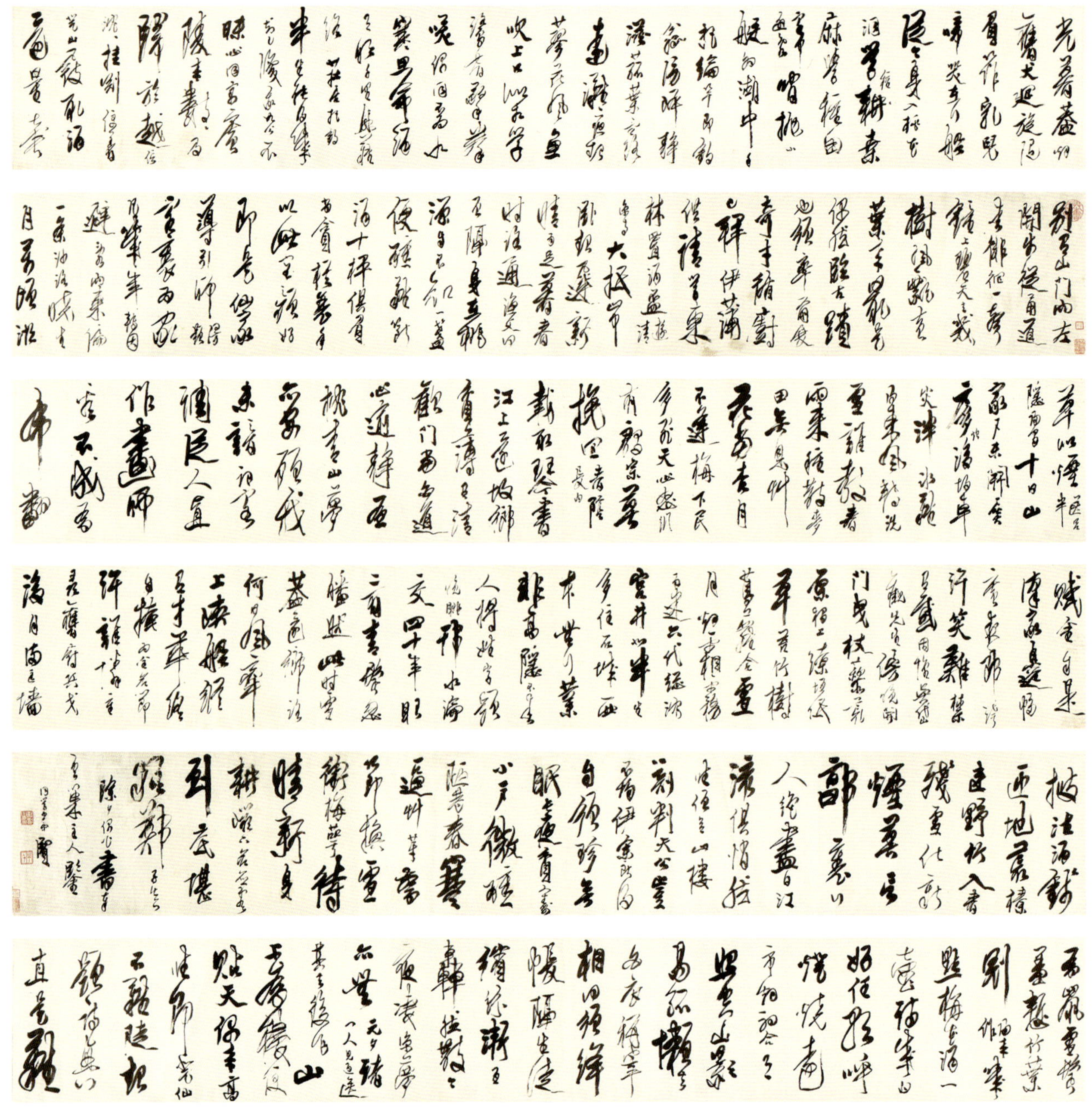

明 龚贤《自书诗二十四首》手卷

33cm×1320cm，约 40 平方尺

成交价：RMB 26,450,000

中国嘉德 2013 年秋

清 张为邦 1752年作《下元灵佑图》手卷

57cm×312cm，约18平方尺

成交价：RMB 26,313,150

中国嘉德 2013年秋

清 董邦达《石梁瀑布》立轴

140cm×64cm，约 8 平方尺

成交价：RMB 25,623,600

香港佳士得 2013 年秋

清 石涛 1698年作《桐阴觅句》镜心

80.5cm×41.5cm，约2.9平方尺

成交价：RMB 25,300,000

中国嘉德 2013年秋

清 张宗苍《云林烟艇图》立轴

128cm×49.3cm，约 6 平方尺

成交价：RMB 25,300,000

中国嘉德 2013 年春

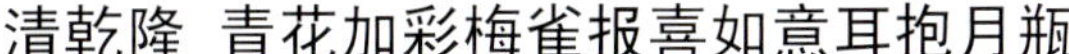

清乾隆　青花加彩梅雀报喜如意耳抱月瓶

高 28.5 cm

成交价：RMB 23,000,000

北京传是　2013 年秋

明宣德 青花轮花纹绶带耳葫芦式扁瓶

高 24.5cm

成交价：RMB 22,102,320

香港佳士得 2013 年秋

宋 马远《高士携鹤图》镜心

25cm×26.5cm，约 0.6 平方尺

成交价：RMB 24,725,000

北京保利 2013 年秋

清 董邦达《西湖十景册》册页（十开）

29cm×38cm×10，约 1 平方尺（每幅）

成交价：RMB 24,044,775

保利香港 2013 年秋

清 髡残 1661 年作《为周亮工作山水》立轴

画 102.5cm×29cm，约 2.7 平方尺

诗堂 20.5cm×29cm，约 0.5 平方尺

成交价：RMB 23,575,000

中国嘉德 2013 年春

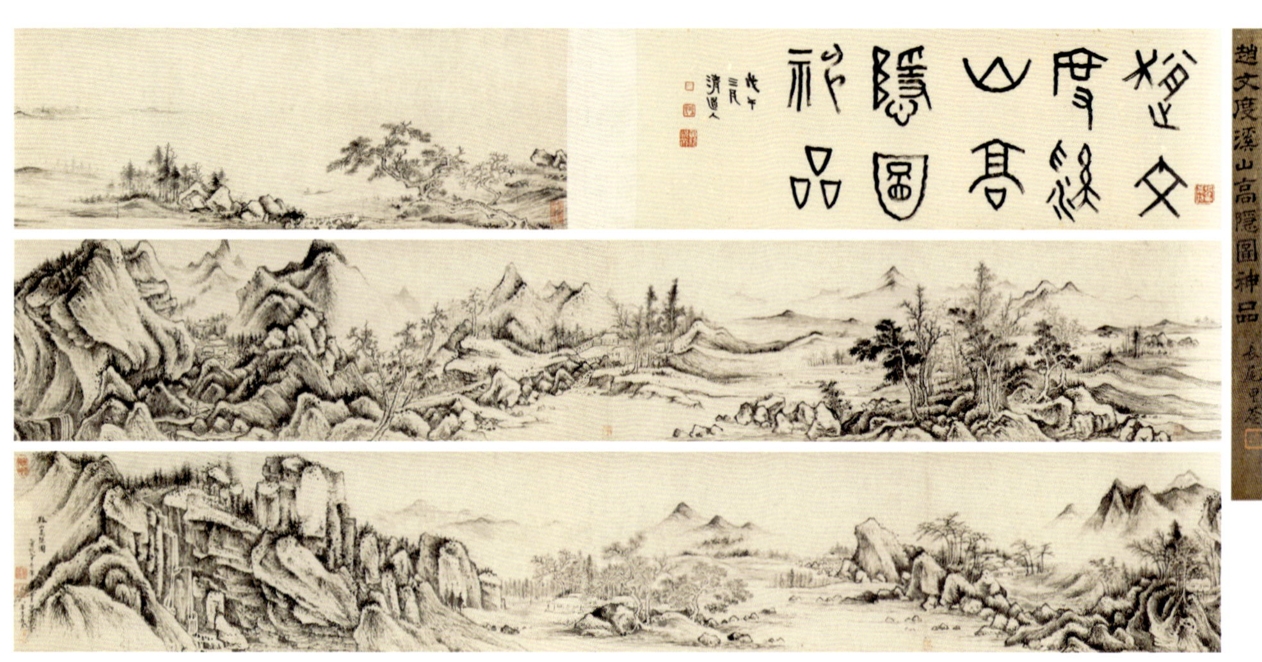

明 赵左 1609-1610 年作《溪山高隐图》手卷

31.2cm×454.7cm，约 12.2 平方尺

成交价：RMB 20,700,000

中国嘉德 2013 年春

近现代书画

作品名称	成交价（RMB）	拍卖公司	页码
黄胄 1981 年作《欢腾的草原》镜心	128,800,000	北京保利	121
黎雄才 1984 年作《长青不老松》镜心	89,600,000	北京荣宝	122
齐白石 1946 年作《高立千年》立轴	80,500,000	北京朵云轩	123
吴作人 1977 年作《战地黄花分外香》镜心	80,500,000	中国嘉德	124
张大千 1944 年作《红拂女》镜心	71,300,000	中国嘉德	125
李可染 1976 年作《井冈山》立轴	66,118,320	香港佳士得	126
张大千 1947 年作《荷塘野趣》四屏	63,763,920	香港佳士得	127
张大千 1955 年作《凤箫图》立轴	58,639,680	香港苏富比	128
张大千 1966 年作《招隐图》 镜心	56,865,600	香港苏富比	129
李可染 1988 年作《江山胜境图》立轴	52,325,000	北京传是	130
黄胄 1962 年作《巡逻图》 镜心	45,425,000	北京匡时	131
张大千 1948 年作《唐人秋猎图》 镜心	42,550,000	北京保利	132
刘文西 《幸福渠》镜心	40,600,000	中国嘉德	133
黄胄 1972 年作《幸福一代》镜心	40,250,000	北京匡时	134
潘天寿 《西子湖中所见》镜心	40,250,000	中国嘉德	135
张大千 1969 年作《松峰晓霭图》镜心	39,100,000	北京保利	136
张大千 1948 年作《峨眉华岩顶》立轴	38,039,760	香港佳士得	137
傅抱石 1946 年作《后赤壁图》立轴	37,950,000	北京匡时	138
齐白石 《花实各三千年》立轴	34,500,000	北京保利	139
吴冠中 《松魂》镜心	33,925,000	北京保利	140
黄胄 1982 年作《民族大团结》镜心	32,775,000	北京匡时	141
张大千 1968 年作《阔浦晴岚》镜心	32,666,160	香港佳士得	142
张大千 1948 年作《峨眉接引殿》立轴	32,200,000	中国嘉德	143
傅抱石 1943 年作《林和靖赏梅图》立轴	32,200,000	北京匡时	144
张大千 1978 年作《晴麓横云》镜心	31,050,000	北京朵云轩	145

续表

作品名称	成交价（RMB）	拍卖公司	页码
张大千 1946 年作《晚山看云》立轴	28,750,000	北京朵云轩	146
齐白石《花卉》册页（十开）	28,750,000	北京传是	147
李可染 1986 年作《千岩竞秀图》立轴	27,600,000	中国嘉德	148
张大千《丹山春晓》镜心	27,488,760	香港苏富比	149
傅抱石《侧耳含情披月影》立轴	27,025,000	中国嘉德	150
张大千 1949 年作《湖光山色》立轴	26,706,240	香港苏富比	151
徐悲鸿 1948 年作《采芝图》立轴	26,450,000	北京匡时	152
徐悲鸿 1943 年作《五骏图》立轴	25,300,000	北京保利	153
齐白石 1950 年作《松鹰图》立轴	23,847,120	香港佳士得	154
黄胄 1976 年作《飞雪迎春》镜心	23,575,000	中国嘉德	155
张大千 1948 年作《佛头青牡丹》立轴	23,158,080	香港苏富比	156
张大千 1965 年作《乙巳泼彩》镜心	21,674,050	中国嘉德	157
齐白石《花卉草虫册》（十开）镜心	20,700,000	北京匡时	158
潘天寿 1960 年作《朝霞》立轴	20,700,000	北京匡时	159
傅抱石 1965 年作《井冈山》立轴	20,298,960	香港佳士得	160
徐悲鸿 1940 年作《画马集》册页（五开）	20,125,000	北京保利	161

注：所选取的数据来源为中国拍卖行业协会发布的《中国文物艺术品拍卖企业自律公约》成员单位，以及《中国收藏拍卖年鉴》所制定的样本拍卖公司。

黄胄 1981 年作《欢腾的草原》镜心

142cm×360cm，约 46 平方尺

成交价：RMB 128,800,000

北京保利　2013 年秋

黎雄才 1984 年作《长青不老松》镜心

142cm×747cm，约 95 平方尺

成交价：RMB 89,600,000

北京荣宝 2013 年春

齐白石　1946 年作《高立千年》立轴
296cm×70.5cm，约 18.8 平方尺
成交价：RMB 80,500,000
北京朵云轩　2013 年春

吴作人 1977 年作《战地黄花分外香》镜心

119cm×176cm，约 18.8 平方尺

成交价：RMB 80,500,000

中国嘉德 2013 年春

张大千 1944 年作《红拂女》镜心

125cm×75cm，约 8.4 平方尺

成交价：RMB 71,300,000

中国嘉德 2013 年春

李可染 1976 年作《井冈山》立轴

138cm×95.5cm，约 11.8 平方尺

成交价：RMB 66,118,320

香港佳士得 2013 年秋

张大千 1947年作《荷塘野趣》四屏

154cm×78cm×4，约10.7平方尺(每幅)

成交价：RMB 63,763,920

香港佳士得 2013年春

张大千 1955年作《凤箫图》立轴

116cm×65cm，约6.8平方尺

成交价：RMB 58,639,680

香港苏富比 2013年春

张大千 1966 年作《招隐图》镜心

67cm×188cm，约 11 平方尺

成交价：RMB 56,865,600

香港苏富比 2013 年春

李可染 1988 年作《江山胜境图》立轴

83.5cm×107cm，约 8 平方尺

成交价：RMB 52,325,000

北京传是 2013 年秋

黄胄 1962 年作《巡逻图》镜心

206cm×300cm，约 55.6 平方尺

成交价：RMB 45,425,000

北京匡时 2013 年秋

张大千 1948 年作《唐人秋猎图》镜心
139cm×66cm，约 8.3 平方尺
成交价：RMB 42,550,000
北京保利 2013 年春

刘文西《幸福渠》镜心
227.5cm×208cm，约 42 平方尺
成交价：RMB 40,600,000
中国嘉德 2013 年秋

黄胄 1972 年作《幸福一代》镜心

142.5cm×368cm，约 47.2 平方尺

成交价：RMB 40,250,000

北京匡时 2013 年秋

潘天寿《西子湖中所见》镜心

171cm×65cm，约 10 平方尺

成交价：RMB 40,250,000

中国嘉德　2013 年秋

张大千 1969 年作《松峰晓霭图》镜心

187.5cm×95.5cm，约 16 平方尺

成交价：RMB 39,100,000

北京保利 2013 年春

张大千 1948 年作《峨眉华岩顶》立轴

171cm×78cm，约 12 平方尺

成交价：RMB 38,039,760

香港佳士得 2013 年春

傅抱石 1946 年作《后赤壁图》立轴
137.5cm×67.5cm，约 8 平方尺
成交价：RMB 37,950,000
北京匡时 2013 年春

齐白石《花实各三千年》立轴

177cm×48cm，约 7.6 平方尺

成交价：RMB 34,500,000

北京保利 2013 年秋

吴冠中《松魂》镜心

148cm×201cm，约 26.7 平方尺

成交价：RMB 33,925,000

北京保利 2013 年秋

黄胄 1982 年作《民族大团结》镜心

143.5cm×270cm，约 35 平方尺

成交价：RMB 32,775,000

北京匡时　2013 年春

张大千 1968 年作《阔浦晴岚》镜心

98cm×193cm, 约 17 平方尺

成交价：RMB 32,666,160

香港佳士得 2013 年秋

张大千 1948 年作《峨眉接引殿》立轴

171cm×78cm，约 12 平方尺

成交价：RMB 32,200,000

中国嘉德 2013 年春

傅抱石 1943 年作《林和靖赏梅图》立轴

105cm×55.5cm，约 5 平方尺

成交价：RMB 32,200,000

北京匡时 2013 年春

张大千 1978 年作《晴麓横云》镜心

66cm×102cm，约 6 平方尺

成交价：RMB 31,050,000

北京朵云轩 2013 年秋

张大千 1946 年作《晚山看云》立轴

157cm×81cm，约 11.4 平方尺

成交价：RMB 28,750,000

北京朵云轩 2013 年春

齐白石《花卉》册页（十开）

28cm×37 cm×10，约0.9平方尺(每幅)

成交价：RMB 28,750,000

北京传是 2013 年秋

李可染 1986 年作《千岩竞秀图》立轴

68cm×108cm，约 6 平方尺

成交价：RMB 27,600,000

中国嘉德 2013 年秋

张大千《丹山春晓》镜心

59.5cm×95.5cm，约5平方尺

成交价：RMB 27,488,760

香港苏富比 2013年秋

傅抱石《侧耳含情披月影》立轴

113.5cm×66cm，约 6.7 平方尺

成交价：RMB 27,025,000

中国嘉德 2013 年秋

张大千 1949 年作《湖光山色》立轴

118cm×52.5cm，约 5.6 平方尺

成交价：RMB 26,706,240

香港苏富比 2013 年春

徐悲鸿 1948 年作《采芝图》立轴

109.5cm×68cm，约 7 平方尺

成交价：RMB 26,450,000

北京匡时 2013 年春

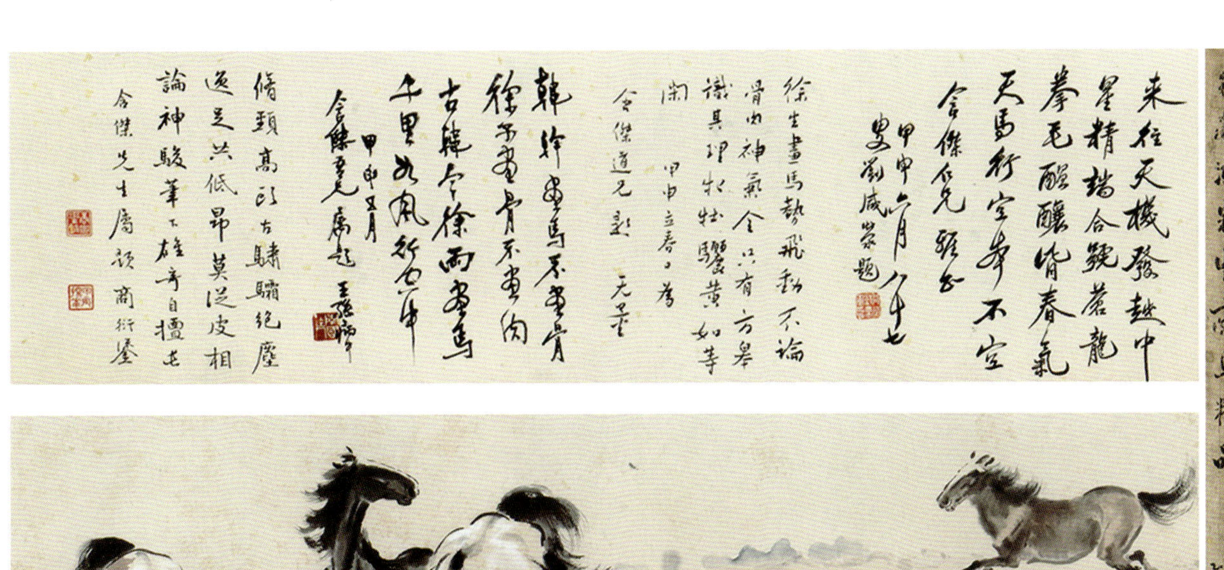

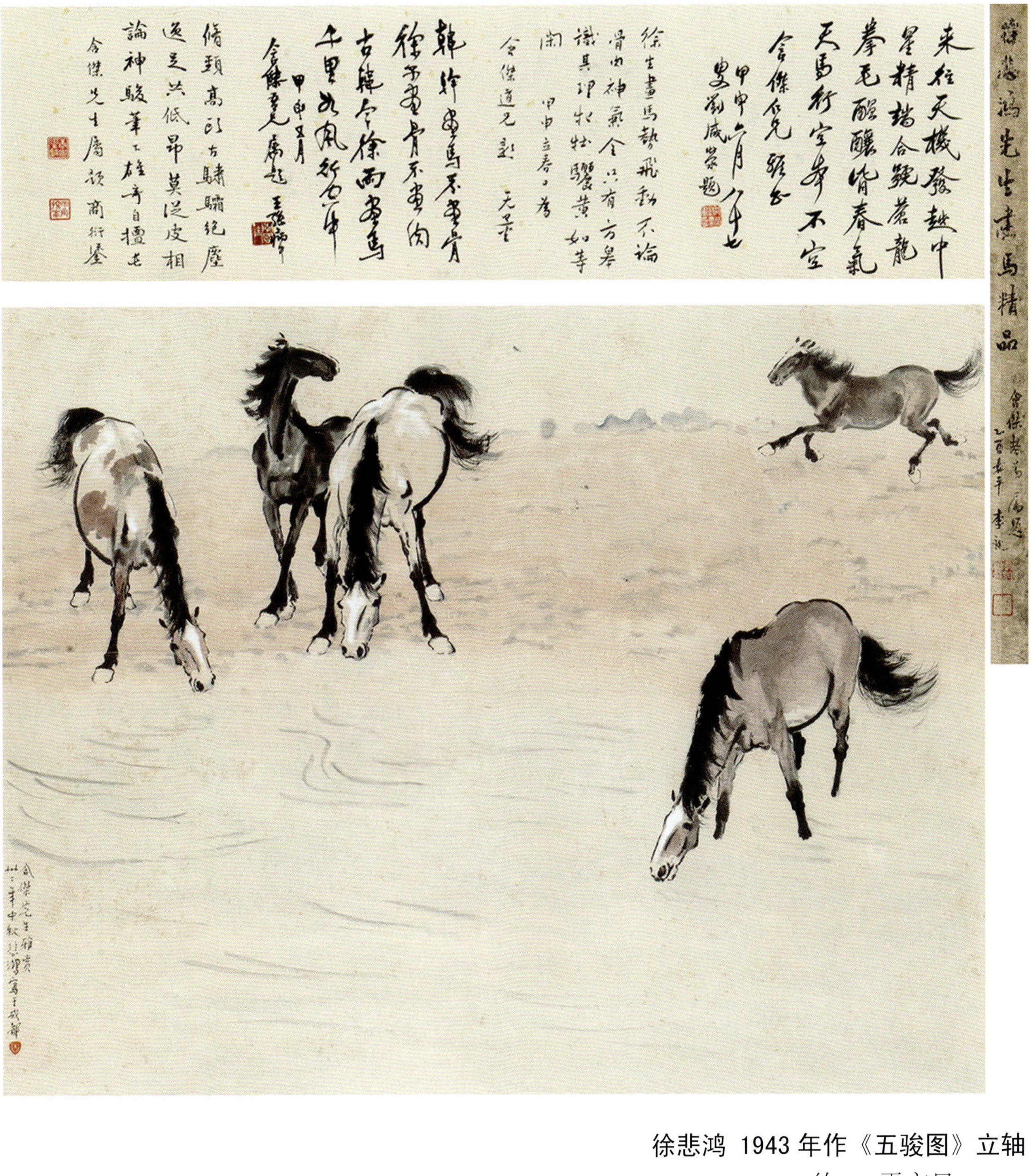

徐悲鸿 1943 年作《五骏图》立轴

74cm×96cm，约 6.4 平方尺

成交价：RMB 25,300,000

北京保利 2013 年秋

齐白石 1950 年作《松鹰图》立轴

246cm×61.5cm，约 13.6 平方尺

成交价：RMB 23,847,120

香港佳士得 2013 年春

黄胄 1976 年作《飞雪迎春》镜心

191cm×128.5cm，约 22 平方尺

成交价：RMB 23,575,000

中国嘉德 2013 年秋

张大千 1948 年作《佛头青牡丹》立轴

145cm×69cm，约 9 平方尺

成交价：RMB 23,158,080

香港苏富比 2013 年春

张大千 1965 年作《乙巳泼彩》镜心
91cm×141cm，约 11.5 平方尺
成交价：RMB 21,674,050
中国嘉德 2013 年春

齐白石《花卉草虫册》（十开）镜心

23cm×32cm×10，约 0.7 平方尺（每幅）

成交价：RMB 20,700,000

北京匡时 2013 年秋

潘天寿 1960 年作《朝霞》立轴

102cm×45.5cm，约 4.2 平方尺

成交价：RMB 20,700,000

北京匡时 2013 年秋

傅抱石 1965 年作《井冈山》立轴

73cm×99cm，约 6.5 平方尺

成交价：RMB 20,298,960

香港佳士得 2013 年春

徐悲鸿 1940年作《画马集》册页（五开）

30cm×37.5cm×5，约1平方尺（每幅）

成交价：RMB 20,125,000

北京保利 2013年秋

油画及当代艺术

作品名称	成交价（RMB）	拍卖公司	页码
曾梵志 2001 年作《最后的晚餐》	142,367,160	香港苏富比	164
赵无极 1958 年作《抽象》	89,680,000	苏富比（北京）	165
曾梵志 1992 年作《协和医院系列之三》	89,006,640	香港佳士得	166
靳尚谊 1983 年作《塔吉克新娘》	85,100,000	中国嘉德	167
赵无极 1982 年作《15.01.82》（三联作）	67,254,360	香港苏富比	168
赵无极 1966 年作《16.5.66》	62,835,960	香港苏富比	169
陈逸飞 1971–1972 年作《红旗之一》	62,835,960	香港苏富比	170
崔如琢 2005 年作《千山飞雪图》（八幅通景）镜心	61,102,800	香港佳士得	171
赵无极 1960–1969 年作《3.4.60–1.2.69》	55,766,520	香港苏富比	172
朱德群 1963 年作《无题》（二联作）	55,554,480	香港佳士得	173
常玉 1930–1940 年作《八尾金鱼》	53,115,480	香港苏富比	174
常玉 1930–1940 年作《红衣女子》	39,708,720	香港佳士得	175
靳尚谊 1999 年作《髡残》	39,100,000	北京保利	176
罗中立 1980 年作《春蚕》	38,828,400	香港佳士得	177
赵无极 1956 年作《北风》	38,828,400	香港佳士得	178
常玉 约 1929 年作《帘前双姝》	35,378,640	香港佳士得	179
刘野 2001–2002 年作《剑》	33,674,520	香港苏富比	180
赵无极 1964 年作《30.7.64》	30,139,800	香港苏富比	181
赵无极 1983 年作《10.03.83》（双联作）	29,738,160	香港苏富比	182
方力钧 1997 年作《1997.1》	28,750,000	北京保利	183
赵无极 1965 年作《11.03.65》	28,264,560	香港佳士得	184
李曼峰 1962–1964 年作《峇里生活》	28,264,560	香港佳士得	185
周春芽 1980 年作《藏族新一代》	26,503,920	香港佳士得	186
赵无极 1956–1957 年作《水之音》	26,064,720	香港佳士得	187
赵无极 1958–1970 年作《10.11.58–30.12.70》	25,623,600	香港佳士得	188
沃尔特•史毕斯《俯瞰》	24,837,720	香港苏富比	189
赵无极 1960 年作《14.3.60》	23,862,960	香港佳士得	190
曾梵志 2001 年作《江湖》	23,847,120	香港佳士得	191
赵无极 1991 年作《22.8.91》	23,070,360	香港苏富比	192

续表

作品名称	成交价（RMB）	拍卖公司	页码
靳尚谊《孙中山》	23,000,000	北京保利	193
曾梵志 2000 年作《面具系列》	22,770,000	北京保利	194
曾梵志 2001 年作《面具系列》	22,186,680	香港苏富比	195
赵无极 1963 年作《24.01.63》	22,073,040	香港佳士得	196
王沂东 2010 年作《春袭羽萍沟》	20,700,000	北京保利	197
张晓刚 1996 年作《血缘：大家庭 12 号》	20,419,320	香港苏富比	198
胡安·卢纳《西班牙与菲律宾》	20,419,320	香港苏富比	199
赵无极 1964 年作《5.11.64》	20,415,375	保利香港	200
赵无极 1956–1970 年作《15.6.59–26.12.70》	20,341,680	香港佳士得	201

注：所选取的数据来源为中国拍卖行业协会发布的《中国文物艺术品拍卖企业自律公约》成员单位，以及《中国收藏拍卖年鉴》所制定的样本拍卖公司。

曾梵志 2001 年作《最后的晚餐》
220cm×395cm，约 78 平方尺
成交价：RMB 142,367,160
香港苏富比 2013 年秋

赵无极 1958 年作《抽象》
130cm×162cm，约 19 平方尺
成交价：RMB 89,680,000
苏富比（北京） 2013 年秋

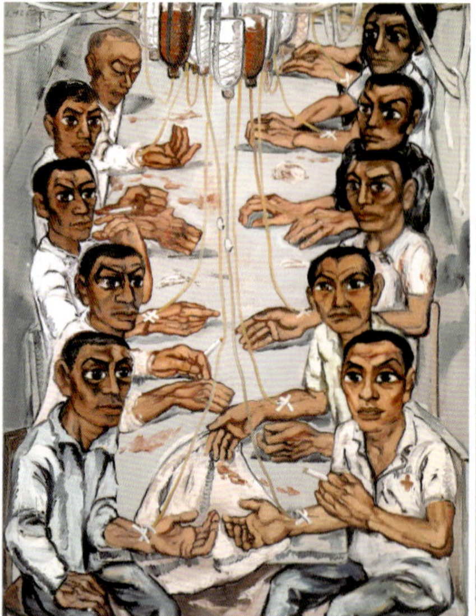

曾梵志 1992 年作《协和医院系列之三》

150cm×115cm×3，约 15 平方尺（每幅）

成交价：RMB 89,006,640

香港佳士得 2013 年秋

靳尚谊 1983年作《塔吉克新娘》
60cm×50cm，约2.7平方尺
成交价：RMB 85,100,000
中国嘉德 2013年秋

赵无极 1982 年作《15. 01. 82》（三联作）
195×130cm×3，约 23 平方尺（每幅）
成交价：RMB 67,254,360
香港苏富比 2013 年秋

赵无极 1966 年作《16. 5. 66》

195cm×130cm，约 23 平方尺

成交价：RMB 62,835,960

香港苏富比 2013 年秋

陈逸飞 1971-1972 年作《红旗之一》
300cm×159cm，约 50 平方尺
成交价：RMB 62,835,960
香港苏富比 2013 年秋

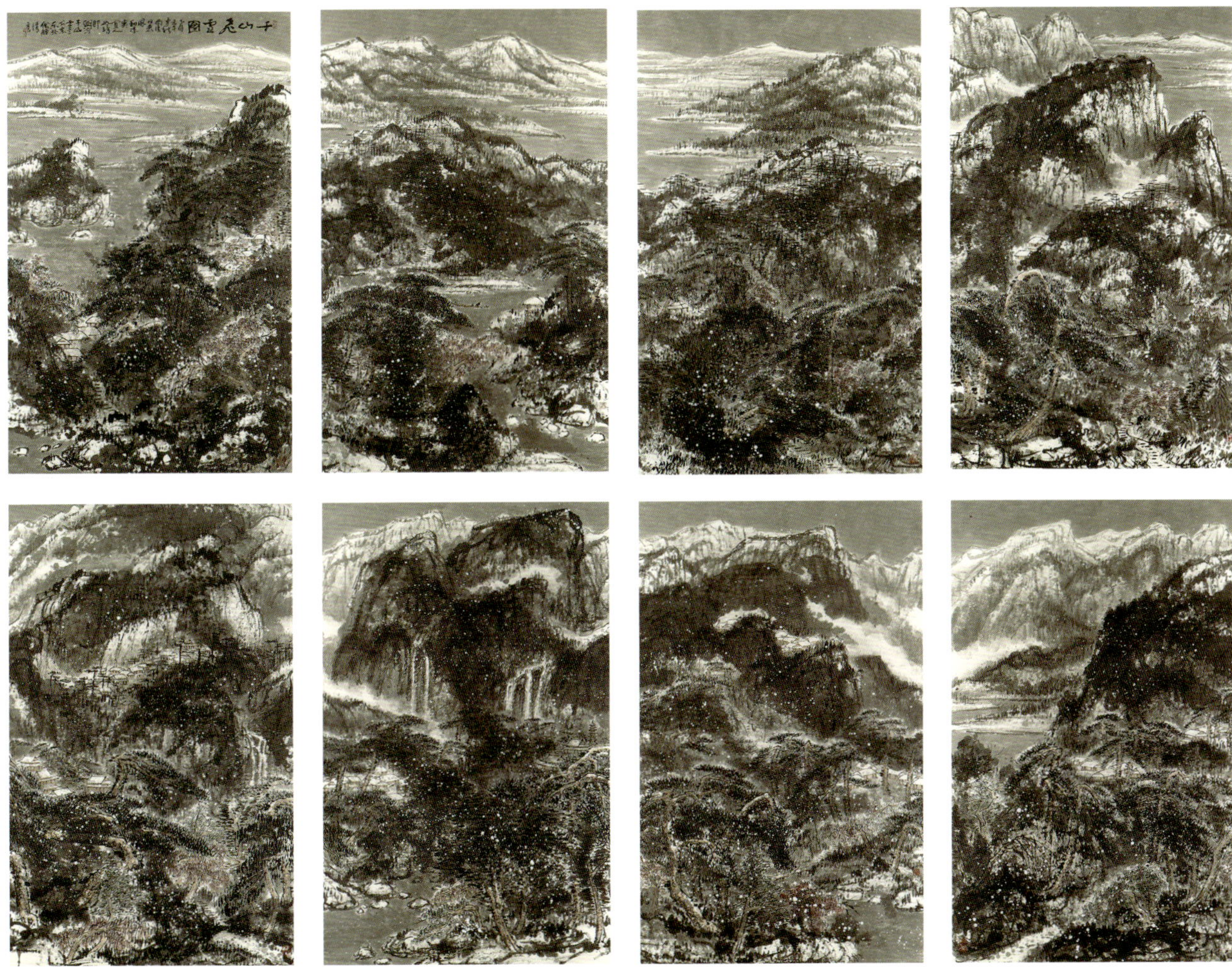

崔如琢 2005 年作《千山飞雪图》（八幅通景）镜心

201.5cm×988cm（总长），约 180.8 平方尺（全景）

成交价：RMB 61,102,800

香港佳士得 2013 年春

赵无极 1960-1969 年作《3.4.60-1.2.69》

195cm×130cm，约 23 平方尺

成交价：RMB 55,766,520

香港苏富比 2013 年秋

朱德群 1963 年作《无题》（二联作）

左联 195cm×114cm，约 20.3 平方尺

右联 195cm×129.5cm，约 22 平方尺

成交价：RMB 55,554,480

香港佳士得 2013 年秋

常玉 1930-1940 年作《八尾金鱼》

73.8cm×50.2cm，约 3.3 平方尺

成交价：RMB 53,115,480

香港苏富比 2013 年秋

常玉　约1930-1940年作《红衣女子》
74cm×50cm，约3.3平方尺
成交价：RMB 39,708,720
香港佳士得　2013年秋

靳尚谊 1999 年作《髡残》

148cm×115cm，约 15.3 平方尺

成交价：RMB 39,100,000

北京保利 2013 年春

罗中立 1980 年作《春蚕》

200cm×134 cm，约 24 平方尺

成交价：RMB 38,828,400

香港佳士得 2013 年秋

赵无极 1956 年作《北风》
97cm×130cm，约 11.3 平方尺
成交价：RMB 38,828,400
香港佳士得 2013 年秋

常玉　约1929年作《帘前双姝》
73cm×50cm，约3.3平方尺
成交价：RMB 35,378,640
香港佳士得　2013年春

刘野 2001-2002 年作《剑》

180cm× 360cm，约 58 平方尺

成交价：RMB 33,674,520

香港苏富比 2013 年春

赵无极 1964 年作《30. 7. 64》

149.8cm× 161.8cm，约 22 平方尺

成交价：RMB 30,139,800

香港苏富比 2013 年秋

赵无极 1983 年作《10. 03. 83》（双联作）

200cm×162.5cm×3，约 29 平方尺（每幅）

成交价：RMB 29,738,160

香港苏富比 2013 年春

方力均 1997 年作《1997. 1》

162.5cm×129.5cm，约 19 平方尺

成交价：RMB 28,750,000

北京保利 2013 年秋

赵无极 1965 年作《11.03.65》

114cm×146cm，约 15 平方尺

成交价：RMB 28,264,560

香港佳士得 2013 年秋

李曼峰 1962-1964 年作《峇里生活》

100cm×243cm，约 22 平方尺

成交价：RMB 28,264,560

香港佳士得 2013 年秋

周春芽 1980 年作《藏族新一代》

149.3cm×198.4cm，约 27 平方尺

成交价：RMB 26,503,920

香港佳士得 2013 年秋

赵无极 1956-1957 年作《水之音》
160.5cm×128.5cm，约 18.5 平方尺
成交价：RMB 26,064,720
香港佳士得　2013 年春

赵无极 1958-1970 年作《10.11.58-30.12.70》
130cm×195cm，约 22.8 平方尺
成交价：RMB 25,623,600
香港佳士得 2013 年秋

沃尔特·史毕斯《俯瞰》
100.5 cm×82.5 cm，约 7.5 平方尺
成交价：RMB 24,837,720
香港苏富比 2013 年秋

赵无极 1960 年作《14. 3. 60》
81cm×116cm，约 8.5 平方尺
成交价：RMB 23,862,960
香港佳士得 2013 年秋

曾梵志 2001 年作《江湖》
248cm×175cm，约 39 平方尺
成交价：RMB 23,847,120
香港佳士得 2013 年春

赵无极 1991 年作《22. 8. 91》

162cm×150cm，约 22 平方尺

成交价：RMB 23,070,360

香港苏富比 2013 年秋

靳尚谊《孙中山》

79.5cm×65cm，约 4.6 平方尺

成交价：RMB 23,000,000

北京保利 2013 年春

曾梵志 2000 年作《面具系列》
220cm×145cm，约 28.7 平方尺
成交价：RMB 22,770,000
北京保利 2013 年秋

曾梵志 2001 年作《面具系列》
220cm×145cm，约 26 平方尺
成交价：RMB 22,186,680
香港苏富比　2013 年秋

赵无极 1963 年作《24. 01. 63》
115cm×88cm，约 9.1 平方尺
成交价：RMB 22,073,040
香港佳士得 2013 年春

王沂东 2010 年作《春袭羽萍沟》
180cm×150cm，约 24.3 平方尺
成交价：RMB 20,700,000
北京保利 2013 年秋

张晓刚 1996 年作《血缘：大家庭 12 号》
190cm×150cm，约 26 平方尺
成交价：RMB 20,419,320
香港苏富比 2013 年秋

胡安·卢纳《西班牙与菲律宾》
229.5cm × 79.5cm，约 16 平方尺
成交价：RMB 20,419,320
香港苏富比　2013 年秋

赵无极 1964 年作《5. 11. 64》

150cm×162cm，约 21.7 平方尺

成交价：RMB 20,415,375

保利香港 2013 年秋

赵无极 1959-1970 年作《15. 6. 59-26. 12. 70》

89cm×116cm，约 9.3 平方尺

成交价：RMB 20,341,680

香港佳士得 2013 年秋

古董杂项

作品名称	成交价（RMB）	拍卖公司	页码
明永乐 鎏金铜释迦牟尼佛坐像	186,551,160	香港苏富比	203
明成化 青花缠枝秋葵纹宫盌	111,438,360	香港苏富比	204
清乾隆 紫檀高浮雕九龙西番莲纹顶箱式大四件柜	93,150,000	北京保利	205
清乾隆 豆青釉浮雕瑞蝠双鱼“百寿”图如意耳瓶	69,905,400	香港苏富比	206
清乾隆 御制白玉交龙钮“自强不息”宝玺	66,700,000	中国嘉德	207
明宣德 青花矾红彩"海兽图"高足杯	62,835,960	香港苏富比	208
清康熙 青花万寿纹盘口瓶	50,712,720	香港佳士得	209
清乾隆 清宫花梨木雕花鸟纹落地罩	39,100,000	北京保利	210
清雍正 青花“折枝花果”图凸莲瓣撇口瓶	36,325,560	香港苏富比	211
清雍正 粉彩菊花折沿盘（一对）	34,558,200	香港苏富比	212
清嘉庆 “嘉庆御笔之宝”交龙钮碧玉宝玺	34,500,000	中国嘉德	213
清乾隆 紫地粉彩龙纹夔耳瓶（一对）	34,491,600	香港佳士得	214
唐 夹纻乾漆佛头像	31,907,160	香港苏富比	215
商晚期 青铜兽面纹“耳丁”卣	30,056,400	香港佳士得	216
清乾隆/嘉庆 御制紫檀雕兽面龙纹条桌（一对）	30,056,400	香港佳士得	217
西周 史颂簋	28,175,000	北京保利	218
清乾隆 青花粉彩缠枝花卉开光梅菊图御制诗文柿蒂耳瓶	27,025,000	中国嘉德	219
清乾隆 苹果绿釉凸雕苍龙教子灯笼尊	23,862,960	香港佳士得	220
清乾隆 青花加彩梅雀报喜如意耳抱月瓶	23,000,000	北京传是	221
明宣德 青花轮花纹绶带耳葫芦式扁瓶	22,102,320	香港佳士得	222
明嘉靖 青花群仙祝寿大葫芦瓶	21,275,000	北京保利	223
明永乐 甜白釉暗花榴开百子玉壶春瓶	21,222,000	香港佳士得	224

注：所选取的数据来源为中国拍卖行业协会发布的《中国文物艺术品拍卖企业自律公约》成员单位，以及《中国收藏拍卖年鉴》所制定的样本拍卖公司。

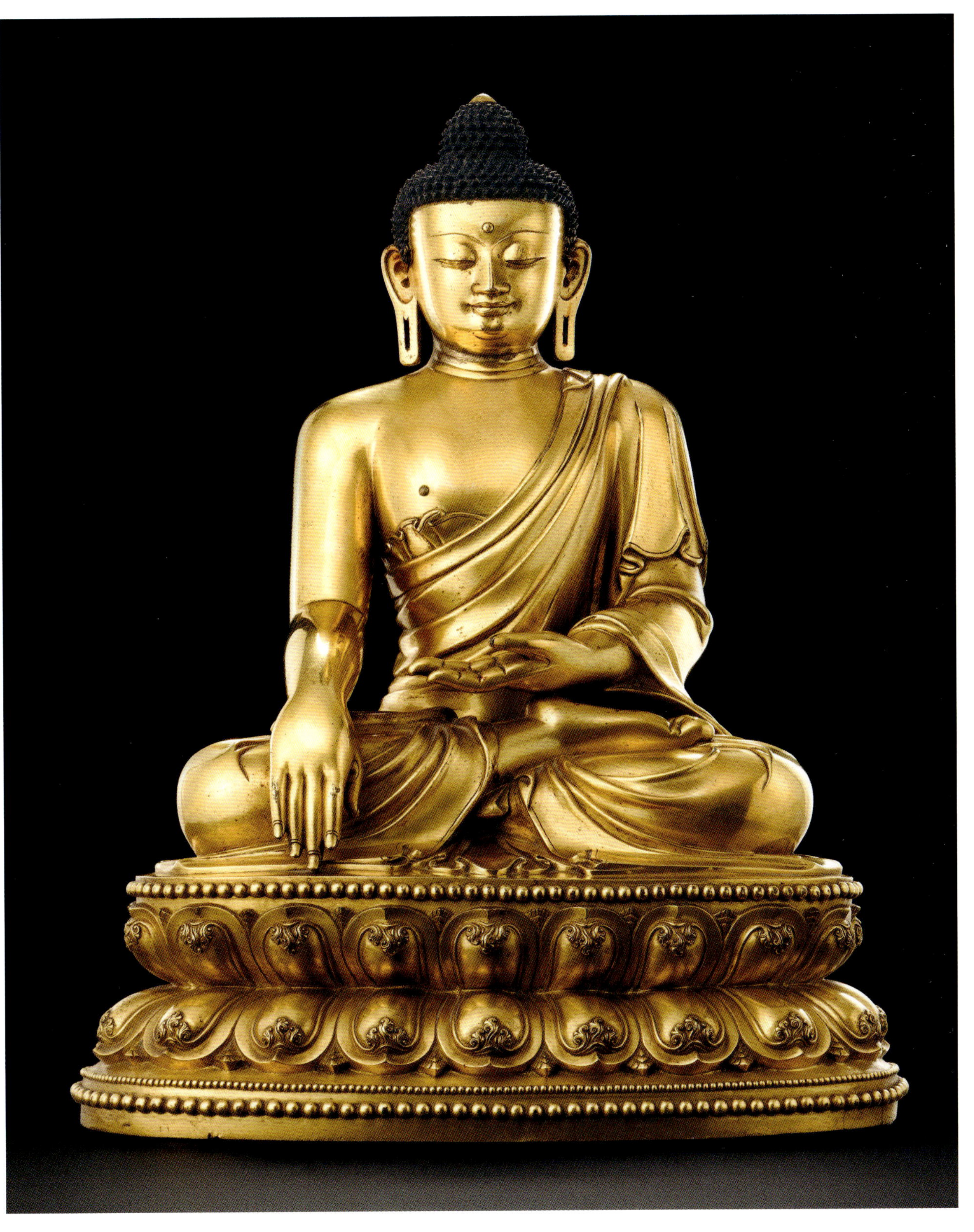

明永乐 鎏金铜释迦牟尼佛坐像
高 54.5cm
成交价：RMB 186,551,160
香港苏富比 2013 年秋

明成化 青花缠枝秋葵纹宫盌
高 14.5 cm
成交价：RMB 111,438,360
香港苏富比 2013 年秋

清乾隆 紫檀高浮雕九龙西番莲纹顶箱式大四件柜
长 174cm，宽 74cm，高 325cm
成交价：RMB 93,150,000
北京保利 2013 年春

清乾隆 豆青釉浮雕瑞蝠双鱼“百寿”图如意耳瓶

高 42.7cm

成交价：RMB 69,905,400

香港苏富比 2013 年秋

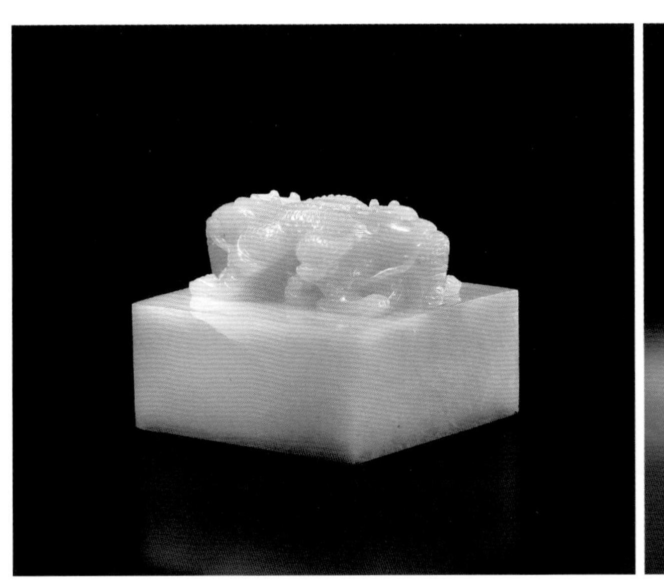

清乾隆 御制白玉交龙钮“自强不息”宝玺

成交价：RMB 66,700,000

中国嘉德 2013年春

明宣德 青花矾红彩“海兽图”高足杯

高 9.9cm

成交价：RMB 62,835,960

香港苏富比 2013 年秋

清康熙 青花万寿纹盘口瓶

高 76.7cm

成交价：RMB 50,712,720

香港佳士得 2013 年秋

清乾隆 清宫花梨木雕花鸟纹落地罩

宽 403cm，高 360cm，厚 45.5cm

成交价：RMB 39,100,000

北京保利 2013 年春

清雍正　青花“折枝花果”图凸莲瓣撇口瓶

高 42.3cm

成交价：RMB 36,325,560

香港苏富比　2013 年秋

清雍正 粉彩菊花折沿盘 （一对）

直径 17.5cm（每只）

成交价：RMB 34,558,200

香港苏富比 2013 年秋

清嘉庆 “嘉庆御笔之宝”交龙钮碧玉宝玺

长 12.5cm，宽 12.5cm，高 11cm

成交价：RMB 34,500,000

中国嘉德 2013 年春

清乾隆 紫地粉彩龙纹夔耳瓶（一对）

高 30.5cm

成交价：RMB 34,491,600

香港佳士得 2013 年春

唐 夹纻乾漆佛头像

高 49.5cm

成交价：RMB 31,907,160

香港苏富比 2013 年秋

商晚期 青铜兽面纹“耳丁”卣

高 32.3cm

成交价：RMB 30,056,400

香港佳士得 2013 年春

清乾隆 / 嘉庆 御制紫檀雕兽面龙纹条桌（一对）

高 90cm，宽 270cm，厚 54cm

成交价：RMB 30,056,400

香港佳士得 2013 年春

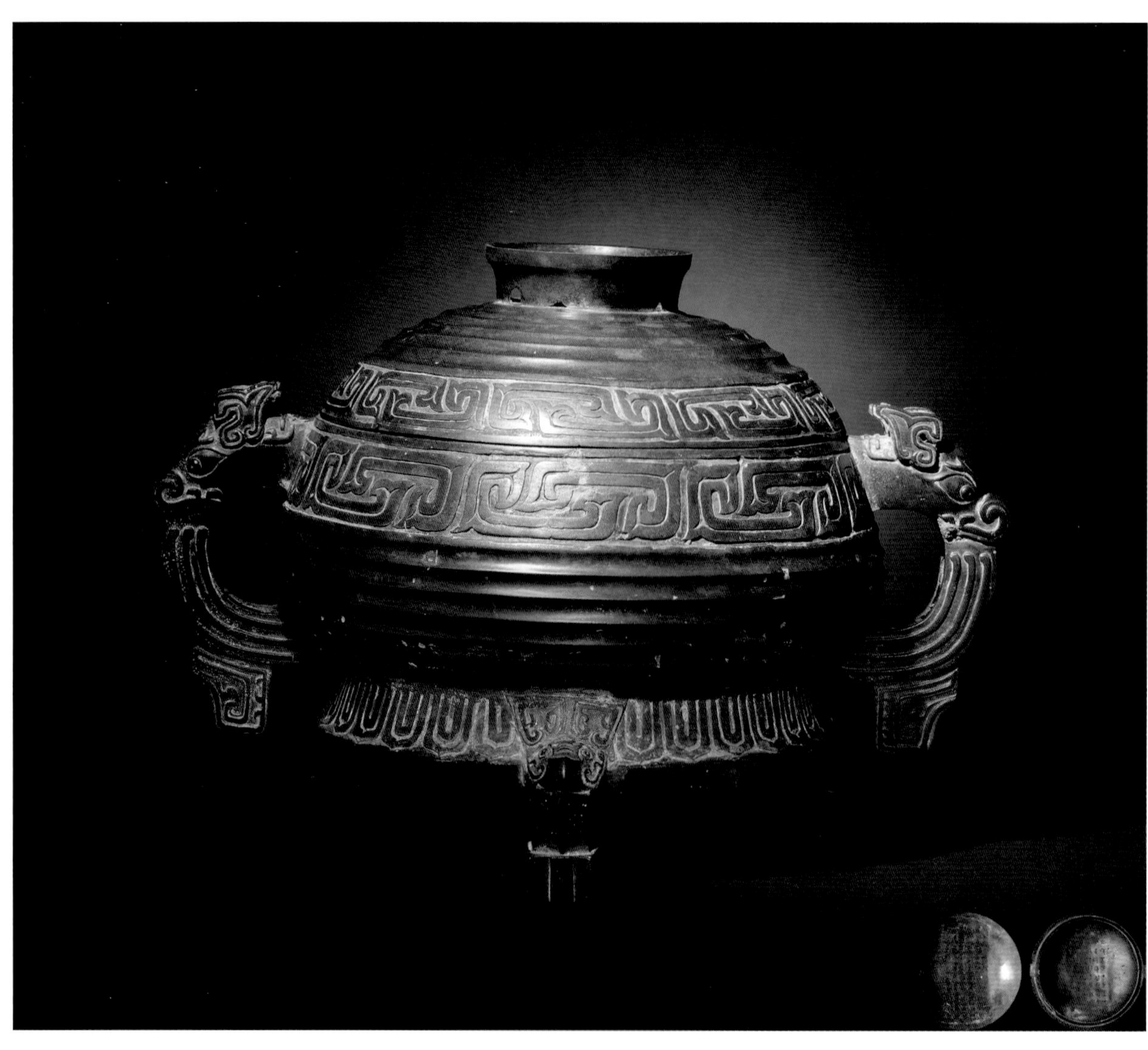

西周 史颂簋

宽 40cm

成交价：RMB 28,175,000

北京保利 2013 年秋

清乾隆　青花粉彩缠枝花卉开光梅菊图御制诗文柿蒂耳瓶

高 34.5cm

成交价：RMB 27,025,000

中国嘉德　2013 年春

清乾隆　苹果绿釉凸雕苍龙教子灯笼尊

高 45.6cm

成交价：RMB 23,862,960

香港佳士得　2013 年秋

明嘉靖 青花群仙祝寿大葫芦瓶

高 56cm

成交价：RMB 21,275,000

北京保利 2013 年秋

明永乐 甜白釉暗花榴开百子玉壶春瓶

高 32.1cm

成交价：RMB 21,222,000

香港佳士得 2013 年秋

其他艺术品

作品名称	成交价（RMB）	拍卖公司	页码
118.28 克拉足色全美巨钻	188,318,520	香港苏富比	226
75.36 克拉水滴形 D/IF Type IIa 钻石吊坠项链	68,199,120	香港佳士得	227
104.84 克拉 D 色内部无瑕钻石项链	49,392,240	香港佳士得	228
圆形足色全美钻石	43,211,760	香港苏富比	229
87.78 克拉红宝石钻石项链	38,828,400	香港佳士得	230
13.21 克拉红宝石钻石项链	36,187,440	香港佳士得	231
哥伦比亚祖母绿及钻石项链	34,935,120	香港佳士得	232
哈利温斯顿 D 色内部无瑕梨形钻石项链	30,905,520	香港佳士得	233
12.85 克拉彩色钻石及钻石戒指	30,025,200	香港佳士得	234
足色全美钻石	24,837,720	香港苏富比	235
足色全美钻石吊耳环（一对）	24,837,720	香港苏富比	236
8.99 克拉哈利 温斯顿红宝石钻石戒指	23,862,960	香港佳士得	237
缅甸天然鸽血红宝石耳坠	23,847,120	香港佳士得	238
红宝石配钻石戒指	23,512,200	香港苏富比	239
翡翠冰种满绿手镯	23,000,000	北京传是	240
宝格丽“弗洛拉”红宝石钻石项链	22,982,640	香港佳士得	241
威廉戈德堡梨形粉色钻石项链	22,102,320	香港佳士得	242
20.07 克拉卡地亚 D 色内部无瑕梨形钻石戒指	22,102,320	香港佳士得	243
20.39 克拉完美无瑕枕形钻石项链	21,222,000	香港佳士得	244
天然翡翠配钻石项链	20,419,320	香港苏富比	245
9.91 及 9.75 克拉 D 色完美无瑕钻石	20,341,680	香港佳士得	246
天然珍珠及钻石耳坠	20,341,680	香港佳士得	247

注：所选取的数据来源为中国拍卖行业协会发布的《中国文物艺术品拍卖企业自律公约》成员单位，以及《中国收藏拍卖年鉴》所制定的样本拍卖公司。

118.28 克拉足色全美巨钻

重 118.28 克拉 D 色无瑕净度（Flawless）

成交价：RMB 188,318,520

香港苏富比 2013 年秋

75.36 克拉水滴形 D/IF Type IIa 级钻石吊坠项链

长 45.8cm，重 75.36 克拉

成交价：RMB 68,199,120

香港佳士得 2013 年春

104.84 克拉 D 色内部无瑕钻石项链

长 39.8cm，重 104.84 克拉

成交价：RMB 49,392,240

香港佳士得　2013 年秋

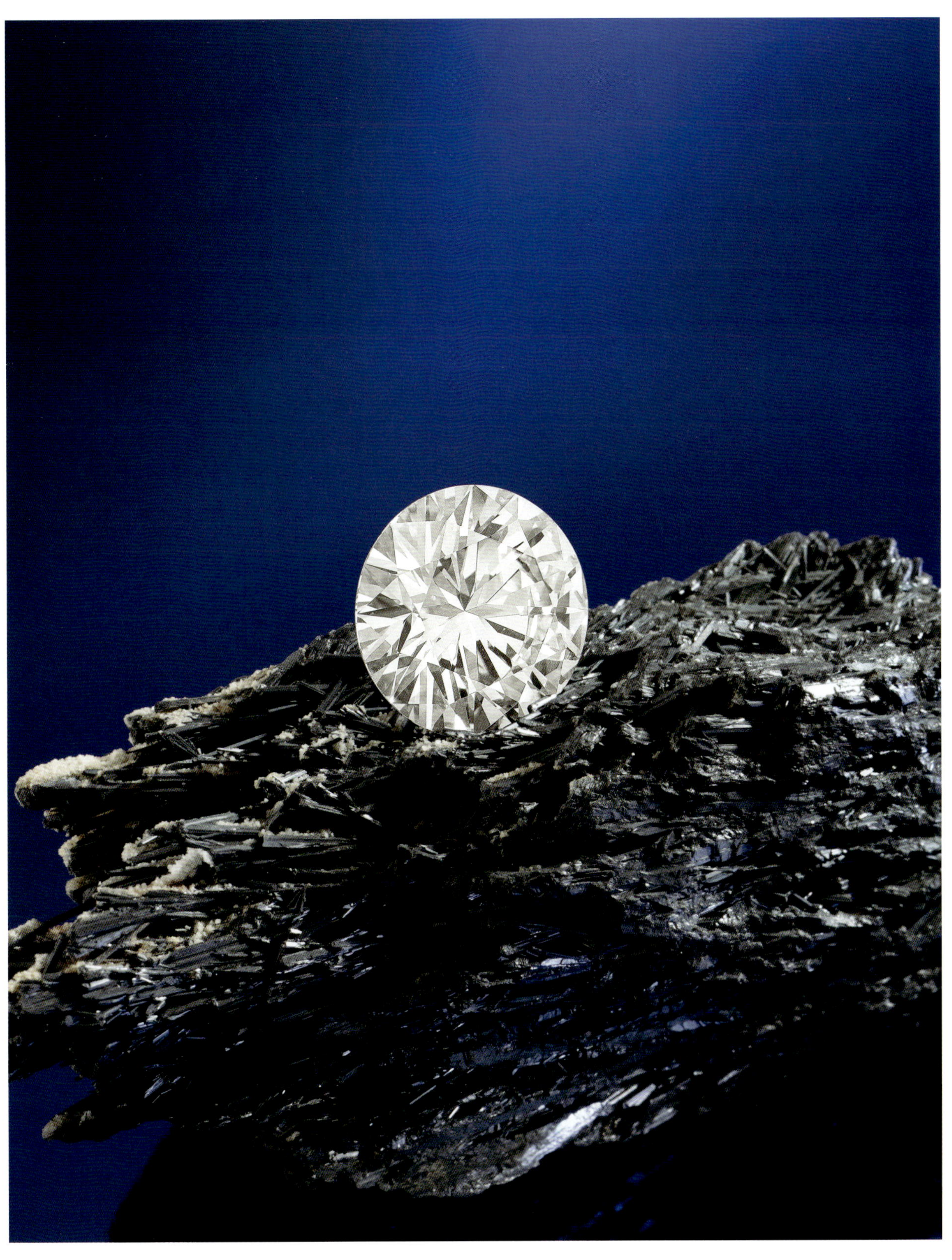

圆形足色全美钻石

重 28.86 克拉

成交价：RMB 43,211,760

香港苏富比　2013 年春

87.78 克拉红宝石钻石项链

长 37.2cm，重 87.78 克拉

成交价：RMB 38,828,400

香港佳士得 2013 年秋

13.21 克拉红宝石钻石戒指
重 13.21 克拉
成交价：RMB 36,187,440
香港佳士得 2013 年秋

哥伦比亚祖母绿及钻石项链

长 39.5cm

成交价：RMB 34,935,120

香港佳士得 2013 年春

哈利·温斯顿D色内部无瑕梨形钻石项链

长35.4cm，重2.02-11.06克拉（每颗）

成交价：RMB 30,905,520

香港佳士得 2013年秋

12.85 克拉彩色钻石及钻石戒指

重 12.85 克拉

成交价：RMB 30,025,200

香港佳士得　2013 年秋

足色全美钻石

重 20.05 克拉

成交价：RMB 24,837,720

香港苏富比 2013 年秋

足色全美钻石吊耳环（一对）
重 10.04 及 10.03 克拉
成交价：RMB 24,837,720
香港苏富比　2013 年秋

8.99 克拉哈利・温斯顿红宝石钻石戒指

重 8.99 克拉

成交价：RMB 23,862,960

香港佳士得　2013 年秋

缅甸天然鸽血红宝石耳坠

重约 6.03 克拉及 5.00 克拉，长 6.30cm（每只）

成交价：RMB 23,847,120

香港佳士得 2013 年春

红宝石配钻石戒指红宝石

重 8.03 克拉，两颗古垫形钻石重 1.62 及 1.04 克拉

成交价：RMB 23,512,200

香港苏富比 2013 年秋

翡翠冰种满绿手镯

内径 5.8cm

成交价：RMB 23,000,000

北京传是 2013 年秋

宝格丽“弗洛拉”红宝石钻石项链

长 36cm，钻石重 7.00-1.21 克拉（每颗），红宝石总重 83.71 克拉

成交价： RMB 22,982,640

香港佳士得 2013 年秋

威廉·戈德堡梨形粉色钻石项链

梨形钻石重约 90.80 克拉，项链长 84cm，手链长 17.2cm

成交价：RMB 22,102,320

香港佳士得 2013 年秋

20.07 克拉卡地亚 D 色内部无瑕梨形钻石戒指

重 20.07 克拉

成交价：RMB 22,102,320

香港佳士得 2013 年秋

20.39 克拉完美无瑕枕形钻石项链

大钻石重 20.39 克拉，小钻石重 0.90 克拉，项链长 40.3cm

成交价：RMB 21,222,000

香港佳士得 2013 年秋

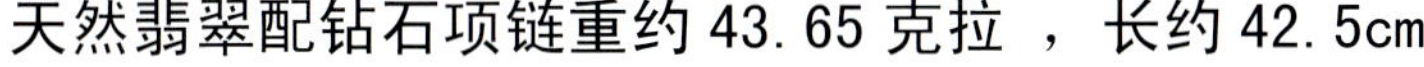

天然翡翠配钻石项链重约 43.65 克拉 ，长约 42.5cm

椭圆形蛋面约 1.857cm×1.616cm×0.617cm 至 1.298cm×1.105cm×0.518cm（每颗）

梨形蛋面约 2.979cm×1.365cm×0.654cm

成交价：RMB 20,419,320

香港苏富比 2013 年秋

9.91 及 9.75 克拉 D 色完美无瑕钻石

重 9.91 及 9.75 克拉

成交价：RMB 20,341,680

香港佳士得 2013 年秋

天然珍珠及钻石耳坠

水滴形珍珠约 11.3-11.4mm×17.8mm 和 12.0- 12.0mm×18.5mm

圆形珍珠约 13.7-13.7mm×11.3mm 和 13.7-13.8mm×12mm

成交价：RMB 20,341,680

香港佳士得 2013 年秋

2013 年度中国艺术品拍卖信息

编号	拍卖公司	拍卖会名称	总成交额（万元）	总成交率（%）	拍卖专场名称	专场成交额（万元）	专场成交率（%）	地点及时间
1	华夏传承	2013 岁首艺术品拍卖会（西安专场）	2,237.87	37.13%	黄土・人民	76.50	40.43%	西安 2013-01-02
					天山之子——徐庶之作品专场	166.99	42.31%	
					中国近现代书画专场	986.72	43.33%	
					长安书画专场	833.50	33.15%	
					紫砂・玉器专场	174.16	39.32%	
2	江苏聚德	2012 秋季艺术品拍卖会	6,730.08	96.80%	散翁 桃李	684.87	94.59%	南京 2013-01-03
					萧家集萃——纪念萧娴先生 110 周年诞辰	480.59	88.37%	
					中国书画	5,564.62	98.48%	
3	华艺国际	2013 年华艺淘珍拍卖会二期	3,788.51	62.86%	稀世真藏——极品名酿	589.95	59.21%	广州 2013-01-04
					中国油画・雕塑・版画	756.30	57.32%	
					古董珍玩——瓷器・玉器・工艺品	260.48	72.57%	
					中国书画	2,181.78	59.85%	
4	青岛中艺	2013 迎春书画拍卖会	754.31	68.21%	中国书画	754.31	68.21%	青岛 2013-01-05
5	中联环球	2013 年中联环球岁末艺术精品拍卖会	859.47	4.57%	中国书画	852.75	8.13%	北京 2013-01-06
					古董珍玩	6.72	0.41%	
6	北京容海	2012 秋季大型艺术品拍卖会	9,112.08	77.14%	十墨山房藏画专场	2,402.35	100.00%	北京 2013-01-06
					北京工艺品进出口公司——旧藏书画专场	848.82	96.67%	
					中国书画（一）	3,254.73	75.00%	
					中国书画（二）	2,606.19	74.86%	
7	上海东方	2013 年迎春艺术品拍卖会	3,599.47	78.48%	中国书画（一）	843.09	90.96%	上海 2013-01-11
					中国书画（二）	348.62	84.76%	
					中国书画（三）	2,407.76	65.02%	
8	北京保利	大众鉴藏第一期拍卖会	1,204.87	64.20%	瓷器 玉器 工艺品	1,204.87	64.20%	北京 2013-01-11
9	江苏九德	2013 年迎春艺术品拍卖会	7,758.65	93.45%	南北雅韵 中国当代名家书画专场	2,593.82	94.42%	南京 2013-01-12
					文轩雅集 同一藏家中国书画专场	1,079.85	98.51%	
					书风画骨 中国近现代名家书画专场	4,084.98	91.09%	
10	山西晋德	2012 年艺术品拍卖会	1,173.28	78.52%	中国书画专场	357.99	63.60%	太原 2013-01-13
					董寿平书画专场	574.80	100.00%	
					三晋翰墨专场	240.49	89.45%	
11	福建运通	2013 迎春书画拍卖会（厦门专场）	891.10	70.92%	品逸——张晓寒诞辰 90 周年纪念暨张晓寒林良丰师生作品专场	100.86	100.00%	厦门 2013-01-13
					八闽风范——建国后福建十位代表性书画家作品专场	352.48	97.22%	

编号	拍卖公司	拍卖会名称	总成交额（万元）	总成交率（%）	拍卖专场名称	专场成交额（万元）	专场成交率（%）	地点及时间
					中国书法专场	163.81	79.00%	
					中国书画专场（含历代闽籍书画）	273.97	61.51%	
12	浙江时代	2012 秋季艺术品拍卖会	1,172.20	89.29%	近现代名家书画专场（一）	1,172.20	89.29%	杭州 2013-01-13
13	北京恒盛鼎	2013 年迎春艺术品拍卖会	8,885.68	85.01%	中国书画无底价专场	744.69	71.86%	北京 2013-01-17
					中国书画专场	2,279.70	86.67%	
					中国书法・扇面专场	674.39	84.85%	
					中国当代书画保真专场	5,186.90	96.60%	
14	蓝天国拍	2013 迎春艺术品拍卖会	1,279.05	24.72%	中国书画	1,189.66	13.73%	天津 2013-01-18
					瓷器 玉器 工艺品	89.39	38.89%	
15	昆明雅士得	2012 秋季艺术品拍卖会	1,346.93	44.39%	同一藏家专场	223.81	77.27%	昆明 2013-01-19
					云岭俊秀专场	134.66	72.94%	
					西南拾贝专场	8.97	38.24%	
					艺海群贤专场	533.84	37.63%	
					生肖艺术专场	34.82	34.48%	
					宗教艺术专场	52.45	48.15%	
					红色经典专场	3.14	36.36%	
					古韵流芳专场	25.79	12.50%	
					当代艺术专场	44.41	41.67%	
					异域星空专场	285.04	58.82%	
16	香港普艺	第 354 期拍卖会	HKD 266.60	71.51%	省港澳书画	HKD 137.69	78.04%	香港 2013-01-19
					省港澳艺术品	HKD 62.01	68.20%	
					中国艺术品	HKD 66.91	67.13%	
17	北京保利	第 21 期精品拍卖会	12,012.84	73.33%	回归——中国书画（一）	838.01	97.33%	北京 2013-01-20
					同璧——中国书画（二）	4,730.87	78.39%	
					赋珍——中国书画（三）	1,338.72	79.93%	
					妙得——中国书画（四）	1,853.97	78.44%	
					斯文——中国书画（五）	2,246.87	74.13%	
					现当代艺术	415.98	39.92%	
					雅致尚品	375.43	58.82%	
					《楚汉传奇》仿古道具	213.00	98.04%	
18	广东衡益	2013 年迎春中国书画拍卖会	2,173.58	65.64%	中国书画专场	2,173.58	65.64%	广州 2013-01-20
19	朔方国际	2013 迎春大型艺术品拍卖会	603.80	94.36%	百家楹联专场	111.15	94.00%	鞍山 2013-01-20
					古今名家书画专场	296.98	91.40%	
					辽沈名贤翰墨专场	158.82	97.02%	
					收古藏今书画专场	36.86	95.30%	
20	北京玄和	2013 迎春艺术品拍卖会	13.00	0.67%	当代书画专题	13.00	12.12%	北京 2013-01-20
21	河南豫呈祥	2012 年秋季文物艺术品拍卖会	3,549.89	47.47%	美哉中原 世纪之恋专场	469.72	59.32%	郑州 2013-01-22
					瓷杂家具专场	1,635.37	71.81%	
					中国书画专场	1,373.62	53.66%	
					佛缘堂私藏专场	71.19	9.31%	
22	西荣阁	2013 年迎新春文物艺术品拍卖会	170.50	6.25%	中国书画	170.50	6.25%	北京 2013-01-24
23	南京经典	2012 秋季拍卖会	18,984.24	76.49%	超凡入圣——圆霖大师书画	514.74	96.67%	南京 2013-01-24
					一代草圣——纪念林散之诞辰 115 周年	1,198.88	75.00%	
					林家藏林——林散之家属藏林散之	4,539.05	97.67%	
					江山多娇——新金陵画派	3,029.68	74.58%	
					中国书画	5,202.49	84.21%	

编号	拍卖公司	拍卖会名称	总成交额（万元）	总成交率（%）	拍卖专场名称	专场成交额（万元）	专场成交率（%）	地点及时间
					金陵国翰馆藏书画	416.99	58.33%	
					艺术南京——南京顶级画家	1,686.32	69.08%	
					匠心天工——家具杂项	2,396.11	74.10%	
24	香港拍得高	2013 年迎春拍卖会	HKD 1,226.62	65.72%	芳华绝代——梅艳芳服饰	HKD 58.36	100.00%	香港 2013–01–25
					芳华绝代——梅艳芳珠宝手表珍藏	HKD 225.86	100.00%	
					名贵钟表	HKD 361.15	39.33%	
					翡翠珠宝	HKD 581.25	47.74%	
25	河南鸿远	鸿远四季（第二期）艺术品拍卖会	411.13	4.89%	中国书画	411.13	4.89%	河南 2013–01–25
26	中投嘉艺	呼和浩特首届文物艺术精品拍卖会	12,013.94	76.89%	古玩杂项	1,102.44	85.29%	呼和浩特 2013–01–26
					海外藏珍	569.70	54.05%	
					亚洲重要私人珍藏	7,603.30	90.63%	
					中国书画	1,489.97	64.26%	
					当代中国书画	1,248.53	85.16%	
27	上海驰翰	第十一届书画文玩专场拍卖会	409.57	82.41%	书画文玩	409.57	82.41%	上海 2013–02–28
28	香港普艺	第 356 期拍卖会	HKD 179.53	100.00%	妙音阁专场	HKD 179.53	100.00%	香港 2013–02–28
29	香港富得	2013 年第 109 期拍卖会	HKD 893.61	43.34%	翡翠珠宝	HKD 592.83	43.14%	香港 2013–03–09
					中国陶瓷及艺术珍品	HKD 300.78	43.46%	
30	北京宝笈轩	2013 南方艺术收藏品春季拍卖会	5,967.92	68.06%	书画专场	2,201.33	68.77%	广州 2013–03–09
					杂项专场	3,766.60	63.16%	
31	上海驰翰	第十二届书画文玩专场拍卖会	422.40	81.17%	书画文玩	422.40	81.17%	上海 2013–03–13
32	荣宝斋（上海）	2013 年大众收藏拍卖会（第一期）	2,532.19	49.93%	中国书画（一）	1,825.74	51.53%	上海 2013–03–14
					中国书画（二）	591.22	72.85%	
					现当代艺术	115.23	61.38%	
33	香港佳士得	2013 春季拍卖会（一）	HKD 4,805.25	100.00%	寻味之旅：唐英年窖藏珍酿Ⅰ及Ⅱ	HKD 4,805.25	100.00%	香港 2013–03–15
34	广州皇玛	2013 迎春拍卖会	2,306.42	94.87%	厚德居藏品专场	960.83	100.00%	广州 2013–03–17
					中国书画专场	1,345.59	92.20%	
35	四川德轩	文心似海——中国历代文人书画主题拍卖会	3,505.68	92.54%	藏家掬爱·重要私人藏书画精品专场	1,009.53	88.98%	四川 2013–03–18
					文人情怀·明清遗韵·状元 翰林 科举书法手札·明代清代政要 名臣 学者书画	1,457.81	93.50%	
					文人情怀·走向共和·戊戌变法以来政要名流学者书画手迹	806.23	90.22%	
					收藏因缘·德轩拍卖网站：网友藏画	232.10	97.14%	
36	中国嘉德	嘉德四季第三十三期拍卖会	29,036.29	73.97%	中国书画（一）	2,677.32	92.89%	北京 2013–03–20
					中国书画（二）	1,293.75	90.91%	
					中国书画（三）	2,518.85	100.00%	
					中国书画（四）	1,787.33	80.17%	
					中国书画（五）	2,103.93	85.15%	
					古籍善本	1,167.31	59.67%	
					承古容今——古典家具	413.89	86.57%	
					中国书画（六）	1,083.42	80.31%	
					中国书画（七）	1,755.71	100.00%	
					中国书画（八）	2,582.56	81.09%	

编号	拍卖公司	拍卖会名称	总成交额（万元）	总成交率（%）	拍卖专场名称	专场成交额（万元）	专场成交率（%）	地点及时间
					工艺品	1,373.22	71.53%	
					瓷器 玉器	2,098.98	72.88%	
					中国书画（九）	958.18	86.46%	
					中国书画（十）	1,565.50	100.00%	
					中国书画（十一）	2,830.73	69.14%	
					掌玩心悦（一）	1,536.63	50.27%	
					掌玩心悦（二）	1,289.04	60.62%	
37	北京翰海	翰海四季（第80期）拍卖会	4,681.32	68.65%	中国书画一（当代专场）	1,394.78	78.42%	北京 2013-03-24
					中国书画二（扇画楹联专场）	150.08	73.08%	
					中国书画三	1,057.77	63.58%	
					古董珍玩一（玉器家具专场）	595.47	88.06%	
					古董珍玩二（佛说四季专场 英国克瑞斯·巴克利博士珍藏藏式家具）	130.30	73.44%	
					古董珍玩三（佛说四季专场 金铜佛像）	442.18	75.31%	
					古董珍玩四（古董珍玩专场）	910.75	58.50%	
38	北京亨申	2013年迎春艺术品拍卖会	1,356.02	46.69%	中国书画（一）	226.90	57.32%	北京 2013-03-25
					中国书画（二）	507.50	56.41%	
					中国书画（三）	258.06	34.93%	
					中国书画（四）	363.57	47.14%	
39	北京中汉	犹珍14——中国古代瓷珍暨工艺品残器专场拍卖会	915.40	74.60%	中国古代瓷珍暨工艺品残器专场	915.40	74.60%	北京 2013-03-27
40	上海道明	第十八届联谊拍卖会	1,218.37	91.78%	中国书画（一）	267.49	95.70%	上海 2013-03-29
					中国书画（二）	323.73	95.65%	
					中国书画（三）	627.15	91.14%	
41	北京荣宝	2013年迎春拍卖会	20,041.86	67.86%	当代书画	2,129.79	77.23%	北京 2013-03-31
					祖国在我心中——庄则栋书法及藏品	424.59	99.33%	
					近现代书画及文人信札	12,249.78	54.35%	
					明清瓷器及工艺品	3,480.96	67.08%	
					珠宝及名贵钟表	406.78	61.06%	
					西画名家及当代新锐	1,072.98	79.38%	
					滴泉集珍——中国现当代版画名家	276.98	71.60%	
42	书画艺拍	2013年春季拍卖会第428期	HKD 325.46	74.32%	中国书画（一）	HKD 223.89	66.52%	香港 2013-04-04
					艺术品（一）	HKD 59.76	69.29%	
					中国书画（二）	HKD 32.44	90.73%	
					艺术品（二）	HKD 9.36	86.84%	
43	香港佳富	2013年春季拍卖会	HKD 2,100.30	51.12%	中国古今名家书画专场	HKD2,004.04	45.73%	香港 2013-04-04
					明清铜鎏金佛像及文房古玩专场	HKD 96.27	74.67%	
44	香港淳浩	2013春季艺术品拍卖会	HKD 5,372.60	83.02%	陈玉阶先生旧藏	HKD 2,345.49	96.50%	香港 2013-04-05
					瓷器、工艺品	HKD 1,114.28	72.28%	
					中国近现代书画	HKD 1,912.83	87.46%	
45	香港普艺	第359次拍卖会	HKD 579.83	77.73%	中国书画	HKD 401.33	80.22%	香港 2013-04-06
					博古寻韵	HKD 89.89	76.22%	
					玲珑集趣	HKD 88.62	75.97%	

编号	拍卖公司	拍卖会名称	总成交额（万元）	总成交率（%）	拍卖专场名称	专场成交额（万元）	专场成交率（%）	地点及时间
46	香港拍得高	2013 年春季拍卖会	HKD 1,167.93	48.40%	中国陶瓷及艺术珍玩	HKD 208.54	44.63%	香港 2013-04-06
					名贵钟表	HKD 248.92	34.23%	
					翡翠珠宝	HKD 710.47	58.99%	
47	中国嘉德	香港 2013 春季拍卖会	HKD 29,331.90	81.92%	观想——中国书画四海集珍	HKD 16,190.85	84.90%	香港 2013-04-05
					香港水墨	HKD 590.99	88.00%	
					观古——瓷器工艺品	HKD 4,232.00	71.79%	
					观华——明清古典家具	HKD 5,638.57	80.95%	
					洪氏珍藏明清古典家具集萃	HKD 2,679.50	40.00%	
48	香港苏富比	2013 年春季拍卖会	HKD 218,466.11	89.03%	elBulli 窖藏——拍卖收益将拨归 elBulliFoundation	HKD 1,408.14	97.68%	香港 2013-04-06
					尊酩芳醇——重要美国藏家珍稀佳酿（第十一部份）	HKD 2,906.31	97.73%	
					珍稀佳酿——特别呈献 Vega Sicilia 酒庄之直递精选	HKD 2,565.89	97.56%	
					中国书画	HKD 36,080.23	96.93%	
					转变中的国度——赫斯九十年代当代中国艺术收藏	HKD 2,349.00	73.91%	
					当代亚洲艺术	HKD 12,992.88	82.57%	
					你不孤单——黑河内珍藏奈良美智作品	HKD 4,113.25	88.57%	
					现代及当代东南亚艺术	HKD 11,304.38	88.48%	
					二十世纪中国艺术	HKD 20,468.03	79.11%	
					珍贵名表：特别呈献溢彩流光——重要私人时计珍藏	HKD 22,147.00	85.35%	
					瑰丽珠宝及翡翠首饰	HKD 47,926.93	78.61%	
					瑞莲溢芳：张永珍博士雅藏 康熙御制珐琅彩瓷	HKD 7,404.00	100.00%	
					玫茵堂珍藏——重要中国御瓷选萃之五	HKD 7,767.75	64.86%	
					水松石山房藏珍玩专场——儒雅清蕴（三）	HKD 5,529.73	79.27%	
					重要中国瓷器及工艺品	HKD 33,502.63	63.00%	
49	香港富得	2013 年第 110 期拍卖会	HKD 2,959.40	96.01%	中国书画	HKD 2,959.40	96.01%	香港 2013-04-06
50	保利香港	2013 年春季拍卖会	HKD 64,565.67	61.63%	中国近现代书画	HKD 18,377.70	82.94%	香港 2013-04-06
					中国古代书画	HKD 9,118.63	76.25%	
					珠宝 钟表	HKD 5,518.75	46.35%	
					中国现当代艺术	HKD 19,271.70	80.46%	
					中国古董珍玩	HKD 12,278.89	47.77%	
51	上海嘉禾	2013 年大众鉴藏拍卖会	1,735.99	90.58%	中国书画	1,735.99	90.58%	上海 2013-04-12
52	宁波富邦	2013 年春季艺术品拍卖会	2,406.96	54.76%	中国书画（一）	86.48	35.82%	宁波 2013-04-12
					中国书画（二）	1,507.19	44.44%	
					中国书画（三）	813.29	59.33%	
53	上海工美	第七十五届艺术品拍卖会	568.68	77.09%	中国书画、油画、瓷杂	568.68	77.09%	上海 2013-04-20
54	中都国际	2013 年春季文物艺术精品拍卖会	1,244.26	70.86%	中国书画	367.34	75.29%	北京 2013-04-20
					瓷玉古董珍玩	876.93	65.18%	
55	北京旷深	2013 艺术品拍卖会江西第二期	2,526.69	80.00%	中国书画	2,526.69	80.00%	南昌 2013-04-21

编号	拍卖公司	拍卖会名称	总成交额（万元）	总成交率（%）	拍卖专场名称	专场成交额（万元）	专场成交率（%）	地点及时间
56	上海东方	2013年四季艺术品拍卖会	1,508.43	78.24%	中国书画（一）	208.27	78.42%	上海 2013-04-22
					中国书画（二）	1,300.17	78.13%	
57	上海驰翰	2013年春季拍卖会	10,437.70	80.22%	范扬专场	251.90	100.00%	上海 2013-04-25
					中国书画（一）	6,831.50	91.40%	
					盆栽艺术	82.20	100.00%	
					中国书画（二）	2,459.20	88.59%	
					紫玉金砂——文玩杂项专场	812.90	48.42%	
58	北京保利	第22期精品拍卖会	27,186.40	75.86%	颐情——近现代书画（一）	770.04	72.46%	北京 2013-04-27
					毓神——近现代书画（二）	5,746.32	73.13%	
					游象——当代水墨	2,373.83	80.06%	
					闲中日月长——私家藏文玩专场	2,413.51	90.05%	
					瓷器 玉器选粹	5,344.86	82.78%	
					修文——近现代书画（三）	817.19	73.59%	
					际会——古代书画	3,563.16	81.22%	
					现当代艺术	371.91	71.33%	
					雅致尚品	323.32	74.44%	
					澄心——佛教艺术专场	1,060.42	62.77%	
					瓷器 玉器 工艺品	4,206.13	69.98%	
					中国白酒	195.73	96.15%	
59	亚洲宏大	2013年春季文物艺术品拍卖会	2,061.81	89.46%	保真专题	451.36	87.23%	北京 2013-04-26
					名家册页专题	66.02	97.30%	
					当代书法专题	452.14	90.60%	
					展览著录作品专题	65.18	95.83%	
					现代绘画专题	485.97	86.51%	
					同一上款专题	68.88	88.24%	
					黄胄作品专题	341.82	90.00%	
					民国书画专题	130.42	91.07%	
60	上海春秋堂	2013年春季拍卖会	3,149.51	68.52%	紫泥古韵——宜兴紫砂专场	479.55	68.67%	上海 2013-04-27
					茶艺雅具——茶道精品专场	269.10	60.92%	
					紫泥新华——当代名家专场	1,070.31	72.50%	
					瀹茗抟趣——宜兴紫砂专场	1,330.55	85.00%	
61	上海道明	2013春季艺术品拍卖会	9,044.18	57.26%	当代书画	1,039.03	59.79%	上海 2013-04-29
					书法文献	50.03	44.44%	
					盛世精粹	3,788.10	73.58%	
					古董珍玩	541.08	51.28%	
					双国粹	475.64	72.58%	
					日出海上	1,082.38	61.02%	
					近现代书画	855.14	48.99%	
					古代书画	1,212.79	70.00%	
62	西泠拍卖	中国国际动漫节·名家漫画作品展暨第三届漫画拍卖会	1,420.27	82.93%	中国国际动漫节·名家漫画作品展暨	1,420.27	82.93%	杭州 2013-04-30
63	广东光德	2013春季艺术品拍卖会	4,453.67	92.64%	袁氏藏书画专场	474.54	90.21%	深圳 2013-05-03
					杨之光作品专场	1,622.42	100.00%	
					当代中国书画	2,356.72	93.29%	
64	华艺国际	2013春季拍卖会	41,294.55	76.07%	古董珍玩——瓷器·玉器·工艺品	2,732.40	72.45%	广州 2013-05-04
					茶中三味	874.23	80.90%	

编号	拍卖公司	拍卖会名称	总成交额（万元）	总成交率（%）	拍卖专场名称	专场成交额（万元）	专场成交率（%）	地点及时间
					稀世真藏——极品名酿	1,839.31	86.91%	
					经典永恒——翡翠及瑰丽珠宝	2,495.84	55.48%	
					中央美术学院油画系及广州美术学院油画系（在职）教师作品	1,017.75	75.00%	
					中国油画雕塑版画	2,424.20	54.74%	
					中国书画	23,117.19	80.00%	
					岭南名家书画	6,793.63	86.54%	
65	北京华辰	2013 年春季拍卖会	12,251.88	73.58%	掌上乾坤——张宗宪先生藏鼻烟壶精品专场	540.73	92.02%	北京 2013–05–06
					瓷器玉器工艺品	1,828.90	60.69%	
					中国当代绘画专场	1,411.86	79.55%	
					北启南沙——启功、沙孟海书画专场	973.82	100.00%	
					心画——中国书法专场	667.58	72.53%	
					中国书画	2,822.33	58.15%	
					古美术文献专场	200.79	100.00%	
					中国油画及雕塑	2,534.83	72.73%	
66	河南金帝	2013 年春季拍卖会	13,938.99	81.78%	艺苑集珍——小品专场（一）	1,918.00	83.05%	北京 2013–05–06
					墨苑菁华——书法专场（二）	1,267.99	72.45%	
					时代丹青——河南省书画收藏协会	1,031.84	69.88%	
					翰墨彩韵——当代专场	5,047.42	86.45%	
					浑厚华滋——近现代专场	3,938.54	73.20%	
					水墨新锐——当代水墨专场	735.21	100.00%	
67	中国嘉德	2013 年春季拍卖会	264,844.84	75.16%	惠风和畅——耕华堂藏百年书画集珍（一）	7,596.67	100.00%	北京 2013–05–07
					惠风和畅——耕华堂藏百年书画集珍（二）	3,231.85	100.00%	
					大观——中国书画珍品之夜 老舍胡絜青藏画	16,790.00	100.00%	
					大观——中国书画珍品之夜 近现代	27,939.25	71.05%	
					大观——中国书画珍品之夜 古代	20,194.00	69.57%	
					观心——宗教文化艺术品系列专场	679.54	100.00%	
					古籍善本	8,026.66	76.64%	
					二十世纪中国早期油画家专场	11,856.85	65.57%	
					中国油画及雕塑	8,044.37	79.29%	
					中国近现代书画（一）	24,172.54	88.93%	
					山外山——水墨里的山峦之部	4,070.54	77.78%	
					扇苑善缘	1,474.07	79.45%	
					私人珍藏之夜（一）	2,795.88	98.04%	
					私人珍藏之夜（二）	2,185.00	72.22%	
					私人珍藏之夜（三）	3,395.03	100.00%	
					私人珍藏之夜（四）	2,878.45	100.00%	
					清宁——金石篆刻艺术	945.30	76.32%	
					可石怡情——现代国石臻品	2,992.19	84.62%	

编号	拍卖公司	拍卖会名称	总成交额（万元）	总成交率（%）	拍卖专场名称	专场成交额（万元）	专场成交率（%）	地点及时间
					案上云烟——文房雅玩	1,357.46	59.17%	
					一案四时春——牧心斋藏文房清供	1,292.95	91.67%	
					清隽明朗——明清古典家具精品	4,105.50	50.00%	
					物我同修——家青制器	1,569.75	83.33%	
					逞娇呈美——百年海派集珍	8,893.75	80.62%	
					中国近现代书画（二）	11,267.47	92.12%	
					中国当代书画	10,467.30	85.71%	
					锦绣华章——嘉树堂藏明清织绣	1,703.27	79.17%	
					御制——宫廷重要瓷器工艺品	16,264.45	66.67%	
					珍赏——古瓷集萃	2,579.91	57.98%	
					名表 珠宝翡翠	2,034.87	39.58%	
					中国古代书法	4,968.12	79.59%	
					吴松文脉——北美私人中国古代书画藏珍	14,837.30	81.08%	
					中国古代书画	6,269.57	67.97%	
					近现代陶瓷	2,511.72	70.77%	
					丹青瓷艺——熊康祥藏文人瓷画	504.16	48.44%	
					玉壶洞天——重要玉石、玛瑙、水晶类鼻烟壶专场	1,754.44	69.44%	
					玉振金声——玉器及服饰珍宝	2,651.10	62.91%	
					盆玩雅趣	435.85	32.14%	
					盛世佛缘——金铜佛造像精品	5,083.69	84.08%	
					宝藏——宫廷·文人·名家·精品紫砂器	1,884.74	60.00%	
					紫泥赏心——宜陶古器遗珍	1,342.40	53.61%	
					紫泥春华——近现代紫砂臻品	4,021.55	78.75%	
					纸钞 王士平收藏	915.33	72.03%	
					相对有佳趣——嘉德二十周年古钱专场	2,912.38	91.51%	
					金相玉质——金银币金银锭 金银器专场	1,183.94	72.30%	
					邮品 刘广实收藏	2,763.75	80.50%	
68	北京东正	2013 春季艺术品拍卖会	13,458.68	68.66%	中国古董珍玩专场一	1,706.60	66.67%	北京 2013-05-10
					皇家长物——宫廷艺术专场	7,981.00	94.29%	
					中国古董珍玩专场二	3,771.08	64.29%	
69	北京诚轩	2013 年春季拍卖会	29,060.99	77.83%	瓷器工艺品	2,760.58	85.47%	北京 2013-05-11
					中国油画雕塑	4,144.37	78.35%	
					中国书画（一）	9,150.09	94.14%	
					中国书画（二）	8,224.00	86.05%	
					纸币	1,003.18	71.90%	
					机制币	1,884.31	80.79%	
					古钱、银锭	1,254.62	67.53%	
					邮品	639.85	79.08%	

编号	拍卖公司	拍卖会名称	总成交额（万元）	总成交率（%）	拍卖专场名称	专场成交额（万元）	专场成交率（%）	地点及时间
70	汉秦国际	2013 春季书画艺术品大型拍卖会	2,109.10	73.62%	四海集丹青（一）	183.42	100.00%	北京 2013-05-11
					东国艺归来——日本回流中国书画专场	119.73	100.00%	
					逸笔游大千——南张北溥书画专场	65.80	100.00%	
					三石传精神——吴昌硕、齐白石、傅抱石作品专场	44.46	100.00%	
					四海集丹青（二）	147.28	100.00%	
					图版显真微——出版书画作品专场	65.30	100.00%	
					艺苑竞风流——当代中国画专场	216.50	98.57%	
					墨韵显心声——《墨韵心声当代名家书画集》保真专场	1,262.02	100.00%	
71	北京中汉	2013 年春季拍卖会	9,268.93	66.87%	古美术文献撷英	158.93	97.00%	北京 2013-05-12
					中国书画（一）	1,141.95	67.70%	
					瓷器工艺品	5,814.29	68.91%	
					中国书画（二）	1,379.66	74.65%	
					烽火·见证 抗战历史档案资料专题	610.75	100.00%	
					古籍善本	163.36	32.77%	
72	北京永乐	2013 年春季拍卖会	4,102.74	41.44%	中国二十世纪及当代艺术	419.87	55.36%	北京 2013-05-12
					精美明清瓷器及工艺品	1,425.89	44.02%	
					中国书画	2,256.99	37.46%	
73	北京万隆	2013 春季艺术品拍卖会	1,130.91	74.46%	器成天下走——现当代艺术陶瓷	1,130.91	74.46%	北京 2013-05-13
74	东方大观	2013 春季艺术品拍卖会	12,046.95	68.17%	当代水墨	691.96	86.79%	北京 2013-05-14
					民国风	1,209.22	89.22%	
					中国近现代书画	6,433.10	84.92%	
					明清墨迹暨中国古代书画	2,565.54	91.75%	
					石道	87.75	85.37%	
					邮品	1,059.39	52.65%	
75	北京万隆	艺术圆融首届两岸艺术大师作品联展	1,749.96	53.15%	首届两岸艺术大师作品联展	1,749.96	53.15%	北京 2013-05-14
76	青岛中艺	2013 春季书画精品拍卖会	1,050.51	58.84%	中国书画	1,050.51	58.84%	青岛 2013-05-15
77	广州银通	2013 年春季艺术品拍卖会	1,868.68	82.43%	中国书画一	1,581.83	88.31%	广州 2013-05-16
					中国书画二	286.86	78.40%	
78	朔方国际	2013 春季文物艺术品拍卖会	577.61	91.40%	近代书法楹联专场	135.14	95.05%	鞍山 2013-05-17
					古今名家书画专场	306.12	87.69%	
					辽沈名家翰墨专场	121.92	92.81%	
					收古藏今书画专场(一)	14.43	94.12%	
79	上海驰翰	第十三届书画文玩专场拍卖会	505.37	78.17%	书画文玩	505.37	78.17%	上海 2013-05-18
80	重庆恒升	2013 春季文物艺术品拍卖会	436.29	40.92%	中国书画	436.29	40.92%	重庆 2013-05-18
81	上海聚德	2013 年春季艺术品拍卖会	645.88	65.38%	中国书画专场	645.88	65.38%	上海 2013-05-20
82	朵云轩	第 45 届艺术品拍卖交易会	2,715.36	89.82%	艺术品	2,715.36	89.82%	上海 2013-05-21

编号	拍卖公司	拍卖会名称	总成交额（万元）	总成交率（%）	拍卖专场名称	专场成交额（万元）	专场成交率（%）	地点及时间
83	香港古斋	名家字画 古籍丛书 艺术珍品第六届拍卖会	HKD 494.56	49.24%	名家字画	HKD 244.89	47.81%	香港 2013-05-21
					古籍丛书	HKD3.62	64.00%	
					艺术珍品	HKD 246.04	41.38%	
84	书画艺拍	2013 年十周年拍卖会第 435 期	HKD 693.79	83.69%	私人珍藏	HKD 108.02	96.88%	香港 2013-05-22
					书画艺术品	HKD 320.71	59.78%	
					私人收藏日本回流	HKD 204.74	99.31%	
					银元、金币	HKD 60.32	62.86%	
85	香港苏富比	2013 年 5 月拍卖会	HKD 39,876.50	92.92%	玛丽及庄智博鼻烟壶珍藏：第六部份	HKD 3,422.88	100.00%	香港 2013-05-23
					梅云堂藏张大千画——金针传法立宗风	HKD 32,928.75	96.00%	
					珍贵名表	HKD 3,524.88	85.47%	
86	香港富得	2013 年第 111 期拍卖会	HKD966.73	37.39%	翡翠名珠宝	HKD 434.76	31.90%	香港 2013-05-24
					名贵钟表	HKD 531.97	41.73%	
87	保利香港	2013 年夏季拍卖会	HKD3,507.16	45.35%	养心——中国书画专场	HKD 2,519.08	76.75%	香港 2013-05-24
					盈寸乾坤	HKD 177.68	44.38%	
					怡情——中国古董珍玩	HKD 810.41	19.69%	
88	天津文物	2013 年春季竞买会	6,468.78	74.97%	中国书画	2,560.32	82.21%	天津 2013-05-24
					中国瓷器	1,101.63	81.29%	
					中国玉器、鼻烟壶	1,413.66	58.14%	
					金铜佛像、文房清玩	1,393.17	76.77%	
89	香港普艺	第 365 次拍卖会	HKD 311.32	69.95%	中国书画	HKD 141.39	74.26%	香港 2013-05-25
					文昌集雅	HKD 85.01	65.19%	
					博古寻韵	HKD 84.93	70.91%	
90	泰和嘉成	2013 年春季艺术品拍卖会	4,509.96	42.97%	古籍文献·碑版法书（一）	1,346.36	84.21%	北京 2013-05-22
					古籍文献·碑版法书（二）	3,163.59	75.00%	
91	八益拍卖	2013 春季艺术品拍卖会	2,675.57	77.56%	九躬书画——李琼久书画精品专场	393.34	83.33%	成都 2013-05-24
					巴蜀水墨卅年——四川当代名家书画精品专场	376.32	92.16%	
					蜀苑掇英——四川已故名家书画精品专场	1,133.44	86.61%	
					中国书画精品专场	772.46	60.62%	
92	香港佳士得	2013 年春季拍卖会（二）	HKD 318,535.90	87.56%	亚洲二十世纪及当代艺术	HKD 41,495.00	90.00%	香港 2013-05-25
					佳士得名酿	HKD 4,909.50	100.00%	
					亚洲二十世纪艺术	HKD 21,056.95	83.44%	
					亚洲当代艺术	HKD 12,852.65	76.29%	
					中国古代书画	HKD 19,791.00	94.50%	
					中国近现代画一	HKD 15,728.63	91.67%	
					中国近现代画二	HKD 65,570.13	93.87%	
					瑰丽珠宝及翡翠首饰	HKD 64,052.25	80.89%	
					中国宫廷御制艺术精品：重要中国瓷器及工艺精品	HKD 30,200.25	61.39%	
					至尊华贵——欧洲私人珍藏御制掐丝珐琅器	HKD 2,651.75	80.77%	
					精致名表	HKD 15,322.18	91.85%	
					益清阁珍藏中国瓷器	HKD 4,153.25	75.00%	
					雅趣流芳——陈玉阶珍藏中国艺术精品	HKD 20,752.38	100.00%	
93	云南典藏	2013 春季艺术品拍卖会	897.08	73.48%	中国书画	897.08	73.48%	昆明 2013-05-26

编号	拍卖公司	拍卖会名称	总成交额（万元）	总成交率（%）	拍卖专场名称	专场成交额（万元）	专场成交率（%）	地点及时间
94	北京容海	2013 春季文物艺术品拍卖会	10,405.32	76.96%	文熹斋专场	4,643.13	100.00%	北京 2013-05-27
					北京工艺品进出口公司藏画专场	2,073.34	93.57%	
					中国书画	3,688.86	68.11%	
95	罗芙奥	香港 2013 春季拍卖会	HKD 6,771.28	72.50%	现代与当代艺术	HKD 6,771.28	72.50%	香港 2013-05-27
96	香港拍得高	2013 年春季拍卖会第 10 期	HKD 1,327.45	77.97%	百载留芳——尚乐堂藏近代景德镇名家作品专场	HKD 673.33	71.43%	香港 2013-05-27
					中国书画	HKD 654.12	80.23%	
97	北京卓德	2013 年春季艺术品拍卖会	4,116.22	73.77%	中国书画（一）当代书画专场	1,233.84	83.06%	北京 2013-05-27
					中国书画（二）近现代书画专场	1,323.01	70.93%	
					郑爰居先生寒松堂旧藏碑帖专场	460.38	64.29%	
					法宝重光——佛教经典专场	531.30	81.21%	
98	银座国际	2013 春季艺术品拍卖会	42,039.75	77.52%	现当代八大名家书画专场——王雪涛 董寿平 李苦禅 白雪石 程十发 范曾 何海霞 黄胄	20,382.95	95.71%	北京 2013-05-27
					曹为章藏名家书画及民国政要墨迹专场	313.03	100.00%	
					洞精唯美——十八、十九世纪欧洲雕塑	1,664.51	88.89%	
					中国近现代书画	14,302.78	73.02%	
					齐鲁青未了——山东籍书画名家作品专场	3,018.06	70.48%	
					中国当代书画	2,358.42	64.71%	
99	北京歌德	2013 春季拍卖会	35,113.31	81.64%	佳酿尊享——世界著名葡萄酒及烈酒专场	1,171.88	78.28%	北京 2013-05-29
					中国近现代书画专场	10,536.32	97.88%	
					中国古代书画专场	1,784.28	96.99%	
					神州佳酿——各地名酒及养生酒专场	1,684.26	100.00%	
					艺林拾萃Ⅲ——古董珍玩专场	916.44	54.19%	
					斗转乾坤——世界著名烟斗专场	347.30	83.33%	
					浓香百里——原坛古井贡酒专场	6,175.50	100.00%	
					历久弥香——陈年茅台酒专场	12,497.40	95.00%	
100	北京翰海	2013 春季拍卖会	82,773.08	68.04%	中国书画（一）	2,624.42	46.00%	北京 2013-05-31
					中国书画（二）	8,833.04	82.15%	
					近现代书画	8,170.41	65.19%	
					紫瓯凝香——紫砂艺术	4,575.85	91.24%	
					中国玉器	4,016.55	39.22%	
					中国当代书画（一）	3,774.88	90.48%	
					中国当代书画（二）暨当代岭南中国书画	8,498.50	97.28%	
					中国现当代美术——油画雕塑	4,566.77	71.32%	
					古代书画	11,266.44	71.17%	
					古籍善本	312.86	52.42%	
					美术文献	20.24	48.84%	

编号	拍卖公司	拍卖会名称	总成交额（万元）	总成交率（%）	拍卖专场名称	专场成交额（万元）	专场成交率（%）	地点及时间
					玲珑秀巧——奇石艺术	337.07	80.61%	
					留香——铜炉专场	1,534.91	100.00%	
					五觉——金铜佛像	9,103.40	100.00%	
					古董珍玩	11,746.10	63.28%	
					国香馆珍藏中国老名酒	1,915.21	100.00%	
					妙香品茗——名优茶，茶香道具专场	1,476.47	45.76%	
101	瑞平国际	2013 年春季艺术品拍卖会	435.94	15.52%	琳琅万华——当代玉雕珠宝专场	43.12	5.26%	北京 2013-05-31
					墨韵飘香——中国书画专场	323.34	22.61%	
					雅器遗珍——古董珍玩专场	69.47	9.68%	
102	雍和嘉诚	2013 春季艺术品拍卖会	4,884.30	46.02%	古美术文献专场	107.13	80.10%	北京 2013-05-31
					中国书画专场	2,215.31	54.23%	
					中国现代版画 名家水粉水彩 宣传画专场	479.35	76.58%	
103	上海拍卖	2013 年《第一拍卖厅》春季拍卖会	1,036.38	8.86%	现当代艺术陶瓷精品	1,036.38	55.56%	上海 2013-05-31
104	北京保利	八周年春季拍卖会	283,174.33	63.32%	中国当代水墨（一）	2,647.19	72.59%	北京 2013-06-01
					“学院之光——高等美术院校师生作品”	1,105.61	48.30%	
					中国当代水墨（二）	4,398.52	82.61%	
					现当代艺术之国际知名设计师作品	666.72	45.33%	
					现当代中国艺术夜场	25,632.55	68.66%	
					中国当代水墨的中坚力量夜场	6,986.25	84.62%	
					现当代中国艺术（一）	1,298.12	36.99%	
					“天仁合艺”当代艺术	2,630.97	94.12%	
					邮品钱币	488.97	46.79%	
					现当代中国艺术（二）	4,529.05	68.18%	
					于氏藏画	9,972.80	75.00%	
					东方红——纪念毛泽东诞辰 120 周年	7,300.20	57.14%	
					安天下——国父蒙难罕见史料	483.00	81.82%	
					中国近现代书画夜场	39,577.25	78.31%	
					机构藏古今名家翰墨	601.45	12.50%	
					中国近现代书画（一）	7,905.79	65.61%	
					古籍文献 名家翰墨	3,685.81	77.98%	
					务本堂藏齐白石小品专场	1,943.50	100.00%	
					怡怡草堂藏画	3,602.95	61.54%	
					因花寄月——名家翰墨专场	2,330.13	73.03%	
					西文经典 艺术文献	447.52	65.54%	
					小万柳堂剧迹扇画夜场	9,087.30	100.00%	
					中国古代书画夜场	22,511.25	90.48%	
					现当代中国水墨回望三十年夜场	21,433.70	85.59%	
					中国近现代书画（二）	6,911.16	56.49%	
					科技古董	1,248.10	75.29%	
					“童珍似宝”——名贵腕表与西洋古董座钟	2,965.39	50.65%	

编号	拍卖公司	拍卖会名称	总成交额（万元）	总成交率（%）	拍卖专场名称	专场成交额（万元）	专场成交率（%）	地点及时间
					中国近现代书画（三）	9,936.23	72.97%	
					燕闲清赏——蒯淞阁文房古器录	8,892.95	100.00%	
					清乾隆紫檀雕九龙纹大四件柜，宫廷艺术与重要瓷器、玉器、工艺品	26,232.65	80.95%	
					中国当代高端工艺品——紫砂壶	3,430.34	71.19%	
					中国当代高端工艺品——庭院陈设	545.56	39.22%	
					中国古代书画	8,474.58	68.22%	
					“自在菩提”——中国金铜佛造像、唐卡	5,777.03	68.80%	
					中国白酒	1,029.60	91.89%	
					“千祥云集”——明清铜炉专场	1,719.83	83.33%	
					“新月雅集”——晚清民国文人瓷绘与现当代艺术陶瓷	2,021.13	60.56%	
					“海莹星烁”——名贵珠宝与翡翠	3,982.22	50.50%	
					“茶熟香温”——紫砂茗具与金银汤沸	1,483.62	59.44%	
					“九霄降瑞”——精品翡翠	1,683.60	31.03%	
					大明·格古	7,373.80	92.42%	
					中国古董珍玩Ⅰ	3,149.05	53.85%	
					中国古董珍玩Ⅱ	4,257.76	51.19%	
					法国名庄葡萄酒	793.39	52.45%	
105	北京匡时	2013春季艺术品拍卖会	141,477.29	76.79%	“方寸乾坤”——金石篆刻专场	3,811.62	81.25%	北京 2013-06-01
					古代书法专场	15,477.85	78.53%	
					古代绘画专场	11,872.14	71.94%	
					“在山居”文房珍玩专场	2,242.50	76.00%	
					“福报•万千造化”——佛造像专场	2,524.82	53.13%	
					“大器容珍”——古代及近现代紫砂专场	4,019.71	91.27%	
					扇画小品专场	3,816.51	88.59%	
					近现代书画专场（一）	13,166.93	70.59%	
					澄道——中国书画夜场	41,037.75	96.36%	
					“雅逸赏瓷”——近现代及当代瓷专场	3,483.01	64.71%	
					“尚文余事”——文房雅玩专场	1,083.88	57.38%	
					瓷玉工艺品专场	8,229.06	62.15%	
					“百年遗墨”——民国书法专场	5,618.67	81.08%	
					“挹翠庐”藏于右任书法专场	2,229.16	100.00%	
					近现代书画专场（二）	9,402.06	71.93%	
					古美术文献专场	412.06	96.77%	
					当代书画专场	3,396.07	67.80%	
					先行者之路：重要私人藏早期油画专场	1,321.70	69.81%	
					油画雕塑专场	7,102.40	78.33%	

编号	拍卖公司	拍卖会名称	总成交额（万元）	总成交率（%）	拍卖专场名称	专场成交额（万元）	专场成交率（%）	地点及时间
					“泛香汲茗”——茶道具、香道具专场	1,229.43	75.66%	
106	中拍国际	2013 年春季拍卖会	5,584.72	80.57%	瓷器艺术品及古美术文献专场	1,392.87	67.78%	北京 2013-06-02
					趣由心生——近现代文人瓷专场	482.62	51.14%	
					澄怀味象（第二辑）——中国书画专场	3,194.40	88.89%	
					翰墨流芳（第二辑）——当代书法专场	290.23	100.00%	
					甄选——中国书画专场	224.60	93.33%	
107	华夏传承	2013 春季艺术品拍卖会	20,564.99	88.05%	海峡两岸 一脉相传——欧豪年 徐庶之书画精品专辑	1,181.40	98.67%	北京 2013-06-03
					中国近现代书画	7,564.47	96.69%	
					中国现当代书画	9,795.36	79.58%	
					髯翁翰墨——于右任书法艺术展览	2,023.77	90.91%	
108	北京万隆	2013 年春季艺术品拍卖会	4,035.28	54.92%	器成天下走——现当代艺术陶瓷专场(第四期)	740.03	57.86%	北京 2013-06-03
					一品雅集——名家文人瓷绘专场	2,852.24	61.63%	
					现当代艺术陶瓷	103.03	50.44%	
					瓷器工艺品	339.99	33.76%	
109	北京亨申	2013 年春季拍卖会	8,302.60	85.34%	稽古留心——古美术文献专场	209.13	94.59%	北京 2013-06-04
					斋中清福——书房长物专场	151.11	65.52%	
					闰有余——旧制黄杨文玩专场	35.54	50.00%	
					中国近现代书画专场	5,789.79	86.01%	
					中国古代书画专场	2,117.04	84.04%	
110	远方拍卖	2013 春季艺术品拍卖会	10,460.25	73.94%	古韵清香——古代紫砂专场	1,438.91	73.86%	北京 2013-06-04
					盈握烟霞——鼻烟壶专场	957.82	83.33%	
					瑜璞琼瑛——古代玉器专场	2,344.22	90.29%	
					长物养正——古董珍玩专场	2,985.33	76.39%	
					翰墨飞虹——中国书画专场	929.30	62.15%	
					饶益有情——古代唐卡专场	1,804.68	66.91%	
111	福建静轩	2013 春季艺术品拍卖会	2,200.50	81.79%	闽籍书画	557.15	85.81%	福州 2013-06-04
					中国书画	869.57	80.00%	
					中国书法	351.61	73.89%	
					脱胎漆器	422.17	100.00%	
112	沧海拍卖	沧海明珠·2013 春季艺术品拍卖会	2,605.16	47.24%	中国书画一	619.59	55.04%	常州 2013-06-05
					中国书画二	1,985.57	43.49%	
113	上海崇源	2013 年春拍艺术品拍卖会	812.95	44.53%	金银流霞 钱币专场	812.95	60.39%	北京 2013-06-05
114	未来四方	2013 年北京拍卖会	1,737.59	74.05%	中国书画	940.32	81.01%	北京 2013-06-06
					翰墨新韵 当代书法专场	187.17	85.22%	
					当代彩墨画家曾刚作品专场	311.70	94.74%	

编号	拍卖公司	拍卖会名称	总成交额（万元）	总成交率（%）	拍卖专场名称	专场成交额（万元）	专场成交率（%）	地点及时间
					瓷杂珍玩	298.40	64.69%	
115	迦南国拍	2013 年春季艺术品拍卖会	13,075.10	59.62%	挥毫泼墨释苦禅——李苦禅及其家人书画专场	1,615.94	86.67%	青岛 2013-06-08
					儒风皇气——溥心畬书画专场	737.52	81.25%	
					珠光宝气・石色天享——珠宝翡翠专场	1,444.02	60.00%	
					翰墨彩韵——中国近现代书画专场	5,091.26	60.68%	
					四世画人・累代丹青——孔小瑜及其家人书画专场	755.66	59.65%	
					春暖见故人——古代书画专场	2,314.61	72.84%	
					雅珍汇藏——文玩杂件专场	686.00	52.67%	
					艺海拾珍——中国书画专场	430.09	56.19%	
116	江苏真德	2013 春季拍卖会	1,464.80	76.94%	中国书画专场	1,464.80	76.94%	南京 2013-06-09
117	广东崇正	2013 年春季拍卖会	34,997.38	81.26%	国光 中国近现代书画	12,649.77	74.40%	广州 2013-06-11
					泰缘 郑午楼湄南别墅藏画	6,068.21	88.64%	
					古欢 中国古代书画	4,838.74	78.79%	
					史学巨擘 陈垣先生重要著作及稿本	713.00	100.00%	
					粤雅 岭南名家书画	9,300.74	87.28%	
					钟鼎世家 中国古典家具	999.35	66.67%	
					金粉世家 欧洲古典家具	427.57	69.77%	
118	中国嘉德	嘉德四季第三十四期拍卖会	15,303.97	74.71%	遗珠拾珀——中国近现代书画（一）	1,991.69	90.00%	北京 2013-06-12
					墨岚山房珍藏名家书画	4,089.86	96.30%	
					中国近现代书画（二）	2,211.45	74.03%	
					工艺品专场	857.90	74.63%	
					瓷器 玉器	1,511.22	72.06%	
					当代风华——中国当代绘画	1,279.15	75.23%	
					中国古代书画	2,525.98	79.48%	
					掌玩心悦	836.74	60.56%	
119	北京传是	2013 年春季拍卖会	15,736.92	73.04%	脱胎玲珑——瓷玉杂件专题	919.02	65.09%	北京 2013-06-13
					探骊寻奢——珠宝尚品专题	575.69	65.63%	
					案几清玩——文房及扇骨专题	276.75	82.58%	
					镌吾嘉木——中国家具专题	989.69	81.82%	
					一炷神怡——沉香、补天遗韵——赏石专题	165.83	66.67%	
					中国书画	6,525.03	73.20%	
					翠择天工——珠宝翡翠专场	3,405.61	79.41%	
					美术文献	64.44	70.80%	
					管领风骚——近现代文化名人墨迹	1,863.55	81.39%	
					中国现当代艺术	951.32	57.80%	

<table>
<tr><th>编号</th><th>拍卖公司</th><th>拍卖会名称</th><th>总成交额（万元）</th><th>总成交率（%）</th><th>拍卖专场名称</th><th>专场成交额（万元）</th><th>专场成交率（%）</th><th>地点及时间</th></tr>
<tr><td rowspan="2">120</td><td rowspan="2">北京东正</td><td rowspan="2">子之燕居第一季</td><td rowspan="2">1,248.56</td><td rowspan="2">51.83%</td><td>现当代中国书画专场</td><td>422.63</td><td>66.49%</td><td rowspan="2">北京
2013-06-14</td></tr>
<tr><td>中国瓷器及工艺品专场</td><td>825.93</td><td>46.26%</td></tr>
<tr><td rowspan="5">121</td><td rowspan="5">未来四方</td><td rowspan="5">2013 年兰州拍卖会</td><td rowspan="5">3,400.56</td><td rowspan="5">64.11%</td><td>杜元、魏翰邦、郑虎林三人书画专场</td><td>19.39</td><td>100.00%</td><td rowspan="5">兰州
2013-06-14</td></tr>
<tr><td>李伟、张兴国、王万成三人书画专场 陇上名家书画专场</td><td>896.34</td><td>88.80%</td></tr>
<tr><td>中国书画瓷杂珍玩专场</td><td>606.47</td><td>62.77%</td></tr>
<tr><td>博雅斋珍藏书画珍玩专场</td><td>1,378.96</td><td>51.10%</td></tr>
<tr><td>“武酒”陈年佳酿专场</td><td>499.41</td><td>85.00%</td></tr>
<tr><td rowspan="3">122</td><td rowspan="3">都市联盟</td><td rowspan="3">2013 年春季拍卖会</td><td rowspan="3">12,329.55</td><td rowspan="3">92.42%</td><td>中国当代书画专场</td><td>3,539.71</td><td>92.77%</td><td rowspan="3">北京
2013-06-15</td></tr>
<tr><td>中国近现代书画专场</td><td>8,512.15</td><td>91.28%</td></tr>
<tr><td>中国陈年老宣纸专场</td><td>277.69</td><td>94.02%</td></tr>
<tr><td rowspan="2">123</td><td rowspan="2">北京艺融</td><td rowspan="2">2013 年春季拍卖会</td><td rowspan="2">5,570.72</td><td rowspan="2">82.46%</td><td>中国写实油画</td><td>3,539.70</td><td>88.24%</td><td rowspan="2">北京
2013-06-17</td></tr>
<tr><td>前进中的中国美术</td><td>2,031.02</td><td>77.78%</td></tr>
<tr><td rowspan="5">124</td><td rowspan="5">长风拍卖</td><td rowspan="5">北京长风 2013 春季拍卖会</td><td rowspan="5">13,330.92</td><td rowspan="5">82.12%</td><td>世家元气（第七辑）华人重要藏家藏中国书画专场（上）</td><td>5,245.38</td><td>100.00%</td><td rowspan="5">北京
2013-06-17</td></tr>
<tr><td>世家元气（第七辑）华人重要藏家藏中国书画专场（下）</td><td>4,710.75</td><td>100.00%</td></tr>
<tr><td>中国书画及美术文献专场</td><td>1,646.80</td><td>73.36%</td></tr>
<tr><td>中外名酒陈酿专场</td><td>446.43</td><td>91.78%</td></tr>
<tr><td>紫砂艺术及茶道具专场</td><td>1,281.56</td><td>66.29%</td></tr>
<tr><td rowspan="2">125</td><td rowspan="2">北京中汉</td><td rowspan="2">2013 年春季拍卖会（二）</td><td rowspan="2">2,645.12</td><td rowspan="2">80.65%</td><td>瓷器工艺品（二）</td><td>2,004.34</td><td>80.36%</td><td rowspan="2">北京
2013-06-17</td></tr>
<tr><td>中国古代瓷珍暨工艺品残器专场</td><td>640.78</td><td>80.77%</td></tr>
<tr><td>126</td><td>中拍国际</td><td>“惟真”第二期拍卖会</td><td>351.63</td><td>62.24%</td><td>瓷器・杂项・玉器</td><td>351.63</td><td>62.24%</td><td>北京
2013-06-17</td></tr>
<tr><td rowspan="5">127</td><td rowspan="5">中贸圣佳</td><td rowspan="5">2013 春季拍卖会</td><td rowspan="5">20,500.71</td><td rowspan="5">62.10%</td><td>中国同盟会会员墨迹</td><td>874.69</td><td>91.19%</td><td rowspan="5">北京
2013-06-18</td></tr>
<tr><td>近现代书画</td><td>9,749.70</td><td>70.35%</td></tr>
<tr><td>当代水墨</td><td>3,296.48</td><td>56.85%</td></tr>
<tr><td>古代书画</td><td>5,675.60</td><td>59.31%</td></tr>
<tr><td>当代陶瓷艺术</td><td>904.25</td><td>26.24%</td></tr>
<tr><td rowspan="6">128</td><td rowspan="6">河南鸿远</td><td rowspan="6">2013 春季大型艺术品拍卖会</td><td rowspan="6">4,876.80</td><td rowspan="6">37.35%</td><td>《文盛轩藏中国书画作品选》（第六辑）著录专场夜场</td><td>2,719.57</td><td>59.06%</td><td rowspan="6">河南
2013-06-18</td></tr>
<tr><td>当代绘画专场</td><td>1,062.65</td><td>43.38%</td></tr>
<tr><td>《中国书画博物馆馆藏作品》著录专场</td><td>510.20</td><td>24.44%</td></tr>
<tr><td>近现代绘画专场</td><td>236.62</td><td>38.46%</td></tr>
<tr><td>名人手札专场</td><td>57.46</td><td>32.10%</td></tr>
<tr><td>中国书法专场</td><td>235.49</td><td>35.38%</td></tr>
<tr><td rowspan="7">129</td><td rowspan="7">北京荣宝</td><td rowspan="7">2013 春季文物艺术品拍卖会</td><td rowspan="7">29,235.70</td><td rowspan="7">62.56%</td><td>当代书画及新水墨</td><td>6,019.78</td><td>88.43%</td><td rowspan="7">北京
2013-06-19</td></tr>
<tr><td>近现代书画</td><td>12,718.38</td><td>74.90%</td></tr>
<tr><td>中国油画及雕塑</td><td>2,787.79</td><td>81.48%</td></tr>
<tr><td>余晖——晚清官窑</td><td>1,958.88</td><td>93.55%</td></tr>
<tr><td>明清古董珍玩</td><td>4,123.84</td><td>94.87%</td></tr>
<tr><td>名贵钟表珠宝</td><td>1,080.24</td><td>73.48%</td></tr>
<tr><td>玉器及工艺品</td><td>546.78</td><td>78.57%</td></tr>
<tr><td rowspan="3">130</td><td rowspan="3">鼎天国际</td><td rowspan="3">2013 春季艺术品拍卖会</td><td rowspan="3">16,251.76</td><td rowspan="3">91.16%</td><td>当代水墨</td><td>3,515.79</td><td>92.42%</td><td rowspan="3">天津
2013-06-20</td></tr>
<tr><td>百年藏珍</td><td>8,241.63</td><td>83.10%</td></tr>
<tr><td>津派书画</td><td>4,494.34</td><td>96.32%</td></tr>
</table>

编号	拍卖公司	拍卖会名称	总成交额（万元）	总成交率（%）	拍卖专场名称	专场成交额（万元）	专场成交率（%）	地点及时间
131	江苏聚德	2013 春季艺术品拍卖会	4,690.62	82.37%	散翁 桃李（第四期）	560.97	94.74%	南京 2013-06-20
					中国书画专场	3,155.54	78.18%	
					新建笔墨——朱新建专场	546.25	97.78%	
					琴轩雅韵——谢瑞华先生旧藏紫砂专场	427.86	88.57%	
132	辽宁建投	2013 春季艺术品拍卖会	6,273.81	83.56%	璀璨琳琅——珠宝翡翠专场	1,241.61	92.74%	沈阳 2013-06-20
					中国书画（一）	3,459.72	79.57%	
					中国书画（二）	983.66	79.09%	
					中国书画（三）——书法楹联专场	588.82	83.60%	
133	十竹斋	2013 年春季艺术品拍卖会	766.13	46.67%	中国书画专场（一）	766.13	46.67%	南京 2013-06-20
134	广东保利	2013 夏季艺术品拍卖会	5,950.00	70.81%	精艺尚品	2,415.00	69.57%	广州 2013-06-21
					中国书画（一）	2,620.29	69.13%	
					中国书画（二）	914.72	71.72%	
135	北京翰海	翰海四季（第 81 期）拍卖会	8,860.48	59.78%	中国书画——当代专场	774.53	83.33%	北京 2013-06-21
					玉器专场	48.54	44.35%	
					近现代书画专场	881.88	76.06%	
					钱币专场	1,108.31	30.90%	
					艺苑明珠——中国书画专场	1,566.65	78.22%	
					中国书画——懋隆专场	2,360.43	98.96%	
					中国书画	902.46	67.09%	
					家具专场	424.35	83.66%	
					古董珍玩专场	793.33	58.02%	
136	中信国际	2013 年中西古董字画家具摆设及名琴拍卖会	HKD 394.37	98.00%	中国陶瓷及工艺珍品西洋古董家具摆设及名琴	HKD 135.01	98.19%	香港 2013-06-21
					中国书画	HKD 259.36	97.88%	
137	上海嘉禾	2013 年春季拍卖会	36,222.11	84.88%	四海集珍——中国近现代书画专场（一）	13,173.71	85.64%	上海 2013-06-21
					梅景风承——吴湖帆及其弟子作品专场（三）	961.63	100.00%	
					烟江秋兰——谢稚柳陈佩秋作品专场（二）	4,183.13	92.68%	
					神与古会——张大千书画作品专场（一）	3,663.33	92.86%	
					风流今见——陆俨少大师作品专场（四）	8,147.18	96.08%	
					四海集珍——中国近现代书画专场（二）	4,859.61	78.93%	
					彩笔新韵——中国当代书画作品专场	1,233.53	84.13%	
138	上海离原	2013 年春季艺术品拍卖会	3,593.12	85.02%	小品成扇专场	761.42	84.35%	上海 2013-06-22
					近现代书画专场	2,831.70	85.28%	
139	江苏景宏	2013 春季艺术品拍卖会	297.45	76.00%	中国名家书画专场	297.45	76.00%	苏州 2013-06-22
140	江苏龙城	2013 首届艺术品拍卖会	2,483.25	79.93%	中国书画一	1,298.15	84.94%	常州 2013-06-23
					当代书画	910.06	86.42%	
					中国书画二	275.05	66.85%	
141	北京九歌	2013 春季大型艺术品拍卖会	50,156.47	53.83%	澄怀观道——中国书画一	4,206.24	59.48%	北京 2013-06-24
					名家逞妍——中国书画二	10,777.66	54.11%	

编号	拍卖公司	拍卖会名称	总成交额（万元）	总成交率（%）	拍卖专场名称	专场成交额（万元）	专场成交率（%）	地点及时间
					花开淡墨——当代书画专场	3,008.74	49.71%	
					董寿平书画作品专场	1,229.35	57.14%	
					经典油画专场	1,761.69	70.91%	
					古音今韵——古代书画专场	5,893.18	68.09%	
					古籍遗珍——古籍善本专场	241.50	100.00%	
					灵动珍玩——鼻烟壶专场	412.10	34.81%	
					翠色怡人——珠宝翡翠专场	10,123.91	30.23%	
					凝翠莹霞——翡翠专场	1,090.43	100.00%	
					巧夺天工——中国玉雕名家专场	503.82	52.78%	
					寿山石及紫砂艺术品专场	1,494.66	61.29%	
					雅玩清赏——瓷器杂项工艺品专场	9,413.21	48.71%	
142	荣宝斋（上海）	2013年春季大型艺术品拍卖会	20,155.84	75.41%	廖天楼藏书画专场	1,269.95	80.00%	上海 2013-06-27
					中国书画（一）	4,208.89	92.42%	
					中国书画（二）	11,560.89	79.14%	
					翰墨因缘——慕贤居藏书画雅玩专场	1,795.75	72.92%	
					中国现当代艺术	945.47	48.92%	
					当代水墨	374.90	76.19%	
143	广州皇玛	2013夏季拍卖会	8,947.12	88.63%	油画、雕塑专场	1,011.54	96.97%	广州 2013-06-27
					逸品大观·2013当代岭南中国画作品专场	2,227.90	100.00%	
					雅道藏珍——务本堂·乐艺轩藏品专场	727.49	98.65%	
					中国书画专场	4,980.19	84.18%	
144	福建运通	2013春季艺术品拍卖会（厦门专场第14期）	1,092.16	80.14%	私人收藏专场	120.10	94.59%	厦门 2013-06-28
					聚雅斋藏品专场(保真)	89.95	100.00%	
					当代福建书画家作品专场（保真）	177.31	92.54%	
					中国书法专场	187.99	68.27%	
					中国书画专场（含历代闽籍书画）	516.81	74.86%	
145	广东省拍	2013春季艺术品拍卖会	3,034.66	81.33%	中国书画	3,034.66	81.33%	广东 2013-06-29
146	博古斋	2013年春季拍卖会	3,238.08	63.17%	渊源——中国书画专场	1,247.87	65.65%	上海 2013-06-30
					铭心——名家藏品专场	206.71	55.03%	
					掇英——博古斋精品专场	1,569.75	90.00%	
					传承——文物商店旧藏专场	213.75	62.59%	
147	上海嘉泰	2013春季艺术品拍卖会	17,911.48	61.06%	墨田留香·彩宝玉钻专场	1,648.04	58.02%	上海 2013-07-02
					中国近现代书画专场	3,251.82	78.23%	
					中国古代书画专场	9,790.41	71.61%	
					海上油画专场	287.50	27.27%	
					艺道雅趣专场	540.16	51.75%	
					茶熟香温专场	293.71	64.75%	
					珍瓷古董专场	2,099.84	56.25%	

编号	拍卖公司	拍卖会名称	总成交额（万元）	总成交率（%）	拍卖专场名称	专场成交额（万元）	专场成交率（%）	地点及时间
148	上海驰翰	第十四届书画文玩拍卖会	462.46	79.96%	书画文玩	462.46	79.96%	上海 2013-07-03
149	上海泛华	2013 年春季艺术品拍卖会	1,818.50	72.86%	油画雕塑	1,818.50	72.86%	上海 2013-07-03
150	朵云轩	2013 春季艺术品拍卖会	49,802.86	79.88%	近现代书画专场（一）	16,697.77	90.50%	上海 2013-07-04
					海派精品专场	4,968.00	89.66%	
					古代书画专场	7,223.38	87.12%	
					双雨山馆藏珍	7,133.57	99.14%	
					崧源草堂藏书法专场	460.81	85.71%	
					名家小品专场	1,553.31	80.87%	
					精品扇画专场	835.82	80.00%	
					近现代书画专场（二）	2,126.58	75.00%	
					黄山之灵——瞿谷量书画专场	1,426.00	100.00%	
					当代海派书画专场	809.26	92.54%	
					金石缘书画专场	1,024.42	82.35%	
					中国四大名石专场	89.07	95.31%	
					当代全国名家篆刻专场	336.15	80.85%	
					名家篆刻印谱专场	704.43	62.93%	
					瓷器杂项专场	320.91	33.33%	
					古籍善本专场	353.80	63.67%	
					当代艺术和油画雕塑专场	2,972.46	67.74%	
					古钱纸钞暨开平泉馆藏泉币专场	423.79	88.70%	
					邮品金银币专场	343.36	78.23%	
151	上海泓盛	2013 春季拍卖会	8,810.38	62.23%	清韵羽格——现当代瓷艺专场	1,131.26	47.71%	上海 2013-07-05
					胜上春台——宫廷精品器物专场	1,074.21	54.72%	
					嘤鸣和秋——瓷器工艺品专场	727.03	36.96%	
					纪念哈定诞辰 90 周年水彩艺术专场	930.24	87.50%	
					文苑英华——书法及扇品专场	1,025.92	84.21%	
					倾国倾城——明清近现代仕女画专场	1,604.14	77.78%	
					古韵今风——中国书画专场	2,317.59	77.25%	
152	上海天衡	2013 年春季拍卖会	26,974.04	86.24%	袖海楼藏书画专场	2,395.22	98.67%	北京 2013-07-06
					薰风无尽——成扇精品专场	1,034.89	87.50%	
					旧时明月——海派绘画精品专场（六）	4,521.12	96.00%	
					中国近现代书画专场	10,016.16	80.90%	
					中国古代书画专场	3,985.44	82.28%	
					中国当代书画专场	1,596.18	89.16%	
					油画暨雕塑专场	3,425.05	80.88%	
153	上海工美	2013 春季拍卖会	6,567.69	48.07%	中国书画	5,644.43	64.24%	上海 2013-07-07
					古籍文献	923.26	74.37%	
154	昆明雅士得	2013 春季艺术品拍卖会	1,192.01	44.75%	保真专场	102.53	60.78%	昆明 2013-07-07
					大写云南	336.09	75.81%	
					资深藏家	272.81	51.52%	
					西南方阵	15.60	50.82%	

编号	拍卖公司	拍卖会名称	总成交额（万元）	总成交率（%）	拍卖专场名称	专场成交额（万元）	专场成交率（%）	地点及时间
					艺海群贤	328.40	32.50%	
					宗教艺术	10.92	23.81%	
					古韵流芳	99.99	27.27%	
					当代前沿	25.67	45.24%	
155	上海青莲阁	2013 年春季书画拍卖会	962.25	78.05%	中国书画	962.25	78.05%	上海 2013-07-08
156	上海东方	2013 年春季艺术品拍卖会	2,486.52	70.10%	中国书画一	1,829.54	62.98%	上海 2013-07-08
					中国书画二	656.98	87.39%	
157	西泠拍卖	2013 年春季拍卖会	77,332.61	85.90%	古籍善本专场	1,802.68	84.23%	杭州 2013-07-10
					中国历代钱币专场	988.66	83.64%	
					萃古熙今 文房古玩专场	958.30	84.25%	
					文房清玩 古玩杂件专场	2,535.29	75.86%	
					中国历代庭园艺术 石雕专场	1,436.35	87.96%	
					文房清玩 历代名砚专场	841.34	85.61%	
					山迁草堂 文房古玩专场	695.52	75.56%	
					中国历代紫砂器物专场	707.02	81.05%	
					中国现当代油画雕塑专场	5,618.21	80.72%	
					中国陈年名酒专场	2,364.29	99.13%	
					隐墅居藏中国书画作品专场	1,067.20	100.00%	
					吴昌硕家属及亲友藏中国书画作品专场	2,539.09	98.28%	
					西泠印社部分社员作品专场	4,854.73	92.13%	
					中国书画海上画派作品专场	4,461.89	92.38%	
					近现代名人手迹专场	2,630.05	88.60%	
					文房清玩 田黄石专场	2,793.93	88.71%	
					晚清四大家篆刻专场	910.80	100.00%	
					文房清玩 近现代名家篆刻专场	2,053.67	78.87%	
					中国书画近现代名家作品专场（一）	10,574.02	83.16%	
					中国书画古代作品专场	13,643.03	86.64%	
					中国当代玉雕大师作品专场	5,436.86	84.19%	
					中国书画近现代名家作品专场（二）	4,517.66	85.16%	
					中国书画岭南画派作品专场	1,788.83	83.33%	
					中国书画成扇专场	897.58	98.08%	
					中国名家漫画 插图连环画专场	1,215.67	86.34%	
158	北京翰海	藏友阁 翰海·拍宝首届拍卖会	1,462.44	76.95%	藏友阁——中国书画	612.25	78.82%	北京 2013-07-11
					古董珍玩	850.20	76.24%	
159	浙江佳宝	2013 春季艺术品拍卖会	1,318.80	65.63%	巧夺天工——青田石雕艺术专场	1,318.80	65.63%	杭州 2013-07-12

编号	拍卖公司	拍卖会名称	总成交额（万元）	总成交率（%）	拍卖专场名称	专场成交额（万元）	专场成交率（%）	地点及时间
160	四川德轩	品醽——2013 年春季艺术品大型拍卖会	6,323.14	82.86%	藏家掬爱——澄道堂藏于右任 郑孝胥书法专场\重要私人藏古今绘画 学者学法	2,862.92	86.99%	成都 2013-07-15
					百花齐放——董寿平的四川情怀\全国各地区现当代主流名家书画	1,355.81	75.82%	
					管领风骚——状元 翰林 先贤书画\政要 名流 学者手迹	2,104.40	85.45%	
161	凤凰拍卖	2013 春季艺术品拍卖会	19,533.38	84.00%	大道存真——陈大羽专场	499.10	95.00%	南京 2013-07-18
					凤凰盛宴——近现代名家专场	1,957.30	95.00%	
					过云楼藏画专场	954.50	100.00%	
					砚边点滴——钱松喦专场	2,390.85	84.85%	
					画无定法——亚明专场	1,045.70	80.00%	
					山河新貌——宋文治专场	803.28	81.82%	
					层林尽染——魏紫熙专场	1,310.77	87.50%	
					水墨再现——全国中青年名家专场	250.13	100.00%	
					新金陵画派（一）	632.62	88.41%	
					新金陵画派（二）	1,698.55	79.04%	
					即心是佛——圆霖专场	123.97	96.43%	
					风流今见——当代名家专场	250.70	78.72%	
					历史穿越——古画专场	4,476.03	92.00%	
					畅怀游艺——近现代专场	932.19	70.15%	
					京津画派专场	1,389.66	100.00%	
					文漾清晖——杂项专场	818.05	73.19%	
162	深圳市拍	2013 年夏季艺术品拍卖会	6,299.10	87.07%	瓷器、杂项	875.01	81.39%	深圳 2013-07-19
					中国近现代书画	5,424.09	91.69%	
163	江苏嘉恒	2013 年春季拍卖会	2,493.97	67.49%	寻找未来的艺术大师——范杨、徐乐乐、喻慧、胡宁娜	277.50	91.43%	南京 2013-07-19
					寻找未来的艺术大师——周京新、张友宪、于友善	324.88	94.87%	
					寻找未来的艺术大师——常进、萧平、薛亮、江宏伟、方骏、周海歌	295.55	82.22%	
					寻找未来的艺术大师——尉天池、赵绪成、黄惇、言恭达、孙晓云	78.32	72.41%	
					水墨新生代	101.78	75.00%	
					新金陵画派	603.87	56.31%	
					江苏当代书画	397.69	58.17%	
					中国书画 民国书法	414.40	68.06%	
164	宝源国际	2013 首届艺术品拍卖会	HKD1,702.75	80.88%	翡翠玉石	HKD 311.55	78.46%	香港 2013-07-20
					瓷器 家私	HKD 918.63	77.43%	
					中国书画	HKD472.57	86.16%	
165	香港华辉	2013 年夏季精品拍卖会	HKD 955.57	73.22%	粤陶传粹 石湾古今陶艺专场	HKD 182.07	64.00%	香港 2013-07-22

编号	拍卖公司	拍卖会名称	总成交额（万元）	总成交率（%）	拍卖专场名称	专场成交额（万元）	专场成交率（%）	地点及时间
					瓷器及工艺品专场	HKD 773.50	74.30%	
166	香港淳浩	2013 夏季艺术品拍卖会	HKD 2,196.94	77.06%	中国近现代书画	HKD1,402.71	90.51%	香港 2013-07-23
					瓷器工艺品	HKD 794.23	67.90%	
167	蓝天国拍	2013 年春季拍卖会	1,912.58	56.23%	中国书画	1,470.10	60.08%	天津 2013-07-24
					瓷器 玉器 工艺品	442.48	53.33%	
168	北京保利	大众鉴藏拍卖会第二期	4,719.03	75.14%	闲中日月长——私家藏文玩无底价专场	2,991.61	97.46%	北京 2013-07-24
					瓷器、玉器、工艺品	1,727.42	69.55%	
169	香港普艺	第 372 期拍卖会	HKD 427.51	78.31%	省港澳书画	HKD 100.44	83.13%	北京 2013-07-24
					省港澳艺术品	HKD 327.06	76.01%	
170	南京嘉信	2013 春季艺术品拍卖会	1,176.98	58.14%	中国书画	1,176.98	58.14%	南京 2013-07-25
171	北京保利	第 23 期精品拍卖会	13,042.00	64.00%	忘言——名家小品	473.11	75.00%	北京 2013-07-26
					醉墨——近现代书画（一）	2,185.46	75.25%	
					清拂——名家扇面	1,310.43	53.05%	
					流觞——名家精萃晚场拍卖	2,576.00	86.67%	
					研香——晚清名家尺牍	209.30	100.00%	
					活色——当代水墨	2,876.61	74.38%	
					解颐——近现代书画（二）艺术图书	1,536.29	57.97%	
					好寿——古代书画	1,465.56	74.11%	
					雅石尚彩	409.25	47.15%	
172	广东古今	2013 夏季古今艺术品拍卖会	2,856.95	55.26%	瓷器、杂项、翡翠、家具	682.99	53.18%	广东 2013-07-26
					中国书画	2,173.96	56.91%	
173	南京经典	2013 春季拍卖会	38,753.31	77.94%	江山多娇——新金陵画派	1,344.19	73.63%	南京 2013-07-27
					重整河山——钱松岩绘画	1,956.26	88.89%	
					中国书画	2,731.21	68.75%	
					艺术南京—— 南京顶级画家	1,858.84	80.47%	
					新新世界——周京新朱新建绘画	1,520.13	98.89%	
					一代草圣——林散之书画	981.31	83.33%	
					超凡入圣——圆霖大师书画	363.39	63.44%	
					江山富贵——陆俨少绘画	15,800.79	100.00%	
					画苑冠冕——黄宾虹绘画	11,773.70	94.12%	
					匠心天工——文房文玩专场	423.49	68.18%	
174	琴岛荣德	2013 春季拍卖会	4,346.41	66.56%	古风遗韵——古代书画作品专场	474.00	78.91%	青岛 2013-07-27
					聚锦萃菁——历代书画精品专场	877.60	88.00%	
					领异标新——近现代书画作品专场	1,261.44	64.00%	
					齐鲁名家——山东籍书画家作品专场	659.24	69.50%	
					墨海弄潮——当代书画作品专场	734.95	65.13%	

编号	拍卖公司	拍卖会名称	总成交额（万元）	总成交率（%）	拍卖专场名称	专场成交额（万元）	专场成交率（%）	地点及时间
					奇珍异宝——文玩杂项专场	339.18	53.27%	
175	华艺国际	2013 华艺淘珍拍卖会三期	2,041.04	68.22%	中国油画 雕塑 版画	338.85	59.88%	广州 2013-08-01
					古董珍玩——瓷器 玉器 工艺品	499.16	82.15%	
					中国书画	1,203.04	62.41%	
176	浙江骏成	2013 夏季艺术品拍卖会	11,010.10	92.12%	中国书法专场	1,585.05	92.81%	杭州 2013-08-07
					中国陈年老宣纸专场	155.02	100.00%	
					春江楼藏品专场	473.11	99.15%	
					中国书画专场（一）	4,285.36	88.32%	
					当代浙派名家专场	1,904.75	96.06%	
					中国书画专场（二）	2,606.82	86.38%	
177	广东衡益	十周年艺术品拍卖会	5,908.60	78.45%	净名斋藏书画扇面专场	267.85	92.65%	广州 2013-08-09
					岭南名家书画专场	2,237.15	86.13%	
					中国书画专场	2,275.68	71.45%	
					油画专场	1,127.92	87.50%	
178	上海驰翰	《大道》——渡海专场拍卖会	151.46	82.14%	《大道》——渡海专场	151.46	82.14%	上海 2013-08-15
179	上海道明	第十九届联谊拍卖会	1,769.08	96.26%	中国书画一	215.80	98.56%	上海 2013-08-20
					中国书画二	704.03	96.03%	
					中国书画三	287.62	99.19%	
					中国书画四	561.64	94.98%	
180	辽宁中正	中正十年迎全运镁都之夏大型艺术品拍卖会	1,640.98	67.29%	辽沈名家专场	549.99	82.00%	沈阳 2013-08-24
					古董珍玩专场	737.67	63.33%	
					关东画派专场	128.64	82.83%	
					书画集珍专场	224.70	37.50%	
181	香港富得	2013 年第 114 期拍卖会	HKD 684.41	28.40%	翡翠珠宝与名贵钟表	HKD 684.41	28.40%	香港 2013-08-27
182	香港普艺	第 375 期拍卖会	HKD 158.11	98.46%	无名楼：人文意境的精凝与延展	HKD 158.11	98.46%	香港 2013-08-28
183	上海驰翰	第十五届书画文玩拍卖会	325.94	74.08%	书画文玩	325.94	74.08%	上海 2013-08-28
184	河南鸿远	鸿远四季（第三期）艺术品拍卖会	3,371.90	59.22%	书画专场	3,371.90	59.22%	河南 2013-08-29
185	河南原田	2013 年秋季拍卖会	4,249.65	73.05%	中国书画一 小品书画专场	359.95	57.58%	河南 2013-08-30
					中国书画二 百年遗墨	404.34	90.00%	
					中国书画三 近现代书画专场	1,376.32	66.67%	
					中国书画四 当代书画专场	1,087.03	61.25%	
					文玩工艺品专场	418.41	74.40%	
					中国书画五 无底价书画专场	604.40	87.24%	
186	香港嘉德利	2013 年首届拍卖会	30,139.20	43.09%	中国古董珍玩	30,139.20	43.09%	香港 2013-08-30
187	朔方国际	2013 年夏季艺术品拍卖会	559.70	59.09%	清代进士翰墨专场	100.70	95.45%	鞍山 2013-08-30
					文物店旧藏专场	123.70	92.86%	
					辽沈名家书画专场	117.09	95.28%	
					古今书法专场	26.86	91.55%	
					古今绘画专场	87.98	91.67%	
188	山西晋德	2013 年艺术品拍卖会	2,086.67	74.90%	中国书画	810.63	78.02%	太原 2013-08-30
					寿平丹青	949.00	77.50%	
					三晋翰墨	327.04	70.42%	

编号	拍卖公司	拍卖会名称	总成交额（万元）	总成交率（%）	拍卖专场名称	专场成交额（万元）	专场成交率（%）	地点及时间
189	北京保利	2013 专场拍卖会	1,272.51	64.10%	新月雅集——石湾窑当代艺术陶瓷专场	1,272.51	64.10%	北京 2013-08-30
190	北京九歌	中国—东盟艺博会——北京九歌文物艺术品拍卖会	10,544.34	39.13%	翰墨流韵——中国书画专场	7,136.17	59.92%	南宁 2013-09-02
					随缘积善——朔云山房藏金铜佛像东盟邀请专场	1,340.10	22.00%	
					佳玩心悦——瓷器·古玩专场	2,068.07	26.64%	
191	北京荣宝	第 75 期艺术品拍卖会	7,823.65	66.01%	五体书法临摹作品专场	265.78	100.00%	北京 2013-09-04
					当代书画	1,903.89	63.05%	
					庄则栋书法及藏品	424.82	100.00%	
					近现代书画	2,366.90	52.05%	
					陶冷月专场	227.47	64.41%	
					西画小品	129.70	73.44%	
					珠宝及名贵钟表	351.34	50.00%	
					古董珍玩工艺品	2,153.76	61.44%	
192	青岛中艺	2013 秋季书画精品拍卖会	857.11	56.59%	中国书画	857.11	56.59%	青岛 2013-09-04
193	上海嘉禾	2013 年金秋雅集艺术品拍卖会	3,063.08	85.51%	中国书画	2,415.63	85.19%	上海 2013-09-05
					历久弥香——泸州老窖陈年佳酿系列	647.45	100.00%	
194	北京卓德	2013 年夏季艺术品拍卖会	816.10	33.37%	古籍善本暨书画专场	816.10	51.51%	北京 2013-09-07
195	香港苏富比	2013 年 9 月拍卖会	HKD 3,521.78	87.61%	唯有 DRC 来自一私人窖藏的罗曼尼康帝酒庄精选	HKD 1,584.42	100.00%	香港 2013-09-07
					珍稀佳酿——包括 Paul Jaboulet Aîn é 酒窖直递 Hermitage LaChapelle 及 Château La Lagune	HKD 1,937.36	85.53%	
196	上海春秋堂	2013 年秋季拍卖会（一）	3,383.46	83.82%	天地方圆——宜兴紫砂专场	3,383.46	83.82%	上海 2013-09-06
197	北京匡时	2013 夏季艺术品拍卖会	10,106.63	64.86%	中国书画（一）——同一上款及扇画小品	1,990.31	87.08%	北京 2013-09-10
					中国砚石——同一藏家专题	84.76	100.00%	
					瓷器工艺品	1,705.53	57.69%	
					中国书画（二）	5,244.81	68.67%	
					中国书画（三）	1,081.23	48.58%	
198	中国嘉德	嘉德四季第三十五期拍卖会	30,042.26	71.32%	遗珠拾珀——中国近现代书画（一）	2,434.78	69.64%	北京 2013-09-11
					名家墨缘	1,109.75	64.29%	
					艺海归棹	3,064.87	98.61%	
					聚珍集萃	627.67	85.37%	
					墨香拂晓	1,576.77	80.43%	
					蝶野拾零	674.82	79.41%	
					古籍善本 碑帖法书	669.76	48.91%	
					承古容今——古典家具及工艺品	636.07	88.08%	
					和悦良工——名家茶器臻品	126.96	62.90%	
					中国近现代书画（二）	1,789.52	64.06%	
					风清墨香	721.40	89.11%	
					当代风华——中国当代绘画	2,566.34	86.09%	

编号	拍卖公司	拍卖会名称	总成交额（万元）	总成交率（%）	拍卖专场名称	专场成交额（万元）	专场成交率（%）	地点及时间
					玉器 工艺品	2,252.62	80.04%	
					中国近现代书画（三）	3,935.30	77.84%	
					秋物熙华——活水居藏文房清供专场	830.30	76.09%	
					掌玩心悦（一）	739.34	58.33%	
					中国古代书画（一）	805.92	80.00%	
					一粟山房	1,376.32	93.50%	
					中国古代书画（二）	2,226.17	64.38%	
					瓷器 工艺品	1,263.51	61.10%	
					掌玩心悦（二）	614.10	43.59%	
199	北京容海	2013 秋季文物艺术品拍卖会	10,540.77	66.25%	北京工艺品进出口公司旧藏专场	221.54	100.00%	北京 2013–09–11
					百年巨匠——陆俨少书画专场	3,270.17	100.00%	
					文熹斋专场	3,478.14	100.00%	
					中国书画	3,570.93	56.56%	
200	北京翰海	翰海四季（第 82 期）拍卖会	5,139.59	73.50%	中国当代书画	548.92	70.51%	北京 2013–09–12
					扇面书法楹联	183.31	74.31%	
					中国近现代书画	1,160.89	68.52%	
					国香馆珍藏中国老名酒及养生酒	685.75	95.51%	
					古董珍玩——佛说四季	380.77	91.25%	
					古董珍玩——玉器	196.82	57.69%	
					古董珍玩（一）	295.08	80.49%	
					拍友·藏友阁	90.39	66.95%	
					古董珍玩	479.07	71.53%	
201	太平洋	2013 秋季文物艺术品拍卖会	1,722.40	65.68%	瓷器、杂项、工艺品专场	284.05	66.37%	北京 2013–09–13
					阅古拾珍——古董珍玩	353.65	56.36%	
					香思雅趣——沉香艺术专场	79.18	86.67%	
					木秀于林——古典木器家具专场	18.86	38.46%	
					青出于明——明末清初瓷器选粹	148.47	60.00%	
					瓷之色韵——高温颜色釉瓷器专场	32.09	66.67%	
					中国书画专场	806.12	68.13%	
202	辽宁省拍	2013“辽韵秋鉴”艺术品拍卖会	2,019.62	61.01%	辽韵秋鉴	2,019.62	61.01%	沈阳 2013–09–14
203	宣石国际	2013 艺术品拍卖会	1,165.21	58.82%	琳琅珠笄 珠宝首饰专场	242.84	75.85%	北京 2013–09–14
					怡心长物 书斋雅玩及名酒专场	917.51	72.35%	
					盈握烟霞 鼻烟壶专场	4.87	24.19%	
204	香港拍得高	2013 年春季拍卖会第 12 期	HKD1,055.96	55.79%	翡翠珠宝	HKD 896.92	64.65%	香港 2013–09–17
					名贵钟表	HKD 159.05	26.73%	
205	北京亨申	2013 年金秋书画艺术品拍卖会	1,729.14	70.79%	中国书画（一）	962.09	64.01%	北京 2013–09–21
					东瀛遗臻——中国书画专场	241.27	100.00%	
					中国书画（二）	525.78	74.62%	
206	朵云轩	朵云四季首届拍卖会	2,156.48	84.24%	中国书画一	863.25	88.15%	上海 2013–09–22
					紫砂壶 图册宣纸	181.41	77.20%	
					中国书画二	1,111.82	83.08%	

编号	拍卖公司	拍卖会名称	总成交额（万元）	总成交率（%）	拍卖专场名称	专场成交额（万元）	专场成交率（%）	地点及时间
207	北京旷深	2013 艺术品拍卖会江西第三期	2,402.87	73.17%	俊采星驰——江西名家书画作品专场	2,402.87	73.17%	南昌 2013-09-24
208	佳士得（上海）	2013 年首届拍卖会	16,839.55	93.02%	艺术品	16,839.58	93.02%	上海 2013-09-24
209	苏州东方	2013 秋季艺术品拍卖会	4,200.49	81.61%	艺林臻赏——瓷器、玉器、工艺品（一）	1,818.04	79.15%	苏州 2013-09-26
					国粹聚珍——瓷器、玉器、工艺品（二）	2,382.46	92.00%	
210	广东万丰	2013 年秋季拍卖会	547.55	60.71%	小中见大——扇面、册页、小品	76.54	76.12%	广州 2013-09-26
					岭南之风——岭南画派作品	95.13	61.78%	
					文博藏珍——文物总店旧藏	98.86	65.91%	
					图显真微——出版书画作品	1.96	66.67%	
					南林北启——林散之、启功书法作品	3.80	53.85%	
					艺海五家——齐白石、吴仓石、傅抱石、黄宾虹、徐悲鸿	38.21	63.04%	
					明月清风——古代书画作品	56.45	60.17%	
					推陈出新——当代实力派作品	35.65	55.17%	
					大匠之门——近现代书画作品	44.40	50.93%	
					墨林书心——中国书法作品	58.98	52.03%	
					海外回流——日本回流作品	6.63	81.48%	
					渡海三家——张大千、溥儒、黄君璧作品	10.89	56.52%	
					津派瀚墨——津派书画艺术研究院作品	20.05	100.00%	
211	书画艺拍	2013 年秋季拍卖会第 454 期	HKD 361.25	81.06%	中国书画及艺术品	HKD 317.65	64.22%	香港 2013-10-01
					晚晴楼私人珍藏书画及艺术品	HKD 43.60	95.74%	
212	香港普艺	第 379 期拍卖会	HKD 560.61	65.28%	中国书画	HKD 218.69	68.82%	香港 2013-10-02
					文昌集雅	HKD 144.41	63.73%	
					博古寻韵	HKD 197.51	63.60%	
213	中国嘉德	香港 2013 秋季拍卖会	HKD 51,198.81	76.66%	观想——中国书画四海集珍（一）	HKD 6,783.28	94.29%	香港 2013-10-03
					中国二十世纪及当代艺术	HKD 11,060.70	77.14%	
					观想——中国书画四海集珍（二）	HKD10,552.29	86.10%	
					沈郁劲拔——台静农的书法世界	HKD726.80	100.00%	
					大观——香港之夜	HKD 14,085.20	82.35%	
					观古——瓷器珍玩	HKD 2,448.93	43.00%	
					观华——工艺品及明清古典家具	HKD 4,544.80	67.31%	
					剔彩飞扬——私人藏重要漆器	HKD 996.82	32.56%	

编号	拍卖公司	拍卖会名称	总成交额（万元）	总成交率（%）	拍卖专场名称	专场成交额（万元）	专场成交率（%）	地点及时间
214	香港苏富比	2013 年秋季拍卖会	HKD 419,636.99	88.67%	克兰斯帝龙 侯伯王酒庄——昆图斯酒庄——美讯酒庄直递窖藏	HKD 1,846.21	96.40%	香港 2013-10-03
					显赫非凡之波尔多精选窖藏	HKD 2,536.12	100.00%	
					私人窖藏——重要布艮地及波尔多佳酿	HKD 5,049.82	100.00%	
					早期现代水墨大师	HKD 2,540.38	92.68%	
					香港苏富比四十周年晚间拍卖专场	HKD 113,247.00	88.71%	
					现代及当代东南亚艺术	HKD10,354.98	79.46%	
					二十世纪中国艺术	HKD13,383.63	82.76%	
					当代亚洲艺术	HKD 12,014.03	84.38%	
					中国书画	HKD 40,622.03	95.26%	
					瑰丽珠宝及翡翠首饰	HKD 74,469.38	74.40%	
					古城雅韵：京都珍藏清代御瓷	HKD15,042.00	100.00%	
					秋葵宫妆：成化青花宫盌	HKD14,124.00	100.00%	
					艺海观涛：坂本五郎珍藏中国艺术	HKD 11,160.75	96.83%	
					淳穆博远：私人珍藏重要明代瓷器	HKD 4,711.75	85.00%	
					重要中国瓷器及工艺品	HKD 80,950.98	64.31%	
					珍贵名表及溢彩流光——重要私人时计珍藏 II	HKD 17,583.97	90.98%	
215	宝源国际	2013 秋季艺术品拍卖会	HKD 1,178.18	79.65%	中国书画	HKD 929.02	86.26%	香港 2013-10-03
					中国瓷器及工艺品	HKD 249.16	74.15%	
216	香港拍得高	2013 年秋季拍卖会第 13 期	HKD 867.37	78.30%	中国陶瓷及艺术珍玩	HKD 256.12	43.70%	香港 2013-10-04
					芳华再现——梅艳芳服饰及珍品拍卖	HKD 611.25	100.00%	
217	华夏典藏	2013 年大型书画艺术品拍卖会	4,904.14	88.44%	中国书画	4,904.14	88.44%	深圳 2013-10-05
218	河南华宝	2013 秋季艺术品拍卖会	2,383.08	90.54%	中国书画	2,383.08	90.54%	郑州 2013-10-09
219	天津同方	2013 年秋季艺术品拍卖会	24,756.24	88.38%	孙其峰先生书画专场	1,035.15	100.00%	天津 2013-10-10
					范扬先生书画专场	1,472.35	97.92%	
					全国当代水墨专场	1,822.92	92.11%	
					书画五百年专场	12,164.10	76.99%	
					油画专场	2,305.79	91.84%	
					四海集珍专场	3,295.14	75.80%	
					津门水墨专场	2,660.79	95.45%	
220	广东崇正	“崇正雅集”第一期艺术品拍卖会	2,065.86	75.96%	中国书画一	743.98	83.20%	广州 2013-10-11
					中国书画二	1,321.89	72.06%	
221	河南金帝	2013 秋季中国书画拍卖会	15,212.06	80.03%	中国书画（一）	1,033.11	73.15%	郑州 2013-10-14
					中国书画（二）	1,098.92	75.93%	
					中国书画（三）	934.78	84.09%	
					中国书画（四）——艺苑斋珍藏专场	582.74	63.41%	
					中国书画（五）——墨苑菁华书法专场	1,853.99	79.51%	
					中国书画（六）	6,119.17	81.82%	
					浑厚华滋——近现代专场	2,689.41	70.00%	
					中国书画（八）	823.88	95.51%	

编号	拍卖公司	拍卖会名称	总成交额（万元）	总成交率（%）	拍卖专场名称	专场成交额（万元）	专场成交率（%）	地点及时间
					八面玲珑——赏石专场	76.09	100.00%	
222	上海博海	2013年秋季大型艺术品拍卖会	234.70	14.35%	博海雅集专场	234.70	14.35%	上海 2013-10-15
223	上海中汉	2013首届拍卖会	779.70	70.47%	文房工艺品	779.70	70.47%	上海 2013-10-15
224	上海驰翰	2013年秋季艺术品拍卖会	1,988.90	68.32%	中国书画	1,902.60	75.63%	上海 2013-10-16
					盆栽艺术	86.30	28.79%	
225	上海工美	第七十五届艺术品拍卖会	485.53	74.12%	中国书画文玩	485.33	74.12%	上海 2013-10-17
226	上海驰翰	第十六届书画文玩拍卖拍卖品	289.28	77.40%	书画文玩	289.28	77.40%	上海 2013-10-17
227	云南典藏	“川文藏珍”2013西博文化交流专场	2,246.39	63.38%	梵华妙赏	983.83	51.04%	成都 2013-10-17
					中国书画	1,262.57	66.67%	
228	广东光德	2013秋季艺术品拍卖会	8,652.04	90.49%	华韵流芳——中国书画（一）	3,418.26	96.35%	广州 2013-10-18
					方氏藏书画专场	1,027.30	99.41%	
					清润秀雅——林墉作品专场	1,519.73	98.33%	
					艺海雅集——中国书画（二）	2,686.76	83.61%	
229	上海嘉泰	2013金秋艺术品拍卖会	2,654.83	70.63%	中国书画·油画与水彩	930.75	81.12%	上海 2013-10-22
					瑰丽珍宝	376.05	72.69%	
					木石索缘	58.42	49.44%	
					古董珍玩	1,289.61	58.27%	
230	北京保利	第24期精品拍卖会	24,802.38	65.57%	匣珠——名家旧藏及小品	878.95	81.17%	北京 2013-10-23
					荆璧藏辉——黄养辉父子女作品及收藏	578.11	83.04%	
					书道——二百年翰墨	624.57	61.73%	
					品粹——近现代书画（一）	1,768.36	75.32%	
					激流觞——名家精粹晚场拍卖	2,922.73	76.92%	
					幻彩——当代水墨	3,696.68	80.26%	
					闲中日月长——瓷器专场	1,475.34	69.93%	
					闲中日月长——瓷器、文玩杂项专场	2,110.37	99.24%	
					古香——古代书画	1,291.11	84.50%	
					赏珍——中国书画	2,432.09	69.91%	
					现当代艺术	411.13	68.52%	
					雅致尚品	422.32	53.50%	
					古董文玩精品及书画专场	3,322.93	67.03%	
					瓷器	895.97	51.94%	
					玉器、工艺品	1,971.79	51.70%	
231	八益拍卖	2013秋季艺术品拍卖会	3,812.96	80.00%	成都八益——中国书画精品专场	1,491.40	76.76%	成都 2013-10-24
					蜀苑掇英——四川已故名家书画精品专场	504.03	81.18%	
					大走客——吴一峰书画精品夜场	320.92	92.00%	
					九躬书画——李琼久书画精品夜场	521.64	81.48%	
					内美——陈子庄书画精品夜场	974.97	92.31%	

编号	拍卖公司	拍卖会名称	总成交额（万元）	总成交率（%）	拍卖专场名称	专场成交额（万元）	专场成交率（%）	地点及时间
232	浙江丽泽	2013 秋季艺术品拍卖会	298.37	5.76%	当代书画	298.37	13.51%	杭州 2013-10-25
233	云南典藏	2013 秋季艺术品拍卖会	2,831.07	46.64%	古董珍玩（一）	865.15	59.63%	昆明 2013-10-25
					中国书画	1,965.93	38.14%	
234	上海嘉禾	2013 年金秋雅集艺术品拍卖会第二期	1,985.45	82.68%	中国书画一	603.58	84.89%	上海 2013-10-29
					中国书画二（同一藏家提供）	978.19	81.59%	
					百香之王——海南野生沉香专场	403.69	84.09%	
235	福建静轩	2013 秋季艺术品拍卖会	1,966.10	74.32%	龙珠画苑雅集	108.33	92.86%	福州 2013-10-30
					闽籍书画	407.85	85.07%	
					中国书画	665.51	76.50%	
					梅庐珍藏书画	448.85	91.25%	
					中国书法	335.57	77.68%	
236	四川德轩	赐巹 2013 年秋季书画大型拍卖会	10,169.52	82.28%	藏家掬爱——于右任 沈曾植 郑孝胥 张伯英等书法 \ 近现代书画珍品	4,845.66	93.33%	成都 2013-11-05
					百花齐放——董寿平的四川情怀 \ 当代主流名家书画	1,600.35	75.53%	
					法相庄严——赵朴初先生书法手稿集韵 \ 佛教题材书画	289.54	64.71%	
					谁领风骚——状元 翰林 古代书画 \ 五百年以来政要 名流 学者手迹	3,433.98	79.17%	
237	北京卓德	2013 年秋季艺术品拍卖会	4,330.82	79.15%	精玉美工 和田玉专场	567.58	64.86%	北京 2013-11-08
					中国书画（一）现代书画	1,965.93	81.57%	
					中国书画（二）近现代书画	1,797.31	82.79%	
238	浙江佳宝	“精工善艺”百件木雕（竹编）大师作品拍卖会	1,390.51	31.86%	精工善艺——百件木雕（竹编）大师作品	1,390.51	31.86%	东阳 2013-11-10
239	中国嘉德	2013 年秋季拍卖会	234,739.48	68.70%	中国近现代书画（一）	17,303.59	88.29%	北京 2013-11-12
					至爱亲朋——名家逸士的丹青寄意	10,917.87	87.18%	
					大观——近现代书画珍品之夜	29,751.00	80.65%	
					大观——柳湜于立修珍藏	1,584.70	100.00%	
					大观——开卷有益	7,038.00	100.00%	
					大观——古代书画珍品之夜	18,446.00	88.89%	
					汲古丛珍——瓷器珍玩	3,677.93	52.25%	
					御壶洞天——鼻烟壶撷珍	576.96	33.57%	
					缘识妙像——金铜佛造像精品	4,518.93	77.14%	
					二十世纪中国早期油画家专场	4,471.32	57.14%	
					中国油画及雕塑	17,619.73	72.53%	
					灵感——艺术设计专场	424.93	52.46%	
					中国当代书画	8,417.77	84.87%	
					重要私人珍藏（一）	6,610.20	91.67%	

编号	拍卖公司	拍卖会名称	总成交额（万元）	总成交率（%）	拍卖专场名称	专场成交额（万元）	专场成交率（%）	地点及时间
					重要私人珍藏（二）	3,126.62	100.00%	
					重要私人珍藏（三）	3,872.05	90.48%	
					重要私人珍藏（四）	1,699.70	45.00%	
					重要私人珍藏（五）	6,989.13	100.00%	
					重要私人珍藏（六）	2,744.13	100.00%	
					紫瑞凝祥——留余斋紫檀家具藏珍	3,447.47	75.00%	
					大巧曲直——明清古典家具精品	1,255.11	51.61%	
					美成在久——楠书房金丝楠木作品	2,212.03	100.00%	
					王世襄先生藏古籍文献	1,490.40	97.30%	
					王世襄先生藏工艺品	4,064.33	90.36%	
					中国近现代书画（二）	25,689.62	75.06%	
					名表 珠宝翡翠	1,341.76	35.50%	
					翰墨华章——慧鉴堂藏珍	1,391.62	100.00%	
					古籍善本	524.06	58.88%	
					观心——宗教文化艺术品系列	107.87	52.17%	
					笔墨文章——信札写本专场	2,082.77	53.96%	
					吉金乐石——中国书法的别样逸趣	4,239.71	63.48%	
					重要私人珍藏（七）	2,190.06	85.96%	
					重要私人珍藏（八）	2,549.78	97.50%	
					重要私人珍藏（九）	1,327.10	58.33%	
					中国古代书画	9,891.15	71.35%	
					锦绣琼琚——玉器织绣服饰	1,839.89	47.88%	
					案上云烟——文房珍玩	3,055.32	56.64%	
					逸居——文案清供	1,548.94	83.33%	
					清宁——金石篆刻艺术	2,004.80	68.57%	
					可石怡情——现代国石臻品	1,743.29	77.60%	
					华郦馆藏国石臻品	6,162.16	100.00%	
					紫泥悦目——宜陶精品存珍	2,336.00	36.63%	
					雅瓷秋硕——近现代陶瓷	2,453.76	49.48%	
240	北京华辰	2013 年秋季拍卖会	23,531.88	67.71%	文心——日本回流书画暨古美术文献	670.57	70.67%	北京 2013-11-12
					山高水长——启功 赵朴初 沙孟海书画	1,523.64	91.94%	
					心画——中国书法	3,177.57	66.67%	
					中国书画	2,854.99	63.83%	
					陈之佛藏书画	2,636.26	62.50%	
					文学往事——袁鹰藏名家书信	465.29	62.50%	
					中国当代绘画	1,144.48	65.05%	
					掌上乾坤——张宗宪先生藏鼻烟壶精品	693.91	90.82%	
					一色千秋——单色釉制瓷精品	2,694.22	83.87%	
					瓷器玉器工艺品	1,622.54	50.00%	
					中国油画及雕塑	6,048.43	74.62%	

编号	拍卖公司	拍卖会名称	总成交额（万元）	总成交率（%）	拍卖专场名称	专场成交额（万元）	专场成交率（%）	地点及时间
241	北京诚轩	2013 年秋季拍卖会	26,590.34	76.17%	中国书画（一）	8,756.10	94.25%	北京 2013-11-12
					中国书画（二）	5,410.41	84.83%	
					中国油画雕塑	3,508.31	73.58%	
					瓷器工艺品	5,289.89	83.89%	
					古钱 银锭 机制币	2,249.95	71.78%	
					纸币	837.84	77.92%	
					邮品	537.84	71.28%	
242	泰和嘉成	2013 年秋季艺术品拍卖会	13,699.73	82.53%	尺素文心——近现代文人学者书法专场	715.19	89.10%	北京 2013-11-14
					同心传古——罗振玉·王国维书法艺术专场	546.02	96.00%	
					曲水流觞——兰亭题材书画·碑帖专场	2,081.04	96.08%	
					明月清风——明清书法作品专场	1,816.66	89.93%	
					铁网珊瑚——中国古代书画专场	3,585.13	87.40%	
					艺海集萃——近现代书画专场	607.55	87.60%	
					古籍善本——儒风	692.08	67.16%	
					古籍善本——印迷藏印	277.04	84.02%	
					古籍善本——最上法供养	1,369.65	93.33%	
					古籍善本	2,009.40	70.38%	
243	北京东正	2013 秋季艺术品拍卖会	13,844.39	62.01%	中国古董珍玩专场(一)	2,377.97	89.90%	北京 2013-11-14
					皇家长物——宫廷艺术专场	8,427.20	92.11%	
					中国古董珍玩专场(二)	2,040.33	30.33%	
					小有洞天——重要鼻烟壶专场	998.89	61.67%	
244	广东省拍	2013 秋季艺术品拍卖会	2,874.15	55.70%	荆溪佳器——当代紫砂艺术专场	871.29	83.49%	广州 2013-11-15
					中国古董珍玩专场	541.21	52.75%	
					中国书画专场	1,461.65	50.12%	
245	北京盈冲	2013 秋季大型艺术品拍卖会	8,429.20	99.48%	中国书画	3,841.23	98.44%	北京 2013-11-15
					油画专场	2,397.02	100.00%	
					珠宝翡翠腕表·箱包	2,190.94	100.00%	
246	安徽艺海	2013 年秋季艺术品拍卖会	1,424.42	89.36%	中国书画一	1,424.42	94.38%	合肥 2013-11-15
247	北京中汉	2013 年秋季拍卖会	12,205.76	66.21%	瓷器工艺品	6,140.66	60.00%	北京 2013-11-15
					西山贵胄 逸士儒风——纪念溥心畬先生逝世五十周年书画文献专场	2,288.16	96.97%	
					中国书画（一）	1,296.74	79.84%	
					中国书画（二）	2,245.32	73.20%	
					古籍善本	234.89	48.30%	
248	都市联盟	2013 秋季拍卖会	18,676.92	84.07%	中国寿山石专场	7,599.66	96.61%	北京 2013-11-17
					中国陈年老宣纸专场	256.11	71.84%	
					中国书画专场	10,821.16	88.60%	
249	东方大观	2013 秋季艺术品拍卖会	13,896.24	49.19%	朱新建绘画	302.45	47.54%	北京 2013-11-18
					民国风	859.63	39.02%	
					于非闇暨师友绘画	3,562.13	97.30%	
					中国近现代书画（一）	4,288.01	50.47%	
					扬州画派	1,964.20	26.47%	

编号	拍卖公司	拍卖会名称	总成交额（万元）	总成交率（%）	拍卖专场名称	专场成交额（万元）	专场成交率（%）	地点及时间
					明清墨迹暨中国古代书画	2,272.63	39.44%	
					石道	56.24	66.67%	
					当代水墨	96.26	22.50%	
					中国近现代书画（二）	151.00	16.89%	
					邮品	302.30	55.78%	
					钱币	41.42	54.68%	
250	北京华铭	2013 年秋季拍卖会	864.20	15.53%	书法国画	67.90	15.00%	北京 2013–11–19
					油画水彩版画雕塑	769.47	12.21%	
					杂项	26.83	20.49%	
251	书画艺拍	2013 年冬季拍卖会第 461 期	HKD307.61	65.71%	私人珍藏品	HKD 86.60	85.71%	香港 2013–11–19
					中国书画及艺术品	HKD 221.02	63.98%	
252	美术传媒	2013 年秋季拍卖会	8,125.10	71.30%	大师之师 姜丹书中国书画作品专场	516.12	84.62%	杭州 2013–11–20
					花鸟精神（二） 陆抑非中国书画作品专场	615.14	81.25%	
					色彩之舞 李青萍油画作品专场	177.45	65.45%	
					泼彩人生 郑毓敏油画作品专场	797.87	93.10%	
					艺途回眸 吕洪仁油画作品专场	1,109.18	88.68%	
					施南池弟子藏中国书画作品专场	1,071.11	71.23%	
					中国书画名家作品专场	3,838.24	63.35%	
253	天津文物	2013 年秋季竞买会	16,490.77	82.80%	中国扇画	2,126.43	90.00%	天津 2013–11–20
					中国书画	6,850.03	88.35%	
					中国瓷器	2,377.20	79.39%	
					中国玉器 鼻烟壶	2,105.04	72.00%	
					金铜佛像 文房清玩	3,032.06	88.20%	
254	中国嘉德	2013 秋季邮品钱币拍卖会	4,955.09	77.32%	古钱收藏	1,687.25	87.78%	北京 2013–11–20
					纸钞	699.60	76.83%	
					金银币 金银锭 金银器	629.07	67.04%	
					邮品 签名收藏	1,939.17	76.99%	
255	未来四方	33 期文物艺术品拍卖会	2,164.46	57.40%	中国书画 当代名家精品专场	1,389.47	58.46%	北京 2013–11–21
					西部守望——甘肃当代油画精品	281.68	93.22%	
					瓷杂珍玩专场	493.30	50.85%	
256	山西晋宝	2013 秋季艺术品拍卖会	1,392.32	24.33%	山西名贤翰墨	1,392.32	95.50%	太原 2013–11–21
257	香港拍得高	2013 年秋季拍卖会第 14 期	HKD 917.83	60.03%	中国书画	HKD 554.82	63.71%	香港 2013–11–21
					中国瓷器及艺术珍玩	HKD 363.01	54.84%	
258	香港富得	2013 年第 115 期拍卖会	HKD 3,594.17	54.78%	中国书画	HKD 2,247.01	90.11%	香港 2013–11–21
					中国陶瓷及艺术珍玩	HKD 298.73	39.84%	
					翡翠珠宝及名贵钟表	HKD 1,048.44	31.82%	
259	香港佳士得	2013 年秋季拍卖会	HKD 382,260.33	84.52%	佳士得名酿	HKD 6,908.79	93.11%	香港 2013–11–21
					亚洲二十世纪及当代艺术（晚间拍卖）	HKD 93,497.50	94.12%	
					亚洲二十世纪艺术（日间拍卖）	HKD 16,695.63	72.22%	
					亚洲二十世纪及当代艺术特别专场（日间拍卖）	HKD 4,537.88	75.46%	
					亚洲当代艺术（日间拍卖）	HKD 13,319.75	72.44%	

编号	拍卖公司	拍卖会名称	总成交额（万元）	总成交率（%）	拍卖专场名称	专场成交额（万元）	专场成交率（%）	地点及时间
					中国古代书画	HKD 15,061.50	91.90%	
					苏竹庵珍藏中国书画及古砚	HKD 4,171.88	51.16%	
					中国近现代画	HKD 72,178.13	92.97%	
					瑰丽珠宝及翡翠首饰	HKD 85,908.73	86.08%	
					精致名表	HKD 17,168.06	91.20%	
					英国里埃斯科珍藏重要中国瓷器	HKD 10,244.00	70.83%	
					缤采御瓷：美国精粹收藏珍品	HKD 10,501.75	92.86%	
					重要中国瓷器及工艺精品	HKD 32,066.75	62.04%	
260	辽宁建投	2013 秋季艺术品拍卖会	4,879.25	85.99%	中国书画（一）——近现代书画专场	1,217.01	92.48%	沈阳 2013-11-22
					中国书画（二）——当代书画专场	1,221.64	84.89%	
					中国书画（三）——紫云堂书画专场	742.69	92.35%	
					中国书画（四）——书法楹联专场	352.08	78.72%	
					中国书画（五）——古代书画专场	568.50	73.96%	
					古董珍玩	777.33	90.36%	
261	上海春秋堂	2013 年秋季拍卖会（二）	6,002.08	82.68%	紫泥古韵——宜兴紫砂专场	1,181.28	54.62%	上海 2013-11-22
					茶艺雅具——茶道精品专场	258.98	77.78%	
					紫泥新华——当代名家专场	573.74	73.53%	
					文人政要书画专场	681.95	98.00%	
					“群贤毕至”海派专场	1,322.73	97.92%	
					中国书画	1,983.41	97.09%	
262	香港吉斋	2013 秋季艺术品拍卖会	HKD 247.21	49.88%	名家字画	HKD233.93	57.14%	香港 2013-11-22
					艺术珍玩	HKD 13.28	37.18%	
263	罗芙奥	香港 2013 秋季拍卖会	HKD 16,463.16	64.00%	现代与当代艺术	HKD 3,935.00	80.43%	香港 2013-11-22
					御苑琳琅专场	HKD 7,139.60	90.00%	
					中国古文物专场	HKD 1,275.60	54.72%	
					珍藏珠宝与翡翠首饰	HKD 4,112.96	53.13%	
264	大唐国际	2013 年秋季艺术品拍卖会	HKD 17,918.41	85.89%	珠宝翡翠	HKD 1,847.58	75.74%	香港 2013-11-25
					中国古董	HKD 16,070.83	91.04%	
265	香港淳浩	2014 年秋季艺术品拍卖会	HKD 3,540.09	75.93%	中国书画	HKD 2,073.05	81.58%	香港 2013-11-26
					瓷器、工艺品	HKD1,467.04	71.93%	
266	北京艺融	2013 年秋季艺术品拍卖会	21,476.02	77.93%	中国写实油画	2,249.86	89.39%	北京 2013-11-26
					从现代到当代——绘画形式的演变	1,704.53	76.12%	
					文房雅集	4,223.84	80.33%	
					翠羽明珠	13,297.80	69.79%	
267	书画艺拍	2013 年冬季拍卖会第 462 期	HKD403.39	62.39%	私人珍藏中国书画	HKD129.28	100.00%	香港 2013-11-26
					中国书画及艺术品	HKD274.11	58.70%	
268	广东保利	2013 冬季艺术品拍卖会	9,532.78	54.65%	油画 雕塑	1,126.31	68.67%	广州 2013-11-27
					勐海古树茶 上善古茶	15.87	63.64%	
					中国书画一	3,353.52	77.19%	
					中国书画二	826.82	66.67%	
					温润和玉 和田玉 翡翠	4,210.27	17.60%	

编号	拍卖公司	拍卖会名称	总成交额（万元）	总成交率（%）	拍卖专场名称	专场成交额（万元）	专场成交率（%）	地点及时间
269	上海道明	第20届联谊拍卖会	1,284.55	89.83%	中国书画一	349.60	95.78%	上海 2013-11-27
					中国书画二	934.95	88.02%	
270	北京歌德	2013年秋季艺术品拍卖会	27,111.55	54.34%	气韵烟霞——中国古代书画专场	1,577.41	87.43%	北京 2013-11-27
					翰墨流风——扇画专场	1,783.20	96.34%	
					须弥芥子——书画小品专场	1,178.52	93.42%	
					中国现当代书画专场	1,961.84	71.98%	
					壮怀——重要中国书画专场	7,374.54	95.00%	
					励壮丹青——李苦禅、李燕书画专场	1,961.37	100.00%	
					“醉墨轩”藏范曾书画专场	4,862.20	100.00%	
					“醉墨轩”藏周思聪绘画专场	978.65	83.33%	
					翠华天成——“翠爱阁”藏翡翠珠宝专场	2,441.68	78.43%	
					油画及当代艺术专场	666.20	81.25%	
					岁月流金——欧洲古典艺术品专场	377.05	40.94%	
					金铁烟云——茶香及道具专场	1,948.92	48.08%	
271	香港普艺	第385期拍卖会	HKD 331.85	57.29%	中国书画	HKD 136.18	74.52%	香港 2013-11-27
					玲珑集趣	HKD 37.07	39.28%	
					博古寻韵	HKD 158.60	61.34%	
272	华夏传承	2013秋季艺术品拍卖会	11,012.41	60.37%	朱门拾珀——中国书画一	877.72	64.86%	北京 2013-11-28
					沧海留珠——中国书画二	6,188.10	56.73%	
					邺水朱华——中国书画三	1,814.73	56.16%	
					当代风华——中国书画四	2,131.86	70.97%	
273	银座国际	2013年秋季拍卖会	49,644.79	72.82%	近现代六大名家书画专场——王雪涛 董寿平 启功 杨善深 李苦禅 黄胄	10,829.55	94.87%	北京 2013-11-28
					中国近现代书画	14,339.47	72.35%	
					齐鲁青未了——山东籍书画名家作品专场	3,498.28	77.24%	
					中国当代书画	5,581.53	66.50%	
					时代精神——全国肖像油画展作品专场	514.28	62.50%	
					凝望经典——中国写实油画名家精品专场	3,362.60	100.00%	
					洞精唯美——十八、十九世纪欧洲雕塑	1,532.03	76.54%	
					熠彩汇——缤纷彩钻及璀璨珠宝专场	9,987.06	64.91%	
274	上海国拍	著名旅法大艺术家方世聪作品专场拍卖会	1,728.16	52.00%	著名旅法大艺术家方世聪作品专场	1,728.16	52.00%	上海 2013-11-28
275	远方拍卖	2013年秋季拍卖会	13,675.57	70.14%	长物养正——古董珍玩专场	1,900.61	60.24%	北京 2013-11-29
					岁月悠然——李风白等西画作品专题	1,136.78	88.89%	

编号	拍卖公司	拍卖会名称	总成交额（万元）	总成交率（%）	拍卖专场名称	专场成交额（万元）	专场成交率（%）	地点及时间
					井田文心——古今名砚名印专场	533.26	42.97%	
					远方萃珍——宫廷·珍玩	1,829.65	68.00%	
					远方萃珍——古代紫砂	1,438.65	100.00%	
					古韵盈香——古代紫砂及茶道具专场	1,074.21	76.99%	
					琳琅珠笄——海外珠宝首饰专场	1,419.91	75.31%	
					吉金光华——古代佛、炉及文玩专场	2,145.90	74.77%	
					见得利益——古代唐卡专场	2,196.62	86.30%	
276	北京保利	2013 秋季艺术品拍卖会	286,585.50	58.03%	“花·饰界”邝美云珠宝收藏专场拍卖会及慈善拍卖晚宴	3,052.10	87.10%	北京 2013-11-29
					中国当代水墨（一）	3,741.64	84.73%	
					他的史诗——杨佴旻专场	2,458.70	100.00%	
					神籁自韵——陈无忌专场	1,753.29	100.00%	
					中国当代水墨（二）	3,181.02	86.17%	
					中国当代水墨（三）	3,665.74	83.97%	
					现当代中国艺术夜场	28,907.55	78.75%	
					中国当代水墨的中坚力量夜场	8,412.25	87.50%	
					中国近现代书画（一）	2,053.90	51.83%	
					现当代中国艺术日场（一）	3,487.72	76.64%	
					现当代中国水墨回望三十年夜场	18,189.65	70.54%	
					现当代中国艺术日场（二）	4,794.47	76.43%	
					天马无疆——悲鸿神骏专场	7,946.50	100.00%	
					黄胄美术基金会推荐专场	16,537.00	81.82%	
					逸品存香——逸香堂藏中国近现代书画夜场	3,016.45	61.54%	
					中国近现代书画夜场	27,222.80	70.49%	
					现当代艺术设计专场	546.77	53.96%	
					中国近现代书画（二）	6,847.68	59.22%	
					古籍文献 名家翰墨	3,873.66	70.08%	
					世界名人字札专场	228.74	53.59%	
					点墨汇金——纸钞专场	247.48	38.41%	
					方寸聚九州——邮品专场（一）	396.93	60.00%	
					散珍集成——中国近现代书画	4,980.08	51.20%	
					小万柳堂剧迹扇画夜场（二）	1,867.60	51.56%	
					“贻晴斋”藏中国古代书画专场	4,367.70	67.65%	
					乾隆帝的文化大业	14,110.50	77.78%	
					仰止——马远重要作品	6,555.00	100.00%	

编号	拍卖公司	拍卖会名称	总成交额（万元）	总成交率（%）	拍卖专场名称	专场成交额（万元）	专场成交率（%）	地点及时间
					欣遇——中国古代书画夜场	7,776.30	55.00%	
					风雅——明清士人重要书法专场	1,660.03	72.13%	
					李琦冯真家藏	3,232.08	100.00%	
					澄怀味象——百年陈子庄书画专场	1,779.63	100.00%	
					中国高端工艺品——紫砂壶	2,705.61	58.20%	
					国有善铜——铜镜 古钱 银锭	566.09	52.52%	
					方寸聚九州——邮品专场（二）	479.32	54.48%	
					古代书画日场	5,065.98	50.44%	
					“雅印聚珍”——当代国石专场	1,513.52	58.96%	
					乾蕴古今——中外机制币专场（一）	265.19	45.61%	
					“茶熟香温”——紫砂茗具与金银汤沸	925.52	42.18%	
					“一丈房”——海外淘砂	2,268.72	47.83%	
					玉壶轩清代宫廷文房清供珍藏	3,214.83	88.00%	
					九秋——盛清三朝之延年庆寿御赏佳器	3,910.00	100.00%	
					宫廷艺术与重要瓷器、玉器、工艺品	19,169.35	78.30%	
					清风一握——折扇文化艺术专场	2,342.78	70.54%	
					乾蕴古今——中外机制币专场（二）	351.23	64.92%	
					“新月雅集”——民国文人瓷绘与现当代艺术陶瓷	2,714.23	44.17%	
					与佛有缘——“天珠传奇”佛宝圣饰专场	3,987.05	51.14%	
					缨华天藏——藏传佛教艺术专场	3,012.08	81.43%	
					“自在菩提”——中国金铜佛造像、唐卡	5,081.05	45.86%	
					华彩寸金——名贵腕表与西洋古董座钟	3,458.11	55.31%	
					初色天芒——名贵珠宝与翡翠专场	7,728.23	47.21%	
					喜乐云烟——明清铜炉专场	717.03	78.13%	
					与木石居——“品易堂”集珍	1,118.03	51.85%	
					稽古乐群——中国文房艺术	1,588.73	42.96%	
					大明·格古	7,542.85	76.12%	
					珐琅之夜——法国梅西耶夫妇珍藏清代掐丝珐琅器专场	2,893.40	95.83%	
					中国古董珍玩	3,523.95	32.15%	

编号	拍卖公司	拍卖会名称	总成交额（万元）	总成交率（%）	拍卖专场名称	专场成交额（万元）	专场成交率（%）	地点及时间
					科技古董——古董汽车、相机、摩托车、音乐盒	1,334.76	32.11%	
					陈年名酒人参虫草专场	1,214.63	48.47%	
					法国名庄葡萄酒	1,002.34	70.10%	
277	汉秦国际	2013年秋季拍卖会	979.14	97.61%	四海丹青	225.79	97.50%	北京 2013-11-29
					京沽风华——京津画派名家书画专场	199.15	99.14%	
					拂手之间——团扇、扇面、手卷专场	44.02	96.77%	
					翰墨千载——名家书法专场	210.86	98.21%	
					当代艺苑	299.32	95.97%	
278	北京中嘉	2013年嗣臻艺术品拍卖会第三期	8,364.25	37.89%	中国书画专场	3,456.90	65.48%	北京 2013-11-29
					中国瓷杂专场	4,907.35	17.01%	
279	北京匡时	2013年秋季艺术品拍卖会	200,804.46	70.44%	古代书法专场	9,905.41	76.43%	北京 2013-11-30
					当代水墨专场	7,996.33	83.42%	
					集珍赏瓷——近现代及当代瓷专场	2,577.84	74.22%	
					古代绘画专场	15,213.70	63.70%	
					心萃芳华——私藏家珍民国瓷专场	3,571.90	58.72%	
					百年遗墨——二十世纪名家书法专场	4,496.27	70.00%	
					荆溪妙造——近现代及当代紫砂专场	4,707.64	85.96%	
					踏浪彼岸——中国二十世纪重要艺术家专场	2,020.21	88.89%	
					油画雕塑专场	9,396.80	64.63%	
					重读时代——中国油画学会首届展览专场	1,672.10	91.43%	
					翰墨寄怀——周思聪、卢沉藏画专场	2,520.69	100.00%	
					可以清心——茶道具、香道具专场	1,334.98	77.84%	
					“海唐精舍”藏近现代书画专场	3,684.03	100.00%	
					福报·万千造化——金铜佛像专场	3,710.02	70.69%	
					“云起山房”藏近现代书画专场	5,897.20	100.00%	
					“苦乐斋”藏谢稚柳作品专场	5,924.80	100.00%	
					镂月开云——奉三堂藏古器物专场	1,231.08	100.00%	
					“苦乐斋”藏近现代书画专场	10,755.95	100.00%	
					几暇怡情——精品掐丝珐琅及古器物专场	964.85	36.67%	
					“蕉叶草堂”藏近现代书画专场	8,932.05	100.00%	
					皎阳绿波——芙蕖山房藏名家美瓷、文房古器物专场	938.98	47.50%	
					“溪隐山房”藏近现代书画专场	2,390.97	68.37%	

编号	拍卖公司	拍卖会名称	总成交额（万元）	总成交率（%）	拍卖专场名称	专场成交额（万元）	专场成交率（%）	地点及时间
					文玩拾谱——艺文馆藏文房古器物专场	2,650.98	77.78%	
					“嘉树堂”藏明人扇面书画专场	2,595.55	100.00%	
					方寸乾坤——国石篆刻专场	1,163.11	48.48%	
					北宋刻本《礼部韵略》专场	2,990.00	100.00%	
					澄道——中国书画夜场	44,103.50	98.25%	
					近现代书画专场（一）	12,441.16	63.89%	
					时和笔畅——名家旧藏文房古器物专场	1,027.53	86.59%	
					近现代书画专场（二）	9,345.94	69.67%	
					珠光琳琅之美——宝玉石珍玩专场	1,359.30	53.09%	
					瓷玉工艺品专场	7,365.41	45.69%	
					钱化佛作品暨“万佛楼”藏画专场	5,918.25	100.00%	
280	雍和嘉诚	2013 秋季艺术品拍卖会	2,792.35	37.83%	古美术文献、古籍文献、碑帖专场	215.63	50.35%	北京 2013-12-02
					中国书画专场	1,707.35	48.38%	
					中国现代版画、名家水粉水彩、宣传画专场	254.43	72.38%	
281	北京亨申	2013 秋季书画艺术品拍卖会	7,663.37	70.74%	中国近现代小品暨成扇专场	861.35	81.48%	北京 2013-12-03
					中国近现代书画暨小西书屋藏古美术文献专场	3,928.06	62.22%	
					中国古代书画专场	2,873.97	80.95%	
282	沧海拍卖	沧海明珠·2013 秋季艺术品拍卖会	2,569.32	73.95%	中国书画一	700.63	79.85%	常州 2013-12-03
					中国书画二	1,868.68	70.73%	
283	北京翰海	2013 秋季拍卖会	64,957.06	71.95%	中国近现代书画（一）	2,584.97	67.04%	北京 2013-12-03
					中国近现代书画（二）	2,559.79	68.62%	
					中国近现代书画（三）	8,221.70	86.25%	
					中国古代书画	3,553.16	61.85%	
					玲珑秀巧——石艺术	89.01	64.36%	
					荣斋扇面逸赏	204.07	73.02%	
					斯文草堂——文房雅玩	3,517.28	65.00%	
					案上烟云——沉香铜炉	1,260.74	40.52%	
					中国现当代美术——油画	2,998.51	64.23%	
					小雅观心——插画宣传画及手稿	592.60	66.67%	
					中国当代书画（一）	4,757.55	89.72%	
					中国当代书画（二）	4,515.82	93.94%	
					紫瓯凝香——紫砂艺术	4,762.61	93.37%	
					国香馆珍藏中国老名酒	3,609.16	99.23%	
					古籍善本 金石碑帖 江西刻书	1,117.86	51.43%	
					中国玉器	2,333.93	78.88%	
					金刚花——金铜佛像	8,476.88	73.02%	
					古董珍玩	9,801.45	53.57%	
284	北京盈时	2013 秋季拍卖会	16,181.54	84.31%	盈艺满筒——油画及当代艺术专场	1,465.27	86.67%	北京 2013-12-03

编号	拍卖公司	拍卖会名称	总成交额（万元）	总成交率（%）	拍卖专场名称	专场成交额（万元）	专场成交率（%）	地点及时间
					艺海撷英——中国书画精品专场	5,056.26	83.00%	
					黄永玉精品专场	9,660.00	100.00%	
285	上海国拍	2013 年秋季艺术品拍卖会	1,624.26	58.59%	瓷玉器工艺品	94.55	48.10%	北京 2013-12-04
					宝善堂书画及中国书画专场	1,529.71	61.59%	
286	中拍国际	2013 秋季拍卖会	5,562.86	69.47%	指尖逐艺——鼻烟壶壶专场	236.65	63.12%	北京 2013-12-04
					玉绫丹青——尚古书屋藏瓷	1,067.16	100.00%	
					百年瓷艺——文人瓷画专场	545.37	65.00%	
					元明清瓷器专场	2,002.01	55.66%	
					妙臻百艺——杂项・玉器专场	1,711.68	75.34%	
287	古天一	2013 秋季拍卖会	4,297.32	66.17%	清玩聚珍	3,159.40	76.00%	北京 2013-12-04
					茗韵香云	204.13	26.92%	
					唯识真如（Ⅱ）——木雕佛造像专场	933.80	42.50%	
288	浙江汇通	2013 年秋季中国书画拍卖会	2,211.78	90.91%	中国书画	2,211.78	90.91%	杭州 2013-12-05
289	十竹斋	2013 秋季艺术品拍卖会	3,100.29	72.99%	金陵艺珍——卢星堂贺成 叶矩吾等名家专场	524.86	96.05%	南京 2013-12-05
					翰墨精华——中国近现代书画专场	1,008.09	67.05%	
					玄览百家——私人藏重要中国书画作品专场	1,567.34	61.29%	
290	八方经典	八方雅集保真拍卖会第 1 期	216.83	44.86%	天工金奖得主王磊玛瑙作品专场	59.92	100.00%	北京 2013-12-05
					天工金奖得主杨克全玛瑙作品专场	156.91	100.00%	
291	琴岛荣德	2013 年秋季拍卖会	3,108.76	89.66%	中国书画（一）郑爱居旧藏及无底价书画专场	1,363.70	96.61%	济南 2013-12-06
					中国书画(二)古代·近现代书画专场	531.43	86.92%	
					中国书画（三） 当代书画专场	594.12	88.06%	
					奇珍异宝・文玩杂项专场	619.52	86.67%	
292	中宝拍卖	2013 年秋季艺术品拍卖会	8,122.84	62.44%	翰墨雅集・中国书画专场	1,103.93	85.45%	北京 2013-12-06
					昌南观止・瓷器工艺品专场	1,894.97	41.36%	
					宝斋拾珍・文房珍品专场	1,073.41	51.09%	
					持明正馨・佛教艺术品专场	4,050.53	81.60%	
293	美三山	2013 秋季拍卖会	11,253.74	74.90%	中国书画——当代专场	1,456.34	63.75%	北京 2013-12-06
					中国书画——近现代专场	7,608.27	72.91%	
					璀彩莹润——珠宝翠玉专场	2,189.13	89.03%	
294	昆明雅士得	2013 秋季艺术品拍卖会	2,207.81	61.69%	珍藏撷爱 西南方阵 艺海群贤	1,367.02	68.55%	昆明 2013-12-07

编号	拍卖公司	拍卖会名称	总成交额（万元）	总成交率（%）	拍卖专场名称	专场成交额（万元）	专场成交率（%）	地点及时间
					古韵流芳 中国法书 当代前沿	840.79	52.58%	
295	北京传是	十周年2013年秋季拍卖会	43,392.66	73.84%	中国当代水墨	2,673.29	83.87%	北京 2013-12-09
					“数风流人物”——近现代人物影像	256.51	81.01%	
					全国工笔画获奖作品专场（Ⅰ）	5,284.83	59.73%	
					“传承”——北京传是10周年庆典夜场	4,947.07	90.91%	
					“数风流人物”——近现代文化名人墨迹	1,941.32	79.56%	
					“秋风戏马”——沙孟海书法专场	484.73	100.00%	
					中国书画专场	20,728.98	77.60%	
					脱胎玲珑——瓷玉、古董专题	3,840.31	73.41%	
					案几雅赏——文房专题	598.46	72.48%	
					可以清心——沉香专题	122.71	78.26%	
					怀古观今——中国古典家具专题	2,223.30	96.25%	
					补天遗韵——赏石专题	103.04	100.00%	
					雅器集珍——紫砂、铜炉及古董专题	188.14	75.00%	
296	中钜拍卖	2013年秋季拍卖会	3,701.62	67.29%	中国书画一（古代 扇面 近现代）	1,977.64	69.06%	杭州 2013-12-09
					中国书画二（当代）	1,723.98	65.37%	
297	中贸圣佳	2013冬季拍卖会	27,413.03	57.52%	中国近现代书画专场（一）	1,587.69	43.15%	北京 2013-12-10
					陈年宣纸与美术文献专场	141.36	94.38%	
					中国近现代书画专场（二）	6,967.51	44.21%	
					中国古代书画专场	4,059.16	48.45%	
					黄胄书画专场	3,024.50	96.30%	
					李孝萱书画专场	1,182.20	100.00%	
					范扬书画专场	724.50	90.32%	
					中国当代书画专场	4,785.15	54.64%	
					古董珍玩 工艺品专场	4,255.58	62.42%	
					中国当代书画（特别专场）	685.40	60.00%	
298	苏州东方	2013秋季艺术品拍卖会（第二场）	4,820.69	60.58%	中国书画	2,704.23	68.10%	苏州 2013-12-10
					国粹聚珍民国瓷器专场	683.91	59.57%	
					艺林臻赏 瓷器 玉器 工艺品	1,432.56	46.73%	
299	上海崇源	2013年秋季艺术品拍卖会	1,094.37	56.71%	纸币 古钱 银锭 杂项 机制币	880.64	58.82%	上海 2013-12-10
					古玩清赏	213.73	43.72%	
300	中国嘉德	嘉德四季第三十六期拍卖会	11,168.69	70.56%	遗珠拾珀——中国近现代书画（一）	1,384.83	61.93%	北京 2013-12-11
					中国近现代书画（二）	2,827.97	66.06%	
					瓷器	689.77	63.18%	
					掌玩心悦	849.28	51.39%	
					玉器工艺品	1,420.14	77.41%	
					当代风华——中国当代绘画	1,188.76	84.06%	

编号	拍卖公司	拍卖会名称	总成交额（万元）	总成交率（%）	拍卖专场名称	专场成交额（万元）	专场成交率（%）	地点及时间
					中国古代书画	2,807.96	75.37%	
301	浙江六通	2013 年秋季艺术品拍卖会（首届）	7,729.01	82.03%	古代 近现代名家书画作品专场	3,261.38	73.38%	杭州 2013-12-11
					陆抑非 余任天 钱瘦铁书画作品专场	1,848.17	90.18%	
					王伯敏 吴山明 周沧米书画作品专场	1,375.40	87.50%	
					当代名家书画作品专场	1,244.07	87.90%	
302	西泠拍卖	2013 秋季拍卖会	71,348.99	83.40%	古籍善本专场	2,097.49	77.82%	北京 2013-12-11
					中国书画古代作品专场	9,674.49	85.96%	
					中国历代庭园艺术·石雕专场	2,798.07	75.86%	
					中国陈年名酒专场	2,287.29	94.35%	
					近现代名人手迹专场	2,746.09	91.16%	
					西泠印社部分社员作品专场	6,349.73	90.38%	
					中国书画海上画派作品专场	3,807.77	79.04%	
					中国书画岭南画派作品专场	1,040.64	79.31%	
					中国书画成扇专场	576.04	78.79%	
					中国现当代油画雕塑专场	6,222.54	91.14%	
					中国名家漫画·插图连环画专场	1,470.16	92.79%	
					中国书画近现代名家作品专场（一）	5,115.31	84.40%	
					溥儒书画作品专场	974.40	87.76%	
					中国书画近现代名家作品专场（二）	5,717.57	80.63%	
					中国当代玉雕大师作品专场	5,146.71	86.12%	
					文房清玩·印石三宝专场	3,714.73	94.29%	
					文房清玩·近现代名家篆刻专场	2,379.70	79.66%	
					萃古熙今·文房古玩专场	1,919.01	79.29%	
					文房清玩·历代铜印专场	703.80	78.70%	
					燕南山房·文房古玩专场	1,049.26	70.53%	
					中国历代钱币专场	870.15	82.74%	
					文房清玩·古玩杂件专场	2,735.16	76.39%	
					文房清玩·历代名砚专场	828.46	85.09%	
					中国历代紫砂器物专场	1,124.47	81.30%	
303	北京荣宝	2013 秋季文物艺术品拍卖会	25,075.99	70.45%	中国书画一 当代	5,771.14	82.32%	北京 2013-12-11
					中国书画二 宗其香专场	893.20	100.00%	
					中国书画三	9,170.00	60.32%	
					中国当代水墨	1,632.96	82.20%	
					古董珍玩工艺品	4,269.19	67.11%	

编号	拍卖公司	拍卖会名称	总成交额（万元）	总成交率（%）	拍卖专场名称	专场成交额（万元）	专场成交率（%）	地点及时间
					珠宝及名贵钟表	729.90	57.14%	
					中国西画	2,070.54	83.23%	
					滴泉集珍——中国现当代原创版画	539.06	68.15%	
304	精诚所至	2013 秋季拍卖会	5,253.04	52.98%	油画大家	718.75	66.67%	广州 2013-12-12
					岭东八家书画	1,462.11	67.82%	
					中国书画	1,059.20	47.06%	
					岭南书画	2,012.98	49.46%	
305	北京卓德	2013 年秋季古籍善本拍卖会	1,394.41	46.04%	古籍善本专场	1,394.41	46.04%	北京 2013-12-12
306	南京嘉信	2013 年秋季拍卖会	2,244.23	73.07%	云水襟怀——张友宪书画专场	195.85	100.00%	南京 2013-12-13
					好风乐梦——刘二刚书画专场	215.17	100.00%	
					源远流长——近现代书画专场	457.01	82.26%	
					传世珍翠——翡翠玉石专场	468.40	41.00%	
					才情兼备——杨春华书画专场	240.01	98.55%	
					笔墨新时代——当代书画专场	667.81	78.84%	
307	亚洲宏大	2013 年秋季书画专场	2,483.06	81.18%	保真作品专题	317.53	98.00%	北京 2013-12-14
					册页小品专题	273.40	81.71%	
					炎黄艺术馆等展览作品专题	21.81	94.59%	
					名家书法专题	215.83	69.23%	
					俞致贞、刘力上作品专题	163.29	100.00%	
					某知名老艺术家收藏专题	212.67	83.33%	
					香港大公报创刊百年纪念作品专题	148.60	100.00%	
					黄胄作品专题	255.49	100.00%	
					葡苑斋收藏作品专题	77.74	51.43%	
					团中央主办展览并著录作品专题	498.22	50.00%	
					白伯骅先生收藏专题	114.47	75.00%	
					现当代绘画作品专题	184.02	66.67%	
308	上海道明	2013 秋季艺术品拍卖会	13,023.98	79.84%	当代书画	2,078.97	83.16%	上海 2013-12-15
					珍玩	2,378.43	87.23%	
					近现代书画	4,313.31	76.78%	
					古代书画	4,253.28	81.71%	
309	广东崇正	2013 年秋季拍卖会	30,858.87	76.15%	胸中丘壑·赖少其书画	2,873.39	100.00%	广州 2013-12-15
					毫端万象·见山楼书画藏珍	3,222.65	100.00%	
					国光·中国近现代书画	11,709.99	86.46%	
					古欢·中国古代书画	2,372.91	62.67%	
					百年翰芬·近代名人法书	1,339.75	74.42%	
					粤雅·岭南名家书画	7,938.57	85.02%	
					佳酿·中外名酒	1,024.31	54.76%	
					金粉世家·欧洲古典家具及古董钟	377.32	67.21%	

编号	拍卖公司	拍卖会名称	总成交额（万元）	总成交率（%）	拍卖专场名称	专场成交额（万元）	专场成交率（%）	地点及时间
310	江苏聚德	2013 秋季艺术品拍卖会	5,464.05	91.18%	中国书画（一）	2,864.54	91.12%	南京 2013–12–16
					中国书画（二）	1,131.95	85.90%	
					画图会友——刘二刚专场	172.73	87.88%	
					新建图画——朱新建专场	837.55	95.83%	
					七 八 秀——7080 专场	457.30	96.03%	
311	上海驰翰	2013 金秋大型艺术品拍卖会	8,261.00	72.58%	中国书画	7,767.80	78.84%	上海 2013–12–17
					紫玉金砂	493.20	51.56%	
312	上海嘉泰	2013 秋季艺术品拍卖会	20,105.96	65.32%	紫砂壶与茶道具	620.47	62.55%	上海 2013–12–17
					油画 & 当代艺术	1,010.97	80.00%	
					中国古代书画	7,425.09	83.53%	
					中国近现代书画	4,507.43	72.85%	
					古籍善本	145.17	53.15%	
					珠宝 名表	2,468.02	80.32%	
					国石珍藏	1,203.99	48.51%	
					古董珍玩	2,724.83	64.52%	
313	上海离原	2013 年秋季中国书画拍卖会	975.66	59.31%	精品成扇专场	340.86	75.00%	上海 2013–12–18
					近现代书画专场	634.80	54.51%	
314	上海宝龙	2013 年秋季拍卖会	4,629.79	59.94%	中国书画专场	4,554.35	77.61%	上海 2013–12–18
					珠宝手表专场	75.44	29.31%	
315	上海驰翰	德化蕴玉瓷莊白瓷专场拍卖会	97.20	78.95%	德华蕴玉瓷庄白瓷专场	97.20	78.95%	上海 2013–12–18
316	香港拍得高	2013 年秋季拍卖会第 15 期	HKD 1,357.50	48.28%	翡翠珠宝	HKD 1,012.32	52.37%	香港 2013–12–18
					名贵腕表	HKD 345.17	37.30%	
317	华艺国际	2013 年冬季拍卖会	26,095.28	60.66%	稀世真藏——极品名酿	1,701.31	66.28%	广州 2013–12–18
					中国油画——红色记忆	1,442.68	51.72%	
					中国油画 版画 雕塑	2,079.03	70.15%	
					经典永恒——珠宝翡翠及珍贵名表	2,845.16	26.48%	
					中国书画	3,602.15	62.76%	
					师生情缘——陆俨少与陆一飞作品集珍	1,033.85	100.00%	
					中国书法	700.93	74.36%	
					岭南名家书画	5,373.03	71.36%	
					嘉木风华——明清家具	1,437.73	66.67%	
					补缺楼——百年藏珍	1,855.64	100.00%	
					古董珍玩——瓷器 玉器 工艺品	2,995.87	66.47%	
					茶中三味——茶叶 茶道具	1,027.93	39.29%	
318	上海嘉禾	2013 年秋季艺术品拍卖会	53,323.43	94.57%	《名人上款》——同一上款及同一藏家提供专场	1,059.27	90.24%	上海 2013–12–19
					《四海集珍》——中国近现代书画专场一	2,025.96	95.97%	
					《风流今见》——陆俨少大师作品专场 第五期	4,096.30	100.00%	
					《烟江秋兰》——谢稚柳 陈佩秋作品专场 第三期	3,367.20	91.30%	
					《明清忆韵》——中国古代书画专场	1,269.14	95.74%	

编号	拍卖公司	拍卖会名称	总成交额（万元）	总成交率（%）	拍卖专场名称	专场成交额（万元）	专场成交率（%）	地点及时间
					《四海集珍》——中国近现代书画专场二	5,602.11	92.20%	
					《历久弥香》——泸州老窖陈年佳酿专场	3,628.25	97.50%	
					《百香之王》——海南野生沉香专场	3,986.25	96.15%	
					《彩笔新韵》——中国当代书画作品专场	1,194.96	95.80%	
					《禾风》——（重要作品）中国书画夜场	27,094.00	97.22%	
319	上海工美	2013 秋季拍卖会	6,334.20	77.65%	古籍文献	1,166.21	75.73%	上海 2013-12-19
					中国书画	990.61	71.43%	
					海上世家藏品	4,177.38	91.07%	
320	上海崇源	2013 年秋季艺术品拍卖会（二）	3,803.51	33.43%	中国书画	3,803.51	33.43%	上海 2013-12-19
321	荣宝斋（上海）	2013 秋季大型艺术品拍卖会	17,018.85	69.16%	画坛掠影——当代中国画风貌	1,293.75	54.49%	上海 2013-12-20
					书林撷英——中国书法五百年	4,318.14	90.85%	
					大师珍宝——田黄、翡翠、和田玉雕等	327.18	44.78%	
					书画集珍——陈复礼等公 私珍藏	4,301.58	88.32%	
					藏家清鉴——中国书画集锦	3,987.63	51.85%	
					中国现当代艺术	2,790.59	70.63%	
322	朵云轩	2013 秋季艺术品拍卖会	54,386.94	69.63%	近现代书画专场（一）	9,274.75	83.22%	上海 2013-12-20
					海派精品专场	2,564.27	90.24%	
					昊昌硕王一亭专场	4,148.28	88.89%	
					港岛掇英专场	1,282.37	74.19%	
					名家小品专场	1,103.20	65.52%	
					古代专场	16,390.15	66.83%	
					近现代书画专场（二）	6,442.76	67.04%	
					精品扇画专场	907.58	72.09%	
					近现代书法专场	1,102.05	75.86%	
					金石缘书画专场	731.86	64.10%	
					当代书画专场	3,621.81	80.11%	
					瓷器杂项专场	781.31	53.15%	
					名家书画珂罗版文献专场	63.92	64.41%	
					信札写本专场	137.08	69.09%	
					当代艺术与油画雕塑专场	3,011.51	68.25%	
					中国四大名石专场	225.63	85.53%	
					当代全国名家篆刻专场	317.06	87.95%	
					近现代名家篆刻印谱专场	850.25	74.63%	
					古籍善本专场	462.93	59.38%	
					博古斋专场	334.77	61.34%	
					邮品专场	187.40	63.40%	
					历代名家藏钱币纸钞专场	446.03	66.30%	
323	鼎天国际	2013 秋季拍卖会	13,597.47	90.29%	清风徐来 百扇专场	1,431.70	100.00%	上海 2013-12-20
					守望经典 百年藏珍	5,972.51	95.74%	

编号	拍卖公司	拍卖会名称	总成交额（万元）	总成交率（%）	拍卖专场名称	专场成交额（万元）	专场成交率（%）	地点及时间
					行者无疆 当代水墨	3,866.58	79.39%	
					津派书画 重新发现	2,326.69	87.39%	
324	凤凰拍卖	2013年秋季大型艺术品拍卖会	9,756.76	68.18%	草圣平生 纪念高二适诞辰110周年专场	439.65	100.00%	南京 2013-12-20
					笔墨当随时代 新金陵画派艺术专场	4,760.31	91.46%	
					传承与超越 中国书画专场	2,353.02	93.33%	
					新视觉 中国当代水墨专场	1,536.52	86.59%	
					传世佳酿 国香馆珍藏陈年名酒	347.30	92.59%	
					文漾清晖 杂项专场	263.51	39.09%	
					奢华依旧 翡翠玉器专场	56.47	13.19%	
325	元亨利贞	2013秋季当代艺术品拍卖会	6,113.69	86.10%	中国新绘画	3,452.93	83.49%	上海 2013-12-20
					越界水墨	580.06	86.79%	
					观念中国（装置雕塑）	2,080.70	96.00%	
326	中博国际	2013秋季拍卖会	1,156.46	69.82%	寿山石专场	1,156.46	69.82%	北京 2013-12-20
327	上海天衡	2013年秋季艺术品拍卖会	21,512.74	86.04%	袖海楼藏书画专场	1,691.08	97.75%	上海 2013-12-21
					养龢堂藏书画专场	921.51	86.17%	
					熏风无尽——成扇精品专场	1,676.93	95.51%	
					中国书画专场	13,272.04	85.20%	
					中国当代书画专场	715.87	79.66%	
					油画暨雕塑专场	3,235.33	78.05%	
328	上海泛华	2013年秋季艺术品拍卖会	5,824.94	41.71%	西洋艺术品专场 第十七场	225.38	38.62%	上海 2013-12-22
					素笺生辉——现代纸上作品专场	387.32	53.95%	
					当代先锋——油画雕塑专场	2,184.89	80.30%	
					华光溢彩——珠宝翡翠专场	702.23	21.86%	
					紫韵案香——茶道具精品专场	1,332.74	50.67%	
					火红年代——现代陶瓷专场	103.50	23.19%	
					翰墨丹青——中国书画专场	888.89	45.48%	
329	上海驰翰	第十七届书画文玩	552.55	73.70%	书画文玩	552.55	73.70%	上海 2013-12-22
330	浙江嘉瀚	2013年秋季艺术品拍卖会	4,901.30	87.98%	水墨精华	1,174.27	91.12%	杭州 2013-12-24
					中国书画一	2,538.51	98.13%	
					中国书画二	1,188.53	81.43%	
331	江苏龙城	2013秋季艺术品拍卖会	3,350.15	89.34%	中国书画一	2,169.27	94.15%	常州 2013-12-24
					中国书画二	1,180.89	84.91%	
332	深圳艺拍	2013秋季中国名家字画精品拍卖会	4,112.42	53.06%	李苦禅、李燕父子书画专场	1,217.97	90.00%	深圳 2013-12-25
					名家小品赏珍 杂项篇	420.45	51.85%	
					中国书画	2,474.00	50.00%	
333	中鼎国际	2013秋季艺术品拍卖会	21,802.15	81.59%	中国书画专场	13,732.04	93.43%	北京 2013-12-25
					古代书画专场	3,491.86	77.78%	
					油画及西洋艺术品专场	3,134.54	71.30%	

编号	拍卖公司	拍卖会名称	总成交额（万元）	总成交率（%）	拍卖专场名称	专场成交额（万元）	专场成交率（%）	地点及时间
					当代玉雕大师及名家瓷板画专场	1,443.71	66.14%	
334	亚洲宸泽	2013年秋季拍卖会	862.19	67.28%	中国书画一	393.88	85.64%	北京 2013-12-26
					中国书画二	468.32	57.10%	
335	朔方国际	2013秋季文物艺术品拍卖会	550.76	91.39%	清代民国楹联书法专场	101.36	98.70%	鞍山 2013-12-26
					清代民国绘画专场	89.86	79.37%	
					辽沈书坛三友——沈延毅 杨仁恺 王廷风书法专场	88.50	95.00%	
					中国当代名家书画专场	37.31	96.08%	
					辽沈当代名家书画专场	94.38	96.30%	
					辽沈古代乡贤翰墨专场	52.10	98.11%	
					海外同一藏家——佛教题材专场	87.25	73.58%	
336	江苏九德	2013年秋季大型艺术品拍卖会	7,165.58	87.36%	无为——中国近现代书画艺术品专场	3,391.60	88.02%	南京 2013-12-27
					造化——中国当代书画艺术品及唐卡专场	2,271.78	84.81%	
					无题——随缘拾珍艺术品专场 同一藏家	1,072.10	88.71%	
					博爱——晚清 民国书画艺术品专场	430.10	90.48%	
337	福建顶信	2013秋季大型书画艺术品拍卖会	3,476.72	82.99%	清心寄月 近现代专场	1,520.42	81.47%	厦门 2013-12-27
					文光流影 古代书画专场	1,956.30	84.54%	
338	江苏爱涛	2013苏州首拍	8,856.27	45.79%	“雪月溪山”中国书画及西洋画拍卖专场	3,641.82	45.58%	苏州 2013-12-29
					“锁云锄月”明清景泰蓝专场	1,459.12	86.00%	
					“澡耀高翔”明清官窑瓷器专场	949.77	42.50%	
					“墨华晨湛”怡心堂古代砚台专场	85.35	52.00%	
					“听香深处”古代紫砂壶精品专场	1,036.84	50.85%	
					“月到风来”丰泽堂珍藏明清扇骨专场	167.90	3.92%	
					“玉延清筱”明清玉器杂项专场	1,515.47	42.98%	
339	广东保利	2013岭南文化艺术精品年度拍卖会	1,006.64	63.06%	中国书画	1,006.64	63.06%	广州 2013-12-29

第四部分　艺苑撷英

张大千《柳下长吟图》

105cm×41cm，约 3.9 平方尺

作者：张大千（1899-1983），本名张正则，后改名张爰，别署大千居士，四川内江人，祖籍四川映秀。中国近现代著名书画艺术家。因其诗、书、画与齐白石、溥心畬齐名，故又并称为“南张北齐”和“南张北溥”。与黄君璧、溥心畬合称“渡海三杰”。

题款：江干何物妙，高柳数行秋。短咏长吟去，前村问酒楼。君炜仁兄法正，丙戌秋张大千爰。

钤印：爰鉢、大千

说明：此幅是张大千 47 岁时所作，工写结合、墨色兼具，山水、花鸟、人物熔于一炉，应是其这一时期精品。所绘竹石笔墨凝练，人物造型准确，通篇意境深远，气象生动。结合画中诗句给读者一种身临其境之感。

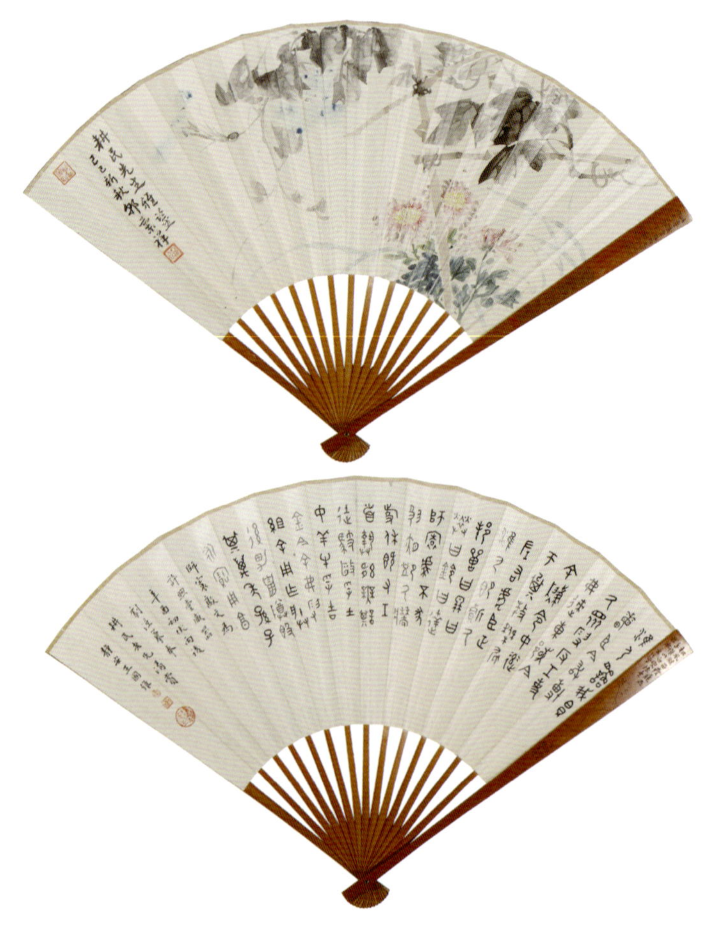

王国维 郭兰祥 合作成扇

48cm×19cm，约 0.8 平方尺

作者：王国维（1877–1927），初名国桢，字静安，亦字伯隅，“甲骨四堂”之一，初号礼堂，晚号观堂，又号永观，谥忠悫。汉族，浙江海宁人。王国维是中国近现代相交时期一位享有国际声誉的著名学者。

郭兰祥（1885–1938），字和庭，一字善徵，号尚斋，别号冰道人。能诗词，善画，又工篆刻。浙江嘉兴人。弱冠即能写花卉，活色生香。成年后尤擅山水，宗南北两派。其画以摹旧本为主，不出古人町畦一步。画室名“一隅风雨砚斋”。民国十三年，由南浔富室张石铭聘为宾客，鉴别书画，声誉籍甚。

题款：耕民先生雅鉴。己巳新秋郭兰祥。师寰簋文为许煦堂藏器，辛酉初伏雨后剧凉摹奉耕民老兄清赏，静安王国维。

钤印：人在蓬莱、和庭、冉公、曾经慧鉴、慧鉴堂

说明：此扇面背面为王国维摹书师寰簋铭文。王国维为“甲骨四堂”之一，其对甲骨文研究贡献卓著。此篇所摹却是青铜器金文，堂皇规整，笔力遒劲，若无极高文化造诣与古文字功底绝无此作。正面花卉为郭兰祥所绘。他的花卉初学吴谷祥，后形成自己风格，画中枝叶墨色淡雅，菊花与喇叭花点染生动。书画合璧十分难得。

任薰《兰石图》

116cm×51cm，约 5.3 平方尺

作者：任薰（1835–1893），清代画家。字舜琴、阜长，籍贯萧山人，“海上画派”代表人物之一，与兄任熊、侄任预、族侄任颐被后人合称“海上四任”。善画人物、山水、花卉、禽鸟。亦长于园林设计。花鸟画则工写兼擅，取景布局，富有奇趣。人物与其兄同师陈洪绶，常用高古游丝、铁线、行云流水、兰叶几种描法。

题款：戊子初夏阜长任熏写于吴门客次。

钤印：任薰

说明：此幅作品所绘兰花为双勾填彩，色彩艳而不俗，几簇兰花错落有致，后以山石衬托，把兰花独立于空旷、寂静的山谷中所独有的那种幽香与素雅之感表现出来。整幅画面看去有一种恬淡素雅、清心似水的风韵。

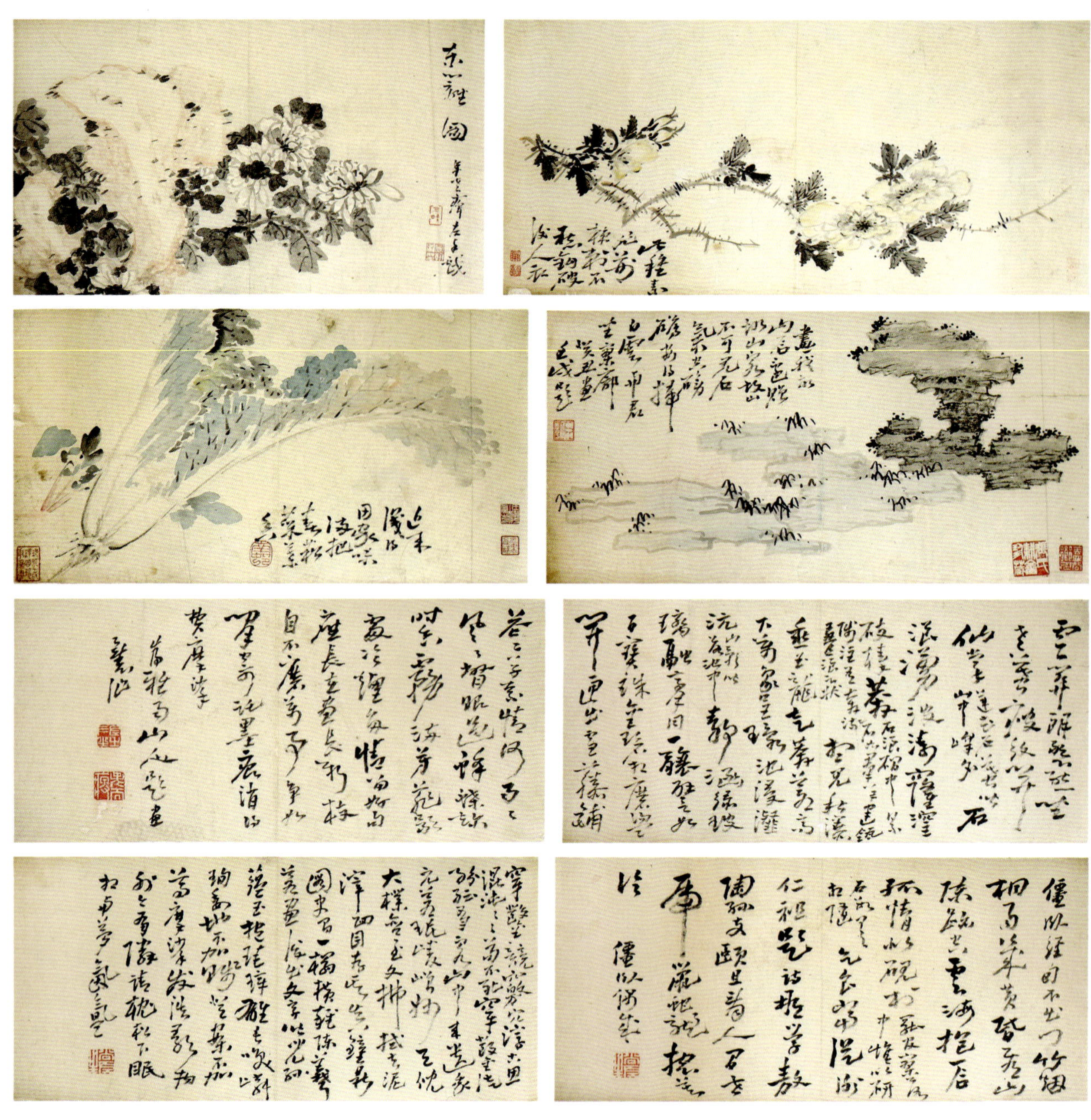

高凤翰 《南村老人书画合璧册》

纸本册页 十六开 尺寸不一

作者：高凤翰（1683–1749），清代画家、书法家、篆刻家。又名翰，字西园，号南村，又号南阜、云阜，别号因地、因时、因病等四十多个，晚因病风痹，用左手作书画，又号尚左生。汉族，山东胶州人。性豪迈不羁，精艺术，画山水花鸟人物俱工，工诗，尤嗜砚，藏砚千，皆自为铭词手镌之。有《砚史》、《南阜集》。

钤印：南邨、凤翰、高翰、鸿爪、左手、无名江上仙、凤翰私印、三味、老而瘦、左之左之、尚左生、盖公乡人、竹溪鉴定、素心轩收藏印、爱画入骨髓、张氏耕畬珍藏、琅琊王氏玕名珍藏图书。

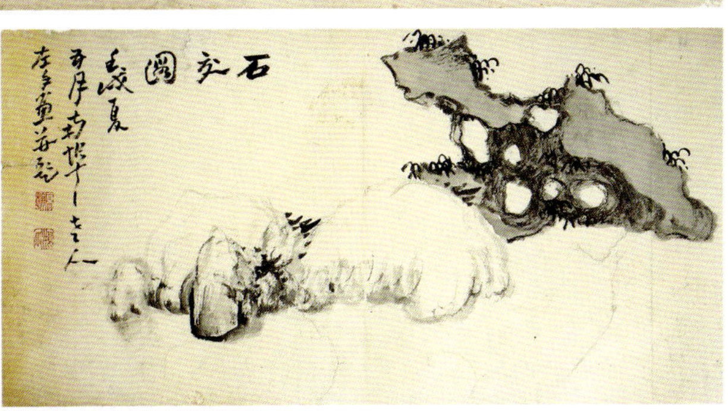

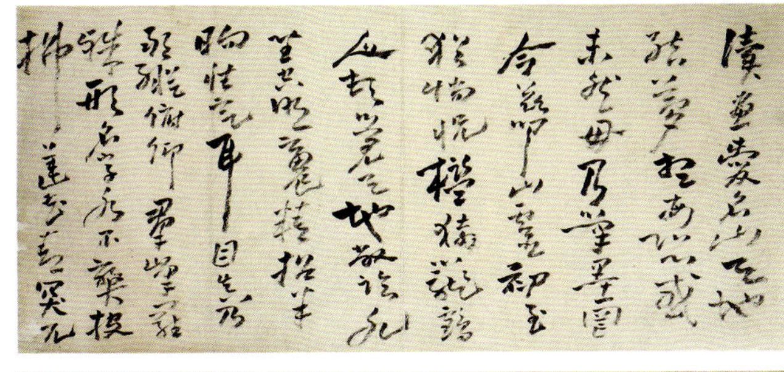

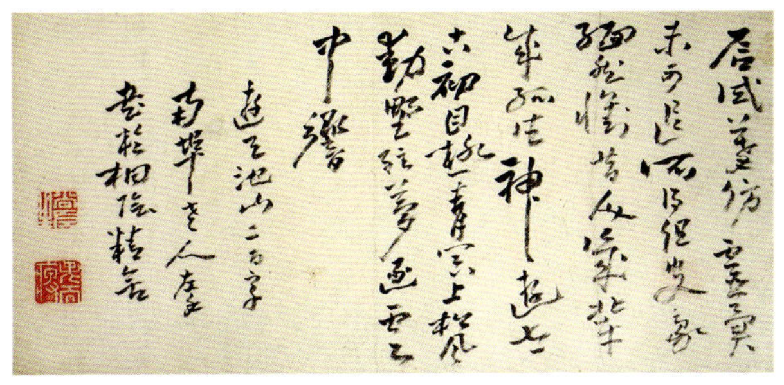

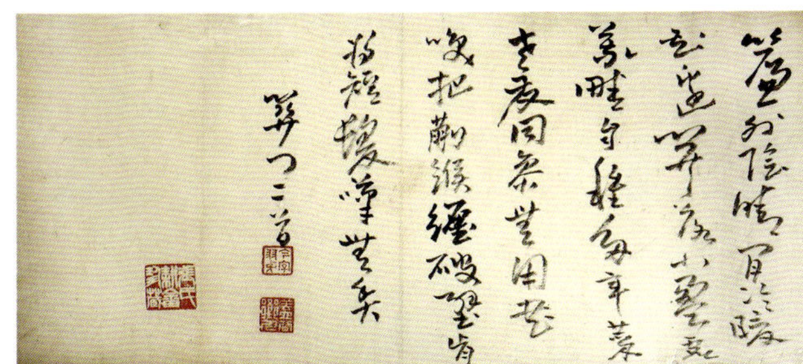

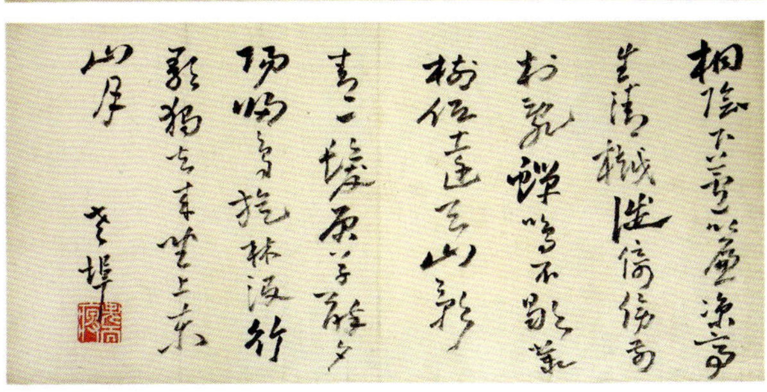

说明：此幅册页集聚了扬州八怪之一高凤翰的不同时期作品，诗书画印齐备，生动体现高氏诗、书、画、印的卓越成就和他非比寻常的人生，具有典型代表意义。从册页封面东村老人题“乙酉新正人日”可以知道，此册成集时间很早，最迟在乾隆三十年（1765年）正月初七之前已经集成。此时距离高凤翰去世仅十六年，距流传不广的《南阜山人诗集类稿》仅仅三年，并且内容多，信息量大，除可欣赏到高氏奇绝的诗书画印艺术之外，还具有相当的史料价值，弥足珍贵。

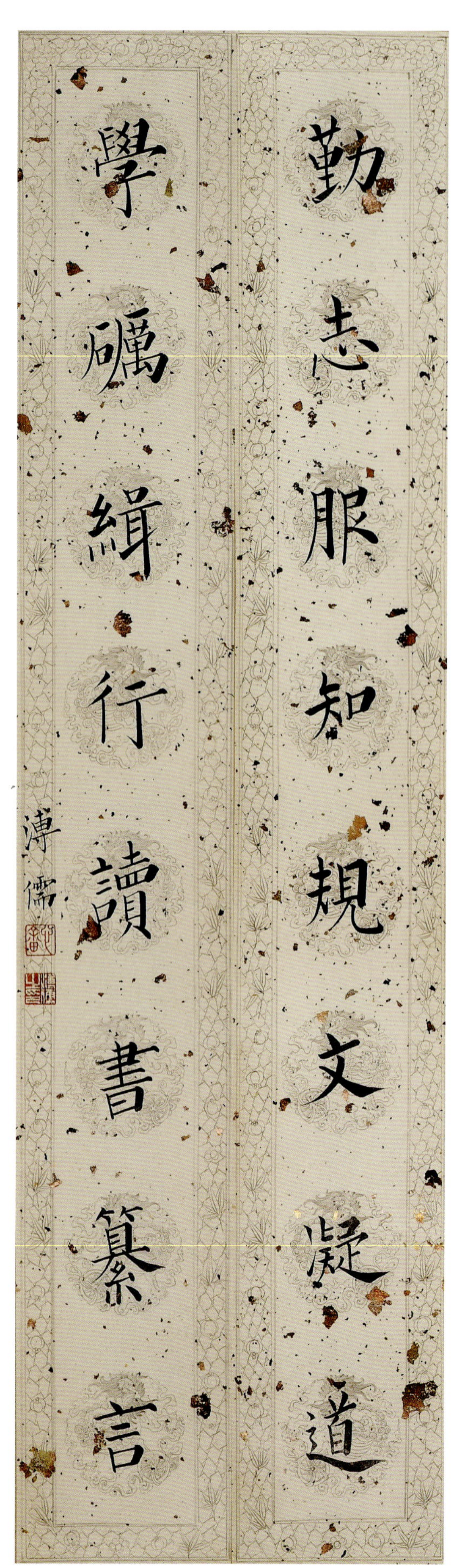

溥儒 水墨洒金对联

15.5cm×89cm×2，约1.2平方尺（每联）

作者：溥儒（1896–1963），爱新觉罗氏，正红旗人，谱序溥，清光绪帝赐名儒，字心畬，出生于北京。因其诗、书、画与张大千齐名，故后人将两人并称为“南张北溥”。又与黄君璧、张大千以“渡海三家”著称。

题款：溥儒。

释文：勤志服知规文凝道，学砺缉行读书纂言。

钤印：心畬、溥儒之印

说明：溥儒书法从柳公权，裴休出，略近成亲王而更具风骨，意存体势、无轻率之病。此幅对联书法刚健遒美，秀逸有致。所书内容既表达出作者深厚学养，也表达了人们对学习应有的态度。

汤贻汾 《洪蒙青嶂图》

91cm×41cm，约 3.4 平方尺

作者：汤贻汾（1778–1853），清代官吏、诗人、画家。字若仪，号雨生、琴隐道人，晚号粥翁，江苏常州人。以祖荫袭世职，授守备，官至浙江乐清协副将。晚辞官居南京。太平军破南京时，投池自杀。工诗，善画山水、松梅。书画仿董其昌，闲淡超脱，画梅极有神韵，有《琴隐园诗词集》。

题款：凌晨气洪蒙，白云在青嶂，不知山雨多，但听溪声壮，雨生汤贻汾。

钤印：汤雨生印、西抹东涂七十一年、孙之同鉴赏、风雨楼藏画印、雏凤室、孙之同、债帅偿逋老未休。

说明：汤贻汾是清代中期的山水画史上一位著名画家，与戴熙并称为“汤戴”。在常州画派中，他是继恽南田之后的又一位“诗书画”三绝的大家。山水取法董其昌，淡皴干擦，枯中见润，闲淡超脱，以自然为师。因此他的山水创作题材变化丰富，追求元人喜欢简淡、旷远的感觉，追求秀润的笔墨特点，用笔细致，以淡墨匀染，自成一家。

齐白石 《双福图》

32.5cm×63cm，约 1.8 平方尺

作者：齐白石（1864–1957），生于湖南长沙府湘潭。原名纯芝，字渭青，号兰亭。后改名璜，字濒生，号白石、白石山翁、老萍，是近现代中国绘画大师、世界文化名人。早年曾为木工，后以卖画为生，57 岁后定居北京。擅画花鸟、虫鱼、山水、人物，笔墨雄浑滋润，色彩浓艳明快，造型简练生动，意境淳厚朴实。所作鱼虾虫蟹，天趣横生。齐白石书工篆隶，取法于秦汉碑版，行书饶古拙之趣，篆刻自成一家，善写诗文。

题款：星塘老屋后人。白石客京华。

钤印：齐大、借山翁、雕虫小技家声

说明：这似是一幅与祝寿有关的作品，画中之物，均有含义。鸣虫表达发声，萝卜、荸荠均取其谐音——双双长寿之意。作品工写结合，写意部分笔酣墨饱，力健有锋。画面中点睛的工笔草虫则是一丝不苟，草虫的触须纤毫毕现，给人一种一触即动的感觉。这是齐白石细笔中形神兼备的表现，只有生活中细致入微的观察草虫动态之后才能描绘出来如此生动的作品。

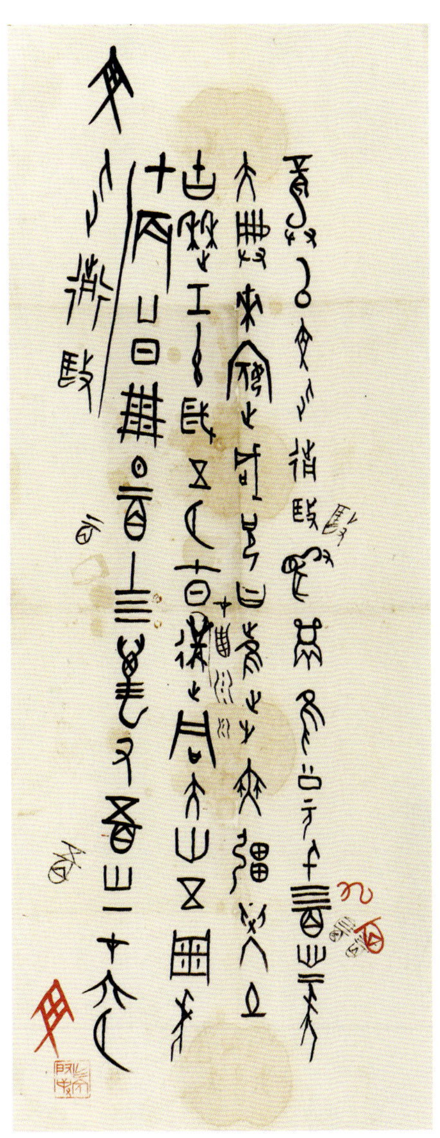

董作宾 《甲骨文书法》

34.5cm × 87.5cm，约 2.7 平方尺

作者：董作宾（1895–1963），著名的“甲骨四堂”之一。原名作仁（入学后名），字彦堂，号平庐。河南南阳人。知名文史学者，在考古学、殷商史、文字学、书法及篆刻艺术等方面颇有贡献。曾任福建私立协和大学教授、国立中州大学教授、国立中山大学副教授、台湾大学文学院教授和台湾省立师范学院教授，并任国立中央研究院历史语言研究所所长。

钤印：作宾启事

释文：龚以文化前贤为獻佳。公元千九百四十二年大典，来宾咸祝曰：推步无疆学社古历。壬午岁五月七日遘在西川同大三十五周年甲辰二十日，周日二百十三万又五百三十一。在六月。文。

说明：此书稿并非常见摹写甲骨文作品，系董作宾以卜辞形式，以甲骨文书体记录其在 1942 年庆典时盛况。董作宾自 1934 年起，以十年之功进行古代年历学专题研究，于 1942 年完成鸿篇巨制《殷历谱》，并于 1943 年正式出版，为解决商周古代纪年问题作出了重要贡献。此作品所记与此事相关，除甲骨文书法艺术审美外，亦深具学术研究价值。

吴昌硕 《寿桃》

35cm × 55cm，约 1.7 平方尺

作者：吴昌硕（1844–1927），原名俊，字昌硕，别号缶庐、苦铁等。浙江安吉人。中国近现代书画艺术发展过渡时期的关键人物，是“诗、书、画、印”四绝的一代宗师，晚清民国时期著名国画家、书法家、篆刻家，与任伯年、赵之谦、虚谷齐名为“清末海派四大家”。

题款：灼灼桃之华，结实大于斗。丁巳寒。老缶。千年桃实大如斗，仙人摘之以酿酒。一食可得千万寿，朱颜长如十八九。吴昌硕。

钤印：昌硕、吴俊之印

说明：吴昌硕由于早期先习篆刻、石鼓文，其在绘画中用笔与他人有很大不同，用墨用色大胆，运笔流畅，笔力苍劲，独具一格。此幅作品金石入画，墨色鲜明，加之两段书法长题，充分表现了吴昌硕古拙、浑重、豪迈的书风与画风。

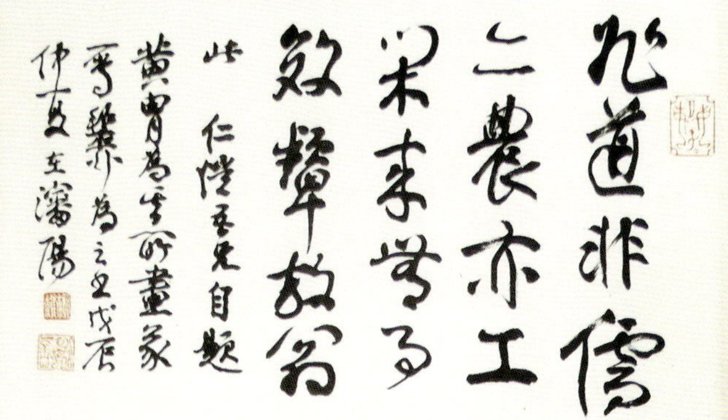

黄胄 《为杨仁恺画像》

85.7cm×46cm，约 3.5 平方尺

作者：黄胄（1925–1997），原姓梁，名淦堂，字映斋，河北蠡县人，中国知名当代画家。师从赵望云。曾为中国美协常务理事、中国画研究院副院长、北京炎黄艺术馆馆长。黄胄擅画新疆人物、动物、人民生活与风景之美。

杨仁恺（1915–2008），号遗民，笔名易木，斋名沐雨楼，四川岳池人。享誉海内外的博物馆学家、书画鉴赏大师、书画大家、美术史家。因其杰出贡献，被授予“人民鉴赏家”荣誉称号，被誉为“国眼”。

引首：非道非儒，亦农亦工，闲来无事，效颦放翁。此仁恺吾兄自题，黄胄为其所画象焉，稚柳为之书。戊辰仲夏在沈阳。

钤印：稚柳（白文）、谢（朱文）、夕好（朱文）黄胄之印，老梁

题款：己亥八月雨窗为仁恺同志画象惜仅得神似，黄胄

说明：此幅作品是黄胄先生 1959 年 8 月为杨仁恺先生所绘。毛驴造型准确，具有顽强奋进姿态。画中杨仁恺形似神似兼备，简括传神。整幅构图采取传统老子出关意象，富有浪漫的生活气息和时代感。此后谢稚柳在杨仁恺家中见到黄胄为其绘的这幅作品后赞赏有加，又为此幅作品补了引首，可谓锦上添花。

黄胄《牧驴图》

63.5cm×44.5cm，约 2.5 平方尺

作者：黄胄（1925–1997），原姓梁，名淦堂，字映斋，河北蠡县人，中国知名当代画家。师从赵望云。曾为中国美协常务理事、中国画研究院副院长、北京炎黄艺术馆馆长。黄胄擅画新疆人物、动物、人民生活与风景之美。

落款：一九七三年二月黄胄画。

钤印：黄、胄

说明：此幅作品为黄胄 48 岁时所作，画面中绘有一人三驴。人物用笔简洁凝练，刻画细致，艳丽的头巾与特色服饰使画面极富有民族气息。三头毛驴用墨浓淡相间，姿态组合自然，形象生动准确，有的似低头觅食，有的似漫步其间，或侧卧休息，仿佛纸面即是草地，让整体画面富有活力。

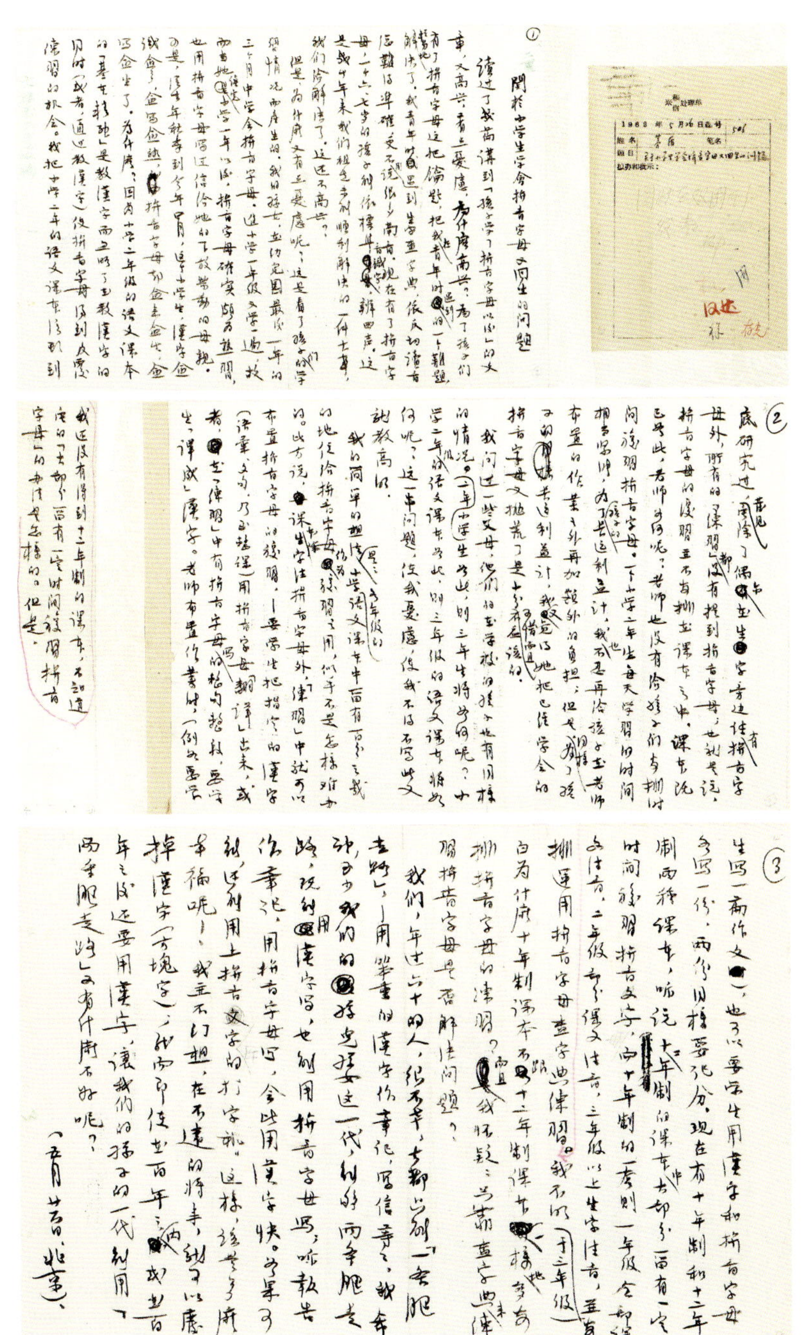

茅盾《关于小学生学会拼音字母又回生的问题》手稿

一通三页及一签　32cm × 21.5cm，约 0.6 平方尺（每页）

作者：茅盾（1896–1981），原名沈德鸿，字雁冰。浙江嘉兴桐乡人。中国现代著名作家、文学评论家、文化活动家以及社会活动家，五四新文化运动先驱者之一，我国革命文艺奠基人之一。

说明：此手稿探讨小学生学习拼音存在的问题及解决方案。内有多处增删修改，绿笔批注。曾多次出版并收入茅盾全集。茅盾对国家教育小学生的学习汉语拼音时出现的回生问题，提出了自己的看法，并且对小学生应该如何避免该问题提出了建议。全篇用蝇头小楷书就，集中表现出茅盾书风的鲜明特点，运笔流畅，一气呵成。既是一篇好文章，又是一篇难得的书法杰作。

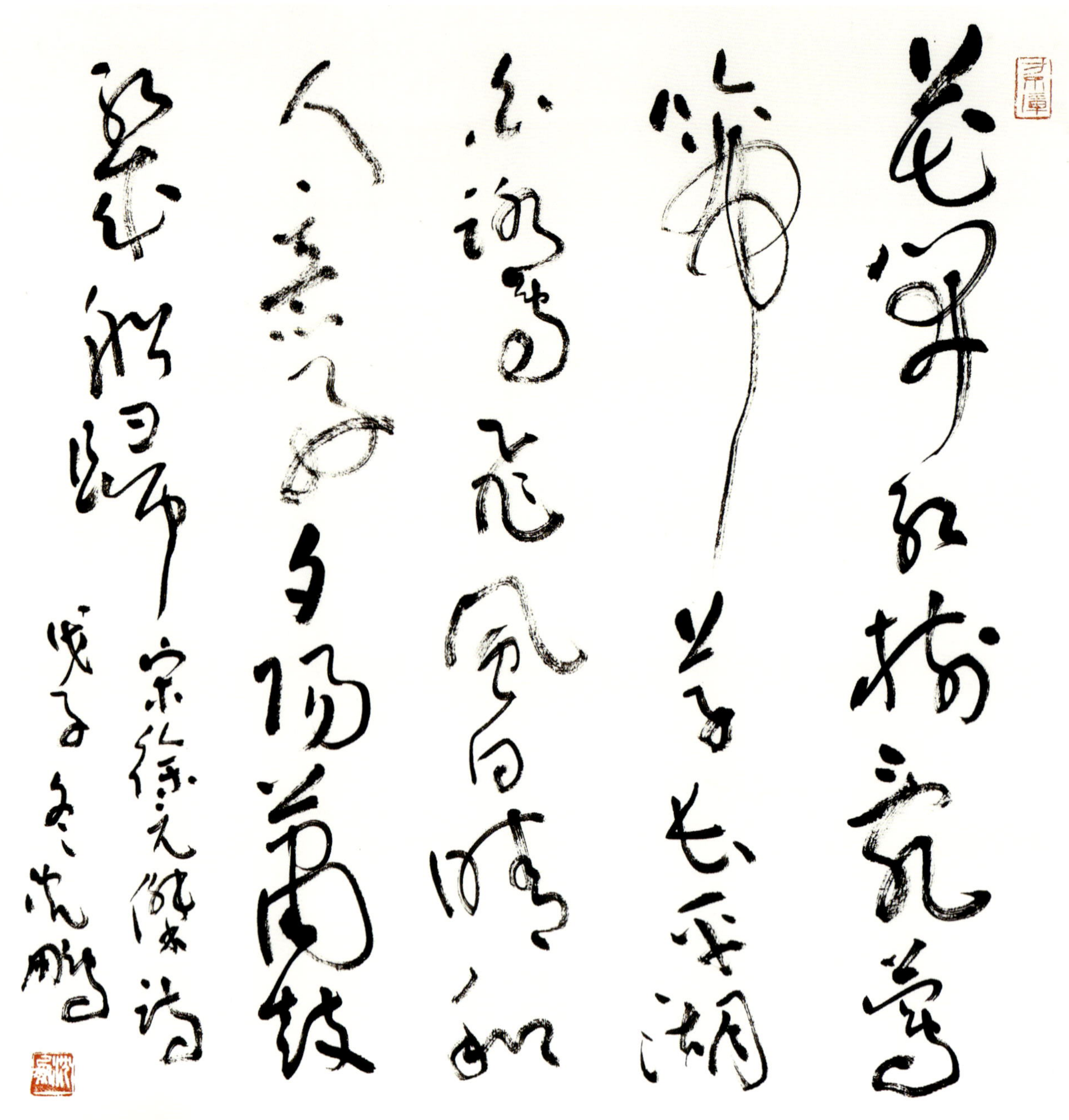

沈鹏　草书《宋徐元杰诗》

68cm × 69cm，约 4.2 平方尺

作者：沈鹏，1931 年出生，江苏省江阴市人。书法家、美术评论家、诗人。历任中国书法家协会常务理事、副主席、代主席，中国书法家协会主席、名誉主席。

释文：花开红树乱莺啼，草长平湖白鹭飞。风日晴和人意好，夕阳箫鼓几船归。

题款：宋徐元杰诗，戊子冬沈鹏。

钤印：沈鹏、方不障

说明：沈鹏以草书驰名，此幅作品书体奔放恣肆，结字刚劲洒脱，笔画间随势呼应，极其自然。有一种恬静从容的神采流露其间，别饶深致，让人玩味不尽。

黄胄《速写人物》

76cm×35.5cm，约 2.4 平方尺

作者：黄胄（1925–1997），原姓梁，名淦堂，字映斋，河北蠡县人，中国知名当代画家。师从赵望云。曾为中国美协常务理事、中国画研究院副院长、北京炎黄艺术馆馆长。黄胄擅画新疆人物、动物、人民生活与风景之美。

题款：一九五四年拉萨。

钤印：黄胄之印

说明：此幅作品为黄胄 29 岁所绘的白描，从画中我们可以看出是黄胄 1954 年画于西藏的作品，也是黄胄随团在拉萨参加青藏公路通车庆典时，在西藏地区写生的 800 余幅作品中的一幅。整幅画面人物比例准确，寥寥数笔，就把人物帽子、衣服的厚重感表现出来。画面上人物表情生动自然，脸部线条的处理上也已经可以看出复勾法的运用。此幅画作虽然是黄胄早期作品，但是从画中线条运用的果断、老辣上已经可以看出黄胄在人物绘画上的造诣之高。

黄胄 《双牛戏水图》

89cm × 33.5cm，约 2.7 平方尺

作者：黄胄（1925-1997），原姓梁，名淦堂，字映斋，河北蠡县人，中国知名当代画家。师从赵望云。曾为中国美协常务理事、中国画研究院副院长、北京炎黄艺术馆馆长。黄胄擅画新疆人物、动物、人民生活与风景之美。

题款：黄胄。

钤印：黄胄

说明：黄胄不仅善绘驴，各种动物在他笔下都有生动表现。从这幅作品中我们可以看到，他所绘的双牛笔墨特点与其所绘毛驴相比，更是多了一种健硕硬朗稳重之感，同样简单的几笔晕染，表现出了与毛驴不一样的质感层次，也体现出了黄胄全面、扎实的笔墨功力。

黄胄 《目索人间佞谗》

44cm × 32cm，约 1.3 平方尺

作者：黄胄（1925–1997），原姓梁，名淦堂，字映斋，河北蠡县人，中国知名当代画家。师从赵望云。曾为中国美协常务理事、中国画研究院副院长、北京炎黄艺术馆馆长。黄胄擅画新疆人物、动物、人民生活与风景之美。

题款：目索人间佞谗，黄胄写。

钤印：黄胄之印、映斋梁氏

说明：此幅作品所绘人物钟馗，衣纹线条凝练流畅，墨色浓淡适宜。整幅画面重点突出了钟馗面部细节的刻画。不论是虬鬓墨色的灵活多变，还是五官刻画的横眉怒目，都令画面整体富有很强的感染力。黄胄笔下的钟馗倚剑而立，审视着世间一切佞语谗言的奸邪小人，给人一种刚直不阿、不惧邪祟之感。钟馗本是中国神话虚构出来的人物，但黄胄此幅作品用笔墨将钟馗活灵活现地展现在我们眼前。

黄胄 《六驴图》

89cm×33.5cm，约 2.7 平方尺

作者：黄胄（1925–1997），原姓梁，名淦堂，字映斋，河北蠡县人，中国知名当代画家。师从赵望云。曾为中国美协常务理事、中国画研究院副院长、北京炎黄艺术馆馆长。黄胄擅画新疆人物、动物、人民生活与风景之美。

题款：振声同志存正，黄胄题。

钤印：梁黄胄、映斋画印

说明：黄胄对毛驴的喜爱是尽人皆知的，在笔墨运用上赋予了它们强烈的感情色彩。此图从动态到静态的把握上也都拿捏得恰到好处，用笔洗练，用墨浓淡适宜，是一幅黄胄的典型作品。

黄胄《女人体》

52.5cm × 34.5cm，约 1.6 平方尺

作者：黄胄（1925–1997），原姓梁，名淦堂，字映斋，河北蠡县人，中国知名当代画家。师从赵望云。曾为中国美协常务理事、中国画研究院副院长、北京炎黄艺术馆馆长。黄胄擅画新疆人物、动物、人民生活与风景之美。

题款：黄胄。

钤印：黄胄之印

说明：此幅为黄胄速写作品。简单的几笔勾勒皴擦，便将画中女子的整体形态、四肢动态，以及头发、皮肤的质感表现出来。线条流畅，构图准确，充分体现出黄胄用笔用墨的简洁明快，高超脱凡，是黄胄简笔画的精品。

王雪涛 《荷花》

66cm × 43cm，约 2.6 平方尺

作者：王雪涛(1903–1982)，河北成安人，原名庭钧，字晓封，号迟园。中国现代著名小写意花鸟画家。历任北京画院院长、中国美术家协会理事、美协北京分会副主席、北京市第七届人大代表、北京市第五届政协常委、中国农工民主党中央联络委员会委员及北京市委委员。

题款：雪涛写。

钤印：王雪涛印、慧鉴堂

说明：王雪涛既有中国画传统，又有西画功底，对我国小写意花鸟画做出了突出贡献。这幅写意荷花构思精巧，清新秀丽，画法上工写结合，色墨结合，以色助墨、以墨显色，在传统固有色中融入西洋画法讲求的色彩规律，以求整体色彩对比协调的同时，也为画面增添了韵律。

黄钺《仿倪云林秋林读易图》

117cm × 41cm，约 4.3 平方尺

作者：黄钺（1750–1841），字左田，又名左君，号壹斋、左庶子，安徽鸠州当涂县人，清朝大臣，历仕乾隆、嘉庆、道光三朝。著名教育家、画家、艺术评论家。

题款：戊寅长至日抚倪高士秋林读易图，左田黄钺。

钤印：黄钺私印，左田

说明：此幅作品为黄钺 68 岁夏至时所作。整幅作品以倪瓒笔法作山水，整体画面萧疏简淡，构图平远，格调天真自然。作者描绘的画面让人联想到清幽山谷中，窗外红叶随风摇曳，远处溪流潺潺，以及读书人在茅屋内读易经的那份感悟。这是一幅人与自然和谐相处、禅味十足的画面。

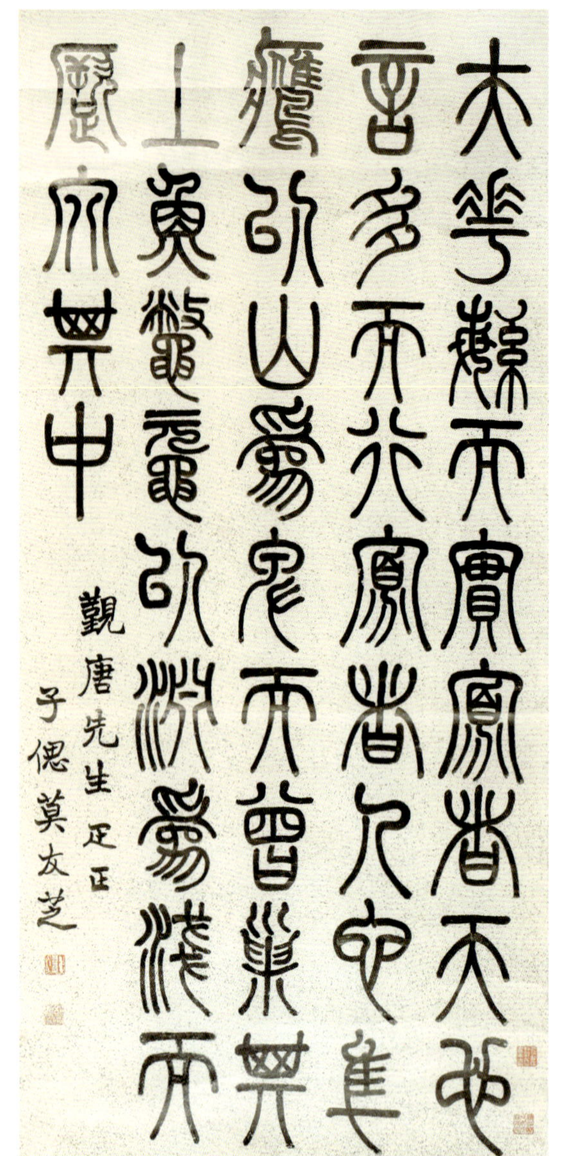

莫友芝《曾子名言二则》

121cm×58cm，约 6.3 平方尺

作者：莫友芝（1811–1871），字子偲，自号郘亭，又号紫泉、眲叟，贵州独山人。晚清金石学家、目录版本学家、书法家，宋诗派重要成员。家世传业，通文字训诂之学，与遵义郑珍并称“西南巨儒”

释文：夫花繁而实寡者天也。言多而行寡者人也。隼鹰以山为家，而曾巢其上。鱼鳖鼋以渊为浅，而蹩穴其中。

题款：觐唐先生雅正、子思莫友芝。

钤印：莫友芝、郘亭眲雪、三友书屋收藏金石书画之印、清江林氏竹六珍藏印

说明：莫友芝精于书法，为清代十大书法家之一。沙孟海先生评其篆书为“学邓石如篆书的莫友芝最好，赵之谦、吴熙载其次”。这篇篆书用笔舒徐流走，一波三折，遒丽厚重甚为精到。结体上紧下松，行列有致，风格平和简静，气宇轩然，遒丽天成。

第五部分　政策法规

中华人民共和国文物保护法（2013年修正）

发文单位：全国人民代表大会常务委员会
发文时间：2013年6月29日
生效时间：2013年6月29日

第一章　总则

第一条　为了加强对文物的保护，继承中华民族优秀的历史文化遗产，促进科学研究工作，进行爱国主义和革命传统教育，建设社会主义精神文明和物质文明，根据宪法，制定本法。

第二条　在中华人民共和国境内，下列文物受国家保护：

（一）具有历史、艺术、科学价值的古文化遗址、古墓葬、古建筑、石窟寺和石刻、壁画；

（二）与重大历史事件、革命运动或者著名人物有关的以及具有重要纪念意义、教育意义或者史料价值的近代现代重要史迹、实物、代表性建筑；

（三）历史上各时代珍贵的艺术品、工艺美术品；

（四）历史上各时代重要的文献资料以及具有历史、艺术、科学价值的手稿和图书资料等；

（五）反映历史上各时代、各民族社会制度、社会生产、社会生活的代表性实物。

文物认定的标准和办法由国务院文物行政部门制定，并报国务院批准。

具有科学价值的古脊椎动物化石和古人类化石同文物一样受国家保护。

第三条　古文化遗址、古墓葬、古建筑、石窟寺、石刻、壁画、近代现代重要史迹和代表性建筑等不可移动文物，根据它们的历史、艺术、科学价值，可以分别确定为全国重点文物保护单位，省级文物保护单位，市、县级文物保护单位。

历史上各时代重要实物、艺术品、文献、手稿、图书资料、代表性实物等可移动文物，分为珍贵文物和一般文物；珍贵文物分为一级文物、二级文物、三级文物。

第四条　文物工作贯彻保护为主、抢救第一、合理利用、加强管理的方针。

第五条　中华人民共和国境内地下、内水和领海中遗存的一切文物，属于国家所有。

古文化遗址、古墓葬、石窟寺属于国家所有。国家指定保护的纪念建筑物、古建筑、石刻、壁画、近代现代代表性建筑等不可移动文物，除国家另有规定的以外，属于国家所有。

国有不可移动文物的所有权不因其所依附的土地所有权或者使用权的改变而改变。

下列可移动文物属于国家所有：

（一）中国境内出土的文物，国家另有规定的除外；

（二）国有文物收藏单位以及其他国家机关、部队和国有企业、事业组织等收藏、保管的文物；

（三）国家征集、购买的文物；

（四）公民、法人和其他组织捐赠给国家的文物；

（五）法律规定属于国家所有的其他文物。

属于国家所有的可移动文物的所有权不因其保管、收藏单位的终止或者变更而改变。

国有文物所有权受法律保护，不容侵犯。

第六条 属于集体所有和私人所有的纪念建筑物、古建筑和祖传文物以及依法取得的其他文物，其所有权受法律保护。文物的所有者必须遵守国家有关文物保护的法律、法规的规定。

第七条 一切机关、组织和个人都有依法保护文物的义务。

第八条 国务院文物行政部门主管全国文物保护工作。

地方各级人民政府负责本行政区域内的文物保护工作。县级以上地方人民政府承担文物保护工作的部门对本行政区域内的文物保护实施监督管理。

县级以上人民政府有关行政部门在各自的职责范围内，负责有关的文物保护工作。

第九条 各级人民政府应当重视文物保护，正确处理经济建设、社会发展与文物保护的关系，确保文物安全。

基本建设、旅游发展必须遵守文物保护工作的方针，其活动不得对文物造成损害。

公安机关、工商行政管理部门、海关、城乡建设规划部门和其他有关国家机关，应当依法认真履行所承担的保护文物的职责，维护文物管理秩序。

第十条 国家发展文物保护事业。县级以上人民政府应当将文物保护事业纳入本级国民经济和社会发展规划，所需经费列入本级财政预算。

国家用于文物保护的财政拨款随着财政收入增长而增加。

国有博物馆、纪念馆、文物保护单位等的事业性收入，专门用于文物保护，任何单位或者个人不得侵占、挪用。

国家鼓励通过捐赠等方式设立文物保护社会基金，专门用于文物保护，任何单位或者个人不得侵占、挪用。

第十一条 文物是不可再生的文化资源。国家加强文物保护的宣传教育，增强全民文物保护的意识，鼓励文物保护的科学研究，提高文物保护的科学技术水平。

第十二条 有下列事迹的单位或者个人，由国家给予精神鼓励或者物质奖励：

（一）认真执行文物保护法律、法规，保护文物成绩显著的；

（二）为保护文物与违法犯罪行为作坚决斗争的；

（三）将个人收藏的重要文物捐献给国家或者为文物保护事业作出捐赠的；

（四）发现文物及时上报或者上交，使文物得到保护的；

（五）在考古发掘工作中作出重大贡献的；

（六）在文物保护科学技术方面有重要发明创造或者其他重要贡献的；

（七）在文物面临破坏危险时，抢救文物有功的；

（八）长期从事文物工作，作出显著成绩的。

第二章 不可移动文物

第十三条 国务院文物行政部门在省级、市、县级文物保护单位中，选择具有重大历史、艺术、科学价值的确定为全国重点文物保护单位，或者直接确定为全国重点文物保护单位，报国务院核定公布。

省级文物保护单位，由省、自治区、直辖市人民政府核定公布，并报国务院备案。

市级和县级文物保护单位，分别由设区的市、自治州和县级人民政府核定公布，并报省、自治区、直辖市人民政府备案。

尚未核定公布为文物保护单位的不可移动文物，由县级人民政府文物行政部门予以登记并公布。

第十四条 保存文物特别丰富并且具有重大历史价值或者革命纪念意义的城市，由国务院核定公布为历史文化名城。

保存文物特别丰富并且具有重大历史价值或者革命纪念意义的城镇、街道、村庄，由省、自治区、直辖市人民政府核定公布为历史文化街区、村镇，并报国务院备案。

历史文化名城和历史文化街区、村镇所在地的县级以上地方人民政府应当组织编制专门的历史文化名城和历史文化街区、村镇保护规划，并纳入城市总体规划。

历史文化名城和历史文化街区、村镇的保护办法，由国务院制定。

第十五条 各级文物保护单位，分别由省、自治区、直辖市人民政府和市、县级人民政府划定必要的保护范围，作出标志说明，建立记录档案，并区别情况分别设置专门机构或者专人负责管理。全国重点文物保护单位的保护范围和记录档案，由省、自治区、直辖市人民政府文物行政部门报国务院文物行政部门备案。

县级以上地方人民政府文物行政部门应当根据不同文物的保护需要，制定文物保护单位和未核定为文物保护单位的不可移动文物的具体保护措施，并公告施行。

第十六条 各级人民政府制定城乡建设规划，应当根据文物保护的需要，事先由城乡建设规划部门会同文物行政部门商定对本行政区域内各级文物保护单位的保护措施，并纳入规划。

第十七条 文物保护单位的保护范围内不得进行其他建设工程或者爆破、钻探、挖掘等作业。但是，因特殊情况需要在文物保护单位的保护范围内进行其他建设工程或者爆破、钻探、挖掘等作业的，必须保证文物保护单位的安全，并经核定公布该文物保护单位的人民政府批准，在批准前应当征得上一级人民政府文物行政部门同意；在全国重点文物保护单位的保护范围内进行其他建设工程或者爆破、钻探、挖掘等作业的，必须经省、自治区、直辖市人民政府批准，在批准前应当征得国务院文物行政部门同意。

第十八条 根据保护文物的实际需要，经省、自治区、直辖市人民政府批准，可以在文物保护单位的周围划出一定的建设控制地带，并予以公布。

在文物保护单位的建设控制地带内进行建设工程，不得破坏文物保护单位的历史风貌；工程设计方案应当根据文物保护单位的级别，经相应的文物行政部门同意后，报城乡建设规划部门批准。

第十九条 在文物保护单位的保护范围和建设控制地带内，不得建设污染文物保护单位及其环境的设施，不得进行可能影响文物保护单位安全及其环境的活动。对已有的污染文物保护单位及其环境的设施，应当限期治理。

第二十条 建设工程选址，应当尽可能避开不可移动文物；因特殊情况不能避开的，对文物保护单位应当尽可能实施原址保护。

实施原址保护的，建设单位应当事先确定保护措施，根据文物保护单位的级别报相应的文物行政部门批准，并将保护措施列入可行性研究报告或者设计任务书。

无法实施原址保护，必须迁移异地保护或者拆除的，应当报省、自治区、直辖市人民政府批准；迁移或者拆除省级文物保护单位的，批准前须征得国务院文物行政部门同意。全国重点文物保护单位不得拆除；需要迁移的，须由省、自治区、直辖市人民政府报国务院批准。

依照前款规定拆除的国有不可移动文物中具有收藏价值的壁画、雕塑、建筑构件等，由文物行政部门指定的文物收藏单位收藏。

本条规定的原址保护、迁移、拆除所需费用，由建设单位列入建设工程预算。

第二十一条 国有不可移动文物由使用人负责修缮、保养；非国有不可移动文物由所有人负责修缮、保养。非国有不可移动文物有损毁危险，所有人不具备修缮能力的，当地人民政府应当给予帮助；所有人具备修缮能力而拒不依法履行修缮义务的，县级以上人民政府可以给予抢救修缮，所需费用由所有人负担。

对文物保护单位进行修缮，应当根据文物保护单位的级别报相应的文物行政部门批准；对未核定为文物保护单位的不可移动文物进行修缮，应当报登记的县级人民政府文物行政部门批准。

文物保护单位的修缮、迁移、重建，由取得文物保护工程资质证书的单位承担。

对不可移动文物进行修缮、保养、迁移，必须遵守不改变文物原状的原则。

第二十二条 不可移动文物已经全部毁坏的，应当实施遗址保护，不得在原址重建。但是，因特殊情况需要在原址重建的，由省、自治区、直辖市人民政府文物行政部门报省、自治区、直辖市人民政府批准；全国重点文物保护单位需要在原址重建的，由省、自治区、直辖市人民政府报国务院批准。

第二十三条 核定为文物保护单位的属于国家所有的纪念建筑物或者古建筑，除可以建立博物馆、保管所或者辟为参观游览场所外，作其他用途的，市、县级文物保护单位应当经核定公布该文物保护单位的人民政府文物行政部门征得上一级文物行政部门同意后，报核定公布该文物保护单位的人民政府批准；省级文物保护单位应当经核定公布该文物保护单位的省级人民政府的文物行政部门审核同意后，报该省级人民政府批准；全国重点文物保护单位作其他用途的，应当由省、自治区、直辖市人民政府报国务院批准。国有未核定为文物保护单位的不可移动文物作其他用途的，应当报告县级人民政府文物行政部门。

第二十四条 国有不可移动文物不得转让、抵押。建立博物馆、保管所或者辟为参观游览场所的国有文物保护单位，不得作为企业资产经营。

第二十五条 非国有不可移动文物不得转让、抵押给外国人。

非国有不可移动文物转让、抵押或者改变用途的，应当根据其级别报相应的文物行政部门备案。

第二十六条 使用不可移动文物，必须遵守不改变文物原状的原则，负责保护建筑物及其附属文物的安全，不得损毁、改建、添建或者拆除不可移动文物。

对危害文物保护单位安全、破坏文物保护单位历史风貌的建筑物、构筑物，当地人民政府应当及时调查处理，必要时，对该建筑物、构筑物予以拆迁。

第三章　考古发掘

第二十七条 一切考古发掘工作，必须履行报批手续；从事考古发掘的单位，应当经国务院文物行政部门批准。

地下埋藏的文物，任何单位或者个人都不得私自发掘。

第二十八条 从事考古发掘的单位，为了科学研究进行考古发掘，应当提出发掘计划，报国务院文物行政部门批准；对全国重点文物保护单位的考古发掘计划，应当经国务院文物行政部门审核后报国务院批准。国务院文物行政部门在批准或者审核前，应当征求社会科学研究机构及其他科研机构和有关专家的意见。

第二十九条 进行大型基本建设工程，建设单位应当事先报请省、自治区、直辖市人民政府文物行政部门组织从事考古发掘的单位在工程范围内有可能埋藏文物的地方进行考古调查、勘探。

考古调查、勘探中发现文物的，由省、自治区、直辖市人民政府文物行政部门根据文物保护的要求会同建设单位共同商定保护措施；遇有重要发现的，由省、自治区、直辖市人民政府文物行政部门及时报国务院文物行政部门处理。

第三十条 需要配合建设工程进行的考古发掘工作，应当由省、自治区、直辖市文物行政部门在勘探工作的基础上提出发掘计划，报国务院文物行政部门批准。国务院文物行政部门在批准前，应当征求社会科学研究机构及其他科研机构和有关专家的意见。

确因建设工期紧迫或者有自然破坏危险，对

古文化遗址、古墓葬急需进行抢救发掘的，由省、自治区、直辖市人民政府文物行政部门组织发掘，并同时补办审批手续。

第三十一条 凡因进行基本建设和生产建设需要的考古调查、勘探、发掘，所需费用由建设单位列入建设工程预算。

第三十二条 在进行建设工程或者在农业生产中，任何单位或者个人发现文物，应当保护现场，立即报告当地文物行政部门，文物行政部门接到报告后，如无特殊情况，应当在二十四小时内赶赴现场，并在七日内提出处理意见。文物行政部门可以报请当地人民政府通知公安机关协助保护现场；发现重要文物的，应当立即上报国务院文物行政部门，国务院文物行政部门应当在接到报告后十五日内提出处理意见。

依照前款规定发现的文物属于国家所有，任何单位或者个人不得哄抢、私分、藏匿。

第三十三条 非经国务院文物行政部门报国务院特别许可，任何外国人或者外国团体不得在中华人民共和国境内进行考古调查、勘探、发掘。

第三十四条 考古调查、勘探、发掘的结果，应当报告国务院文物行政部门和省、自治区、直辖市人民政府文物行政部门。

考古发掘的文物，应当登记造册，妥善保管，按照国家有关规定移交给由省、自治区、直辖市人民政府文物行政部门或者国务院文物行政部门指定的国有博物馆、图书馆或者其他国有收藏文物的单位收藏。经省、自治区、直辖市人民政府文物行政部门或者国务院文物行政部门批准，从事考古发掘的单位可以保留少量出土文物作为科研标本。

考古发掘的文物，任何单位或者个人不得侵占。

第三十五条 根据保证文物安全、进行科学研究和充分发挥文物作用的需要，省、自治区、直辖市人民政府文物行政部门经本级人民政府批准，可以调用本行政区域内的出土文物；国务院文物行政部门经国务院批准，可以调用全国的重要出土文物。

第四章　馆藏文物

第三十六条 博物馆、图书馆和其他文物收藏单位对收藏的文物，必须区分文物等级，设置藏品档案，建立严格的管理制度，并报主管的文物行政部门备案。

县级以上地方人民政府文物行政部门应当分别建立本行政区域内的馆藏文物档案；国务院文物行政部门应当建立国家一级文物藏品档案和其主管的国有文物收藏单位馆藏文物档案。

第三十七条 文物收藏单位可以通过下列方式取得文物：

（一）购买；

（二）接受捐赠；

（三）依法交换；

（四）法律、行政法规规定的其他方式。

国有文物收藏单位还可以通过文物行政部门指定保管或者调拨方式取得文物。

第三十八条 文物收藏单位应当根据馆藏文物的保护需要，按照国家有关规定建立、健全管理制度，并报主管的文物行政部门备案。未经批准，任何单位或者个人不得调取馆藏文物。

文物收藏单位的法定代表人对馆藏文物的安全负责。国有文物收藏单位的法定代表人离任时，应当按照馆藏文物档案办理馆藏文物移交手续。

第三十九条 国务院文物行政部门可以调拨全国的国有馆藏文物。省、自治区、直辖市人民政府文物行政部门可以调拨本行政区域内其主管的国有文物收藏单位馆藏文物；调拨国有馆藏一级文物，应当报国务院文物行政部门备案。

国有文物收藏单位可以申请调拨国有馆藏文物。

第四十条 文物收藏单位应当充分发挥馆藏文物的作用，通过举办展览、科学研究等活动，加强对中华民族优秀的历史文化和革命传统的宣传教育。

国有文物收藏单位之间因举办展览、科学研

究等需借用馆藏文物的，应当报主管的文物行政部门备案；借用馆藏一级文物的，应当经省、自治区、直辖市人民政府文物行政部门批准，并报国务院文物行政部门备案。

非国有文物收藏单位和其他单位举办展览需借用国有馆藏文物的，应当报主管的文物行政部门批准；借用国有馆藏一级文物，应当经国务院文物行政部门批准。

文物收藏单位之间借用文物的最长期限不得超过三年。

第四十一条 已经建立馆藏文物档案的国有文物收藏单位，经省、自治区、直辖市人民政府文物行政部门批准，并报国务院文物行政部门备案，其馆藏文物可以在国有文物收藏单位之间交换；交换馆藏一级文物的，必须经国务院文物行政部门批准。

第四十二条 未建立馆藏文物档案的国有文物收藏单位，不得依照本法第四十条、第四十一条的规定处置其馆藏文物。

第四十三条 依法调拨、交换、借用国有馆藏文物，取得文物的文物收藏单位可以对提供文物的文物收藏单位给予合理补偿，具体管理办法由国务院文物行政部门制定。

国有文物收藏单位调拨、交换、出借文物所得的补偿费用，必须用于改善文物的收藏条件和收集新的文物，不得挪作他用；任何单位或者个人不得侵占。

调拨、交换、借用的文物必须严格保管，不得丢失、损毁。

第四十四条 禁止国有文物收藏单位将馆藏文物赠与、出租或者出售给其他单位、个人。

第四十五条 国有文物收藏单位不再收藏的文物的处置办法，由国务院另行制定。

第四十六条 修复馆藏文物，不得改变馆藏文物的原状；复制、拍摄、拓印馆藏文物，不得对馆藏文物造成损害。具体管理办法由国务院制定。

不可移动文物的单体文物的修复、复制、拍摄、拓印，适用前款规定。

第四十七条 博物馆、图书馆和其他收藏文物的单位应当按照国家有关规定配备防火、防盗、防自然损坏的设施，确保馆藏文物的安全。

第四十八条 馆藏一级文物损毁的，应当报国务院文物行政部门核查处理。其他馆藏文物损毁的，应当报省、自治区、直辖市人民政府文物行政部门核查处理；省、自治区、直辖市人民政府文物行政部门应当将核查处理结果报国务院文物行政部门备案。

馆藏文物被盗、被抢或者丢失的，文物收藏单位应当立即向公安机关报案，并同时向主管的文物行政部门报告。

第四十九条 文物行政部门和国有文物收藏单位的工作人员不得借用国有文物，不得非法侵占国有文物。

第五章　民间收藏文物

第五十条 文物收藏单位以外的公民、法人和其他组织可以收藏通过下列方式取得的文物：

（一）依法继承或者接受赠与；

（二）从文物商店购买；

（三）从经营文物拍卖的拍卖企业购买；

（四）公民个人合法所有的文物相互交换或者依法转让；

（五）国家规定的其他合法方式。

文物收藏单位以外的公民、法人和其他组织收藏的前款文物可以依法流通。

第五十一条 公民、法人和其他组织不得买卖下列文物：

（一）国有文物，但是国家允许的除外；

（二）非国有馆藏珍贵文物；

（三）国有不可移动文物中的壁画、雕塑、建筑构件等，但是依法拆除的国有不可移动文物中的壁画、雕塑、建筑构件等不属于本法第二十条第四款规定的应由文物收藏单位收藏的除外；

（四）来源不符合本法第五十条规定的文物。

第五十二条　国家鼓励文物收藏单位以外的公民、法人和其他组织将其收藏的文物捐赠给国有文物收藏单位或者出借给文物收藏单位展览和研究。

国有文物收藏单位应当尊重并按照捐赠人的意愿，对捐赠的文物妥善收藏、保管和展示。

国家禁止出境的文物，不得转让、出租、质押给外国人。

第五十三条　文物商店应当由国务院文物行政部门或者省、自治区、直辖市人民政府文物行政部门批准设立，依法进行管理。

文物商店不得从事文物拍卖经营活动，不得设立经营文物拍卖的拍卖企业。

第五十四条　依法设立的拍卖企业经营文物拍卖的，应当取得国务院文物行政部门颁发的文物拍卖许可证。

经营文物拍卖的拍卖企业不得从事文物购销经营活动，不得设立文物商店。

第五十五条　文物行政部门的工作人员不得举办或者参与举办文物商店或者经营文物拍卖的拍卖企业。

文物收藏单位不得举办或者参与举办文物商店或者经营文物拍卖的拍卖企业。

禁止设立中外合资、中外合作和外商独资的文物商店或者经营文物拍卖的拍卖企业。

除经批准的文物商店、经营文物拍卖的拍卖企业外，其他单位或者个人不得从事文物的商业经营活动。

第五十六条　文物商店销售的文物，在销售前应当经省、自治区、直辖市人民政府文物行政部门审核；对允许销售的，省、自治区、直辖市人民政府文物行政部门应当作出标识。

拍卖企业拍卖的文物，在拍卖前应当经省、自治区、直辖市人民政府文物行政部门审核，并报国务院文物行政部门备案。

第五十七条　文物商店购买、销售文物，拍卖企业拍卖文物，应当按照国家有关规定作出记录，并报原审核的文物行政部门备案。

拍卖文物时，委托人、买受人要求对其身份保密的，文物行政部门应当为其保密；但是，法律、行政法规另有规定的除外。

第五十八条　文物行政部门在审核拟拍卖的文物时，可以指定国有文物收藏单位优先购买其中的珍贵文物。购买价格由文物收藏单位的代表与文物的委托人协商确定。

第五十九条　银行、冶炼厂、造纸厂以及废旧物资回收单位，应当与当地文物行政部门共同负责拣选掺杂在金银器和废旧物资中的文物。拣选文物除供银行研究所必需的历史货币可以由人民银行留用外，应当移交当地文物行政部门。移交拣选文物，应当给予合理补偿。

第六章　文物出境进境

第六十条　国有文物、非国有文物中的珍贵文物和国家规定禁止出境的其他文物，不得出境；但是依照本法规定出境展览或者因特殊需要经国务院批准出境的除外。

第六十一条　文物出境，应当经国务院文物行政部门指定的文物进出境审核机构审核。经审核允许出境的文物，由国务院文物行政部门发给文物出境许可证，从国务院文物行政部门指定的口岸出境。

任何单位或者个人运送、邮寄、携带文物出境，应当向海关申报；海关凭文物出境许可证放行。

第六十二条　文物出境展览，应当报国务院文物行政部门批准；一级文物超过国务院规定数量的，应当报国务院批准。

一级文物中的孤品和易损品，禁止出境展览。

出境展览的文物出境，由文物进出境审核机构审核、登记。海关凭国务院文物行政部门或者国务院的批准文件放行。出境展览的文物复进境，由原文物进出境审核机构审核查验。

第六十三条　文物临时进境，应当向海关申报，并报文物进出境审核机构审核、登记。

临时进境的文物复出境，必须经原审核、登

记的文物进出境审核机构审核查验；经审核查验无误的，由国务院文物行政部门发给文物出境许可证，海关凭文物出境许可证放行。

第七章 法律责任

第六十四条 违反本法规定，有下列行为之一，构成犯罪的，依法追究刑事责任：

（一）盗掘古文化遗址、古墓葬的；

（二）故意或者过失损毁国家保护的珍贵文物的；

（三）擅自将国有馆藏文物出售或者私自送给非国有单位或者个人的；

（四）将国家禁止出境的珍贵文物私自出售或者送给外国人的；

（五）以牟利为目的倒卖国家禁止经营的文物的；

（六）走私文物的；

（七）盗窃、哄抢、私分或者非法侵占国有文物的；

（八）应当追究刑事责任的其他妨害文物管理行为。

第六十五条 违反本法规定，造成文物灭失、损毁的，依法承担民事责任。

违反本法规定，构成违反治安管理行为的，由公安机关依法给予治安管理处罚。

违反本法规定，构成走私行为，尚不构成犯罪的，由海关依照有关法律、行政法规的规定给予处罚。

第六十六条 有下列行为之一，尚不构成犯罪的，由县级以上人民政府文物主管部门责令改正，造成严重后果的，处五万元以上五十万元以下的罚款；情节严重的，由原发证机关吊销资质证书：

（一）擅自在文物保护单位的保护范围内进行建设工程或者爆破、钻探、挖掘等作业的；

（二）在文物保护单位的建设控制地带内进行建设工程，其工程设计方案未经文物行政部门同意、未报城乡建设规划部门批准，对文物保护单位的历史风貌造成破坏的；

（三）擅自迁移、拆除不可移动文物的；

（四）擅自修缮不可移动文物，明显改变文物原状的；

（五）擅自在原址重建已全部毁坏的不可移动文物，造成文物破坏的；

（六）施工单位未取得文物保护工程资质证书，擅自从事文物修缮、迁移、重建的。

刻划、涂污或者损坏文物尚不严重的，或者损毁依照本法第十五条第一款规定设立的文物保护单位标志的，由公安机关或者文物所在单位给予警告，可以并处罚款。

第六十七条 在文物保护单位的保护范围内或者建设控制地带内建设污染文物保护单位及其环境的设施的，或者对已有的污染文物保护单位及其环境的设施未在规定的期限内完成治理的，由环境保护行政部门依照有关法律、法规的规定给予处罚。

第六十八条 有下列行为之一的，由县级以上人民政府文物主管部门责令改正，没收违法所得，违法所得一万元以上的，并处违法所得二倍以上五倍以下的罚款；违法所得不足一万元的，并处五千元以上二万元以下的罚款：

（一）转让或者抵押国有不可移动文物，或者将国有不可移动文物作为企业资产经营的；

（二）将非国有不可移动文物转让或者抵押给外国人的；

（三）擅自改变国有文物保护单位的用途的。

第六十九条 历史文化名城的布局、环境、历史风貌等遭到严重破坏的，由国务院撤销其历史文化名城称号；历史文化城镇、街道、村庄的布局、环境、历史风貌等遭到严重破坏的，由省、自治区、直辖市人民政府撤销其历史文化街区、村镇称号；对负有责任的主管人员和其他直接责任人员依法给予行政处分。

第七十条 有下列行为之一，尚不构成犯罪的，由县级以上人民政府文物主管部门责令改正，可以并处二万元以下的罚款，有违法所得的，没收违法所得：

（一）文物收藏单位未按照国家有关规定配备防火、防盗、防自然损坏的设施的；

（二）国有文物收藏单位法定代表人离任时未按照馆藏文物档案移交馆藏文物，或者所移交的馆藏文物与馆藏文物档案不符的；

（三）将国有馆藏文物赠与、出租或者出售给其他单位、个人的；

（四）违反本法第四十条、第四十一条、第四十五条规定处置国有馆藏文物的；

（五）违反本法第四十三条规定挪用或者侵占依法调拨、交换、出借文物所得补偿费用的。

第七十一条 买卖国家禁止买卖的文物或者将禁止出境的文物转让、出租、质押给外国人，尚不构成犯罪的，由县级以上人民政府文物主管部门责令改正，没收违法所得，违法经营额一万元以上的，并处违法经营额二倍以上五倍以下的罚款；违法经营额不足一万元的，并处五千元以上二万元以下的罚款。

第七十二条 未经许可，擅自设立文物商店、经营文物拍卖的拍卖企业，或者擅自从事文物的商业经营活动，尚不构成犯罪的，由工商行政管理部门依法予以制止，没收违法所得、非法经营的文物，违法经营额五万元以上的，并处违法经营额二倍以上五倍以下的罚款；违法经营额不足五万元的，并处二万元以上十万元以下的罚款。

第七十三条 有下列情形之一的，由工商行政管理部门没收违法所得、非法经营的文物，违法经营额五万元以上的，并处违法经营额一倍以上三倍以下的罚款；违法经营额不足五万元的，并处五千元以上五万元以下的罚款；情节严重的，由原发证机关吊销许可证书：

（一）文物商店从事文物拍卖经营活动的；

（二）经营文物拍卖的拍卖企业从事文物购销经营活动的；

（三）文物商店销售的文物、拍卖企业拍卖的文物，未经审核的；

（四）文物收藏单位从事文物的商业经营活动的。

第七十四条 有下列行为之一，尚不构成犯罪的，由县级以上人民政府文物主管部门会同公安机关追缴文物；情节严重的，处五千元以上五万元以下的罚款：

（一）发现文物隐匿不报或者拒不上交的；

（二）未按照规定移交拣选文物的。

第七十五条 有下列行为之一的，由县级以上人民政府文物主管部门责令改正：

（一）改变国有未核定为文物保护单位的不可移动文物的用途，未依照本法规定报告的；

（二）转让、抵押非国有不可移动文物或者改变其用途，未依照本法规定备案的；

（三）国有不可移动文物的使用人拒不依法履行修缮义务的；

（四）考古发掘单位未经批准擅自进行考古发掘，或者不如实报告考古发掘结果的；

（五）文物收藏单位未按照国家有关规定建立馆藏文物档案、管理制度，或者未将馆藏文物档案、管理制度备案的；

（六）违反本法第三十八条规定，未经批准擅自调取馆藏文物的；

（七）馆藏文物损毁未报文物行政部门核查处理，或者馆藏文物被盗、被抢或者丢失，文物收藏单位未及时向公安机关或者文物行政部门报告的；

（八）文物商店销售文物或者拍卖企业拍卖文物，未按照国家有关规定作出记录或者未将所作记录报文物行政部门备案的。

第七十六条 文物行政部门、文物收藏单位、文物商店、经营文物拍卖的拍卖企业的工作人员，有下列行为之一的，依法给予行政处分，情节严重的，依法开除公职或者吊销其从业资格；构成犯罪的，依法追究刑事责任：

（一）文物行政部门的工作人员违反本法规定，滥用审批权限、不履行职责或者发现违法行为不予查处，造成严重后果的；

（二）文物行政部门和国有文物收藏单位的

工作人员借用或者非法侵占国有文物的；

（三）文物行政部门的工作人员举办或者参与举办文物商店或者经营文物拍卖的拍卖企业的；

（四）因不负责任造成文物保护单位、珍贵文物损毁或者流失的；

（五）贪污、挪用文物保护经费的。

前款被开除公职或者被吊销从业资格的人员，自被开除公职或者被吊销从业资格之日起十年内不得担任文物管理人员或者从事文物经营活动。

第七十七条 有本法第六十六条、第六十八条、第七十条、第七十一条、第七十四条、第七十五条规定所列行为之一的，负有责任的主管人员和其他直接责任人员是国家工作人员的，依法给予行政处分。

第七十八条 公安机关、工商行政管理部门、海关、城乡建设规划部门和其他国家机关，违反本法规定滥用职权、玩忽职守、徇私舞弊，造成国家保护的珍贵文物损毁或者流失的，对负有责任的主管人员和其他直接责任人员依法给予行政处分；构成犯罪的，依法追究刑事责任。

第七十九条 人民法院、人民检察院、公安机关、海关和工商行政管理部门依法没收的文物应当登记造册，妥善保管，结案后无偿移交文物行政部门，由文物行政部门指定的国有文物收藏单位收藏。

第八章 附则

第八十条 本法自公布之日起施行。

拍卖监督管理办法

2001 年 1 月 15 日国家工商行政管理局令第 101 号公布

根据 2013 年 1 月 5 日国家工商行政管理总局令第 59 号修订

发文单位：国家工商行政管理总局

生效时间：2013 年 3 月 1 日

第一条 为了规范拍卖行为，维护拍卖秩序，保护拍卖活动各方当事人的合法权益，根据《中华人民共和国拍卖法》等法律法规，制定本办法。

第二条 拍卖企业、委托人、竞买人及其他参与拍卖活动的当事人在拍卖活动中应当遵守有关法律法规和本办法，遵循公开、公平、公正、诚实信用的原则。

第三条 工商行政管理机关依照《中华人民共和国拍卖法》等法律法规和本办法对拍卖企业及拍卖企业进行的拍卖活动实施监督管理，主要职责是：

（一）依法对拍卖企业进行登记注册；

（二）依法对拍卖企业、委托人、竞买人及其他参与拍卖活动的当事人进行监督管理；

（三）依法查处违法拍卖行为；

（四）法律法规及规章规定的其他职责。

第四条 设立拍卖企业应当依照《中华人民共和国拍卖法》、《中华人民共和国公司法》等法律法规的规定，经有关部门审核许可，并向工商行政管理机关申请登记，领取营业执照。

第五条 拍卖企业举办拍卖活动，应当于拍卖日前到拍卖活动所在地工商行政管理机关备案，备案内容如下：

（一）拍卖企业营业执照复印件；

（二）拍卖会名称、时间、地点；

（三）主持拍卖的拍卖师资格证复印件；

（四）拍卖公告发布的日期和报纸或者其他新闻媒介、拍卖标的展示日期；

（五）拍卖标的清单。

拍卖企业应当在拍卖活动结束后 7 日内，将竞买人名单、成交清单及拍卖现场完整视频资料或者经当事人签字确认的拍卖笔录，送拍卖活动所在地工商行政管理机关备案。

具备条件的工商行政管理机关可以通过互联网受理拍卖活动的备案材料。

第六条 工商行政管理机关对拍卖企业的备案材料保存期限应当不少于 5 年。

第七条 拍卖企业应当按照《中华人民共和国拍卖法》的规定于拍卖日 7 日前发布拍卖公告。拍卖企业应当在拍卖前展示拍卖标的，拍卖标的的展示时间不得少于 2 日。

第八条 拍卖企业应当在拍卖现场公布工商行政管理机关的监督电话。工商行政管理机关实施现场监管的，拍卖企业应当向到场监督人员提供有关资料及工作条件。

第九条 拍卖企业不得有下列行为：

（一）采用财物或者其他手段进行贿赂以争揽业务；

（二）利用拍卖公告或者其他方法，对拍卖标的作引人误解的虚假宣传；

（三）捏造、散布虚假事实，损害其他拍卖企业的商业信誉；

（四）以不正当手段侵犯他人的商业秘密；

（五）拍卖企业及其工作人员以竞买人的身份参与自己组织的拍卖活动，或者委托他人代为竞买；

（六）在自己组织的拍卖活动中拍卖自己的物品或者财产权利；

（七）雇佣非拍卖师主持拍卖活动；

（八）其他违反法律法规及规章的行为。

第十条 委托人在拍卖活动中不得参与竞买或者委托他人代为竞买。

第十一条 竞买人之间不得有下列恶意串通行为：

（一）相互约定一致压低拍卖应价；

（二）相互约定拍卖应价；

（三）相互约定买受人或相互约定排挤其他竞买人；

（四）其他恶意串通行为。

第十二条 竞买人与拍卖企业之间不得有下列恶意串通行为：

（一）私下约定成交价；

（二）拍卖企业违背委托人的保密要求向竞买人泄露拍卖标的保留价；

（三）其他恶意串通行为。

第十三条 拍卖企业、委托人、竞买人不得拍卖或者参与拍卖国家禁止买卖的物品或者财产权利。

第十四条 拍卖企业不得以委托人、竞买人、买受人要求保密等为由，阻碍监督检查。拍卖企业认为向工商行政管理机关报送的材料有保密内容的，应注明“保密”字样并密封。

第十五条 违反本办法第四条规定，未经许可登记设立拍卖企业的，由工商行政管理机关依照《中华人民共和国拍卖法》第六十条规定处罚。

第十六条 拍卖企业违反本办法第七条、第八条规定的，由工商行政管理机关予以警告，可处1万元以下的罚款。

第十七条 拍卖企业违反本办法第五条、第九条第三项、第七项规定的，由工商行政管理机关予以警告，并处1万元以下的罚款。

第十八条 拍卖企业违反本办法第九条第一项、第二项和第四项规定的，由工商行政管理机关分别依照《中华人民共和国反不正当竞争法》第二十二条、第二十四条、第二十五条的有关规定处罚。拍卖企业违反本办法第九条第五项、第六项规定的，由工商行政管理机关分别依照《中华人民共和国拍卖法》第六十二条、第六十三条的有关规定处罚。

第十九条 拍卖企业、委托人、竞买人违反本办法第十条、第十一条、第十二条规定的，由工商行政管理机关依照《中华人民共和国拍卖法》第六十四条、第六十五条的有关规定处罚。

第二十条 工商行政管理机关工作人员对在执行公务中获知的有关拍卖企业、委托人、竞买人要求保密的内容或者法律法规规定应当保密的内容，应当依照保密规定为其保密；造成泄密的，依照规定处理。

第二十一条 本办法自2013年3月1日起施行。2001年1月15日国家工商行政管理局令第101号公布的《拍卖监督管理暂行办法》同时废止。

1949年后已故著名书画家作品限制出境鉴定标准（第二批）

发文单位：国家文物局
发文时间：2013年2月4日
生效时间：2013年2月4日

为了保护国家文化遗产，加强管理，下列已故著名书画家相关作品列入文物出境限制范围，作为对2001年颁发的《1949年后已故著名书画家作品限制出境的鉴定标准》的补充：

一、作品一律不准出境者（1人）

吴冠中

二、作品原则上不准出境者（2人）

关山月　陈逸飞

三、代表作不准出境者（21人）

于希宁　王朝闻　白雪石　亚明　刘旦宅　刘炳森　许麟庐　启功　张仃　宗其香　郑乃珖　彦涵　娄师白　黄苗子　萧淑芳　崔子范　程十发　蔡若虹　黎雄才　潘絜兹　魏紫熙

国家重点文物保护专项补助资金管理办法

发文单位：中华人民共和国财政部、国家文物局
发文时间：2013 年 6 月 9 日
生效时间：2013 年 6 月 9 日

第一章 总 则

第一条 为了规范和加强国家重点文物保护专项补助资金（以下简称“专项资金”）的管理与使用，提高资金使用效益，根据《中华人民共和国预算法》、《中华人民共和国文物保护法》等法律法规和财政管理有关规定，结合文物保护工作的实际，制定本办法。

第二条 专项资金是中央财政为支持全国重点文物保护工作、促进文物事业发展而设立的具有专门用途的补助资金。专项资金的年度预算，根据国家重点文物保护工作总体规划、年度工作计划及中央财政财力情况确定。

第三条 专项资金的管理与使用坚持“规划先行、保障重点、中央补助、分级负责”的原则。专项资金用于补助地方的，适当向民族地区、边远地区、贫困地区倾斜。

第四条 专项资金实行项目管理。财政部和国家文物局共同建立专项资金项目库。

第五条 专项资金的管理和使用应当严格执行国家法律法规和财务规章制度，并接受财政、审计、文物等部门的监督和检查。

第二章 补助范围和支出内容

第六条 专项资金的补助范围主要包括：

（一）全国重点文物保护单位保护。主要用于国务院公布的全国重点文物保护单位的维修、保护与展示，包括：保护规划和方案编制，文物本体维修保护，安防、消防、防雷等保护性设施建设，陈列展示，维修保护资料整理和报告出版等。对非国有的全国重点文物保护单位，可在其项目完成并经过评估验收后，申请专项资金给予适当补助。

（二）大遗址保护。主要用于国家文物局、财政部批准的大遗址保护项目，包括：大遗址保护的前期测绘、考古勘查和规划设计方案编制，本体或载体的维修保护，安防、消防、防雷等保护性设施建设，文物本体保护范围内的保存环境治理，陈列展示，维修保护资料整理和报告出版以及保护管理体系建设等。

（三）世界文化遗产保护。主要用于列入联合国教科文组织世界文化遗产名录项目的保护，包括：世界文化遗产的文物本体维修保护，安防、消防、防雷等保护性设施建设，陈列展示以及世界文化遗产监测管理体系建设等。

（四）考古发掘。主要用于国家文物局批准的考古（含水下考古）发掘项目，包括：考古调查、勘探和发掘，考古资料整理以及报告出版，重要

考古遗迹现场保护以及重要出土（出水）文物现场保护与修复等。

（五）可移动文物保护。主要用于国有文物收藏单位馆藏一、二、三级珍贵文物的保护，包括：预防性保护，保护方案设计，文物技术保护（含文物本体修复），数字化保护，资料整理以及报告出版等。

（六）财政部和国家文物局批准的其他项目。

第七条 专项资金支出内容包括：

（一）文物维修保护工程支出，主要包括勘测费、规划及方案设计费、材料费、燃料动力费、设备费、施工费、监理费、劳务费、测试化验加工费、管理费以及资料整理和报告出版费等。

（二）文物考古调查、发掘支出，主要包括调查勘探费、测绘费、发掘费、发掘现场安全保卫费、青苗补偿费、劳务费、考古遗迹现场保护费、出土（出水）文物保护与修复费以及资料整理和报告出版费等。

（三）文物安防、消防及防雷等保护性工程支出，主要包括规划及方案设计费、材料费、设备费、劳务费、施工费、监理费以及资料整理和报告出版费等。

（四）文物技术保护支出，主要包括方案设计费、测试化验加工费、材料费、设备费、劳务费、专家咨询费以及资料整理和报告出版费等。

（五）文物陈列布展支出，主要包括方案设计费、材料费、设备费、劳务费、施工费、监理费、专家咨询费以及资料整理和报告出版费等。

（六）文物保护管理体系建设支出，主要包括规划及方案设计费、专项调研费等。

（七）其他文物保护支出。

第八条 专项资金补助范围不包括：征地拆迁、基本建设、日常养护、应急抢险、超出文物本体保护范围的环境整治支出、文物征集以及中央与地方共建国家级重点博物馆的各项支出。

第九条 专项资金不得用于支付各种罚款、捐款、赞助、投资等支出，不得用于各种工资福利性支出，不得用于偿还债务，不得用于国家规定禁止列入的其他支出。

第三章 申报与审批

第十条 专项资金申报与审批实行项目库管理制度。项目库分为三类，即总项目库、备选项目库和实施项目库。

纳入国家中长期文物保护规划或年度计划，并按照规定由国家文物局同意立项或批复保护方案的项目构成总项目库。

总项目库中已经申报专项资金预算并通过财政部和国家文物局预算控制数评审的项目列入备选项目库。

备选项目库中财政部批复下达专项资金预算并予以实施的项目列入实施项目库。

第十一条 列入总项目库的项目实施单位应当按照属地管理的原则，根据文物行政部门批复意见制定或者修改完善保护方案并组织开展文物保护工作。资金筹集确有困难的，可以按照本办法规定申报专项资金预算。

第十二条 项目实施单位应当按照要求填报《国家重点文物保护专项补助资金申请书》和文物保护项目预（概）算文本，根据行政隶属关系和规定程序逐级申报。其中：

（一）项目实施单位隶属于中央部门的，应当逐级报送至中央主管部门审核同意后，报财政部和国家文物局。

（二）项目实施单位隶属于地方的，应当逐级报送至省级财政部门和省级文物行政部门共同进行审核汇总后，报财政部和国家文物局。项目实施单位主管部门属于非文物系统的，应当由其主管部门审核同意后报同级财政部门和文物部门，由财政部门和文物部门逐级上报。

（三）项目实施单位为非国有的，应当逐级报送至所在地方省级财政部门和省级文物行政部门，由省级财政部门联合省级文物行政部门对文物保护项目完成情况进行评估验收后，报财政部和国家文物局。

凡越级上报的一律不予受理。

第十三条 中央有关部门、省级财政部门和省级文物行政部门应当认真审核填报《国家重点文物保护专项补助资金申报汇总表》，将专项资金预算申请材料报送财政部和国家文物局。

如项目涉及国土资源、城乡规划、环境保护、水利及产业发展规划的，报送前应当获得相关部门批准。

第十四条 财政部和国家文物局负责组织项目资金预算控制数指标评审工作，具体评审工作由双方共同委托第三方中介机构或专家组开展。评审过程中可以根据需要对项目实施单位申报信息进行现场核查。

第十五条 财政部和国家文物局对中介机构或专家组提交的项目资金预算控制数指标评审意见进行审核确认，将审核通过的项目列入备选项目库，并通知中央有关部门、省级财政部门和省级文物行政部门。

第十六条 中央有关部门、省级财政部门和文物行政部门应当对列入备选项目库的项目按照重要性和损毁程度，区分轻重缓急进行排序，根据项目预算控制数指标评审意见，填报《20XX年度国家重点文物保护专项补助资金申请表》并提交申请报告，于每年4月30日前报送财政部和国家文物局。

第十七条 国家文物局依据国家有关方针政策和项目的轻重缓急，结合有关部门和地方文物保护工作情况，对申报项目进行合理排序，提出纳入实施项目库的项目建议报财政部。

第十八条 财政部根据国家文物局建议，综合考虑年度专项资金预算情况、项目预算控制数指标评审情况、部门和地方专项资金申请情况及其财力状况，审核确定当年专项资金预算分配方案，按照规定分别下达中央有关部门和省级财政部门并抄送国家文物局，同时会同国家文物局将相关项目列入实施项目库。

第四章 资金管理

第十九条 中央有关部门和省级财政部门收到财政部下达的专项资金预算通知后，应当及时将专项资金预算逐级下达至项目实施单位，地方财政部门应当及时将预算下达情况抄送同级文物行政部门和相关主管部门。

第二十条 专项资金支付应当按照国库集中支付有关规定执行。

第二十一条 项目实施单位应当严格按照批准的专项资金补助范围和支出内容安排使用专项资金。如遇特殊情况，需要调整补助范围和支出内容的，应当逐级报送至中央有关部门、省级财政部门和省级文物行政部门审核同意后，报财政部和国家文物局批准。

第二十二条 专项资金的各项支出应当严格执行国家有关财务规章制度规定的开支范围及开支标准。

第二十三条 专项资金支出过程中按照规定需要实行政府采购的，按照《政府采购法》等有关规定执行。

第二十四条 专项资金的结转和结余管理，按照财政部关于财政拨款结转和结余管理规定执行。已纳入实施项目库的项目，从专项资金下达之日起超过两年仍未实施的，财政部和国家文物局应当对该项目予以注销，收回已拨付资金或者调整用于其他文物保护项目。

第二十五条 国有项目实施单位使用专项资金形成的资产属于国有资产，其管理、使用和处置按照国家国有资产管理的有关规定执行。知识产权、专利等无形资产的管理，应当按照国家相关知识产权和专利法律法规执行。专项研究成果（含专著、论文、研究报告、总结、鉴定证书及成果报道等），均应注明“国家重点文物保护专项补助资金项目”和项目编号。

第二十六条 专项资金实行年度财务报告制度。项目实施单位在项目实施年度终了后，应当按照规定程序向中央有关部门、省级财政部门和文物行政部门报送《20XX年度国家重点文物保护专项补助资金项目决算表》。中央有关部门、省级财政部门和文物行政部门对专项资金决算进行审核、汇总，于每年 3 月 31 日前，将上年度《20XX 年度国家重点文物保护专项补助资金项目决算汇总表》分别报送财政部和国家文物局。

第二十七条　专项资金实行结项财务验收制度。项目实施完毕后，项目实施单位应当按照要求编制《国家重点文物保护专项补助资金结项财务验收表》和项目决算报告，在 6 个月内向中央有关部门、省级财政部门和文物行政部门提出财务验收申请，经中央有关部门、省级财政部门和文物行政部门审核后，分别报送财政部和国家文物局备案。中央有关部门、省级财政部门和文物行政部门应当组织专家或委托第三方机构对项目进行财务验收。财务验收可以结合工程验收一并进行。

涉及国家文化安全或具有重大社会影响和示范价值的重点项目，财政部和国家文物局可以直接组织专家或委托第三方机构进行财务验收。

第二十八条　对于未通过财务验收的项目，项目实施单位应当根据财务验收意见进行整改，在一个月内重新提出财务验收申请，按规定程序再次报请验收。如再次不能通过，中央有关部门、省级财政部门和文物行政部门应当报告财政部和国家文物局按照有关规定进行处理。

第二十九条　项目通过财务验收后，项目实施单位应当在一个月内及时办理财务结账手续。

第五章　监督检查

第三十条　财政部、国家文物局负责对专项资金管理使用情况进行监督检查和绩效评价，必要时可以委托财政部驻各地财政监察专员办事处或中介机构实施。检查或评价结果作为以后年度专项资金预算安排的重要参考依据。

第三十一条　中央有关部门、地方各级财政部门和文物行政部门应当按照各自职责，建立健全专项资金管理使用的监督检查机制和绩效评价制度。项目实施单位应当建立健全内部监督约束机制，确保专项资金管理和使用安全、规范。

第三十二条　凡有下列行为之一，财政部和国家文物局给予通报批评、停止拨款、暂停核批新项目、收回专项资金等处理，并依照《财政违法行为处罚处分条例》等国家有关规定追究法律责任。涉嫌犯罪的，依法移送司法机关处理。

（一）编报虚假预算，套取国家财政资金；

（二）截留、挤占、挪用专项资金；

（三）违反规定转拨、转移专项资金；

（四）提供虚假财务会计资料；

（五）擅自变更补助范围和支出内容；

（六）未按规定处理专项资金购置的固定资产和成批施工材料；

（七）因管理不善，给国家财产和资金造成损失和浪费；

（八）不按期报送专项资金年度决算、财务验收报告和报表；

（九）其他违反国家财经纪律的行为。

第六章　附则

第三十三条　本办法自发布之日起实施。财政部和国家文物局制定发布的《国家重点文物保护专项补助经费使用管理办法》（财教〔2001〕351 号）和《大遗址保护专项经费管理办法》（财教〔2005〕135 号）同时废止。

文化市场行政审批规范化建设示范标准

发文单位：中华人民共和国文化部
发文时间：2013 年 7 月 31 日
生效时间：2013 年 7 月 31 日

第一章　总体目标

第一条 示范目的 为进一步提高文化市场行政审批规范化水平，提升服务效能，根据《中华人民共和国行政许可法》及文化市场相关法律、法规和规章的规定制定本示范标准。

第二条 职责法定 制度健全，职责明确，做到职权法授、程序法定、行为法限、责任法究。

第三条 公开透明 遵循公开透明、规范合法、公平公正的原则，做到审批程序标准化、过程透明化、行为可监督、结果可核查。

第四条 便民高效 文化行政部门参照本示范标准，为公民、法人或者其他组织提供优质服务。

第五条 能力提升 文化行政部门参照本示范标准，实施岗位培训和绩效考核，提升文化市场管理人员履职能力。

第二章　审批程序

第六条 接受申请 文化行政部门接受通过信函、电报、电传、传真、电子数据交换和电子邮件等方式提出的行政申请，并为申请人提供申请书格式文本等服务。推广利用网络平台为申请人提供在线申请，但依法应当由申请人到行政机关办公场所提出行政申请的除外。

第七条 受理 文化行政部门对申请人提出的行政审批申请，根据下列情况分别作出处理：

（一）申请事项属于本行政机关审批职权范围，申请材料齐全、符合法定形式的，予以受理并出具书面凭证；

（二）申请事项属于本行政机关审批职权范围，申请材料存在可以当场更正的错误的，告知申请人当场更正；申请材料不齐全或者不符合法定形式，当场或者自接收申请材料 5 日内一次性告知申请人需要补正的全部内容，出具补正告知书；逾期不告知的，自收到申请材料之日起即为受理；

（三）申请事项依法不属于本行政机关审批职权范围的，即时作出不予受理的决定，出具书面凭证，并告知申请人向有关行政机关申请；

（四）申请事项依法不需要审批的，即时告知申请人。

第八条 办理 文化行政部门根据下列情况办理审批事项：

（一）程序简单，申请人提供的申请材料齐全、符合法定形式的，当场给予办理；

（二）需要审核或者需要实地检查无法当场办理的申请事项，在法定时限内办理；由于特殊原因需要延期办理的，应当经本部门负责人批准，延长办理期限不得超过10日，延长期限的理由应当书面告知申请人；

（三）本级办理后还需要报上级审批的事项，在法定时限内完成本级业务办理，并将审查意见和全部申请材料报送上级部门，上级部门不再要求申请人重复提供申请材料。

第九条 实地检查 对于需要实地检查后才能作出决定的审批事项，文化行政部门应当自受理申请之日起5日内，指派2名以上审批人员实地检查，对场所的位置、周边环境、面积等情况进行逐一核验，制作实地检查书面意见。符合条件的，应当在办公场所及拟设立场所显著位置公示10日。

第十条 内容审核 文化产品内容审核，应当由2名以上审批人员负责。对于难以界定的，可以采取专家咨询、行政决定相结合的工作方式，也可以提请上级部门进行复核。选择专家应当考虑专业性、代表性。

第十一条 规划制定 对有总量和布局等规划要求的审批事项，应当依据本地区的人口总量、人口构成、地域面积、市场基础、消费需求等因素科学制定规划，并公开征求意见。

规划应当向社会公布，有总量限制的，及时公布余额。文化行政部门根据受理申请的先后顺序作出决定，法律、行政法规另有规定的，从其规定。

第十二条 听证 对依法应当听证的审批事项，文化行政部门应当组织听证：

（一）应当在办公场所及拟设立场所进行公示，告知申请人、利害关系人享有要求听证的权利。申请人、利害关系人没有申请听证的，文化行政部门依法作出行政审批决定；

（二）申请人、利害关系人在被告知听证权利之日起5日内提出听证申请的，文化行政部门应当在20日内组织听证，并于举行听证的7日前将听证的时间、地点书面形式通知申请人、利害关系人；

（三）负责该审批项目的审批人员不作为听证主持人，申请人、利害关系人认为主持人与该审批事项有直接利害关系的，有权申请回避；

（四）听证应当公开举行，并在听证结束后2日内制作听证笔录，文化行政部门根据听证笔录，作出行政审批决定。听证所需时间不计入行政审批时限内，文化行政部门应当将听证所需时间书面告知申请人。

第十三条 决定 作出准予行政审批决定的，应当向申请人颁发加盖本行政部门印章的行政审批证件；作出不予行政审批决定的，应当说明理由、依据，并告知申请人享有依法申请行政复议或者提起行政诉讼的权利。

第十四条 送达 文化行政部门应当将准予或不予行政审批的书面决定，自作出决定之日起10日内送达申请人。

第十五条 结果公开 文化行政部门作出的行政审批决定，自决定之日起2日内在本部门门户网站或指定网站予以公开。

第十六条 变更 对于变更审批事项的，符合法定条件、标准的，依法办理变更手续；对于延续有效期的，在有效期届满30日前，文化行政部门可以提示申请人，在有效期届满前完成延续手续；对于申请延续，文化行政部门逾期未作出决定的，视为准予延续。

第十七条 撤销 有下列情形之一的，依法撤销行政审批决定，书面告知申请人并说明理由：

（一）审批人员滥用职权，玩忽职守作出行政审批决定的；

（二）超越法定职权作出行政审批决定的；

（三）违反法定程序作出行政审批决定的；

（四）对不具备申请资格或者不符合法定条件的申请人作出行政审批决定的；

（五）提交虚假材料或者以欺骗等不正当手段获得批准的；

（六）依法可以撤销行政审批决定的其他情形。

第十八条 注销 有下列情形之一的，依法办理注销手续并向社会公告：

（一）行政审批有效期届满未延续的；

（二）法人或者其他组织依法终止的；

（三）行政审批依法被撤销、撤回，或者证照依法被吊销的；

（四）因不可抗力导致行政审批事项无法实施的；

（五）依法可以注销行政审批决定的其他情形。

第十九条 案卷管理 建立行政审批案卷管理制度，行政审批事项办结后，将审批材料按照档案管理制度存档。

案卷档案内容包括：申请材料，受理或者不予受理通知书，审查、核查材料，公示、听证材料，批准或者不予批准决定等，并注明案卷号、承办人、承办时间。

第三章 行政服务

第二十条 岗位服务 根据实际需要，科学合理设定工作岗位，有条件的，建立 AB 岗工作制度，制定岗位服务标准，明确每个岗位的职责权限和工作要求，保证审批工作不间断、不拖延。

第二十一条 政务公开 依法向社会公开行政审批事项、法律依据、审批条件、办理程序、法定时限、布局规划、全部审批材料目录和申请书示范文本，公示办理结果、联系方法及投诉举报监督方式（电话、网站、邮箱等），自觉接受社会监督。

第二十二条 一次性告知 履行一次性告知义务，包括办事依据、程序、条件和应提交的材料。主动提供审批格式文本等便民服务，不得要求申请人提交与申请事项无关的材料。

第二十三条 限时办结 对符合规定、手续齐全的审批事项，应当在法定时限内办结。文化行政部门可以根据实际情况对法定时限进行合理缩减。

第二十四条 首问负责 接受咨询、办理审批事项的首位工作人员为首问责任人。首问责任人应当认真解答咨询事项，属于本岗位职责的，依法受理、办理；属于其他岗位职责的，负责领办、导办。

第二十五条 主办负责 办理审批事项的人员或者部门为主办责任人。主办责任人应当全程跟踪协调，保证审批事项的办理效率和时限。

第二十六条 超时默许 对符合法定条件的审批事项，在法定时限内不作出决定，又没有通知申请人延长时限的，视为批准该申请。

第二十七条 行政指导 有下列情形之一的，应当提供行政指导：

（一）咨询事项为法律法规依据、设立程序等内容的，应当即时告知申请人；

（二）咨询事项为拟设立场所，需要文化行政部门现场指导的，应当自收到筹建咨询申请之日起 10 日内到现场指导，行政指导意见作为申请人设立场所的参考，申请人要求出具书面意见的，可出具行政指导意见书；

（三）行政指导环节不计入行政审批时限，行政指导意见不作为行政审批决定依据。

第二十八条 审批核查 文化行政部门应当对已审批事项进行核查，重点核查以下内容：

（一）审批证件载明事项是否变更；

（二）场所面积、设备设施等条件是否减至准入标准以下，文化产品内容或经营活动是否与批准的一致；

（三）审批证件是否过期。

第二十九条 信息服务 依法及时发布审批信息，定期发布分析研究成果，为行业和社会提供市场指引等信息服务。

第四章 履职能力

第三十条 知识素养 审批人员应当熟悉文化市场管理法规，掌握开展工作所必需的文化艺术、经济管理、历史、宗教及行政管理等方面的知识，把握文化市场发展规律与趋势。

第三十一条 依法行政 审批人员应当具备以下依法行政能力：

（一）具备法律素养，依法行使审批权力；

（二）具有证据意识、程序观念、责任意识和服务意识；

（三）有应急处置和沟通协调能力，妥善使用调解、和解等方式解决行政争议；

（四）有行政指导能力，在职责范围内恰当地采取指导、劝告、建议等方法为申请人提供服务。

第三十二条 业务技能 审批人员应当具备以下业务技能：

（一）熟悉文化市场行政审批程序、条件和标准，快速准确办理审批事项；

（二）具备文化产品内容审核能力；

（三）具备统计分析能力，对审批相关信息进行搜集、处理、分析和研究。

第三十三条 培训权利 审批人员有自主学习业务的义务、接受岗位培训的权利：

（一）新任审批人员应当接受系统的业务培训；

（二）在岗审批人员每2年至少接受一次岗位培训；

（三）文化行政部门应当为审批人员业务培训创造条件，保障学习时间。

第三十四条 标准适用 本标准为文化市场行政审批规范化建设的示范性标准，文化部将根据本标准细化行政审批规范化建设评估指标，并根据政策法规的调整和市场发展的趋势对本标准进行动态更新。

文化部关于全国文化市场技术监管与服务平台建设的实施意见

发文单位：中华人民共和国文化部
发文时间：2013 年 3 月 11 日
生效时间：2013 年 3 月 11 日

各省、自治区、直辖市文化厅（局），北京市、天津市、上海市、重庆市、西藏自治区文化市场行政执法总队：

为不断提升文化市场管理和服务水平，推进全国文化市场技术监管与服务平台建设，确保文化市场健康有序地发展。现就全国文化市场技术监管和服务平台建设的实施工作提出以下意见。

一、以科学发展观为指导，深入贯彻党的“十八大”精神，落实《国家“十二五”文化改革发展规划纲要》，优化和整合文化市场信息化建设资源，提升文化市场政策调节、社会管理和公共服务的效率和水平，用信息化建设促进文化市场管理的规范化，为社会主义文化大发展大繁荣提供强有力的技术保障。

二、坚持统一规划、统筹协调的原则，按照“一体化”的应用理念进行顶层设计，构建统一高效的文化市场管理信息系统架构；坚持突出重点、分步实施的原则，明确总体目标和阶段任务，合理安排，稳步推进；坚持统一管理、分级部署的原则，明确文化部和地方的职责分工，各司其职，各尽其责；坚持自主可控、综合防范的原则，完善信息安全保障措施，增强信息安全保障能力，确保文化市场管理信息系统安全。

三、依托信息网络技术，通过信息化促进管理流程的规范与管理业务的衔接，通过网络化实现管理协同和信息共享。用五年左右的时间，逐步建成支撑全国文化市场各门类业务的核心应用，形成全国文化市场统一的信息共享平台，统一的业务关联平台，统一的应用集成平台和统一的技术支撑平台，全面推进文化市场行政管理和综合执法的规范化、专业化和信息化。

四、全国文化市场技术监管与服务平台的总体框架是：建立统一的文化市场服务门户，开发市场准入、动态监管、综合执法、公共服务和辅助决策五大业务应用系统，建设全国文化市场统一的文化市场信息资源库，搭建一个统一的服务支撑环境，强化信息安全和运维服务保障体系。

五、通过实施全国文化市场技术监管与服务平台的建设，及时发现并妥善解决制约文化市场大繁荣大发展的政策瓶颈。进一步优化行政审批程序，规范文化市场管理流程；加大文化市场政务公开和信息公开的力度，防范文化市场管理风险，预防不作为、乱作为的行政行为；推动文化市场管理组织建设和优化，提高文化市场公共服务水平；完善文化市场管理量化考核指标，加大文化市场政策评估力度，提升文化市场管理决策水平。

六、全国文化市场技术监管与服务平台建设

必须遵循和参照国家电子政务信息化建设标准，结合文化市场管理特点制订由基本术语、主题词表、标准化指南、标准规范分类体系等组成的总体规范；制订业务需求定义和应用系统开发的业务模型规范；制订指导文化市场各级业务管理数据的构建与应用的数据规范；制订技术支撑与保障的应用开发规范；制订提供全国文化市场技术监管与服务平台建设规范管理手段和措施的管理标准，形成完善的管理标准化体系，为全国文化市场应用衔接和信息共享提供技术和环境保障。

七、推进文化市场准入系统建设，完善娱乐、演出、艺术品、网络文化等市场门类的主体设立、内容审查、活动审批、产品标识等功能，实现文化行政部门与综合执法机构之间、文化行政部门与相关业务管理部门之间、文化行政部门上下级之间的信息共享，提升宏观管理能力。

八、完善网吧监管功能和技术封堵措施，防止非法文化产品的传播；开发网吧上网时长管理系统，提示消费者健康上网；采取网络爬虫、数字水印等数字识别和物联网技术手段，对违法违规的网络游戏、网络音乐、网络动漫等经营行为进行实时动态监测和主动防范；利用音视频及电子标签识别技术，加强对营业性演出活动及电子游戏机型机种监管；开发演出票务监管系统；论证并开发网络游戏虚拟道具、虚拟货币监管系统，多方位监管网络游戏运营活动；建设文化市场应急指挥系统，综合运用地理信息系统和移动办公系统，提高对文化市场突发事件的应急处置能力。

九、全面应用文化市场综合执法办公系统，实现举报处理、日常检查、案件办理、培训考试、执法考评等业务的管理信息化；开发移动执法办公系统，探索利用移动互联网、地理信息系统及通讯终端设备，现场完成举报核查、日常检查、当场处罚及调查取证等执法办案流程，实现执法数据的实时调用、传送、查询和统计等，为应急指挥、人员调度等提供决策依据。

十、加强文化市场门户网站建设，为文化市场经营单位和社会公众提供有效的服务渠道和窗口，逐步实现信息公开服务、互动交流服务、事务处理服务和“单一窗口”服务。建立网上“办事大厅”，为各类文化市场主体提供在线申报、备案登记、信息查询、结果反馈、办事指南、培训考试等一站式综合服务，公开市场准入、行政处罚等信息；完善12318文化市场举报电话和12318举报网站，构建以12318为标志的文化市场社会监督体系；建立艺术品自我登记系统，加大文化市场知识产权保护力度。

十一、通过全国文化市场技术监管与服务平台，实现业务流程优化和数据定义标准化，逐步建设支撑市场准入、动态监管、综合执法、公共服务等应用的业务数据库和包含文化市场经营单位、管理机构、从业人员、行业协会、法律法规等信息的基础数据库，形成“一户一档”的完整信用管理档案，打破不同区域、部门、市场之间的界限，实现信息资源共享，业务互联互通。

十二、开发文化市场舆情监测系统，为各级文化行政部门和综合执法机构即时收集、整理和分析相关的市场信息，了解市场经营动态，研判行业发展趋势提供依据；完善综合查询、统计报表、主题分析等功能，发掘各市场门类的业务数据，进行综合智能分析，为文化市场管理提供全面、准确和可视化的辅助决策支撑服务。

十三、加强文化市场技术监管与服务平台的组织领导。文化部成立以分管副部长为组长的全国文化市场管理信息化工作领导小组，统一领导、协调、指导全国文化市场管理信息化工作。全国文化市场管理信息化工作领导小组在文化部文化市场司设立办公室，负责领导小组的日常工作及全国文化市场技术监管与服务平台工程的组织实施工作。

各级文化行政部门和综合执法机构要积极争取当地党委政府的大力支持。建立由文化行政部门或综合执法机构主管领导任组长的建设领导小组，确立专门的实施部门和人员，落实责任分工，做好统筹协调和组织实施工作。

十四、做好全国文化市场技术监管与服务平

台建设的统筹规划和顶层设计工作，实现上下联动。文化部负责全国文化市场技术监管与服务平台的总体规划设计、基础应用系统开发和基础支撑环境部署设计等工作。根据建设工作时序，对省、自治区、直辖市人员进行业务培训，组织全国统一的应用试点和实施推广工作，及时总结各地建设经验，进行交流学习。出台建设指导目录，在工作规划、软硬件基础设施建设、应用环境部署、资金使用安排等方面具体指导各地文化市场管理信息化建设。

省级文化行政部门和综合执法机构负责制定本地区全国文化市场技术监管与服务平台省级分中心平台建设实施方案，并报文化部备案。搭建本区域内应用支撑环境，开发基于本地区独特业务需求的应用模块，组织市、县文化市场管理人员的培训与业务交流。

十五、要精心组织推广应用工作。文化部根据业务需求的重要性和紧迫性以及风险控制、资金保障等条件，优先选择对文化市场管理产生重大影响的信息系统进行统一开发，采取“试点——推广——改进”的螺旋式的建设模式，以点带面、逐步实施。文化部负责制定指导性推广方案和相关规范，对各地区实施应用推广工作进行评估和考核。

各省、自治区、直辖市文化行政部门和综合执法机构要制定相应的详细实施应用推广方案，按照相关规范和部署实施计划，进行基础条件建设，组织具体推广工作。要及时汇总业务需求，反馈系统问题，提出意见建议，监督指导下级文化行政部门和综合执法机构的系统推广应用工作。

对于文化部统一设计和集中开发的应用系统，各地不再重复投资、重新开发；各地已经开发的，要按照文化部统一的业务流程规范和数据标准开发接口，实现与部级中心平台的数据共享和信息互通。

十六、要加强信息化基础设施建设。全国文化市场技术监管与服务平台基础支撑设施将由部级中心平台、省级（分中心）平台两级构成。文化部建立统一的部级中心应用支撑平台，作为全国文化市场信息共享、业务关联和资源集中的管理平台。并根据建设实际情况建立区域分中心平台，作为暂不具备建设条件的地区承载业务应用和数据处理的多省共用的应用支撑平台。条件具备的地区必须配套建设省级平台，作为承载本省文化市场准入、动态监管、综合执法等主要业务应用和数据资源的应用支撑平台。

各地要按照文化部的总体进度部署合理推进本地区信息化基础设施的建设任务，准备好文化市场管理相关应用系统的运行环境，为应用系统的推广实施创造条件。

十七、切实抓好建设资金的落实工作。文化部组织建设的全国文化市场技术监管与服务平台工程总投资为2亿元人民币，由财政部逐年核拨资金予以保障。该项资金用于建设部级中心平台、区域分中心平台，集中开发文化市场准入、动态监管、综合执法、公共服务、决策支持五大类应用系统，支持各地应用系统培训和基础数据的采集工作。

各地要统筹兼顾，协调整合各方资源，积极争取财政预算，落实配套资金，稳定经费来源。要逐步加大经费投入，解决好业务应用系统和数据共享接口的开发、运行维护、数据更新、升级换代和人员培训等所需的经常性经费开支。

十八、各级文化行政部门和综合执法机构在建设过程中要强化项目管理。严格按照《政府采购法》的相关规定实行公开招标，确保项目建设的合规性。接受纪检监察、财务审计等部门的监督和指导，打造阳光工程。要协调专业力量参与项目建设管理，确保工程质量，打造精品工程。要充分调动各级文化行政部门和综合执法机构的积极性，面向基层应用，挖掘基层需求，要敢于突破现有陈规旧习，以业务需求引导信息化建设，打造实效工程。要通过实施信息化，推动业务流程的进一步优化；通过积极探索新技术的开发利用，实施高效的文化市场管理；通过流程重组和绩效管理，推动组织模式和管理机制的调整优化，将全国文化市场技术监管与服务平台建设成为创新工程。

世界文化遗产申报工作规程（试行）

发文单位：国家文物局
发文时间：2013 年 8 月 28 日
生效时间：2013 年 8 月 28 日

第一章 总则

第一条 为规范世界文化遗产申报工作，促进文化遗产保护管理，依据《中华人民共和国文物保护法》、文化部《世界文化遗产保护管理办法》和国家文物局《世界文化遗产申报审核管理规定》，参照联合国教科文组织《保护世界文化和自然遗产公约》、《实施世界遗产公约操作指南》（以下简称《操作指南》）及世界遗产委员会咨询机构和世界遗产中心《世界遗产资源手册——世界遗产申报准备》等，制订本规程。

第二条 本规程主要适用于已列入《中国世界遗产预备名单》并在联合国教科文组织备案，拟申报列入联合国教科文组织《世界遗产名录》的文化遗产项目，以及文化和自然双重遗产项目中的文化遗产部分。

第三条 开展世界文化遗产申报工作（以下简称“申报工作”），应当遵循加强领导、明确职责、分级负责、各司其职、分阶段推进的原则，各级政府、文物主管部门，有关管理机构，利益相关者，专业单位、专业咨询机构和专家，应当在申报工作中承担相应的责任、权利和义务。世界文化遗产申报项目所在地地方人民政府（以下简称“所在地地方政府”）是申报工作的责任主体。

第四条 申报工作应当树立正确理念，以加强保护为最终目标，以揭示和宣传文化遗产的突出普遍价值为基本要求，不断提高文化遗产保护管理水平，力求发挥文化遗产在提升人与社会综合文明素质中的积极作用。

世界文化遗产申报涉及遗产地环境建设与居民生活。既要以申报工作为契机，善于解决遗产保护与环境协调方面存在的历史遗留问题，使申报同时变为环境和谐、家园美化的过程；又要立足国情，尊重合理的历史沿革，准确解读并把握国际理念、规则和应用尺度，勤俭节约，量力而行，避免奢华之风、过度拆迁和利益相关者纷争。

第五条 围绕申报开展的保护、展示、监测和环境整治等工作，应在深入开展申报项目的突出普遍价值、真实性、完整性研究的基础上，按照“不改变文物原状”原则，最小干预，因地制宜，确保文化遗产的真实性、完整性和展示利用的可持续性。遗址保护与展示，一般不支持、不提倡复建历史上已毁损无存的文物古迹。如确有必要，需经充分论证和依法报批。

第六条 申报工作应当建立有效的宣传、教育和社会沟通渠道，鼓励遗产地开展多种形式的宣传教育活动，确保当地群众特别是利益相关者的知情权、参与权和监督权，使申报工作达成社会共识。宣传教育应注重对文化遗产的认识、保护管理、环境谐调和可持续发展，并遵守相关国际规则。

第二章 相关方的责任和义务

第七条 国家文物局负责全国世界文化遗产申报工作的项目审核、指导监督和宏观管理，并承担相应的涉外沟通工作责任。

第八条 省级人民政府负责本行政区域内申报工作的组织、领导和协调。

省级文物行政部门负责本行政区域内申报工作的项目审核和指导监督，督促所在地地方政府，制定申报工作实施计划和时间表，落实责任人、工作经费，确保各项工作如期完成。

第九条 所在地地方政府是申报工作的责任主体，负责申报工作的具体实施和工作推进，组建申报专门机构，制定相关地方规章，协调利益相关者，保证申报工作有序开展。

申报项目保护管理机构负责依法做好相关遗产的保护、管理、研究工作。

第十条 所在地地方政府应依据相关法律法规的要求，经过履行相关程序，委托具备相关专业资质和世界文化遗产保护领域从业经历的专业单位，承担申报文本和保护管理规划编制、补充和修改等工作。

第十一条 受所在地地方政府委托负责编制申报文本和保护管理规划的专业单位，应根据委托协议（合同），在约定时间内完成编制任务，并根据申报工作的阶段性进展，特别是相关国际组织的反馈要求，完成申报文本、保护管理规划的修改完善工作。

所在地地方政府和受委托的专业单位可在委托协议（合同）中，在满足申报时间和程序要求的前提下，规定双方责任、义务、工作完成时限及费用支付方式。协议（合同）双方可在出现国际咨询机构和世界遗产委员会对申报项目的评估或审议结论为“登录”、“补报”、“重报”和“不予登录”等不同情况时，约定各自相应的职责、义务和费用。

第十二条 受国家文物局委托的专业咨询机构负责按照《保护世界文化和自然遗产公约》及其《操作指南》等国际公约和相关国内法律法规的要求，开展申报项目专业评估工作。

申报项目评估实行专家评审制度。参与项目评审的专家从中国世界文化遗产专家委员会和专家库中随机产生。专家遴选应坚持回避原则。参与每个项目评审的专家人数不得少于5人。

第十三条 受所在地地方政府或各级文物行政部门委托，中国世界文化遗产专家委员会和专家库中的专家依照《中国世界文化遗产专家咨询管理办法》，开展申报咨询工作，供所在地地方政府或主管部门行政决策参考。

第三章 申报准备和条件

第十四条 鼓励和提倡有申报潜力和申报意向的所在地地方政府组织开展申报前期准备工作，可以包括国内外咨询、研讨活动；充分的社会动员协调，与相关部门、机构、社团组织和利益相关者达成共识；立法和规划前期工作；经费筹措；人员培训等。

第十五条 具备以下第十六条至第二十七条所列全部条件的，可以向国家文物局提交申报申请文件。如有第二十八条至三十条所列情况，应做好相关工作。

第十六条 文化遗产或其组成要素被公布为省级及以上文物保护单位，依法完成“四有”工作（划定必要的保护范围，作出标志说明，建立记录档案，并区别情况分别设置专门机构或者专人负责），并通过验收。

第十七条 开展文化遗产基础研究、价值研究和比较分析，提炼出具有说服力的突出普遍价值，包括申报列入《世界遗产名录》的适用标准、真实性、完整性及有效的保护管理体系等。

第十八条 划定申报世界遗产所必需的遗产区和缓冲区。遗产区应当包含体现突出普遍价值的所有组成要素，包括历史建筑（群）、遗址、历史街区等人文要素，以及地形、地貌、生态环境等自然要素；缓冲区应当包括与遗产紧密相关的环境，为遗产区保护提供保障，并向非遗产区协调过渡。遗产区和缓冲区的划定应关注到特有的景观特征和传统内涵。

遗产区和缓冲区区划应与文物保护单位保护范围和建设控制地带区划相衔接；因遗产区和缓冲区保护管理的要求，需要对文物保护单位保护范围和建设控制地带进行调整的，应依法履行程序。

第十九条 颁布实施文化遗产保护的地方专项法规和规章。

按照世界文化遗产保护管理要求，编制文化遗产保护管理规划，明确遗产保护管理、协调机制、阐释展示、旅游开发压力应对、风险防范、监测预警、利益相关者协调等规划内容，并已经相关地市级以上人民政府颁布实施。

第二十条 设立文化遗产保护管理专门机构，人员、经费、办公场所配备到位，并且拥有一定数量的文化遗产保护专业人员，能够保持机构良性运转。

第二十一条 文化遗产所在县级以上人民政府建立遗产保护、申遗领导和工作机制，并设立必要的办事机构。

第二十二条 开展必要的文化遗产专题研究、考古调查发掘、勘察测绘等基础工作，对遗产的发展脉络、价值特征和文化内涵有较全面、系统和清晰的了解；相关研究和考古等成果已经发表或出版。

第二十三条 除有可能同时申报列入《世界遗产名录》和《濒危世界遗产名录》的项目之外，一般申报项目均应已排除文化遗产本体明显的安全隐患，近期无需开展大规模修缮工作。

制定遗产风险防范和灾害防护的有效措施和相关规划，能够有效应对遗产面临的各种威胁。

近三年内，拟申报的遗产区和缓冲区范围内未发生损毁遗产本体、破坏遗产风貌和环境景观的事件。

第二十四条 按照相关要求和标准，设立完备的遗产监测体系、数据库和有效反应机制。

第二十五条 有基本准确、全面、恰当、生动的阐释与展示体系和设施，能够有针对性地阐释遗产特征、价值、保护现状和历史沿革等；合理设定游客承载量，并制订相应的游客管理和服务措施。

第二十六条 近三年内，拟申报的遗产区和缓冲区范围内未新增明显影响遗产真实性、完整性和环境景观的不协调建（构）筑物；原有不协调建（构）筑物已经拆除或得到有效整治；相关规划中无新建不协调建（构）筑物的计划。

第二十七条 在文化遗产的项目申报、规划编制、保护管理、展示服务、环境整治等工作中，进行必要性和可行性论证，全面评估历史发展沿革，充分考虑当地实际情况，周密测算和评判拟采取措施可能对地方政治、经济、社会等产生的影响，以公示、听证等方式征求申报项目所有利益相关者的意见。相关项目实施前应依法履行审批手续。

第二十八条 如果属于活态遗产类型的申报项目，应有确保遗产可持续保护和利用，并能保持其原有主要特征、功能、传统与活力的策略及保障机制。

第二十九条 涉及多个省、自治区、直辖市的申报项目，由相关省级人民政府协商一致后，建立省际联合申报协商工作机制，并确定牵头单位。涉及一个省、自治区、直辖市行政区域内多个市、县的，由省级人民政府建立联合申报工作机制。

第三十条 涉及外交、民族、宗教、历史疆界、国家统一等方面重大问题的申报项目，须由相关省级人民政府会商国家相关部门，并征求相关专业咨询机构意见，必要时可由国家文物局协助与国家相关部门进行会商。

第四章 工作方法和程序

第三十一条 国家文物局每年3月31日前

受理省级文物行政部门提交的以下申报材料：

相关省级人民政府对申报项目的支持意见；

按照《操作指南》规范要求编制的申报文本及相关省级文物行政部门初审意见；

文化遗产保护地方专项法规、规章及颁布实施文件；

文化遗产保护管理规划等相关规划及所在地地方政府颁布实施文件；

所在地地方政府关于利益相关者协调情况说明；

涉及外交、民族、宗教、历史疆界、国家统一等方面重大问题的申报项目会商相关部门文件。

上述材料需提交纸质件、电子件各一式三份。

第三十二条 受国家文物局委托开展评估工作的专业咨询机构，在收到国家文物局转来的相关申报材料后10个工作日之内，对申报材料是否完整、是否符合本规程确定的申报条件等提出审核意见，并告国家文物局。

第三十三条 国家文物局根据专业咨询机构的审核意见，确定待考察评估项目，并委托相关专业咨询机构，组织中国世界文化遗产专家委员会和专家库专家，按照《操作指南》及本规程要求，对待考察评估项目进行现场考察和书面评估。现场考察应重点考察申报项目的保护管理情况，书面评估应重点对申报项目是否具备突出普遍价值进行评估。

专业咨询机构根据专家现场考察和书面评估意见，组织中国世界文化遗产专家委员会和专家库专家进行集体评审，形成第三年度申报项目的初审意见，并对申报文本和保护管理规划提出具体修改意见。专业咨询机构于当年5月31日前将申报项目初审意见和相关修改意见以书面文件形式提交国家文物局。

第三十四条 国家文物局于当年6月15日前，对专业咨询机构的初审意见进行研究审议，形成第三年度中国世界文化遗产申报项目的终审意见。并将终审意见及申报工作建议函告相关省级文物行政部门，由其向省级人民政府报告。

第三十五条 申报项目所在地省级人民政府研究接受国家文物局对申报项目的终审意见和工作建议后，应正式提出申报申请，并由国家文物局函商中国联合国教科文组织全国委员会。

第三十六条 所在地地方政府根据国家文物局终审意见和工作建议，组织修改完善申报文本和保护管理规划，经相关省级文物行政部门审核后，于当年8月15日前报国家文物局审核。

第三十七条 国家文物局于当年9月30日前商请中国联合国教科文组织全国委员会将申报文本提交世界遗产中心初审。

第三十八条 国家文物局在收到世界遗产中心对申报文本的初审意见后，立即通知相关省级文物行政部门，请其指导、督促所在地地方政府组织相关专业单位，根据世界遗产中心初审意见对申报文本进行必要的修改完善及英文文本核校工作。

第三十九条 相关省级文物行政部门于次年1月5日前，将修改完善后的中英文申报文本终稿（包括保护管理规划、地图、光盘、幻灯片等资料）报送国家文物局，并须附相关专业咨询机构审核意见和3名以上专家对申报文本英文终稿审校一致的意见。

第四十条 国家文物局于次年1月10日前，将申报文本中、英文终稿送达中国联合国教科文组织全国委员会；经国务院批准后，正式提交联合国教科文组织世界遗产中心。

第四十一条 国家文物局在收到世界遗产中心关于世界文化遗产申报文本终稿格式审核意见后，告知相关省级文物行政部门。

第四十二条 国家文物局指导、督促有关地方各级政府及文物行政部门，以专业准备为主，做好接受世界遗产委员会国际咨询机构对申报项目现场考察评估相关工作。

第四十三条 在世界遗产委员会国际咨询机构集体评估形成初审意见需补充材料的情况下，所在地地方政府应组织相关专业单位，按照国际咨询机构的要求完成补充材料，经相关省级文物行政部门初审后，报请国家文物局提交国际咨询机构。

第四十四条 当世界遗产委员会会议对申报项目审议决议为“补报”时，所在地地方政府应组织相关专业单位，在规定时限内完成补充材料，经相关省级文物行政部门初审后，报请国家文物局提交世界遗产中心；当世界遗产委员会决议为“重报”或“不予登录”时，所在地地方政府应组织相关专业单位，根据决议要求开展后续工作，并明确有关各方责任与义务。

第五章 其他事项

第四十五条 申报材料中涉密数据的申请、解密、公开等事宜，由所在地地方政府依法履行相关审批程序；相关涉密数据的使用、管理，应遵守国家保密法律法规。

第四十六条 申报工作所需经费原则上由所在地地方政府承担。整治、拆迁、考古、测绘、文物保护等工作所需费用可根据现行相关标准掌握；编制申报文本和相关规划等，应既保证相关专业单位获得合理报酬，又避免过高收费。

第四十七条 在申报工作中一旦出现违法行为，或引发利益相关者强烈不满造成重大负面社会影响，或未按照规定时间节点完成申报工作且持续推进不力，国家文物局将商相关省级人民政府同意后，中止或推迟申报。

第四十八条 申报文本、保护管理规划等相关申报资料和成果归委托协议（合同）双方共同所有，并报国家文物局指定的专业咨询机构备份存档；其保存、管理和使用，须遵守相关法律法规。

第四十九条 对于涉及国家领土主权、文化安全以及跨国申报等文化遗产项目，在特定情况下，国家文物局经商相关省级人民政府及国家有关部门同意后，报经国务院批准，可直接指定世界文化遗产申报项目。有关协调工作机制另行确定。

第六章 附则

第五十条 本规程自发布之日起施行。

第六部分 业界动态

【河北：召开厅际联席会议 部署2013年文物安全工作】

1月7日，“河北省文物安全工作厅际联席会议”在石家庄组织召开，会议传达学习《国务院关于进一步做好旅游等开发建设活动中文物保护工作的意见》，通报当前文物安全形势，部署下一步文物安全工作。

【四川：邓小平故里景区形象标志徽章正式确定并使用】

为提升邓小平故里形象，展示景区丰富的文化内涵，推动邓小平故里争创国家“AAAAA”级旅游景区，邓小平故里管理局于2010年11月面向社会发起了邓小平故里形象标志徽章征集活动。经过层层筛选与评定，最终确定了以“市场浪潮”为设计主题的LOGO作品作为邓小平故里标志。

【甘肃：文物局考核领导小组赴省直各文博单位考核2012年度目标管理工作】

2012年12月17日至31日，甘肃省文物局考核领导小组，深入省直各文博单位，对各单位2012年度重点工作项目责任书完成情况及整体工作情况进行了检查考核。

2013年1月31日，局考核领导小组召开会议，对省直文博单位2012年度目标管理年终考核情况进行了评议，研究确定了考核等次。

【浙江：“2012年度良渚遗址保护管理工作会议”召开】

1月10日，杭州良渚遗址管理区管理委员召开“2012年度良渚遗址保护管理工作会议”。回顾总结2012年度良渚遗址保护管理工作，客观分析良渚遗址保护和申遗工作的新形势、新问题，提出2013年新思路、新要求。会议通报2012年度管理区文物护工作考核结果，并对先进单位和先进个人进行表彰。

【陕西：西北大学向省考古院移交早期长城资源调查资料】

1月13日，西北大学文化遗产学院向陕西省考古研究院移交了陕西省早期长城资源调查工作报告和相关资料，移交仪式在陕西省考古研究院举行。

【山东：文物保护与收藏协会成立】

1月19日，山东省文物保护与收藏协会成立大会隆重举行。大会审议通过了《山东省文物保护与收藏协会章程》，选举产生了协会第一届理事会成员及名誉会长、副会长和会长、副会长、秘书长。

省文物局局长、协会会长在汇报协会筹备工作时表示，对于进一步规范、引导、促进民间文物保护和收藏，宣传、发动全社会关注、支持文物保护事业，提升全社会文物保护意识，同时作为文物事业发展有益而必要的补充，山东省文物保护与收藏协会的成立具有重要的现实意义和深远的历史意义。

【河南：文物考古学会文物建筑专业委员会在郑州成立】

1月19日，由河南省文物建筑保护研究院筹办的“河南省文物考古学会文物建筑专业委员会”在郑州召开成立大会，这是河南文博界的一件大事，也是河南省文物考古学会自2011年12月换届以来，成立的第一个专业委员会。

大会选举产生了河南省文物考古学会文物专业委员会委员。

【四川：甘孜州2处全国重点文物保护单

位维修保护工程通过竣工验收】

四川省甘孜州泸定桥、丹巴古碉群十三角碉及经堂碉等2处全国重点文物保护单位抢险维修保护工程已先后竣工，并通过省文物主管部门组织的专家组验收。

泸定桥、丹巴古碉群十三角碉及经堂碉维修保护工程的实施完成，基本清除了文物本体安全隐患，确保了文物安全，恢复了文物原貌。

【陕西：首次面向公众举办考古成果汇报会】

1月23日，由陕西省文物局主办，陕西省考古研究院和陕西历史博物馆承办的“体验考古，感受文明——2012年陕西重要考古发现”汇报会在陕西历史博物馆学术报告厅举行，这是陕西首次通过媒体面向社会招募公众参加考古成果汇报会。

【浙江：《宁波市文物保护单位（点）名册》编印发行】

由宁波市文物保护管理所汇总的《宁波市文物保护单位（点）名册》近日编印完成，并已分送各县（市）区。该《名册》对全市已公布为各级文物保护单位（点）的1556处不可移动文物进行了信息汇总，主要涉及年代、类型、地址、公布文号、日期及批次等几个方面。

为了加强不可移动文物的保护管理，改善全市的文物保护环境，增强全民的文物保护意识，《宁波市文物保护单位（点）名册》中的主要信息也将在“宁波文化遗产保护网”的“文物保护”版块上予以发布。

【浙江：建德2012年度14处农村历史建筑维修工程通过验收】

杭州市园林文物局文物处、杭州市文物保护管理所专家组一行专程到建德市，对建德市2012年14处农村历史建筑维修工程进行竣工验收。

验收组通过认真总结，最终得出“本次所有的农村历史建筑修缮项目原则上通过验收，验收质量合格”的结论。同时，与会专家也指出了一些项目维修的不足之处。建德市文广新局要求监理方督促施工单位根据专家意见进行限期整改。

【四川：“中国·四川绵竹年画精品展”巡展启动】

2月1日，由四川博物院、四川省文化馆、四川大学博物馆、绵竹市博物馆、绵竹市年画博物馆主办的“迎新接福 · 一纸万象——中国 · 四川绵竹年画精品展”在绵竹市年画博物馆开展，并举行了巡展启动仪式。

【四川：“第四届成都诗圣文化节”开幕式在成都杜甫草堂博物馆隆重举行】

2月7日，“第四届成都诗圣文化节开幕式”在成都杜甫草堂博物馆大雅堂前隆重举行。

“第四届成都诗圣文化节——癸巳年‘人日游草堂’”系列文化活动将于2013年2月7日至24日在成都杜甫草堂博物馆举行。本届“人日”活动以“诗意传情梅艺报春”为主题，以梅花文化展示为主，诗歌展演和民俗活动为辅，为广大市民和游客带来杜甫草堂博物馆第41届梅花艺术展、“人日”祭拜诗圣仪式、“草堂唱和”诗歌朗诵会、日常诗歌文艺演出、日常游园互动活动等亮点纷呈、精彩绝伦的文化活动。

【四川：“雒城风华——广汉文物精华展”在三星堆博物馆开幕】

2月7日，由三星堆博物馆、广汉市文物局、广汉市文管所共同主办的“雒城风华——广汉文物精华展”在四川广汉三星堆博物馆举行了开幕仪式。

三星堆博物馆文物保护中心正式落成启用后，“雒城风华——广汉文物精华展”作为首展在这里隆重开幕。此次展览共展出文物137件套，整个陈列展览生动勾勒出了广汉数千年的灿烂图景，充分彰显了广汉璀璨的历史文化。

【新疆：“中国西域·丝路传奇文物展”在日本长崎开幕】

2月7日，由中国文物交流中心、日本长崎孔子庙中国历代博物馆主办，新疆维吾尔自治区文物局、新疆维吾尔自治区博物馆、新疆文物考古研究所承办的“中国西域·丝路传奇文物展”在日本长崎孔子庙中国历代博物馆隆重开幕。

“中国西域·丝路传奇文物展”共展出55件组文物及展品，在内容上分为“秘境开通途”、“丝路汇奇珍”、“佛光映西域”三个单元，展出了包括先秦金器、汉晋织品、魏晋壁画、唐代绢画在内的诸多中国新疆出土的精美文物。大多数文物属首次在日本展出，其中不乏新疆考古工作者近年来最新发掘出土的精品文物。

【四川：邓小平缅怀馆举行开工奠基仪式】

2月27日，邓小平缅怀馆开工奠基仪式在邓小平故里举行。

邓小平缅怀馆是纪念邓小平同志诞辰110周年的重点工程之一，是缅怀邓小平同志崇高风范的又一重要纪念场所。缅怀馆以“回家”为设计理念，以亲切自然、温馨情感为建筑设计指导。其内容以展示邓小平同志生前的工作和生活场景，并以真实遗物为主陈列。展览主题为“小平，您好”，意在展示政坛之下的平民邓小平，表达“人民领袖人民爱”。整个展览是在邓小平故居陈列馆基本陈列“我是中国人民的儿子”基础上，对邓小平人格魅力进行完整补充，让人们更加了解他的生活、他的情感、他的世界。

【北京：“第五届亚洲艺术博览会”开幕】

第五届亚洲艺术博览会（年度大展）于1月27日至30日在北京中国国际贸易中心大展厅成功举办，后续活动亦于2月8日在厦门进行，22日相关慈善活动于青海展开。

第五届亚洲艺术博览会的开幕式展示了亚洲艺术博览会五年以来的发展历程，发布了一系列海内外合作的计划，推介了一大批国内外艺术机构和个体艺术家。

亚洲艺术博览会以巴黎秋季艺术沙龙、丰特双年展、法国当代艺术家协会、法国美术家协会等国际艺术机构的积极组织参与和巴黎秋季沙龙中国同名展为契机，组织了超过以往的规模最大的海外参展团队。有来自法国、意大利、德国、芬兰、西班牙、荷兰、克罗地亚、美国、加拿大、韩国、新加坡、澳大利亚、摩洛哥、伊朗、乌克兰等30多个国家和港澳台地区的170多位海外艺术家的作品参展，70多名海外艺术家到场参加一系列的相关学术交流动。

来自相关国家部委的领导、业内文化名人、部分驻华使馆外交官、专业收藏家、国内外参展画家和首都观众一千多人参加了开幕式。

【河北：《元中都遗址总体保护规划》获省政府批准公布】

《元中都遗址总体保护规划》经国家文物局批复同意并经河北省人民政府批准公布。

河北省政府要求，张家口市要将《元中都遗址总体保护规划》纳入当地国民经济和社会发展规划及城乡建设总体规划，在编制城镇规划过程中，要注意与本规划相衔接。要正确处理文物保护与经济建设、合理利用之间的关系，最大限度保护元中都遗址文物本体及环境的完整性和真实性。

【陕西：首次网络公示“珍贵古籍名录”】

为有效加强珍贵古籍的保护力度，陕西省人

民政府首次通过网络对《陕西省珍贵古籍名录》的首批入选书目进行公示，期待关心古籍的各界人士对首批409部古籍进行学术等方面鉴别与帮助。

陕西省自2011年开始正式启动《陕西省珍贵古籍名录》申报工作，截至2012年初，陕西省29家古籍存藏单位申报了1092部古籍。后经陕西省古籍保护中心初审、专家组复审，最后陕西省古籍专家认为，这些古籍版本朝代涉及唐、宋、元、明等，尤其以明刻本较多。如明代的《史记一百三十卷》有不同时期和地域的刻本，目录中就有明代南京国子监刻本、明代秦藩重修本等。

这409部古籍分别存藏于西北大学图书馆、西安博物院、西安碑林博物馆、陕西省图书馆、陕西师范大学图书馆、陕西省考古研究院、西北政法大学图书馆等22家单位。

【浙江：宁波市新增25处文物保护点】

3月12日，宁波市新增25处文物保护点，主要在东钱湖旅游度假区、国家高新技术产业开发区、大榭开发区这三个“新区”内，其中东钱湖旅游度假区21处（由70多个点位组成），宁波国家高新技术产业开发区和宁波大榭开发区各2处。至此，宁波市拥有各级文物保护单位533处，各级文物保护点1049处。

新公布的文物保护点有古墓葬、古遗址、古建筑、石窟寺及石刻、近现代重要史迹及代表性建筑等类型。新增文物保护点数量最多的是东钱湖旅游度假区，除具有东钱湖区域特征的古墓葬外，新增了环湖3个古村落的古建筑和近现代建筑群，及水利设施中的碶、堰、坝等各类水利类文物，进一步丰富了该区域的历史文化内涵。

【新疆：吐鲁番博物馆举办“荆楚深情——九连墩楚墓出土文物精品展”】

3月14日，由湖北省博物馆、吐鲁番博物馆联合举办的“荆楚深情——九连墩楚墓出土文物精品展”在吐鲁番博物馆开展。

九连墩古墓被誉为“楚国贵族的地下宫殿”，是全国重大考古发掘成果。此次展览共展出九连墩珍贵文物232件（套），在内容上分为“青铜器”、“乐器”、“兵器、车马器及工具”、“玉器”等四个单元，集中展示了九连墩楚墓出土文物精华，如铜方鉴、铜立鸟盆、玉璜、玉佩、铜镬鼎、铜人擎灯、漆木雕几等珍贵文物。

【河南：新郑市旅游文物局建造石刻碑廊保护散落文物】

新郑旅游文物局筹建的石刻碑廊在新郑市博物馆建成。

新建成的石刻碑廊位于新郑市博物馆主体建筑的后面，长200余米。碑廊内陈列石刻100余件，既有唐宋时期精美的画像石、画像砖，也有明清时期的家族墓碑、记事碑等。内容上涉及新郑历史、民俗、文化、艺术及大事记等方面，行、草、隶、篆、楷各种字体皆有，具有很高的艺术和研究价值。这些碑刻在得到有效保护的同时也为书法爱好者提供了一处学习的好去处。

【黑龙江：佳木斯博物馆举办喜迎“两会”祖氏雕刻艺术展览活动】

佳木斯博物馆于3月5日举行祖氏雕刻艺术展览。展览由木结雕刻，板刻书法和书画作品三个部分组成，展品从祖氏父子上千幅艺术作品中精选而出，共展出作品近二百幅，代表了其雕刻艺术最高境界。

【北京：“首届中华紫砂大会”开幕】

3月20日，首届“中华紫砂大会”在北京举行，旨在传承优秀民族文化，充分发掘紫砂悠久厚重的历史文化资源，守正创新，以简单明了的方式，让众人真正“走进紫砂，品味文化”，促进紫砂文化产业发展，为打造更具当代性的紫砂文化交流平台奠定基础。大会分别从“紫砂与文化”、“紫砂与工艺”、“紫砂与文人”、“紫砂与生活”、“紫砂与世界”五个方面，以循序渐进的方式，通过不同的角度，向公众普及紫砂知识与文化内涵。

大会由中国收藏家协会协同各个专业的相关单位共同组织。召集当代紫砂艺术大师和生产企业，参与紫砂大会的作品评选，并通过紫砂艺术论坛一起探讨紫砂的未来发展。

【四川：全国首部大遗址保护的综合性管理办法《成都市大遗址保护管理办法》颁布】

3月29日，成都市人民政府正式公布《成都市大遗址保护管理办法》，自5月1日起施行。这是该市在全国率先颁布针对大遗址保护的综合性管理办法。

《成都市大遗址保护管理办法》主要内容涵盖经费保障、专项规划、禁止行为、行政处罚等18条。

【浙江：《杭州市良渚遗址保护管理条例（修改）》正式列入杭州市人大今年立法计划】

杭州市人大公布了《杭州市人大常委会2013年立法计划》，全市共有5件项目被市人大列入正式立法项目，其中《杭州市良渚遗址保护管理条例（修改）》被确立为杭州市人大常委会2013年立法计划正式项目实施方案，位居第一。

【江西：实施全省博物馆“百馆展示工程”】

为全面提升博物馆陈列展示水平，促进全省博物馆事业发展，江西省文化厅向各设区市文化（文物）局、省直博物（纪念）馆印发了《关于实施全省博物馆“百馆展示工程”的通知》，决定在2013-2015年三年内对文化系统管理的所有国有博物馆的基本陈列的更新或改造提升进行扶持和指导。

【新疆：吐鲁番地区丝绸之路申遗工作现场会在高昌故城召开】

4月7日，“地区丝绸之路（吐鲁番段）申报世界文化遗产工作现场工作会”在高昌故城召开。

会上对高昌故城勘测定界工作再次进行了安排部署。由地区国土资源局主导实施，地区文物局协调配合，相关技术人员于4月7日下午召开碰头会，4月8日正式开展工作。会上还讨论研究了高昌故城居民安置事宜。居民安置既要符合申遗要求，又要实现富民安居的目标，同时兼顾景区长远发展，一方面综合考察、斟选备用方案，一方面积极与自治区国土资源厅协调。

【甘肃：定西市成立文物局】

为推动定西市文物事业发展，定西市经报请甘肃省机构编制委员会批准，成立了定西市文物局，已正式开展工作。定西市文物局为正处级事业单位，编制10人，设局长、副局长各1名，科级干部职数4名，内设业务科和综合科。

【浙江：宁波地区古代城址考古获国家批复立项】

4月10日，国家文物局正式下发文件，同意宁波地区古代城址考古（2013-2016）项目立项。这是宁波市继句章故城之后又一个获得国家批复立项的主动性考古项目。

【河南：“洛阳市第四届民间文物收藏展”在洛阳博物馆开幕】

4月11日，做为“第31届中国洛阳牡丹文化节”重要展览项目之一，由洛阳文物收藏学会主办，洛阳博物馆承办的“洛阳市第四届民间文物收藏展”在洛阳博物馆隆重开幕。

这次展览的文物以民间收藏的带钩、印章、汉代陶塑为主题，分为“金钩玉带褒衣生风”、

“方寸印玺布信天下”、“汉时明月风物依旧”三个单元，展出金、银、铜、陶等不同质地的文物370余件组，尤其是展出的东周时期的错金银带钩、镶嵌技术带钩，数量多，造型丰富，工艺精湛，优雅别致，具有重要的历史、科学、艺术价值。展览通过恰当的文字说明和图版资料，反映了这些文物在当时的历史背景下的社会生活、民间信俗、手工业技术发展水平、审美情趣及艺术价值。

【陕西：“丽山园探秘”模拟考古活动在秦陵博物院举行】

4月13日，由陕西省科协主办，陕西省文物考古工程协会、秦陵博物院承办的陕西省第二十一届“科技之春”宣传月活动重点项目“丽山园探秘——秦陵模拟考古”活动在秦陵博物院举行。西安工程大学的32名大学生作为秦陵博物院的志愿者积极报名参加本次活动。“丽山园探秘”活动由前期培训和现场模拟考古实践两部分组成。

【北京：海关试水艺术品保税拍卖】

4月19日，天竺综合保税区携手北京中鼎国际拍卖有限公司在北京天竺综合保税区举行了首次“保税拍卖”，这在国内尚属首创。此次拍卖会的拍品是诞生于18、19世纪的法国典藏级艺术珍品，主要包括传世雕塑、古典家具、华美钟表、特色工艺品等34件西洋艺术珍品。拍卖会吸引了40多位竞买人参加竞拍，总成交金额达1090.4万元人民币，拍卖成交率达85%。

天竺海关从2012年成立国家对外文化贸易基地开始，就在积极探索研究文化艺术品保税的监管模式，从海关归类、审价、通关、查验等多个层面制定了相应的通关监管流程。艺术品“保税拍卖”应用“境内关外”的政策，在综保区这种海关特殊监管区域内进行拍卖交易。交易完成后如为境内人士购得，才会依法缴纳关税和增值税后入关；如为境外人士购得，可直接发至国外，免缴关税和增值税。其特点一是将国际拍卖活动以最简单的方式直接移植境内，方便买家；二是关外交易，税务灵活掌握。

【河南：“国际动物考古协会第九届骨器研究学术研讨会”在郑州召开】

2013年4月14至19日，由河南省文物局主办，河南省文物考古研究所承办的“国际动物考古协会第九届骨器研究学术研讨会（9th Worked Bone Research Group Meeting）”在河南郑州召开。来自匈牙利、美国、法国、西班牙等9个国家10多个学术机构的17名专家学者，以及中国社会科学院考古研究所、中国科学院古脊椎与古人类研究所、北京大学、湖南省文物考古研究所、湖北省文物考古研究所等国内10余个学术机构的24位学者参加了此次研讨会。本次研讨会共举行20场学术报告及15次海报展讲。会上各国专家学者从各自的研究成果出发，对骨器制品的生产技术、使用方式及其蕴含的古代人类社会意识形态等诸多信息进行了深入剖析和研究，交流和分享了骨器研究领域最新的研究方法和成果。

【四川：安岳县木门寺大雄殿移交文物部门管理】

木门寺大雄殿始建于明代，属全国重点文物保护单位。解放初，安岳县人民政府将该建筑划拨给县林业部门作为木门寺国有林场办公场所，长期以来，该林场缺乏古建筑文物保护知识，致使该建筑造成不同程度的损坏。安岳县人民政府于3月20日，召集县文物、林业、旅游等相关部门召开“木门寺大雄殿保护工作专题会”并形成《专题研究木门寺文物保工作保护会议纪要》第19期。会议明确了保护管理、使用权属县文物管理局。

【四川：文物局召开“4·20”芦山地震灾后文物抢救保护专家评估会】

为切实做好四川省“4·20”芦山地震灾后文物抢救保护工作，使灾后的文物保护工程更加科学、规范、有序，四川省文物局于4月22日至23日召开三次专家评估会，评估会主要针对“4·20”芦山地震文物受损情况，灾害造成文物损失情况及灾后项目抢救保护经费需求等进行评估。会上，专家以各受灾市、县（市、区）上报灾情为基础，结合长期以来对全省各地文物保护单位的了解情况和专业知识认真对各级文物保护单位，特别是“国保”和“省保”单位受灾情况以及可移动文物受损情况进行了梳理、讨论、分析和损失评估，并就相关保护措施和项目经费提出评估建议。

【陕西：“东波斋珍藏展”集中展出明代皇家金器】

4月26日，西安曲江艺术博物馆将近200件以明代万历年间为主的皇家金器将馆展出，这是明代皇家金器首次在西安集中向观众亮相。

“东波斋珍藏展”是东波斋藏品系列展览在中国内地的首展，展厅里将展出明代万历年间嵌宝石的六角镂丝金花篮、龙纹金托、双凤六角金瓶、娃娃玉饰金执壶和镂丝双龙花瓶等近200件皇家金器，另有20件唐宋至近代精美的瓷器同时展出。

【陕西：安康市汉滨区上许家台宋墓石刻群顺利搬迁】

4月28日，安康历史博物馆对汉滨区上许家台宋墓神道石刻造像成功实施异地搬迁保护。

上许家台宋墓位于汉滨区建民镇畲家窑村，始建于南宋绍兴三十年（1160），系南宋抗金名将王彦（小）父亲王诚和母亲马氏的合葬墓，为省级文物保护单位。神道两旁列有雕琢精美的石望柱、石羊、石虎、石马和武士俑各一对。随着瀛湖二级路的修通和村组道路的建成，许家台宋墓地表石刻遭到人为的破坏，文物安全存在较大隐患。为抢救地域文化物证和更有效的保护文物，经陕西省文物局批准，根据安康市文广局《关于代管汉滨区许家台宋墓石刻文物的函》及汉滨区人民政府《复函》精神，由安康历史博物馆负责搬迁并代为管护。

【陕西：考古发掘国际学术研讨会在西安召开】

5月6日，由德国教育研究部和陕西省文物局主办，陕西省考古研究院、德国美茵兹罗马–日耳曼中央博物馆等单位联合承办的“考古发掘现场遗迹、遗物的科学记录国际学术研讨会”在西安隆重召开，来自欧亚多国的105位中外学者参加了本次会议。

会议为了解国内外相关领域的最新学术动态，进一步拓展和加深考古和文物保护领域的国际交流合作，同时发挥陕西省考古研究院“考古发掘现场文物保护国家文物局重点科研基地”的平台作用。

【陕西：政府常务会议审议通过杜陵、统万城遗址文物保护规划】

5月6日，陕西省召开省政府第八次常务会议，审议通过杜陵和统万城遗址文物保护规划，并确定于近期公布实施。

杜陵位于陕西省西安市长安区，为汉宣帝刘询的陵墓，是西安地区众多帝王陵墓中非常重要的一座大型帝王陵墓，也是西安大遗址保护片区中汉代遗址的重要代表之一。统万城遗址位于陕西省靖边县北部，地处毛乌素沙漠南缘，是目前中国唯一留下来的由匈奴建立的十六国时期最具代表性的都城遗址，其格局保存完整，现存大量城垣、马面、墩台等建筑基址。会议认为，编制规划，保护杜陵、统万城遗址本体及其周边与之相关的历史、人文和自然环境，既是文物保护的需要，也是传承历史、弘扬民族文化、提升民众生活水平、促进生态环境建设和当地经济社会发展的要求。

【河南："中国文字图片展"在温哥华开幕】

5月4日，由河南省文物局主办的"中国文字图片展"在加拿大温哥华开幕。开幕式在大温哥华中华文化中心文物馆举行。

"中国文字图片展"是河南省文物局经过精心筹划和制作推出的对外文化交流项目。2011年，为配合联合国"中国文字日"活动，曾应中国驻联合国维也纳代表处的邀请，在维也纳联合国大厦展出，受到各国外交官的广泛好评。同年，河南省人民政府组织了"中原经济区合作之旅——走进台湾"的大型经贸文化交流活动，该展览作为活动的重要内容，先后在台湾各地巡回展出，在社会各界引起了强烈反响。

【甘肃：明代丝绸之路巨幅地图长卷在嘉峪关城市博物馆展出】

5月3日至6日，由嘉峪关市委宣传部和北京保利国际拍卖有限公司主办的"起点：明代丝绸之路巨幅地图长卷嘉峪关大展"在嘉峪关城市博物馆首展。

该展览展出的《蒙古山水地图》长30.12米，宽0.59米，是明代中叶宫廷绘制的绢本地图。图中绘出了从明王朝嘉峪关到天方（今沙特阿拉伯的麦加）数千公里线路上的主要城池和山川地貌，并用汉语标注了211个由突厥、蒙古、波斯、粟特、阿拉伯、希腊、亚美尼亚等语的音译地名，涉及了欧、亚、非三大洲10多个国家和地区。

【河南：文博专家对焦作市800余件当阳峪窑瓷器进行鉴定】

5月10日，河南省文物考古研究所研究员郭木森及省文物鉴定站和市文物考古研究所的4位研究员对圆融寺风景区管理局从民间征集到的800余件当阳峪窑瓷器进行了初步鉴定。这些经初步鉴定的瓷器将为焦作市正在建设的当阳峪窑博物馆所用。

【陕西："西安碑林名碑拓本展"在苏州碑刻博物馆开幕】

5月16日，"传墨翰林——西安碑林名碑拓本展"在苏州碑刻博物馆正式展出。此次展览是"西安碑林名碑拓本全国巡回展"的第十站，同时也是展览第五次越过长江，在江南展出。

此次展览所展85件（组）珍贵拓本，均选自西安碑林最具代表性的名碑精品，篆隶楷行草五体俱备，汉魏至唐宋历代皆括。

【黑龙江："中华瑰宝"国家特拨瓷器亮相黑河】

在第37个"5·18国家博物馆日"即将到来之际，黑河博物馆精心设计制作的"中华瑰宝——国家特拨瓷器专题展"免费对外开放。

此次展出的121件明清时期瓷器，是20世纪90年代初期国家文物局为支持开放城市安设专门调拨给黑河的，均为国家三级以上文物。展览内容上，以中英俄三种文字记录中国陶瓷文化概况和明清瓷器风格特点及典型工艺；陈列上以瓷器烧造的历史年代为顺序，以展柜与图版、影音相结合的方式进行展示。

【陕西：全国首座文物图书中心在碑林博物馆建成】

5月17日，陕西文物图书中心在西安碑林博物馆建成开放，这是全国首座以文物图书为主题的图书馆。该中心以线装图书、平装图书、过报过刊等为主，总藏量居陕西文物系统前列。陕西文物图书中心的图书存藏自1938年由西安碑林管委会接收陕西考古会图书起，已有70余年的积累。古籍图书、普通图书、过报过刊存量丰富，该中心有图书4199种、善本书54部，总存量达到15万余册，其中12部古籍入选《国家珍贵古籍名录》、16部古籍入选第一批《陕西省珍贵古籍名录》。

【四川："洞穿世界的眼睛——奥托·迪克斯作品展"在四川博物院开展】

5月17日，由德国对外文化关系学院主办、四川博物院与歌德学院（中国）联合承办的"洞穿世界的眼睛——奥托·迪克斯作品展"在四川博物院开幕。此次展览展出了德国新客观主义艺术大师奥托·迪克斯作品86幅。该展览之前已在南京、上海、重庆展出。

【河北：石家庄井陉正丰矿工业建筑群文物保护规划原则通过专家评审】

5月7日，井矿集团和井陉矿区政府聘请国内文物保护规划、历史文化、城市规划、旅游等方面专家，召开"正丰矿工业建筑群（正丰矿厂区及段家楼）文物保护规划评审会"，并通过专家评审。

【甘肃："龟兹敦煌石窟壁画展"在敦煌莫高窟举办】

5月18日，由敦煌研究院和龟兹研究院合作举办的"丝路梵音：龟兹敦煌石窟壁画展"在敦煌莫高窟开幕。该展览由序篇、"敦煌遗韵"、"龟兹古风"、"千年丹青"四部分组成，共展出敦煌壁画临摹作品38幅，龟兹壁画临摹作品33幅。

【四川：粤赠大禹雕塑入驻汶川博物馆】

5月31日，由广州市捐赠予汶川县县委办的铜质大禹雕塑入驻了汶川县博物馆，为汶川县博物馆带来了新的亮点。雕塑通体由铜质制成，其中雕塑通高为57cm，净高为53cm，底座厚为4cm，雕塑工艺精妙绝伦，塑造的大禹栩栩如生。汶川素有大禹故里的美称，据西汉至唐代的文献记载大禹的出生地就是在汶川石纽山刳儿坪，在汶川境内留有大量的大禹遗迹。

【广西："赤子丹心铸丰碑——南洋华侨机工文物图片展"在广西博物馆隆重开幕】

由广西壮族自治区文化厅、广西壮族自治区归国华侨联合会主办，广西壮族自治区博物馆与厦门陈嘉庚纪念馆联合承办的"赤子丹心铸丰碑——南洋华侨机工文物图片展"于5月30日在广西博物馆隆重开幕。此次展览向观众介绍了抗日战争爆发后，世界各地海外华侨开展的浩浩荡荡的抗日救亡活动。展览共展出文物40件、背板61张，内容详实，图文并茂，将陈嘉庚与南侨机工不畏艰险的抗战历史一一呈现。

【辽宁：沈阳市十大历史建筑新鲜出炉】

5月，沈阳市文物局与市规划和国土资源局共同筹备举办了辽宁有色杯"我最喜欢的沈阳十大历史建筑"评选活动，沈阳市文物局在全市300余处不可移动文物中遴选中113处备选名单，再经专家初评出50处候选名单在《辽沈晚报》、沈阳文化网、沈阳规划网上推出。经市民投票评选，沈阳市十大历史建筑分别是：沈阳故宫、张氏帅府、清福陵、清昭陵、太清宫、无垢净光舍利塔、辽宁工业展览馆、周恩来少年读书旧址、中共满洲省委旧址、北塔法轮寺。

【北京：《中国收藏拍卖年鉴》（2013年版）隆重发行】

6月，《中国收藏拍卖年鉴》（2013年版）隆重发行。《中国收藏拍卖年鉴》是由中国收藏家协会、中国拍卖行业协会、雅昌文化集团联合主办，由人民美术出版社正式出版发行。内容包括“专家论著”、“业界动态”、“考古发现”、“政策法规”、“艺苑撷英”、“艺术市场报告”、“年度重要拍品”、“文物知识”、“文化机构名录”等部分。

《年鉴》从专业学术引导到市场分析，对艺术品市场进行年度总结，集权威性、知识性、工具性于一体，全面、客观、公正地反映了文物艺术品收藏和市场发展状况。

【陕西：“中国明清城墙申遗联展”在西安展出】

6月8日，由中国古都学会城墙保护专业委员会主办，西安城墙景区管理委员会承办，兴城、南京、临海、寿县、凤阳县、荆州、襄阳等八家文物管理单位联合举办的“中国明清城墙申遗联展”在西安城墙南门城楼西侧展出。

【陕西：“首届陕西文物之美摄影大赛获奖作品展”在西安博物院开幕】

为庆祝第八个中国文化遗产日，“乾陵杯首届陕西文物之美摄影大赛获奖作品展”在西安博物院展馆开幕。

此次摄影大赛由陕西文物局主办，陕西民俗摄影协会承办，西安博物院协办，是陕西省第一次以文物为主题的摄影活动。

【四川：凉山多家文博单位首次合作“凉山历史名家书画展”开幕】

6月8日，“凉山历史名家书画展”展览在凉山彝族奴隶社会博物馆泸山馆区隆重开幕。

本次展览从4家文博单位的众多藏品中，遴选了凉山历史名家书画69幅，时代主要以明清时期为主，也包括民国时期张大千、周镜堂、马骀、黄云鹄、郭沫若等著名书画家的作品，其中许多均为初次示人、不可多见的珍品。

【河南：南阳邓州举行“太子岗遗址保护标志碑揭碑仪式”】

6月19日，“太子岗遗址保护标志碑揭碑仪式”在全国重点文物保护单位太子岗遗址所在地邓州市穰东镇隆重举行。

太子岗遗址保护标志碑碑体及碑座均为青石质，树立于太子岗遗址北侧，正面内容为该处文物保护单位的名称、保护级别、公布机关、公布日期、立碑单位等，背面内容为保护单位简介、保护范围等。

【宁夏：举行“纪念水洞沟遗址发现90周年大会”】

6月26日，由中国科学院古脊椎动物与古人类研究所和宁夏回族自治区文化厅主办，宁夏文物考古研究所、宁夏博物馆和水洞沟遗址博物院承办的“纪念水洞沟遗址发现90周年大会暨国际古人类学术研讨会”在水洞沟景区召开。

水洞沟遗址为中国最早发现并进行科学发掘的旧石器时代遗址。在发现之后的90年中，这里先后经历了中外科学家5次正式发掘和逐步深入的研究。

【陕西：博物馆文物保护展览首次邀公众全程体验】

“巧手良医——陕西历史博物馆文物保护修复工作展”是陕西历史博物馆保管部组织策划的一场特殊展览，展览的内容和形式突破传统理念，邀请公众全程参与体验。

这次展览是该馆首次举办文物保护修复工作专题展，通过130余件金属、陶瓷、石质、纸质、壁画等材质文物和相关修复信息，集中展示该馆历年保护修复的文物和相关技术方法，全方位展示文物保护的理念、方法和技术。展厅以文物实体展为主带出修复工艺、科学研究、预防性保护内容。观众还可以体验陶器修复、文物拓印、古代壁画制作等多项文物保护内容。

【甘肃：“丝绸之路古城邦国际学术研讨会”在高台举办】

8月8日至10日，由复旦大学、张掖市人民政府、河西学院主办，高台县人民政府、张掖市文广新局承办的“丝绸之路古城邦国际学术研讨会”在高台县举办。此次研讨会旨在依托高台县丰富的历史遗迹和人文景观，以丝路文化最具代表性的古城遗址为重点，根据其不同历史时期的文化特色植入不同文化元素、打造相关文化产业和体验项目。研讨会围绕河西走廊绿洲与丝绸之路古城邦的主题进行了讨论，最终形成了两本专题论文集和一个项目可行性研究方案。

【新疆：吐鲁番博物馆举办“流光溯影——古代铜镜艺术展”】

由中国文物学会青铜器专业委员会、扬州市文物局、吐鲁番博物馆共同举办的“流光溯影——古代铜镜艺术展”正式开展。

本次展览汇聚扬州古代名镜精品近百面，集中展现了铜镜的发展历史、古代青铜实用器皿的铸造技术特色及其文化之美。

【辽宁：“印象故宫——辽沈地区名家书画作品展”开展】

8月25日，“印象故宫——辽沈地区名家书画作品展”在沈阳故宫师善斋、协中斋隆重开展。展览得到了辽沈地区46位艺术家的鼎力支持，共展出书画作品46幅。

【陕西：首届“中国中古史前沿论坛”学术研讨会在西安召开】

8月22日至25日，由西安碑林博物馆和陕西师范大学历史文化学院合办的第一届“中国中古史前沿论坛”国际学术研讨会在陕西师范大学雁塔校区举行。

参加此次会议的代表包括北京、上海、广州、武汉、西安以及来自韩国的40多位学者，其中以年青学者为主。讨论主题包含中古史研究的各个层面及其前沿热点，展示了年轻一代学人宽广的学术视野、敏锐的问题意识和研究触角。

【陕西：西安市立法强调保护秦岭文化遗产资源】

7月26日，陕西省第十二届人民代表大会常务委员会第四次会议批准了《西安市秦岭生态环境保护条例》。该《条例》单章专列“人文资源保护”，强调保护秦岭范围内的文化遗产资源；要求文物行政管理部门负责秦岭文物保护的监督管理，组织制定文物保护措施，监督文物修缮保养，加强文物保护宣传教育。

该《条例》自2013年10月1日起施行。

【河南：巩义市文物考古研究所挂牌】

9月6日，巩义市文物考古研究所在巩义市刘镇华庄园正式挂牌成立。

2011年8月巩义市政府召开常务会议决定成立巩义市文物考古研究所，主要职责是负责全市文物考古、文物发掘、文物鉴定、文物修复、考古研究等工作。

【四川：峨眉山市成立文物管理局】

为加强文物管理和保护工作的力度，9月，峨眉山市对市文物管理所的机构编制进行了调整，将峨眉山市文物管理所更名为峨眉山市文物管理局，从股级事业单位升格为副科级事业单位，新增人员编制5名，从而使人员编制达到10人。

【江苏：文物局公布第二批“江苏大遗址”名单】

9月1日，江苏省文物局公布了第二批“江

苏大遗址”名单，分别为新沂花厅遗址、泗洪顺山集遗址、南京人化石地点、南唐二陵、溧阳中华曙猿化石地点、张家港东山村遗址。省文物局要求各市文物行政管理部门指导各相关单位，在做好首批八个江苏大遗址保护工作的基础上，切实做好第二批江苏大遗址保护的各项工作，参照国家文物局《国家考古遗址公园管理办法》、《国家考古遗址公园规划编制要求》、《大遗址考古工作要求》的规定，有序开展江苏大遗址的考古调查、勘探工作，编制江苏大遗址保护规划，上报省文物局审批。

【内蒙古：周口店遗址巡展走进包头博物馆】

8月底，在首站半坡博物馆举办的“周口店遗址巡展——走进半坡”，接待观众2万余人。“北京人”再度启程，一路向西，奔赴周口店遗址巡展第2站——内蒙古包头博物馆。

展览面积约400平方米，展出展品54件，包括北京猿人和山顶洞人复原像各1件，人类化石模型3件，文化遗物7件，石器17件，动物化石25件。展览内容分为前言、惊世发现、“北京人”、山顶洞人、科学研究、国宝寻踪、结束语七部分。

【浙江：宁波市民办博物馆协会成立】

9月28日下午，宁波市民办博物馆协会成立大会在政协联谊宾馆举行。

大会审议通过了协会章程、审议表决协会会费收取办法，选举产生了协会第一届理事。

【山东：“第十一届中国临沂书圣文化节”开幕】

9月，“第十一届中国临沂书圣文化节”隆重开幕，本届书圣文化节着重突出书画主题，着力凸显艺术精髓，将怡情高雅的书画艺术进行公开展览，让广大群众近距离欣赏名家大作，搭建文化交流的艺术平台，充分展示书法名城的历史底蕴和文化品牌。同时，进一步挖掘临沂书画市场的巨大潜力，推动文化产业的繁荣发展。

本届书圣文化节还进行书画收藏与鉴赏知识专题讲座，并在临沂市博物馆为市民免费鉴宝，传授专业鉴赏知识，在传播优秀民间文化的同时，全面展示临沂市文化建设成就，让广大群众共享文化建设成果，进一步彰显书圣故里的现代文化魅力。

【四川：广汉文庙正式对外开放】

9月29日，伴随着近百人的祭孔礼仪队伍的进入，关闭了半个多世纪的四川广汉文庙正式免费对外开放。棂星门、大成殿、戟门、名宦祠、东庑、乡贤祠、泮池、东西庑及学宫等古代礼制性建筑再现了清代广汉文庙的恢弘气势和历史风貌。

【江苏：扬州崔致远纪念馆举办“跨越千年的记忆——崔致远与扬州”展览】

10月15日，“跨越千年的记忆——崔致远与扬州”展览在扬州崔致远纪念馆隆重开幕。通过馆舍出新、陈展提升，崔致远纪念馆以崭新的面貌呈现在世人面前。馆内展览分为“开放的唐代扬州”、“新罗的友好使者”、“延续的千年情缘”三个单元。

【上海：“2013中国上海·第三届全国集卡收藏博览会”开幕】

10月26日上午，“2013年中国上海·第三届全国集卡收藏博览会”在上海隆重开幕。中国收藏家协会会长、中国电信博物馆副馆长、上海市收藏协会副会长、福建省收藏家协会会长、中国收藏家协会票证收藏委员会主任等嘉宾，以及来自世界各地卡友、新闻媒体朋友500余人出席了开幕式。

本届卡博会征集了全国 22 部精品卡集，其中有专题类卡集 14 部，传统类卡集 7 部，文献类卡集一部。这些卡集涵盖了电话卡、银行卡、地铁卡、交通卡等多个卡种。专题类的卡品丰富，有着较强的编排功底，受到一致好评。

【河南: 巩义石窟寺拓片展在台湾高雄开幕】

由河南省文化厅、文物局主办，巩义市人民政府、台湾高雄佛光山佛陀纪念馆承办的“佛国墨影——河南巩义石窟寺拓片展”于 2013 年 10 月 6 日至 2014 年 1 月 4 日在台湾高雄佛光山佛陀纪念馆举办。此次展出的巩义石窟寺 80 幅高浮雕拓片，立体展现了巩义石窟寺一、二、三、四和五窟的全貌。最大的一幅拓片长 5.3 米、宽 5.3 米，还原了第三窟精彩的藻井雕刻。尤其是“帝后礼佛图”，生动再现了 1500 多年前皇室从事宗教活动时侍从环拱、伞扇杂陈、仪容肃穆的盛大场面。

【北京：故宫研究院成立】

“故宫研究院成立大会”在故宫博物院举行。故宫研究院的研究成果可以直接转化为文化遗产保护中藏品研究、科技保护、陈列展览等方面的实际措施。

据 60 年代统计，故宫当时的甲骨文藏量是 22463 片，居世界第三位。但目前全世界的甲骨文都已经整理出版，只有故宫的 22463 片甲骨文一直没有全面公开过。研究院成立后，故宫正在积极准备编写故宫甲骨文专辑，揭开这些封存已久的古老文字的面纱。目前已经对其中 4700 多片甲骨文进行编号、拍照，正在积极准备申报国家社科基金重大项目。

【广西：“跨越海洋——中国‘海上丝绸之路’九城市文化遗产精品联展”第五站（北海站）在广西南宁开幕】

10 月 23 日，由北海、南京、扬州、宁波、泉州、福州、漳州、蓬莱、广州九个城市举办的“跨越海洋——中国‘海上丝绸之路’九城市文化遗产精品联展”在广西民族博物馆开幕。本次展览共展出珍贵文物 260 余件，均为九个申遗城市最具代表性的展品。该联展自 2012 年 5 月 18 日首展以来，已在宁波博物馆、福州市博物馆、扬州博物馆和登州博物馆四站进行了巡展，第五站在广西南宁展出，展览时间从 2013 年 10 月 23 日持续至 2014 年 2 月 17 日。

【湖北：孙中山宋庆龄纪念地联席会议在武汉召开】

10 月 17 日，第 25 次“孙中山宋庆龄纪念地联席会议”在武汉辛亥革命武昌起义纪念馆召开。来自国内 9 个省市代表与美国、日本、新加坡、马来西亚和中国香港、澳门的 45 家纪念地的百余名学者专家与会。

【黑龙江：大庆博物馆被授牌为“AAAA”国家级旅游景区】

大庆博物馆被全国旅游景区质量等级评定委员会正式批准大庆博物馆为“AAAA”国家级旅游景区并授牌。

【河北：邢窑白瓷赴浙江慈溪展出】

由中国古陶瓷学会、邢台市人民政府、慈溪市人民政府共同主办的“‘南青北白’——越窑与邢窑学术研讨会和越窑青瓷邢窑白瓷展览会”，在浙江宁波慈溪市开幕。

此次邢台市精选 110 件邢窑白瓷和慈溪市的 80 件越窑青瓷同时展出，供观众品味南方青瓷与北方白瓷的不同风格。

【北京：“永不消失的光泽——银器文化

收藏展”在京开幕】

11月1日，“永不消失的光泽——银器文化收藏展”在中华民族艺术珍品馆开幕。此展是第25届国际科学与和平周系列活动。展出的银饰银器300多件，时间跨度以近代为主，分为中国传统首饰、中国银器、外国银器三个部分。所有藏品均来自收藏爱好者。

【台湾：陕西专家赴台参加第五届海峡两岸文化资产论坛】

11月4日至5日，“考古与遗产地管理—第五届海峡两岸文化资产论坛”在台湾省台南市“文化资产保存研究中心”举行，来自两岸的20余位考古与文化遗产保护领域的专家参加了此次论坛，纵论中华民族共同的文化遗产保护课题。

来自大陆的7位专家在此次论坛上发表了专题演讲，引起了与会代表的高度关注。

专家们在台期间还访问了中央研究院历史语言研究所、十三行博物馆、自然科学博物馆、台湾史前文化博物馆、卑南文化公园等古文化遗址及文化资产保存研究中心，与台湾同行就文化遗产保护和相关研究的体会进行了深入的交流。

【台湾：“晏阳初乡村建设的重庆乐章”展在台北开幕】

11月26日，由重庆市档案局、重庆市文广局、重庆市台联与台湾地区相关单位共同主办，重庆市璧山县档案局承办的“晏阳初乡村建设的重庆乐章——中华平民教育促进会华西实验区历史档案展”开幕式在台北华山文创园举行。展览围绕“晏阳初的重庆岁月”、“华西实验区改革”、“华西实验区四大建设”、“华西实验区与农复会”、“华西实验区土改实验”、“晏阳初华西实验区的影响”几大主题顺次开展，旨在掀开一段尘封了70年的历史记忆。本次展出档案134件，共213页，图片70幅，主要从数万件晏阳初华西实验区档案中精心遴选而得。

【北京：越窑青瓷精品展在北京大学赛克勒博物馆开幕】

11月22日，由北京大学中国考古学研究中心、北京大学考古文博学院携浙东越窑青瓷博物馆，历经三年精心筹办的“叠翠——浙东越窑青瓷博物馆藏青瓷精品展”大型展览在北京大学赛克勒考古与艺术博物馆隆重开幕。越窑窑口主要分布在浙江上虞、余姚、慈溪、宁波一带。这次在赛克勒博物馆展出的近146件（组）青瓷，年代早至商周，晚至宋代，基本反映了越窑青瓷的发展过程，分“原始瓷”、“早期越窑”、“越窑”三个单元，很多展品是首次面向观众。

【浙江：第十届“中国历史文化名楼论坛”在宁波举行】

12月8日，第十届“中国历史文化名楼论坛”在浙江宁波举行。本次论坛由中国文物学会历史文化名楼保护专业委员会、宁波市文化广电新闻出版局主办，宁波市天一阁博物馆承办。来自岳阳楼、黄鹤楼、滕王阁、蓬莱阁、鹳雀楼、大观楼、阅江楼、天心阁、天一阁、钟鼓楼、城隍阁、泰州望海楼、温州望海楼等13座中国历史文化名楼楼（阁）主及代表一百余人围绕“中国历史文化名楼的建筑文化”这一论坛主题，就历史文化名楼与城市形象塑造、历史文化名楼在区域文化中的地位与影响、历史文化名楼的时代价值进行了广泛探讨。

【四川：遂宁市举办“川北民间中国古钱币珍藏展览”】

12月9日，由遂宁观音文化博物馆主办的“川北民间中国古钱币珍藏展览”在天上宫开幕。此次展览以遂宁本地收藏家为主体，邀请了南充、巴中的收藏家们参加，展出金、银、贝、玉、铜、锡、铁、陶、纸质古钱币共999枚。这是《遂宁市民营博物馆管理办法》出台后，由民营博物馆举办的第一个展览。

【澳门：“盛唐回忆——洛阳唐三彩珍品展”在澳门开幕】

由洛阳博物馆和澳门民政总署合作筹办的“盛唐回忆——洛阳唐三彩珍品展”，于12月12日在澳门民政总署大楼隆重开幕。

此次展览，洛阳博物馆精选了馆藏70件（套）唐三彩文物精品到澳门展出，基本涵盖了三彩器物的各种类别，澳门同胞和来自世界各地的旅游者从中可更好地欣赏到洛阳唐三彩的独特魅力。

【四川：古城阆中首届古玩艺术品交流会成功举办】

12月14日至15日，由阆中市文物管理局、市收藏家协会联合举办的“古城阆中2013古玩艺术品交流会”在阆中市博物馆广场开幕。此次是古城阆中首次举办古玩艺术品展览会和交流会，来自川、陕、甘、渝四省市的500多名古玩、翡翠珠宝、字画等各方参展商家、收藏家、鉴赏家到场，进行收藏交流活动。阆中市本土藏家也展出了200多件瓷器、铜器、书画和木雕等各个时期的作品。

【陕西：两个国家考古遗址公园获得立项】

12月17日，在国家文物局下发的《关于公布第二批国家考古遗址公园名单和立项名单的通知》中，陕西靖边县的统万城考古遗址公园和南郑县的龙岗寺考古遗址公园获得国家文物局立项。

此次立项的统万城考古遗址公园位于靖边县城北的红墩界乡，为东晋时南匈奴贵族赫连勃勃建立的大夏国都城遗址，也是匈奴族在人类历史长河中留下唯一的都城遗址，是中国北方最早最著名的都城，已有近1600年历史。

【北京：中国拍卖行业协会与Artnet全球有限公司联合发布《2012年全球中国文物艺术品拍卖市场统计年报》】

12月18日，中国拍卖行业协会和网络艺术品研究平台Artnet全球有限公司在京联合发布《2012年全球中国文物艺术品拍卖市场统计年报》。此份年报也是首份全球中国文物艺术品拍卖市场权威报告。商务部、文化部、国家文物局等有关部门，欧洲艺术基金会、中国收藏家协会、AMRC艺术市场研究中心、首都师范大学美术学院等研究机构负责人及多家拍卖企业、新闻媒体出席了发布会。

报告依托中国拍卖行业协会年度专项统计及Artnet的海外数据，在分析市场动态同时，首度在同一报告中汇总呈现全球中国文物艺术品拍卖企业及成交额1000万元以上拍品的成交信息，为市场人士和政府部门提供了一份全面的中国文物艺术品拍卖全球市场动态的数据信息。

【北京：纪念张伯驹先生诞辰115周年“首届张伯驹论坛”在京举行】

12月21日，来自全国各地的专家、学者、知名人士及有关部门领导六十余人出席了在恭王府举办的论坛活动。

2013年是张伯驹先生诞辰115周年。为缅怀张伯驹先生为我国文化事业做出的突出贡献，弘扬张伯驹先生的文化精神，民革中央、民盟中央、中央文史研究馆、中国艺术研究院、中国收藏家协会、文化部恭王府管理中心、吉林博物院、中华书局、张伯驹潘素纪念馆共同举办了“首届张伯驹论坛”。

与会者结合张伯驹精神和当前存在的一些文化现象，提出了今后深入研讨的新课题和新思路。最后，大家一致表示，将许嘉璐副委员长的论述作为本次论坛的共识。

【“第十一届全国博物馆十大陈列展览精

品评选”】

由国家文物局指导，中国博物馆协会、中国文物报社主办的“第十一届（2013年度）全国博物馆十大陈列展览精品评选”活动，共收到了来自27个省、市、自治区申报的64个合格陈列展览项目。经过初评，20个陈列展览项目入围终评。

精品奖获奖名单：

“南都繁会·苏韵流芳”——南京博物院基本陈列，南京博物院；

“白山·黑水·海东青——纪念金中都建都860周年特展”，首都博物馆、黑龙江省博物馆；

“丝路帆远——海上丝绸之路文物精品七省联展”，福建博物院；

“衡山仰止——吴门画派之文徵明特展”，苏州博物馆；

“鼎盛中华——中国鼎文化展览”，河南博物院；

“鹰城古韵——平顶山历史与文化”陈列，平顶山博物馆；

“异趣·同辉——馆藏清代外销艺术精品展”，广东省博物馆；

“中国出了个毛泽东”陈列，韶山毛泽东同志纪念馆；

“共和国枪械的摇篮”——庆华军工遗址博物馆基本陈列，庆华军工遗址博物馆；

“巧手良医——陕西历史博物馆文物保护修复工作展”，陕西历史博物馆；

优胜奖获奖名单：

“瓷美如花——馆藏瓷器精品展”，广西壮族自治区博物馆；

“铁西百年记忆”陈列，沈阳工业博物馆；

“空灵之约——中国沉香文化展”，山东博物馆、天津沉香艺术博物馆；

“武陵足音”陈列，湖北省恩施土家族苗族自治州博物馆；

“百万雄师过大江”——渡江战役纪念馆基本陈列，渡江战役纪念馆；

上海电影博物馆常设展览，上海电影博物馆；

“近代大连”陈列，大连现代博物馆；

“海上国门”陈列，天津市滨海新区塘沽大沽口炮台遗址博物馆；

“傩魂神韵——中国傩戏傩面具艺术展”，贵州省民族博物馆；

园林博物馆展览陈列，园林博物馆。

第七部分　考古发现

【2013 年度全国十大考古新发现】

2013 年度全国十大考古新发现结果 9 日下午揭晓。陕西宝鸡石鼓山商周墓地、湖北随州文峰塔东周曾国墓地、山东沂水纪王崮春秋墓葬、湖南益阳兔子山遗址、四川成都老官山西汉木椁墓、河南洛阳新安汉函谷关遗址、陕西西安西汉长安城渭桥遗址、江苏扬州曹庄隋唐墓（隋炀帝墓）、四川石渠吐蕃时代石刻、江西景德镇南窑唐代窑址等考古成果当选 2013 年度全国十大考古新发现。

1. 陕西宝鸡石鼓山商周墓地

发掘单位：陕西省考古研究院、宝鸡市考古研究所、宝鸡市渭滨区博物馆

发掘领队：王占奎

2. 湖北随州文峰塔东周曾国墓地

发掘单位：湖北省文物考古研究所、随州市博物馆

发掘领队：黄凤春

3. 山东沂水纪王崮春秋墓葬

发掘单位：山东省文物考古研究所、临沂市文化广电新闻出版局、沂水县人民政府

发掘领队：郝导华

4. 湖南益阳兔子山遗址

发掘单位：湖南省文物考古研究所、益阳市文物处

发掘领队：张春龙

5. 四川成都老官山西汉木椁墓

发掘单位：成都文物考古研究所、荆州文物保护中心

发掘领队：谢涛

6. 河南洛阳新安汉函谷关遗址

发掘单位：洛阳市文物考古研究院、新安县文物管理局

发掘领队：严辉

7. 陕西西安西汉长安城渭桥遗址

发掘单位：陕西省考古研究院、中国社会科学院考古研究所、西安市文物保护考古研究院

发掘领队：刘瑞

8. 江苏扬州曹庄隋唐墓（隋炀帝墓）

发掘单位：南京博物院、扬州市文物考古研究所、苏州市考古研究所

发掘领队：束家平

9. 四川石渠吐蕃时代石刻

发掘单位：四川省文物考古研究院、故宫博物院、甘孜州石渠县文化局

发掘领队：高大伦

10. 江西景德镇南窑唐代窑址

发掘单位：江西省文物考古研究所、乐平市文化广播影视新闻出版局、乐平市博物馆

发掘领队：张文江

【河南：洛阳衡山路北魏大墓考古发掘田野工作全部结束】

洛阳市计划建设的衡山路北延线，拟建线路处于邙山陵墓群西段的北魏陵区。2012 年 7 月在该路段进行了文物钻探工作，随后洛阳市文物考古研究院进驻现场，开始了发掘工作。在 2012 年 9 月间，为了寻找墓葬封土以及建筑遗迹，考古工作者还对周边区域进行了调查钻探，到 2013 年 1 月底考古发掘田野工作全部结束。

墓葬地处邙山南侧缓坡之上，北高南低。东北约 7 公里是位于官庄村的孝文帝长陵，东北约 4 公里是位于冢头村宣武帝景陵，东南约 2 公里是位于上寨村的孝庄帝静陵。

衡山路大墓是长斜坡墓道、前后甬道、单方室砖券墓，为北魏时期墓葬的典型形制。

墓葬出土的类似书卷样式的陶册尚未见于其他公开发表材料，应与其墓葬性质有密切联系。阿纳斯塔修斯一世金币国内目前发现仅有数枚，经过科学考古发掘发现的更少，金币铸造时间和墓葬年代间隔时间比较短，充分说明了当时丝绸之路交通往来的频繁程度。

【云南：元谋磨盘山新石器时代遗址再次

发掘】

元谋磨盘山遗址位于云南省元谋县元马镇乐甫村委会南溪村东北 500 米。2012 年上半年，该遗址部分遭到破坏。2012 年 7 月中旬至 2013 年 1 月下旬，报请国家文物局及云南省文物局批准，由云南省文物考古研究所主持对该遗址进行了抢救性发掘。

发掘清理墓葬形制既有竖穴土坑石板墓，亦有竖穴土坑墓，其中两座为合葬墓，两座为单人葬。葬式上既有一次葬，亦有二次葬。随葬器物以陶器为主，器形有罐、壶、瓶、杯等，尚有石锛、砺石、骨器、蚌饰及贝。

【河南：南水北调中线工程水源地丹江口库区出土文物 3.5 万多件（套）】

河南省文物局南水北调文物保护办公室经过 7 年的努力，基本完成了南水北调中线工程水源地——丹江口库区文物抢救性发掘工作。

截至 2012 年 12 月，累计完成考古发掘项目 123 处，完成考古发掘面积 31 万平方米，出土各类文物 3.5 万余件（套），多项考古发掘填补相关学术研究空白。

丹江口水库作为楚文化发祥地、楚始都丹阳所在地，曾出土了王子午鼎、王孙诰编钟、青铜神兽、云纹铜禁等国家一级文物。南水北调中线工程丹江口水库大坝加高后，丹江口库区将新增淹没面积 370 平方公里。国务院南水北调办公室批复实施考古发掘和搬迁保护文物点 127 处、考古发掘面积 328,380 平方米。

【河北：赵县出土两尊石雕赑屃】

在河北省赵县县政府附近一处工地内，施工人员挖沟作业时从道路东西两侧先后挖出两块巨石，经当地文物专家考证，初步断定为两尊赑屃。赵县文物部门对出土的赑屃进行了现场勘查及保护。

两尊赑屃为一对，其中一尊已经从龟身中央整体断裂，另一尊形态活泼，呈略歪脖的样貌，全长约 1.6 米，宽约 0.5 米，整体呈龟形。

【河南：荥阳发现两周时期大型环壕聚落】

由郑州大学历史学院、郑州市文物考古研究院、荥阳市文物保护管理所联合组成的考古队，在荥阳市高村乡官庄村发现了一座两周时期的大型环壕聚落遗址。

该聚落遗址是由先期钻探发现的，平面略呈长方形的外壕和此次发现并确认的“凸”字形的内壕围合而成，总面积超过 130 万平方米。

遗址出土铜鼎、铜戈等青铜器以及车马器、玉石器、陶器、骨蚌制品等大量重要遗物，年代自西周中晚期一直延续到春秋时期。

官庄遗址是继娘娘寨后，在郑州西部地区发现的两周时期又一大型聚落。根据文献记载，两周时期郑州西部一带先后有东虢、郑国等国家活跃于此，春秋初年东虢为郑国所灭。鉴于官庄遗址重要的学术研究价值，夏商周断代工程首席科学家、北京大学教授李伯谦将其列为两周时期封国考古的重大课题之一。

【湖南：考古汇报会举行 2012 年全省考古发掘各类文物考古标本三千余件】

1 月 8 日，2012 年湖南考古汇报会在长沙岳麓书院举行。

湖南考古工作在 2012 年完成了西气东输三期工程、荆岳铁路等 12 个大型基建项目的文物考古调查勘探，工作面积达 500 万平方米；同时对长株潭城际铁路、安江水电站、托口水电站、蓝山工业园等 10 余个项目完成考古发掘工作，发掘面积 2 万余平方米，发掘各类文物考古标本 3000 余件；其中考古成果最为突出的是长沙市区万达广场和华远中心、洪江托口水电站淹没区、蓝山工业园的考古发掘。

【江苏：文物局召开“南水北调工程泰东河工程文物保护工作总结表彰大会暨2010-2011年度全省考古工作汇报会”】

1月8日至10日，江苏省文物局在南京召开了“南水北调工程、泰东河工程文物保护工作总结表彰大会暨2010-2011年度全省考古工作汇报会”。

南水北调工程和泰东河工程均为江苏省近年来重要的水利工程，南水北调工程历时十年，泰东河工程历时一年半，两项工程的文物保护工作已于2012年圆满完成了田野考古工作，取得了重要的考古成果并顺利通过了验收。

【河南：汤阴发现3000多年前商周古城墙】

河南安阳考古工作者在对汤阴县邶城商周古城的考古调查中，发现一段有3000多年历史的古城墙，内含商代晚期陶片，夯土清晰，夯窝整齐，商周特征明显。这一发现也佐证了《诗经·邶风》衍生地的确切位置。

这段古城墙所在的邺城遗址位于汤阴县东南16公里处的瓦岗乡北邺村。据史料记载，商灭亡之后，周武王姬发封商纣王之子武庚于邺城。《诗经》中的《邶风》即产生于今汤阴县以邶城为中心的一些地方。

此次调查发掘历时5个月，于2012年12月中旬结束。发现证实，邶城遗址东西长1564米，南北宽1050米，总面积约1,642,200平方米。

【陕西：发现秦汉渭桥遗址 为同时期全世界最大木构桥】

1月13日，陕西省考古研究院通报最新考古发掘成果：西安渭桥遗址不仅是迄今所发现的最大的秦汉木梁柱桥梁遗址，而且也是现知同时期全世界最大的木构桥梁。

经调查、勘探和发掘确定，目前在未央区六村堡街道西席村北、未央区汉城街道高庙村北农田中至少存在2组5座桥梁。其中位于西席村北的古桥，因正对汉长安城北墙中间城门厨城门，故称“厨城门桥”，在该处发现四座桥梁，根据发现先后依次编号。其中位于中间者为厨城门1号桥，1号桥向西约200米为2号桥，向西80米左右为4号桥，1号桥向东约200米为3号桥。位于高庙村北古桥，正对汉长安城北墙洛城门，称“洛城门桥”。

【河南：郑州市惠济区发现一明代砖室墓】

郑州市文物考古研究院对惠济区一个被破坏的墓葬区进行发掘清理，共清理明代、清代墓葬各1座。

明代墓葬为长方形砖室墓，墓室主体已经被破坏，仅余前部及墓门部分。墓葬由墓道、墓门、墓室三部分组成。墓门与墓道之间为砖砌门楼，由门檐、斗栱、额门等组成，上雕刻有莲花纹、勾云纹等，照壁上雕有“孔子见老子图”、“麒麟图”、“牛耕图”等。

墓室内出土墓志一方，正方形，据墓志记述，墓主周禄生于明正德八年（1513年），卒于明万历七年（1579年），为惠济桥里名家，终生未仕。墓志云：“公讳禄，字天爵，别号惠渠，荥泽县人也，世居惠济桥里。”死后“葬于镇西南里许先人之兆”。惠济桥村因桥而得名，古称惠济桥镇，旧属荥泽县。此座明墓出土的墓志，明确标示“惠济桥里”，这对于惠济桥的地望及历史沿革变迁提供了可信的实证。

【河南：郑州城区发现商代夯土基址和殷商时期墓葬群】

郑州市文物考古研究院对位于黄河路与花园路交叉口西南角的一处基建项目进行考古发掘，发现商代前期夯土基址1处，水井2眼，商代灰坑6座，灰沟1条。特别重要的是在不到150平方米范围内发现殷商时期墓葬43座。

夯土基址暴露平面略呈长方形，上部被后期文化层所破坏，保留夯土三层，均经过细密的夯打，夯窝为圆形圜底。东部有一处南北 20 米、东西 30 米的活动面。

每座墓葬均有随葬品，随葬品一般置于头骨上部，最少 2 件，多者 4 件，一般为鬲、豆、簋、盆等；个别墓中随葬有铜器，为爵、矛、刀、铃；有些墓葬墓主人口内含有贝币，腰坑内一般有小型玉器。从墓葬形制及随葬品可以分析得知，该墓群应是一处经过严格规划、排列有序、有一定社会地位的族墓地。

【陕西：发现最密集旧石器遗址】

陕西省考古研究院、中国科学院古脊椎动物与古人类研究所、洛南县博物馆和南京大学对洛南盆地郭塬、十字路口等 6 个旧石器遗址进行发掘，清理遗址面积 1300 余平方米，出土石制品 18000 余件。

本次发掘十字路口地点的面积近 360 余平方米，出土包括手斧和薄刃斧等在内的各类石制品 3300 余件。郭塬遗址南距洛南县城不足 1 公里，本次发掘面积 500 余平方米，共出土包括手斧和薄刃斧等在内的各类石制品 13000 余件。

【四川：三星堆遗址考古再获重大突破】

1 月 15 日，“三星堆遗址考古勘探业务指导暨青关山大型建筑基址性质论证会”在四川广汉举行。来自中国社科院考古研究所、北京大学、四川大学、陕西师范大学、陕西省考古研究院和西藏考古所等单位的三十余位专家齐聚三星堆，听取了三星堆遗址 2012 年度考古勘探、发掘情况的汇报，并就新发现的青关山大型建筑基址性质进行了论证。

青关山大型建筑基址群位于遗址西北部的二级台地上，北濒鸭子河，南临马牧河。建筑基址群系人工夯筑而成，现存面积约 16000 平方米。此次发掘的大型单体建筑平面大致呈长方形，呈西北 – 东南走向，长约 56 米、宽约 16 米，面积近 900 平方米。在多处红烧土墙基和室内夯土地面里发现有掩埋玉璧、石璧和象牙的现象。

【河南：“邓州市南水北调工程地方配套工程考古发掘项目”顺利推进】

由南阳市文物考古研究所和河南省文物考古研究所分别承担的“邓州市南水北调工程地方配套工程考古发掘项目”顺利推进。

考古发掘项目主要发掘了秦汉聚落遗址和新石器时代遗址的文化遗存。

由省文研所承担的考古发掘项目主要发掘了时间跨度较大的聚落遗址的文化遗存。

【四川：自贡市文物局收缴并移交 9 件文物】

1 月 30 日上午，四川省自贡市文物管理局文物科联合高新区文化市场综合执法队的执法人员到高峰乡河山村收缴了 9 件明清时期的文物。

此次收缴的文物包括谷仓罐、双耳罐、瓷盘、瓷枕、陶碗等。经专家初步鉴定，这批文物主要是明清时期的随葬器物，具有比较重要历史价值。

为妥善保护好这批收缴文物，市文物管理局将9件文物移交给了市盐业历史博物馆收藏管理。

【甘肃：泾川发现重要佛教遗址】

该遗址位于甘肃省泾川县城关镇共池村，本次发掘清理窖藏坑两个、砖函 1 个、灰坑 20 个、井 8 处、沟 1 条、墓葬 1 座、台基 1 座，出土佛教造像 260 余件（组）、陶棺 1 具、铭文砖 1 块、部分砖瓦建筑构件、陶器、铜器、瓷器等。其中，墓内出土镇墓砖一块，有明嘉靖四十一年（1562 年）明确纪年。

甘肃省文物考古研究所根据国家文物局、甘肃省文物局的要求，制定并申报了《泾川大云寺佛教遗存调查发掘计划》。对遗址进行了清理发掘，共发掘500平方米。

本次出土的佛教造像从质地分有石、陶、泥等。类型上又可划分为造像碑、造像塔（龛）、背屏式造像、单体圆雕造像等，其中单体圆雕造像数量较多。造像表面进行贴金或施彩妆奁。造像年代历经北魏、西魏、北周、隋、唐、宋等时期，延续时代较长。

【陕西：清涧辛庄发现商代遗址】

2月11日，位于无定河下游支流川口河附近的清涧辛庄遗址发现大量商代晚期建筑遗存。

该遗址位于陕西省清涧县李家塔镇辛庄村东的梁峁上，总面积约10万平方米。2012年底，因遭遇盗掘，陕西省考古研究院与相关单位联合组成考古队，对遗址进行了全面调查、重点勘探与抢救性发掘，发现了建筑遗存、包边围墙、墓地等遗迹，特别是在山峁顶部钻探发现了20块集中分布的夯土遗迹。2013年4月至12月，为进一步理清这些夯土遗迹的年代、布局结构与性质，考古队重点对山峁顶部的夯土遗迹进行了解剖发掘，同时对周邻区域发现的台地包边墙进行局部清理。发掘总面积1000平方米，清理断面6处合计约100米，所获遗迹有大型建筑基址及附属设施、夯土基槽、夯土墙、石墙及少量灰坑等，出土器物有陶、骨、铜、石、贝等器多种，数量逾百件，有圆柱足跟鬲、甗、簋、三足瓮、小口折肩罐、豆、骨镞、骨纺轮、铜镞、石刀、石斧、海贝等，以商代晚期遗存为主。

【河南：淅川下寨遗址发现仰韶晚期至石家河文化时期墓地】

由河南省文物考古研究所历时4年多挖掘的淅川县下寨遗址，发现了明清、汉唐、东周、西周、二里头时代早期、王湾三期文化、石家河文化和仰韶文化等时期遗存。

仰韶晚期至石家河文化时期的长方形土坑竖穴墓葬共108座。按墓主头向的不同分为四类。第一类大致朝南，共50座，时代为仰韶文化晚期。第二类大致朝西，共46座，时代大致为石家河文化时期，少数墓葬出土的黑陶圈足簋具有油子岭文化的特征。近一半的墓葬都随葬有陶器，多放置于腰坑之中，且成组出现，下部为一长颈壶或圈足簋，之上放置一陶钵。第三类大致朝北，共11座，时代也为石家河文化时期。有4座存在腰坑陶器和玉钺或石钺共存的现象。其中M207长2.6米，宽1.5米，见有单棺腐朽后的痕迹，是目前豫西南、鄂西北地区规模最大的石家河文化墓葬。第四类朝东，仅1座。从开口层位分析，为仰韶文化晚期至石家河文化时期。这批墓葬填补了豫西南、鄂西北地区同类遗存的空白。

下寨遗址地处中原、关中陕南和江汉地区的文化交流地带，自古是三地文化交流的重要孔道。

【陕西：富县出土“安史之乱”墓志铭】

富县出土的墓志铭石牌，由墓志和墓志盖两部分组成，墓志盖呈盝形斜杀正方形，厚7厘米，上书篆字“大唐故杜府君墓志铭”九字，周围为线刻莲花纹图案。墓志呈正方形，边长为60厘米，厚10厘米，周围为线刻缠枝蔓草花纹。

同时出土的铜镜虽然绿锈斑斑，但是正面的图面清晰可见。该铜镜呈现为圆形，桥形钮，直径9.3厘米。正面有桂花树、嫦娥、玉兔和金蟾蜍，铜镜图案生动清晰。

【甘肃：岷县山那树扎新石器时代遗址出土文物3800余件】

由甘肃省文物考古研究所主持，历时11个月的岷县境内山那树扎遗址抢救性挖掘工作全面结束，共出土陶器、石器、骨器等遗物3800余件。新发掘的遗址区属于仰韶文化晚期，距今已有4500多年。

在2012年9月至2013年3月期间，甘肃省文物考古研究所对铁路穿越的遗址部分进行了抢救性发掘，发掘遗址面积达1400平方米，清理各类文物遗迹单位195处，出土陶器、石器、骨器等器物3818件。甘肃省文物考古研究所专家对挖掘出的遗物进行了归类整理和初步鉴定。

甘肃省文物考古研究所发布的《甘肃岷县山那树扎遗址挖掘初步报告》表明，该遗址包含仰韶文化中期、晚期及马家窑文化三种文化因素，为研究洮河流域仰韶文化中期到马家窑文化时期洮河流域先民的生产生活方式和自然环境提供了重要资料。

【河北：唐县发现唐代墓志佐证古中山国都城所在地】

文物工作者根据新发现的一块唐代墓志铭文字记载，为战国时期古中山国曾在唐县设立都城提供了佐证。

这块墓志为汉白玉材质，长54厘米，宽33厘米，厚6厘米，行书字体，记录了唐代居士孙家璧籍贯、生卒年代、安葬位置和古中山城的位置。

墓志的最大价值在于明确记载了孙家璧墓位于“中山之西南”方向，表明古中山城在墓的东北方向。该墓志所在地宗高和村正好位于史书记载的中山国都城中山城（今唐县北店头乡南城子村和北城子村）西南方向。这为中山国都城曾在唐县提供了有力佐证。

【陕西：洋县发现明、清雕像】

陕西省洋县文物博物馆在可移动文物普查中，发现位于洋县戚氏镇、纸坊镇、八龙乡交界的龙咀庙现存明代弘治十七年（1504年）圣母娘娘像一尊，清代香樟木木刻玉皇大帝、太上老君、四郎、五郎、大王雕像五尊。

【四川：遂宁市船山区出土宋墓】

四川遂宁市船山区龙坪街定觉院社区一组机场南路某工地施工现场出土了几座古代墓穴。出土了四个红色砂岩质墓穴，呈南北走向并列分布在机场南路工地所挖出的两米多深的大沟里，还出土了5件灰陶器皿，包括2个碗、2个罐子和1个瓶子。经初步鉴定，这些墓穴及器物均属于宋代所造。

【陕西：礼泉县发现新出土唐代石人石虎】

礼泉县两乡镇发现新出土唐代石人石虎各一件。石虎通高108厘米，座高14厘米，长74厘米，宽35厘米，两耳竖起，双目圆睁，闭嘴而牙齿外露，躯体留有凿痕。石虎出土现场在西侧500米处为斛斯政则墓，该墓已于1979年发掘，属于昭陵陪葬墓。

石人头朝南脚朝北，面朝下侧身而卧。石人通高191厘米、人高169厘米，接近真人大小，躯体未经打磨留有雕凿痕。头戴小冠，身穿阔袖长袍，手残，其下有环首仪刀。石人背部平直为初唐风格，初步判断为初唐石刻。这是礼泉县首次在北部山区发现唐代石人。

【浙江：义乌桥头遗址发现近9000年前太阳纹彩陶】

桥头遗址位于义乌市城西街道桥头村，经过探掘，发现了厚达2米的文化层堆积，并出土数量丰富的陶（片）器和石器。石器有磨盘、穿孔器、石刀等。

桥头遗址陶器的保存状况较好，陶器类型包括大口盆、平底盘、双耳罐、圈足盘等，陶衣鲜亮，以红衣为主，也有乳白衣，体现出陶器装饰的高超手艺，在已经发现的上山文化遗址中，只有湖西遗址堪与相比。遗址出土了一定数量的彩陶，分乳白彩和红彩两种，以条带纹为主，彩纹中出现了太阳纹图案。

桥头遗址彩陶的多样性虽不及跨湖桥文化，但已经具备了两种类型的彩陶特征，桥头遗址的太阳纹图案也与跨湖桥遗址中的太阳纹图案一脉相承，充分说明上山文化是跨湖桥文化的重要源头。

【贵州：遵义发现明代播州土司杨铿墓】

贵州遵义新浦挨河墓（M2）中两合墓志被发现，墓主人的身份也得以确认，该墓系明代播州土司杨铿及其夫人田氏的夫妇合葬墓。

遵义旧属播州，公元9世纪至17世纪为杨氏所据，从杨端入播至末代土司杨应龙传27代30世，即30人先后出任播州统领。经过几代考古人的努力，30位土司中有7位的墓葬已经找到，分别是杨粲（13世）、杨文（15世）、杨昇（22世）、杨纲（24世）、杨辉（25世）、杨爱（26世）、杨烈（29世）。

出土墓志铭表明，该墓为杨氏第21世杨铿的夫妇合葬墓。根据墓志的内容，结合现场勘查，杨氏第14世杨价的墓葬可能也在附近。结合已知的杨烈（29世）墓，新浦杨氏土司墓群的勘探与发掘取得重要的收获。

【广西：南宁发现首个明代瓷器窑址】

4月1日，广西文物考古研究所考古人员在南宁市仙葫开发区邕江沿岸发现了一个民窑遗址（暂命名为三岸窑址），出土了一批陶瓷制品碎片。据初步断定，该古窑建造于明代，距今有四五百年的历史。这是南宁市范围内发现第一处明代瓷器窑址。

这座古窑位于邕江边，尽管窑身已经垮塌不少，但可看出它以黏土和方砖为壁，沿着倾斜的山坡而建，形如龙身。考古人员介绍，这是古代南方地区流行的典型龙窑形制。从山脚往上，依次建有窑门、火膛、窑室、排烟孔等，最下面的叫“窑头”，最高处叫“窑尾”。龙窑烧窑时使用的燃料少，升温快，窑内温度高，烧出来的瓷器硬度较大，釉面晶莹美丽，质量很好。

【河南：新安汉函谷关遗址考古调查与发掘】

新安县函谷关遗址是河南省唯一入选“2013年度全国十大考古新发现”的项目，位于秦岭东端余脉涧河河谷，是公元前2世纪至公元3世纪汉朝设立在中原地区的防卫都城，是洛阳作为东汉都城时，自丝路起点都城西行必经的重要关隘遗存。自2012年6月起，洛阳市文物工作者对汉函谷关进行了大规模的考古调查和发掘，总钻探面积13.9万平方米，发掘面积3325平方米，发现了城墙、道路和建筑等重要遗迹，出土陶器、瓷器、铁器、铜器等共250余件，钱币108枚。取得了重要的考古发现。

发掘面积3325平方米，发现了城墙、道路和建筑等重要遗迹，出土陶器、瓷器、铁器、铜器等共250余件，以及钱币108枚。

【广西：柳州发现史前人类祭祀坑】

广西考古专家完成对柳州市兰家村新石器时代遗址的抢救性考古发掘，共发现史前人类祭祀坑三个，同时还发掘出了石斧、石锛、石砧等近百件石器，其中包括一件特殊的石研磨器。

兰家村遗址位于柳州市城中区静兰村兰家屯东南约200米的柳江河西岸一级台地上。1979年，广西考古专家对该遗址进行调查并试掘，出土过砍砸器、刮削器、石锤、石斧、石锛、石凿、穿孔石器、砺石及半成品等文物，以及陶片近千件。2004年，中国社科院考古研究所广西工作队对该遗址进行第二次小规模考古发掘，出土了石斧、石锛、陶片等文物。

兰家村遗址祭祀坑是在柳州第一次发现的跟史前原始宗教相关的文物，考古人员推测，遗址所处年代为新石器时代中晚期，距今约6000年。

【河南：郑徐高铁萧县段现古墓群 年代最早可达西汉早期】

郑州至徐州高速铁路萧县段发现古墓群，由河南省文物考古所和萧县文物部门组成考古队进行田野勘探。

郑徐高铁萧县段全长45公里，经先期调查，该路段发现不可移动文物点8处，其中古遗址5处、古墓葬1处、古墓群2处。

萧县是汉文化的发源地，在此前连霍高速萧县段建设中，共发掘各类墓葬318座，这批墓葬的年代最早可达西汉早期，最晚在东汉中晚期，基本再现了该地两汉时期中小型墓葬所反映的历史文化特色。

【四川：纳溪发现精细完整宋代墓葬石刻】

四川泸州纳溪棉花坡镇九川村发现一处宋代石室墓石刻文物，当地文管部门当即采取保护措施，最大限度进行保护。

此涵洞是50年代修村级公路时从附近一古墓葬（深基）内搬运过来的，石壁上雕刻有武士、青龙、白虎、植物花卉等，每个雕刻都十分精细，栩栩如生。从雕刻的形状来看，初步判定是属于宋代的石室墓石刻。

此次发现的墓葬石刻保存完整、数量较多，对了解南宋时期纳溪地区丰富的历史文化、社会生活、宗教信仰、丧葬习俗、实物场景以及对确定纳溪区的历史具有重要的考古和研究价值。

【河北：内丘邢窑遗址出土瓷器窑具残片二十万件】

经过6个月的考古发掘，文物工作者在内丘邢窑遗址发掘北朝至唐代窑炉11座，墓葬22座，出土瓷器、窑具、残片20万件（片）以上，完整和可复原器物约超过2000件，另外还出土了三彩和大量砖瓦残片及瓦当模子。

此次发掘出土的遗物丰富，北齐至隋初遗物以碗为大宗，另有钵、高足盘、瓶、罐、盆等，釉色以青和青中泛黄的为主。窑具有大量的三角支钉、喇叭形窑柱和少量的筒形窑柱等，同时伴出有较多的砖、瓦、瓦当、陶盆、陶罐残片等，还发现了少量绿、黄褐釉瓷胎陶片。

【河北：内丘城区出土隋代莲花纹瓦当范】

河北省内丘县文物保管所为配合县城区建筑工程，在清理一座古代废弃圆井时，出土了一件瓦当范，泥质灰陶，外形略呈扇形，厚4厘米，最大径26厘米。该范边缘平整，下收成平底。平面由拱形和圆形组成的外廓明显的模具，内凹深度1.8–2.6厘米。

根据目前考古资料出土瓦当情况看，制作瓦当的范出土量很少，此次发现的瓦当范在河北省属首次发现。此种体形硕大、规格较高的瓦当范在国内更是少见。根据伴随出土的青釉碗残片、白釉碗残件，均具有典型的邢窑隋代器物特征。因此，推测出土瓦当范年代当为隋代。此瓦当范的出土为研究隋代建筑构件及隋代建筑风格提供了重要的实物依据。

【四川：达州渠县发现东汉时期墓葬群】

在渠县青龙乡山坪村，发现130余处古洞穴，疑为东汉晚期悬崖墓葬群，距今有1800多年的历史。

此次发现的古洞穴共130余处，集中在一处山崖上，是近年来渠江流域发现数量大、保存最完整的古洞穴。

【江西：庐山发现明代壁画古墓】

庐山秀峰景区在修建停车场时发现一座壁画古墓。经江西省文物考古研究所初步考察后认定其为明代仿木结构青麻石墓。古墓墓室内壁绘有牡丹、荷花等具有佛教色彩的壁画，在中国南方省份较为罕见，为研究江南地区明代彩绘壁画提供了宝贵的实物资料。

壁画被绘在石灰浆底色层上，虽遍及墓壁但保存状况较差，仅墓室东壁南面约0.5平方米的彩绘保存较为完整。壁画题材主要为牡丹、荷莲、菊花、竹叶和宝相花花瓶等，未见人物；整体采用工笔白描技法并以铁线勾勒，色彩主要为红、黑、蓝、赭黄，具有浓厚的佛教色彩。

壁画古墓位于耕土层下，未见封土。从壁画墓附近暴露的断面观察，紧邻其东南面至少还有一座同类型的青麻石圆形墓，考古工作者初步判断现场为一处墓葬群。

【河南：三门峡市发现宋代墓葬 出土文物四十余件】

三门峡市文物考古研究所的工作人员在市区某工地抢救清理了一批唐宋时期墓葬，出土陶瓶、陶罐、青瓷碗、铜镜、铜钱等文物四十余件。

此次清理出的墓葬中，有两座宋代墓葬均为坐北朝南，阶梯式墓道位于墓室南部，较为特殊的是阶梯墓道两侧带有扶手，这种埋葬形制在我市考古中较少发现，充分体现了古人“事死如事生”（古代人崇信人死之后仍然过着像活着时一样的生活）的埋葬习俗。

【江苏：扬州出土“隋故炀帝墓志”初步认定为隋炀帝墓】

扬州市邗江区发现疑似隋炀帝陵寝的古墓。国家文物局派出三名考古专家现场考察，专家们初步认为墓主人应为隋炀帝杨广。

为配合城市基本建设，扬州市文物考古研究所在邗江区西湖镇一处房地产项目工地发现了两座残存的古墓。经抢救性清理，发现两墓为隋末唐初砖室墓，西侧墓中出土一方墓志，铭文中有“隋故炀帝墓志”等字样，显示墓主为隋炀帝杨广。在此墓中还出土了鎏金铜铺首、金镶玉腰带等文物。

【新疆：抢救性发掘多岗古墓群 研究龟兹地区青铜文化】

多岗古墓群位于拜城县境内，东西约1公里，南北约500米。为确保石油公路和高等级公路施工进程，防止新盗墓者的光顾，经有关部门审批后，新疆文物考古研究所考古人员在拜城县文物局的协助下，积极投入到初步确定的113座古墓的发掘工作中。

该古墓群的抢救性发掘对研究龟兹地区青铜时代的文化内涵具有重要的历史考古意义。

【河南：新郑发现金元时期古墓葬】

新郑市旅游文物局在配合龙湖镇建设项目进行文物勘探时，发现一批古墓葬和古代陶窑，经初步判断，该处为金元时期的墓葬群。

经过发掘，共清理古墓葬9座和古代陶窑1座，其中由7座金元时期墓葬组成的一处墓地尤为重要。这7座墓葬排列十分有规律，位于最北侧的一座墓葬为土坑墓，平面略呈方形，未见人骨架，由12块灰砖竖立排列成“亞”字形，其中6座均为斜坡墓道土洞墓，墓内骨架多脚朝向最北一座墓葬，似以最北一座墓葬为中心扇形分布。6座墓葬内均有代表“五行”的小石块分布于墓室四周，另外还出土有墓志砖、陶罐、瓷罐、瓷缸及大量铜钱等。根据墓葬形制及随葬器物判断，这7座墓葬均为金元时期，可能为一处家族墓地。

【重庆：一工地挖出两座古墓】

4月13日，重庆北碚区澄江镇一工地挖出两座连体古墓，墓室雕刻精美，经过北碚区文管所现场勘察，初步断定为宋代墓葬，距今近千年。

两座连体墓的墓室里，右侧墓壁上雕刻的全是动物，有乌龟和鹿，墓室顶部刻着一枚铜钱。墓室正中刻着房屋，有两扇门，一个人正开门向外张望。左侧墓室则全部雕刻着各种花朵。

通过现场勘察，初步断定为宋代墓葬，距今近千年。两座连体墓可能为夫妻合葬墓，墓主的身份还有待考证。从墓室的雕刻来看，墓主家境优越。

【甘肃：镇原县出土一批宋代陶瓷器】

镇原县郭原乡寺沟村新农村建设工地施工现场出土了一批宋代陶瓷器。发现文物后，郭原乡政府立即报告县文广局，县文广局组织博物馆业务人员到现场进行了调查。

这批文物共7件，灰陶器2件，瓷器5件。2件陶器已残，5件瓷器中有黑釉梅瓶1件，褐釉执壶1件，黑釉瓜棱形执壶3件。调查人员发现出土的黑釉梅瓶形制与该县庙渠乡北宋宣和五年（1123年）墓出土的梅瓶一致，初步判定这批文物的时代为北宋晚期。此次出土的瓷器均制作精致，釉色光亮莹润，风格朴素大方，属北宋耀州窑瓷器中的精品。专家认为，这批文物的出土地点在北宋中晚期属原州所辖，为研究北宋原州历史文化和社会生活提供了新的资料。

【新疆：发现无史料记载古城遗址 面积4000多平米】

新疆和静县文物局文物保护工作人员对新疆巴仑台至依尔根铁路沿线的古遗址进行考察，首次发现一处目前尚无史料记载“西外提古城遗址”保存完整。

西外提古城遗址位于和静县大西沟内的哈布其汗沟西出口处的北侧台地上，古城保存基本完好，建设为不规则的四边形，面积约为4307平方米。

从古城所建的位置来看，它刚好处于哈布其汗沟出口处，具高临下，易攻易守，是当时必经的一个重要军事交通要塞。城墙的厚度和宽度适应当时人的居住，也能起到一定防御作用，同时还是往来游牧民族的中转站，相当于一个驿站。

【新疆：库车工地发现3000枚唐代“开元通宝”钱币】

4月23日，库车县老城区一施工工地发现古钱币，文物局赶赴现场进行挖掘清理，共清理出3000多枚唐代“开元通宝”钱币，距今已有1300多年。

史书记载，开元通宝是唐代武德四年（公元621年）七月铸造，距今已有1392年的历史。虽然埋在地下已有1000多年，部分钱币已经生锈变绿，但钱币纹理、字迹都很清晰。这些钱币对于研究古代龟兹地区政治、经济、文化、艺术，以及龟兹与唐朝商贸文化交流提供了实物佐证，具有很高的参考研究价值。

【浙江：温州市瓯海区丽塘村清理一座东汉墓】

浙江省文物考古研究所、温州市文物保护考古所、瓯海区文博馆组建联合考古队在温州市文化创意产业园清理了一座东汉晚期墓。

该墓位于温州市瓯海区丽岙街道丽塘村北约200米的小山南麓缓坡带。墓形为“凸”字形券顶砖室墓。

随葬器物多位于墓室中前部，计有釉陶器、瓷器、金属器等各类器物48件。器形有釉陶壶、罐、双耳锅、青瓷罐、盘口壶、耳杯、灶、甑、盂、五联罐、簋、五铢铜钱、铁刀等。

【山东：烟台三十里堡发现汉墓群】

古汉墓群所在地开发区三十里堡发现一处古墓群，系西汉早期墓葬。此次新发现的墓区共有100多座古墓，已初步挖掘了七八十个墓葬坑，出土了一个铜镜、一个陶罐及一些陶器碎片。

这些墓葬坑，有东西朝向的，也有南北朝向的，深的有3米左右，浅的有1.5米左右。墓葬大部分是单人墓葬，少部分是双人夫妻墓葬。墓坑里没有人体骨骼。

根据墓地的格局以及出土的文物，考古人员推测，此处墓葬群的年代大致是2000多年前的西汉初期，且皆是普通百姓的墓葬。

【内蒙古：通辽哈民遗址第三次发掘获重

要发现】

哈民史前聚落遗址位于内蒙古通辽市科左中旗舍伯吐镇东南约15公里，南距通辽市区约40公里。遗址总面积20余万平方米。自2010年起，内蒙古自治区文物考古研究所连续对这处大型聚落遗址进行了三次抢救性发掘。2011年，哈民聚落遗址被评为“2011年度全国十大考古新发现”。

哈民史前聚落遗址第三次抢救发掘共揭露面积1700平方米，清理房址11座、墓葬6座、灰坑18座、环壕2条。出土500余件珍贵遗物。其中最引人注目的是遗址发掘出土了大量非正常死亡人骨和40余件精美玉器。大量人骨和玉器的出土对解释聚落废弃有着十分重要的意义，是对此前哈民史前遗址考古发掘的补充和解释，对于揭开遗址的废弃原因具有十分重要的意义。

【河南：新乡发现秦汉时期墓群发掘出“屈肢葬”】

河南文物研究院考古队新乡鲁堡遗址发现了数个古代墓穴、数具尸骨及部分陶器陪葬品。据地层推测，该墓群属于龙山及秦汉时期的墓群。

新乡鲁堡遗址位于凤泉区南鲁堡村东北处，河南文物研究院考古队在南水北调线中线干渠工程进行时，就对该遗址进行了考古发掘。墓葬面积比较大，已经发掘的有700平方米左右，有二三十个墓坑。墓内有一些陶鼎之类的陶器。据推测，此遗迹属于家族墓葬群。而根据土质分析，这些墓穴所处大概是龙山文化时期和秦汉时期，距今约2000–4000年前。

考古人员还发现，此次出土的尸骨大都保持着一个奇怪的姿势——面部朝上，下肢蜷缩，挤在一个狭小的墓穴中。考古人员分析，这是一种叫仰身屈肢葬的风俗，这在以前的考古发掘中是很少看到的。本墓群发掘后，通过墓群的葬俗、葬饰等，将对研究当时的墓葬文化提供很重要的信息。

【河北：石家庄市赵县贾吕村发现新石器时代遗存】

2010年河北省文物研究所考古工作人员在赵县贾吕村东发现一处遗址。2012年6月，省文物研究所对该遗址进行了勘探，认为遗存较为丰富，考古价值较大，建议发掘。2013年3月，省文物研究所会同石家庄市文物局、赵县文物旅游局组建贾吕遗址考古队，对遗址进行抢救性考古发掘。

遗址出土了新石器、商代、汉代、金代、明清等多个时期的遗存，其中以新石器时代遗存最具考古意义和历史价值。据推测发掘区所处位置可能为新石器时代聚落的边缘区，而核心区应在公路占地范围以外。赵县当地在此前从未发现过新石器时代人类活动的痕迹，该遗址的发现填补了该区域这一时期考古空白，将当地人类活动的历史提前到新石器时代。

根据遗物特征，新石器时代遗存大体属仰韶时代晚期，距今约6000–5000年，部分器形与大司空文化和午方类型均有相似之处。该遗址为石家庄地区继正定南杨庄、平山中贾壁之后发掘的第三处新石器时代遗址，丰富了冀中地区新石器时代考古资料。

【陕西：安康城市庄园汉墓发掘成果丰硕】

安康市南环东路城市庄园在基建施工中再次发现汉代墓葬。安康历史博物馆接到施工方报告后，迅速组织专业考古队进入施工现场。对已经暴露的墓葬进行了抢救性的科学清理发掘，出土各类文物二十余件组。

经清理出土带耳铜鍪、伞弓帽、禽兽纹镜、五铢铜钱、研石以及釉陶锺、鼎、灶、烘炉、博山炉、灯、罐、重沿带盖小罐等。随葬器物组合除罐和重沿带盖小罐为偶数外，其余均以奇数相配。

墓葬位于南环东路南约50米的城市庄园内。结合地形地望断定是一处汉代墓群。墓葬为不带耳室及墓道的单室券顶墓，是东汉时期安康地区较为流行的墓葬形制。

对研究汉水流域汉代墓葬的形制，随葬品的特征以及社会生活提供了珍贵的实物资料。

【山东：临淄齐故城冶铸考古取得重要收获】

此次调查确认冶铸遗址 14 处，包括铸铜作坊址、铸钱作坊址、冶铁和铁器铸造加工等铁器工场址等，其年代为东周秦汉时期，为全面了解和认识东周秦汉时期临淄城内青铜冶铸业和铁器工业的产业结构、性质和内涵及其变迁提供了重要依据。

阚家寨遗址 B 区发掘出土了一大批有关金属冶铸的文化遗迹和遗物，如窑炉、铸坑、水井、窖穴以及铸范、铁渣、铁制品和铜制品等，证明该区域在战国秦汉时期是一处大型的冶铸手工业作坊分布区，冶铸生产包括铜器铸造、钱币铸造、熔铁铸铁、铁器加工等，为深入研究当时的金属手工业生产及其技术发展水平提供了珍贵资料。

这次发掘最重要的收获之一，是通过阚家寨遗址 B 区第二地点的发掘，揭露清理出铸坑、水井等遗迹，发掘出土镜范残块 100 余件、鼓风管等铸铜遗物，以及一批儿童瓮棺葬，初步揭露出一处西汉时期的铜镜铸造作坊址，科学证明了临淄是汉代铜镜铸造中心之一。这是国内外古代铜镜铸造作坊址的首次科学发掘，是汉代青铜冶铸业研究的重要进展，更是汉代乃至整个古代铜镜铸造业及铸造技术研究的重大突破。

【新疆：吐鲁番最大规模佛教石窟群出土大量壁画残片】

此次发掘面积为 500 平方米，发掘区域主要集中在吐峪沟沟口的地面佛寺，以及吐峪沟石窟寺西岸石窟群北部。

从吐峪沟石窟寺第 12 窟开始向北清理，发现大量壁画残片，清理出中心回廊柱和一座圆形塔，以及大量僧房窟、禅窟等。本次挖掘主要解决了吐峪沟石窟寺西岸洞窟的形态布局，并对原本认定错的洞窟进行修正。

从出土壁画残片和现有发现的壁画来看，反映出多种文化对古代高昌石窟艺术的影响。

【河北：隆化新发现一处金元时期古瓷窑址】

隆化民族博物馆在野外考古调查中，新发现一处金元时期古瓷窑址。窑址位于隆化镇煤窑村，初步调查确定面积约 1500 平方米，地表暴露有窑柱、支圈、器物残片等。采集标本以花鸟纹大罐、文字缸残片最具特色。此次新发现窑址瓷器属于磁州窑系，为金元时期北方制瓷工艺研究丰富了实物资料。

【河北：平泉发现战国时期钱币窖藏】

4 月 30 日，平泉县道虎沟乡广兴店村民在挖掘自来水管道沟时发现部分陶罐和古代钱币，经县文保所鉴定，该处为战国时期的钱币窖藏，共清理出土长约 13.7 厘米，宽约 1.5 厘米，形似直刃弯刀的燕国刀币约 600 余枚。

刀币作为燕国最主要的金属铸币形制，在春秋战国之际及整个战国时期，不仅在燕国的腹地，而且在邻近地区和其文化影响所及地区，都有广泛的分布。此处窖藏的发现，反映了平泉在战国时期的经济和商贸发展的繁荣情况。

【陕西：咸阳礼泉出土石碑上记载 660 年前“文物清单”】

礼泉县骏马乡旧县村的村民发现一块“醴泉縣儒学文物记”的石碑。这是礼泉县境内发现最早的与儒学有关的石质“文物清单”。

这块石碑发现于地表以下 1 米处，清理出后移交昭陵博物馆保管。经初步考证，该碑为元代至正十三年（1353 年）所立的“醴泉縣儒学文物记”碑上半截，距今已有 660 年的历史。碑残高

130厘米，碑首最宽处81厘米，碑身上窄下宽。石碑竖立不久就被毁坏，埋入地下时间较长。

该碑正、背两面均有刻字。正面碑文正书共20行，最多一行残留17字，记录了当时礼泉县与儒学有关的书籍、祭器的清单，填补了以前《礼泉县志》中书籍文献记录的空白。

【四川：剑阁县颜家沟遗址发现十二桥文化遗存】

颜家沟遗址位于广元市剑阁县江口镇长江村3组，地处闻溪河与嘉陵江交汇处的一级台阶地上。为配合亭子口水电站的建设，四川省文物考古研究院于3月对该遗址进行考古发掘，发掘面积2000平方米。

本次发现的十二桥文化遗存出土遗物以陶器为主，另有少量石器、兽骨、卜甲等。陶器以夹砂陶为主，泥质陶极少，以褐陶和灰黑陶为主，陶色多不均匀。可辨器形有尖底盏、尖底杯、圜底钵、花边口沿罐、盆、纺轮等。石器有石环；兽骨多为哺乳类、鱼类骨骼；卜甲为龟腹甲，钻孔横列成排，孔内均有黑色灼痕。从出土的陶器来看，与十二桥文化晚期较为接近。

【山东：大汶口遗址首现大片古居址】

由山东省文物考古研究所牵头开展的大汶口遗址考古发掘中首次发现大片居址，目前已揭露7座房址，对研究大汶口文化居址形态、社会生活等各个方面具有难得的价值。

发掘区域地层堆积为4层，其中第一层为现代层，二层属于明清时期，发现了明清时期的道路、柱洞，宋元时期墓葬以及龙山文化少量灰坑。三层下发现大汶口文化居址，包括房址和灰坑。

此次考古发掘还发现了大汶口文化磨石、大汶口文化网坠和龙山文化双孔石刀等大汶口文化时期生活用品。发现的房址均为长方形，初步估计面积约在15至30平方面之间。每座房址上的烧土块堆积间均有较多陶、石器，推测应为房屋倒塌后砸压形成。

【甘肃：白银市发现汉代墓葬 明代之前曾被盗挖】

白银市文物部门对白银市平川区水泉镇发现的4座古墓清理工作已基本接近尾声。从这些墓葬的规格和出土的陶罐、陶灶、古铜镜、古钱币等文物来看，这些墓葬群应该为西汉中晚期到新莽时期间的墓葬群，墓主身份非富即贵。

发掘清理的这4座古墓除了最早发现的一处古墓系双棺墓葬外，其余3座均为单棺墓葬。

此次汉墓的发掘对研究古丝绸之路以及白银在古丝绸之路上重要的地理位置及军事战略地位也有很重要的意义。

【河北：宣化发现古墓群 时跨战国至明清】

河北宣化文物工作者在对一处建筑工地进行文物勘探时，发现由战国、汉代、魏晋、元代、明清不同时代，共21座墓葬组成的古墓群，并出土战国“兽首青铜带钩”、金代“三彩香炉”、元代“钧窑盘”等珍贵文物100多件。

此次发现的古墓群包括战国墓葬10座、汉代墓葬3座、魏晋墓葬1座、金代墓葬2座、元代墓葬1座、明清墓葬4座。文物出土有玉管、玉饰、金耳环、银簪、铜带钩、铜印、铜镜、三彩香炉、钧窑碗、钱币等。

【安徽：皖东最大祭祀遗址首次发布考古成果】

滁州何郢遗址是皖东地区首次大规模科学发掘的商周时期聚落遗址，该遗址发布考古成果，出土20余具完整动物骨骼。其中多例被砍头、捆绑埋葬。

何郢遗址位于滁州市琅琊区扬子办事处十里村何郢庄，年代基本确定为商代晚期到西周早期。

遗址三面环水，为一近圆形台地，直径约70米，总面积约4000平方米。经考古发掘，该遗址出土的文化遗物大多数为陶器残片，完整及可修复的陶器约为200件。陶器质地以夹砂红陶为主，另有少量几何纹硬陶，器形主要有鬲、豆、盆、罐4种，其余有钵等。青铜器主要有镞、刀、凿、针等。此外，还有少量铜渣、与炼铜有关的陶范及石范残片。石器数量和种类都较少，以镰为主，其次为石锛和砺石。骨角器数量较多，有骨铲、骨簪、骨针及经过磨制的鹿角。

根据本次发掘与钻探，该遗址的聚落布局大体分为居住、墓葬和祭祀区。其中最具特点的是大规模的祭祀活动所留下来的痕迹。

【北京：大兴德寿寺遗址考古新发现】

德寿寺遗址位于北京市大兴区旧宫镇东南，距北京市区12公里。南苑德寿寺是清代皇家一座重要的寺宇。为配合南苑德寿寺复建工作，考古人员对本遗址进行更为深入的研究，进行科学系统的考古发掘工作。此次共发掘遗址9000平方米，清理出的遗迹主要有山门、钟鼓楼、佛殿、大佛殿、御座房等寺庙建筑遗址，出土遗物主要为琉璃建筑构件及石构件。

【浙江：桐庐小青龙遗址考古发掘收获】

小青龙遗址位于浙江省桐庐县城南街道石珠村，距杭州市区西南约100公里，地处钱塘江中游的低山丘陵地区。遗址坐落在一条西北－东南向的垄状岗地上，北距钱塘江富春江段约2公里，遗址海拔60米左右，高出岗地东侧农田约10–15米。

小青龙遗址在规模不大的墓地中出土了10件玉钺、5件漆觚个体，另有一些漆器器形不明。浙西南低山丘陵地区具有玉石矿资源及制漆原料的优势，而且早在马家浜至崧泽时期就已存在专门的玉石器加工场。

小青龙等遗址为代表的山地丘陵地区的良渚文化遗存，是良渚文化的一个重要类型。

【江苏：常州象墩遗址的考古新发现】

象墩遗址位于江苏省常州市春江镇杏村南100米，是长江下游地区新发现的一处重要良渚文化遗址。遗址地处太湖西北平原北部，北距长江7公里，东南距太湖46公里，西南距滆湖30公里。遗址范围约55000平方米，中心为一圆形大土墩，称作象墩，占地面积约4000平方米，经三级台地过渡到平地。

本次试掘共清理灰坑11个、灶台遗迹1个、柱洞遗迹3组、烧结面2处。出土的遗物包括石箭镞、石锛、青铜箭镞及大量印纹硬陶和原始瓷器，其中鼎足和印纹陶具有马桥文化和湖熟文化特征。

【四川：完整宋代石室龟形墓在合江首次发现】

四川泸州市合江县文物局发现宋代石室墓三座，清理完毕的榕右乡古墓被确定为完整的龟形宋墓，在合江尚属首次发现。该墓群石刻雕刻精美，生动展示了宋代地方富庶的安乐生活，对研究该区域历史文化、经济和社会风俗具有重要的意义。

榕右乡古墓群位于合江县榕右乡永安村14社，占地面积100平方米。墓室竖穴式，结构一致，青白石雕凿，由墓门、甬道、排水沟、左右壁龛、后龛、棺台、肋柱组成。

【浙江：安吉出土保存完整的楚文化墓】

5月13日，浙江安吉县天子湖镇上马山地区一座楚文化墓重见天日。这是浙江省迄今为止发现的保存最完整的楚文化墓之一

根据随葬品及棺椁等判断，该古墓年代约在战国晚期至西汉初期，是典型的楚文化墓葬。保存较为完整，随葬品也保存较好。经初步鉴定和

统计，出土文物28件，包括漆木器、盒、卮、奁、耳杯、鼎、钫等。墓葬随葬了鼎、盒、豆、钫各3件，按照周礼来说，墓主人可能相当于士一级的贵族，属于等级比较低的贵族。

这座古墓的棺椁、随葬品包括墓刻等都保存完整，为研究战国晚期历史以及楚人东扩现象，提供了第一手完整资料。

【河北：临城发现一处北宋邢窑遗址 出土罕见印花模具】

河北省临城县文物保管所文物工作者在临城县临城镇山下村发现一处北宋时期邢窑遗址，

该窑址位于临城县临城镇山下村，现挖掘面积有100平方米，正在进一步扩大挖掘区。已出土有研究价值印花瓷片500余片、可修复的瓷器器物200余件。

此次出土的瓷片数量多，质量高，胎釉结合紧密，洁白细密，花纹清晰，线条流畅，题材丰富，对研究宋以后邢窑白瓷的发展状况和工艺成就十分重要。印花模具出土量很少，这次印花模具的出土对研究邢窑制作工具提供了重要依据。

【甘肃：礼县汉代墓葬发掘工作结束】

5月9日，礼县永兴乡山脚村在修建村民文化大院施工现场，发现一处汉代墓葬，共出土青铜器3件、陶罐20余件。根据器物的器形以及种类还有墓葬的形制，基本判断是一个汉代墓葬，级别较高，但出土文物破损，有些甚至无法修复。这一墓葬位于礼县大堡子遗址及墓葬群的重要核心区之一。

礼县大堡子山遗址位于礼县县城以东13公里处的西汉水北岸，是甘肃省早期秦文化考古与研究的重要组成部分。

【内蒙古：巴丹吉林沙漠新发现6处近5000年古代遗址】

内蒙古阿拉善盟阿右旗在对巴丹吉林沙漠达布苏吉林湖泊进行调查时，发现6处古代遗址，据鉴定已有近5000年历史，采集文物标本达400余件，遗址内大量文物分布于地表，主要有细石核、细石叶、石片、玉坠、纺轮、青铜箭头、夹砂红陶、红底黑彩陶等各类石器和陶片，根据采集的标本判断，为距今约4500至5000年新石器时代、仰韶时期和青铜时代人类活动的遗物。

【湖北：随州文峰塔墓地发掘获重大发现】

此次工作先后共发掘墓葬66座，其中土坑墓54座、砖室墓12座、车马坑2座、马坑1座。少数墓葬有打破关系。

本次发掘所出遗物的质地有铜、陶、瓷、漆木、骨、皮革、玉石等各类质地的文物1027件（套），大多出自于中小型墓葬。其中铜器577件，铜器器类主要有鼎、簠、簋、方壶、缶、甗、鉴、盘、匜、等。根据铭文可知大多为曾国墓葬，陶器皆破损，主要为仿铜陶礼器，器类主要有鼎、簠、簋、盘、匜等。由器物形制而知，应属东周时期。主要为春秋中晚期曾国贵族墓葬，除此之外，还发现有少量战国晚期的楚墓。时代从春秋中期一直到战国时期，少数为战国晚期的楚墓。根据铭文判定，大多数春秋至战国中期土坑墓的国属应为曾。

【四川：甘青神县出土石刻类宗教人物造像】

此次出土器物的位置位于民国时期便已损毁的芭蕉寺遗址上，共15件，全部为石刻类宗教人物造像。其中释迦牟尼头像、土地爷、雷公和电母等5尊造像基本保存完整，为青神县首次新发现，对研究地方清末民初时期石刻艺术和宗教文化等方面提供了较为重要的参考资料。

【甘肃：临夏市发现一座金代砖雕墓】

该墓葬位于牛津河西岸第一台地上，为仿木结构单室砖雕单室墓，坐西向东，由墓道、墓门、甬道和墓室四部分组成。墓室呈方形，面积约 4.7 平方米，边长 2.17 米，高 3.15 米。墓室合葬 2 具人骨架，均为仰身直肢葬式，木制葬具已朽。墓室四壁及门楼砖雕内容为花卉、动物、几何纹和人物等图案。根据墓葬中出土的钱币和铭文砖，相关专家初步判定该墓葬的时代为金代。

【内蒙古：发现距今约 3000 多年青铜时代锡矿遗址】

内蒙古自治区锡林郭勒盟太仆寺旗千斤沟镇境内发现一处古代锡矿遗址。据初步鉴定，该处遗址属于距今约 3000 多年的青铜时代。

此次在锡林郭勒盟太仆寺旗发现的青铜时代锡矿遗址，由十余条古矿坑组成，并伴有大量的石质开采工具。

锡林郭勒盟太仆寺旗千斤沟镇石门山锡矿遗址是在我国燕山西段首次认定锡矿产地，这对于今后研究草原青铜器，甚至中原锡料来源都有珍贵的学术价值和历史价值，同时对寻找先秦时期锡料的产地提供了重要线索。

【天津：考古发掘 10 座古墓 出土不同质地文物近百件】

天津市文化遗产保护中心考古人员对天津武清区一工地发现的古代墓葬进行了考古发掘，共发掘出古代墓葬 10 座。

这 10 座墓葬年代涵盖了西汉、东汉及北朝时期，跨越了七八百年历史。这批墓葬尽管盗扰严重，但仍出土了玉、水晶、铜、鎏金、陶等不同质地文物近百件。

此次考古发现的古代墓葬，说明在武清城区的西北，龙河与北京排污河以南的一带，至少自战国以来就有人类在此居住生存，并且延续不断，留下了丰富的古代遗存。

【甘肃：定西发现最大古钱窖 挖出 114 公斤铜钱】

定西市安定区一建设工地发现一处古代铜钱窖藏，经考古专家初步考证，这些重达 114 公斤的铜钱历汉、唐、宋、金四代，其中绝大多数为北宋时期的钱币，认定为宋代窖藏，这也是迄今为止定西市发现的最大铜钱窖藏。

经初步鉴别研究，这些钱币既有“元丰通宝”、“崇宁重宝”、“元符通宝”、“宣和通宝”、“熙宁重宝”、“绍圣元宝”、“皇宋通宝”、“圣宋元宝”、“天圣元宝”、“治平元宝”、“大观通宝”、“明道元宝”、“元佑通宝”、“祥符通宝”等，也有个别汉代的“五铢”，唐代的“开元通宝”、“乾元重宝”以及少量南宋的“绍兴元宝”。

此次发现对宋代社会经济研究有一定考古价值。

【浙江：湘湖再现古墓群 刷新萧山考古史三个“之最”】

闻堰镇湖山村的湖山墓地共发现墓葬 60 座、茔园遗迹 1 处，出土陶、瓷、石、铁、铜等各类器物 150 余件（组），初步研究表明，墓地年代为战国至明清。

墓葬分为土坑墓和砖室墓两类，土坑墓平面均呈长方形，随葬品较丰富。砖室墓的平面形制有长方形和凸字形两种，随葬品较少。其中发现两座南北朝刘宋时期纪年墓，刻有“宋元嘉廿八太岁辛卯”等字样。

湖山墓地中墓葬形制的早晚变化与浙江地区的墓葬形制演变规律相符。墓地的发掘丰富了萧山地区的考古资料，对研究这一地区的社会发展、丧葬习俗等方面都具有重要意义。

【四川：乐山大佛及其周边区域考古调查收获】

通过考古调查，基本上弄清了乐山大佛遗产范围文物的分布状况，并发现了一批新的文物资源。

其中，东汉至蜀汉时期的崖墓调查取得了重大进展。本次调查在乐山大佛及其周边区域发现5处崖墓群，崖墓总数1068座，其中具有画像雕刻的崖墓126座。遗产范围内崖墓分布密集、规模宏大，雕刻精美，反映了四川东汉至蜀汉时期政治、经济、文化、思想等。通过本次调查，不仅完善了乐山地区崖墓的文化内涵，更为深入剖析东汉至蜀汉时期“儒、道、佛”思想的演变提供了重要的素材，为乐山大佛佛前建筑和大象阁的研究提供了重要的实物佐证。

【重庆：丰都县马鞍山墓群抢救性发掘工作】

马鞍山墓群位于丰都县双路镇马鞍山村，地处长江右岸二级阶地上，属长江三峡库区消落带。

此次发掘共清理墓葬23座，除3座六朝墓葬外，其余20座墓葬均为两汉时期。这批墓葬分布有序，排列整齐，多数西南－东北成行，西北－东南成列，个别略有错位现象。墓葬方向略有偏差，基本为西北－东北方向。墓葬结构可分为竖穴土坑墓和竖穴土圹砖室墓，其中以竖穴土坑墓数量居多，约占70％。竖穴土坑墓以长方形为主，个别为“凸”字形。多合葬，少量为单人一次葬。

共出土随葬器物430余件(套)，包括陶、釉陶、青瓷、铜、铁等类别。其中，陶器器形有盆、钵、罐、釜、锺、房、井、侍俑、动物俑等，釉陶器有罐、盆、锺、灯、摇钱树座、博山炉盖等，青瓷器有盘口壶、四系罐、碗等，铜器有五铢、大泉五十、货泉、鍪、锺、耳杯釦、鸟、摇钱树饰件、龙形饰、璧形饰等，铁器有刀、削、剑、斧等。

【四川：什邡市星星村遗址考古发掘工作取得初步成果】

星星村位于什邡市南泉镇星星村14组，其西紧邻高院子，地处鸭子河冲积平原上。为配合兰州－成都区间铁路工程建设，四川省文物考古研究院、德阳市文物管理所、什邡市文管所等单位组成考古队对该遗址进行抢救性考古发掘，现已布方5×5米探方44个，加上扩方面积共1180平方米，并取得初步成果。

共发现灰坑62个、墓葬12座、灰沟9条。从层位和包含物来看，遗迹大致可分为唐宋、商周时期和新石器时代晚期几个时期。

唐宋时期墓葬共12座，均为砖室墓，破坏严重。出土有四系罐、开元通宝、乾元重宝等。

【福建：光泽重大考古发现10平方公里商周部落出土】

此处遗址位于光泽县砂坪村，形状为不规则的椭圆形，东西长约4公里，南北宽约2.5公里，中间为一小盆地，四周为连绵起伏的丘陵。在茶山、馒头山等山头顶上，考古工作者发掘了商周时期的建筑遗址群、商周时期的墓葬群等。出土有陶器文物一百余件，各种陶片上千件，以及石锛、石斧、石箭、纺轮、玉玦等劳动生产工具和装饰品。

在遗址上首次发现了先民的建筑遗迹，为在地面上的圆形或长方形建筑，每处建筑面积8–20平方米不等，建筑的基础有基槽、柱洞、草拌泥、“木骨泥墙”等。

据考古人员初步判断，此次发现的遗址应为商周早期部落遗址，距今约3000–4000年。其建筑风格在福建还是首次发现，在我国南方也极为罕见。

【山西：太原开化3座北齐墓出土135件色泽鲜艳陶俑】

山西太原开化墓群考古发掘取得重大收获，考古队在开化墓群发现了大量汉、北齐、明清时期墓葬。其中一处汉代砖室墓葬规模之宏大、结构之复杂，在山西实属罕见。在3座北齐墓中出土了135件色泽鲜艳的陶俑，尤其是在北齐楚州刺使赵信夫妇合葬墓中出土的一组镇墓武士釉彩陶俑，高50厘米，全身间以红白彩绘，上戴头盔，持戟执盾，体态健硕，眉目和善，足可与娄睿墓武士俑相媲美。

开化墓群是晋阳古城遗址的墓葬区，是晋阳古城遗址的重要组成部分。此次发掘共清理出墓葬70座，其中汉代32座、北齐19座、明清19座；出土的493件文物中，有陶器213件、陶俑135件、瓷器35件、铜质小件42件、铁器37件、石印章1枚、墓志2合，其他文物28件。

【云南：昆明东川遗址填补滇北青铜时代考古空白】

由云南省文物考古研究所等组织进行的昆明市东川区铜都镇玉碑地遗址发掘工作取得重大进展。考古专家认为从这些遗址中发现大量的圆形建筑、铜矿石铜矿渣、水稻小麦种子等在云南甚至金沙江流域均为首次发现，其时代应早于战国时期。

此次考古实际发掘面积300余平方米，共清理房屋14座、灰坑48个。在房屋的居住面上发现有双孔石刀（或称石镰）、铜针、铜鱼钩、铜锥和铜刀等。从出土的材料，特别是陶器来看，与滇池区域的“滇文化”明显不同，带耳器发达，很可能是金沙江支流的小江流域的一个新的考古学文化。遗址中发现大量的铜块和铜炼渣，表明附近可能有炼铜的遗迹，该遗址极有可能是与冶铜有关的一个聚落。此次遗址发掘填补了滇北地区青铜时代考古学文化的空白。

【湖南：益阳出土两汉简牍 将对铁铺岭古城遗址全面考古发掘】

益阳铁铺岭古城遗址考古人员对赫山区铁铺岭古城遗址进行抢救性考古发掘，发现了众多的板瓦、筒瓦以及少量瓦当和陶瓷器。此次抢救性考古发掘是为配合益阳市甘宁路建设而进行，发掘面积共100多平方米，出土了东周时期的陶豆、陶鬲、陶纺轮，六朝时期的青瓷敛口瓮、青瓷双沿罐，隋唐时期的青瓷钵、碗等。此外，还发现一处宽约2米的碎瓦片堆积层，初步判断可能是六朝时期的道路遗迹。还从两口古井中出土了一批简牍，初步估计有近千件。从古井内同地层出土的陶片判断，简牍的年代应在两汉时期。

【河南：濮阳市发现一处晚商时期文化遗址】

濮阳市文物部门在华龙区马呼屯村中南铁路附属工程建设工地发现一处商代文化遗址。濮阳市文物保护管理所和首都师范大学联合对该遗址进行抢救性试掘，在8平方米试掘范围内发现文化堆积4层，灰坑4个、祭祀坑1个、墓葬2座，遗址文化层堆积厚度达3米，出土石斧、骨簪、骨锥、牛角、陶拍、人头盖骨和1000余件陶片，出土器物种类丰富、数量众多。

经文物专家初步研判，这些遗迹、遗物距今约3000年左右，是古人类生活的重要实物资料，为研究商代晚期濮阳地区的社会生活状况提供了重要材料。该遗址是濮阳地区首次发现的较大规模的商代晚期墓地，对于研究商代晚期濮阳地区的丧葬习俗、探索濮阳古代城市起源和发展演变都具有重要意义。

【广东：广州出土近三万件清代晚期青花瓷】

广州市长堤大马路一工地考古发掘出陶瓷器近三万件，属清代同治、光绪年间产品，器类多为碗，还有碟、盆、杯等，均为日常生活用品，其中相当数量的器物比较完整，仅口部有残缺。这是广州城市考古首次出土如此丰富的清代晚期陶瓷器遗存。

由于此次发掘的陶瓷器遗存出于临岸的河沙

淤泥积层中，广州市文物考古研究所初步推断，这一带最迟在清代晚期存在专门运输陶瓷器的码头，陶瓷器在运输过程中遭遇损坏，因此被就地在码头处理，从而形成河道里的堆积。

【安徽：利辛县发现一座宋代古墓葬】

安徽省利辛县文物部门在该县孙庙乡程寨行政村境内发现一座古墓。古墓在农耕地内，顶部坍塌一洞口，约 50×70 厘米，为宋代砖室墓，墓室基本保存完好。

此墓系单室墓，长方形竖穴弧形顶，坐北朝南，墓顶距地表50厘米，墓总长约2.45米，高1.4米，宽1.4米。墓室内青砖铺底。砖砌卷顶方形墓门，高48厘米，宽24厘米，用不规则乱砖封闭。墓砖为素面青砖，长28厘米、宽14厘米、厚4.3厘米。在清理中，发现人骨架已被扰乱，无法判断性别、年龄，未发现完整的陪葬品，仅发现器物残片，初步判断是由于被盗原因造成的。此砖室墓砌法在本地区非常独特，墓室上部用青砖垒砌弧形顶，墓室下部青砖砌成竖型墓墙，顶部与墓墙之间两层青砖出沿。该墓可能是仿照地上木结构建筑垒砌而成的，此砌法在该县尚属首次发现，对研究当地墓葬结构演变提供实物依据。

【河南：南水北调焦作段供水区考古工作全线展开】

南水北调供水工程在焦作地区有4条输水线路，穿越市区东部、中部、西部及温县、武陟等地，经过地下埋藏文物点多处。市文物考古研究所承担了其中北石涧墓群、张羌西墓群、白庄墓群、待王西遗址、苏蔺遗址、万花古墓群6处文物遗迹考古发掘任务。

考古人员已从武陟万花古墓群发掘了14座古墓葬、3座陶窑，出土器物三十余件；从温县张羌西古墓共发掘古墓葬8座，出土器物二十余件；从苏蔺遗址发掘古墓葬三十余座，出土陶仓楼、瓷碗、陶罐等文物。被发掘古墓葬多为汉、唐、明清时期古墓葬。

【河南：漯河发现迄今百余墓葬】

漯河发现迄今为止规模最大、保存最完整墓葬群，119座墓葬排列如“蜂房”，仅是冰山一角。

这是漯河市迄今为止发现的规模最大、保存最完整的墓葬群，此次发掘对研究城颍邑和临颍县城的历史，以及漯河古代历史具有重要考古价值。

经初步统计，共出土陶、铜、铁、骨、贝、玛瑙等不同质料的文物412件，其中陶器264件。墓葬群中出土的文物为研究战国至西汉时期墓葬习俗以及城野布局、人口分布、社会生活等提供了珍贵实物资料。

经过专家多方论证，墓葬按年代可分为战国至西汉时期，以战国时代墓葬为主，其次是汉代墓葬，只有两座为元代墓。

【北京：房山大墓墓主确认为刘济 墓志内容填补史料记载】

房山长沟大墓墓志被开启后，墓主身份也最终确定为唐幽州节度使刘济。另一方墓志为刘济夫人张氏。刘济夫妻合葬墓为北京市近年发现的最大唐代墓葬，其中张氏墓志造型精美，浮雕彩绘鲜艳，更是国内罕见。另外，刘济墓志的铭文与一些史料的记载并不相同，可以作为修正史料的重要物证。

【福建：闽清南木墩发现新石器时代遗址】

福建博物院文物考古研究所对高速公路涉及遗址的区域开展抢救性考古发掘工作，发现并清理了10座新石器时期墓葬及一个灰坑，出土陶器、石器等共一百多件。

石器有石锛、石钺、石镞、水晶尖状器等；陶器有罐、釜、壶、豆、盘、簋、杯、纺轮、鼎等。其中一件器物与其他的很不一样，是水晶材质的，被命名为“水晶尖状器”。

墓葬均为土坑竖穴墓，人骨已腐朽无存。该

遗址发现的墓葬中随葬品的器物组合及特征与昙石山遗址中层即“昙石山文化”极为相似，可判断其年代应为距今4000多年的新石器晚期。

【黑龙江：齐齐哈尔发现洪河遗址】

洪河遗址位于齐齐哈尔市富拉尔基区杜尔门沁乡洪河村南的嫩江岸边，高于嫩江水面约为6米。齐齐哈尔市和富拉尔基区文物管理部门在日常考古普查工作时发现该遗址。

此次发掘的主要收获为新石器时代和明代两个时期的重要遗存。在新石器时代遗存中，黑龙江省考古所发掘出房址2座，墓葬8座，获得完整陶器和可修复陶器16件，包括陶罐、陶钵、陶杯等。此次发现的房址是黑龙江省目前发现的规模最大和最为完整的新石器时代房址，获得的遗物是昂昂溪遗址群及附近新石器时代遗址历次发掘中最为丰富的一次，为嫩江流域新石器时代的文化序列研究提供了重要资料。

【湖南：益阳兔子山遗址发掘收获】

位于益阳市赫山区的兔子山遗址，荣获2013年度全国十大考古新发现。文物部门经过考古发掘，发现各类遗迹近百处，出土了战国晚期至三国孙吴时期的简牍1.3万余枚，其内容被证实是益阳县衙文书档案。至2013年底，遗址共发掘面积约1000平方米，弄清了城址的性质和基本范围，城址平面呈长方形，东西宽约200米、南北长约300米。共清理古井16口，灰坑56个，灰沟7条，房屋建筑遗存9处。专家表示，此次发现的简牍数量之大、时代延续之长，在全国都极其罕见，尤其是秦二世的昭告文书及“张楚之岁”觚，更是惊世之发现。

【江西：景德镇落马桥窑址考古发掘】

景德镇落马桥窑址抢救性发掘工作初步完成，出土了元代枢府瓷和青花瓷等一批珍贵瓷器。专家根据出土遗物基本确定这处窑址曾经是元代官窑窑场。

考古人员在落马桥窑址清理出2座高规格的元代庭院、1座明代马蹄窑遗迹、15处元明清房址、13处池子等一批明清陶瓷作坊遗迹。

【河南：新郑发现一批战国墓葬】

新郑市旅游和文物局在配合新郑市基本建设进行文物勘探时发现一批战国墓葬，随后郑州市文物考古研究院对其进行了发掘。

该批墓葬位于郑韩故城以北约4公里，经过发掘，共清理墓葬51座，这些墓葬分布十分集中。此次发掘清理的墓葬除1座空心砖墓外，其余均为土坑竖穴墓。其中最大的一座墓葬长5米，宽3.8米，深5.5米，虽几经盗扰，仍出土了一把青铜剑及玛瑙环、铜铃等少数文物。其他墓葬也多被盗扰过，出土有一批陶器、玉器、铜器及绿松石饰件等文物。根据墓葬形制及出土的随葬品，初步判断这些墓葬均为战国时期，该区域可能为一处位于郑韩故城外的平民墓葬区。

本次出土的陶器主要有鬲、鼎、豆、壶、盘、匜、罍，除红陶鬲为实用器外，其余皆为仿铜陶礼器；铜器主要有铜剑、铜铃、铜璜、铜带钩、铜环。另外一件绿松石饰件，呈兽面形，镂空雕刻而成。

这批墓葬的发掘对研究战国时期韩国的历史、文化、葬俗都具有十分重要的价值，同时也为郑韩故城的研究提供了参考资料。

【四川：青白江发现战国中期船棺葬】

成都市文物考古在青白江区发现了战国中期船棺墓葬群，距今2400年左右。这是青白江首次发现战国墓葬，且此次发现的墓葬数量较多，形制保存较好，随葬品丰富，在近年来成都地区考古发掘中也属罕见。

出土有陶器、铜器、玉器等。其中，铜器有钺、剑、矛、刀印章等共27件，玉饰品2件，陶器有罐、釜、豆、器盖、尖底盏等400余件，已修复出土器物近百件。

【河北：唐山发掘出西汉时期陶窑遗址】

考古人员在唐山丰润区商各庄发掘出土西汉时期陶窑遗存，考古学家表示，该遗址的发掘为研究当时社会政治、手工业、聚落经济发展模式提供了重要实物资料。

此次发掘探方57个，面积1425平方米。揭露出的遗存有西周地层、汉代灰坑2个、汉晋墓葬3座，宋代砖瓦窑1座及灰沟1条、清代房基1个、灰坑2个。出土遗物有石器、陶器、瓷器、砖瓦等。器型有西周时石锛、石斧、罐、折肩器；汉唐时青瓷豆、碗、钵；宋代砖瓦等。

此次考古发掘的遗物从西周至清代，时代跨度非常大，表明该地区从先秦到近代，一直有人类在此繁衍生息，也证明此地历史文化悠久，是宜居之地。特别是首次发现的砖瓦混烧宋代砖瓦窑较为珍贵，丰富了江南地区的烧窑资料，为研究宋代南方地区民居建筑材料来源提供了实物依据，对研究同类马蹄窑的用途和古代烧窑技术有较高的研究价值。

【云南：江川光坟头遗址考古发掘收获】

光坟头遗址位于云南省玉溪市江川县路居镇光坟头山，遗址分布于山丘的半山腰至山顶部。1984年3月调查发现该遗址，2011年11月至2012年6月，对遗址进行了调勘及先后两个阶段的考古发掘，面积共计600平方米，调勘及发掘收获颇丰：确认遗址面积17万平方米；发掘文化层堆积最厚5.2米，地层划分最多处17层；清理半地穴式房屋遗址26座、灰坑30个、与建筑有关的活动面11处；出土遗物数量多，类型丰富，小件器物编号4089个，其中陶器数量最多，以子母口小钵及同心圆纹盘为主要器型，另有陶釜、陶罐、圈足盘、陶盆等，其他器类有铜器、石器、骨器、角器、蚌器、玉器等；采集铜渣、浮选土样及沉积物样品400余份。

该遗址为贝丘遗址，螺壳堆积最厚达5米以上，几乎所有的螺壳尾部均被敲去；发掘过程及浮选分拣出大量有加工痕迹的骨器及动物骨骼，种类有螺类、蚌类、鱼类、鸟等；哺乳动物有牛、狗、猪、马、羊、鹿、麂、熊、竹鼠、鼠、豪猪、兔等，其中数量最多的为螺类、蚌类及鱼类。本次发掘的晚期地层中出土有少量布纹瓦片、青瓷片、青花瓷片及白瓷片，时代应属于明清时期；早期地层中所出的陶片数量较多，从陶片特征及叠压关系判断早期文化层时代为春秋战国至西汉。

【重庆：忠县发现明代冶锌遗址 出产锌锭或用来铸铜钱】

市文化遗产研究院考古人员在忠县洋渡镇发现了明代冶锌遗址，距今有500年的历史。这也是三峡库区目前考古发掘出的保存最好，规模最大的冶锌遗址。

这个遗址与此前在丰都、石柱发现的冶锌遗址，共同构成了三峡冶锌遗址群。丰都、石柱冶锌遗址群已经获批成为全国第七批重点文物保护单位。

【陕西：凤翔发现西汉墓葬】

凤翔县彪角镇李家堡村发现一座古墓葬，经现场勘察，为拱顶式砖室墓，长3.7米，宽、高均为1.8米，东西走向，西墓道。整体墓室用长约35厘米，厚约0.5厘米的楔形青砖砌集而成。墓内无耳室，在地面中间位置发现边长约60厘米的正方形腰坑，青砖封门。

出土器物有釉陶鼎2件、陶奁1件、陶仓2件、陶灶1件、釉陶豆1件、釉陶罐3件、灰陶罐4件，同时出土五铢钱及“小五铢”铜币14枚，共计16件组。根据该墓葬形制及出土器物推断，当为西汉时期的墓葬。

【安徽：亳州市发现墓葬群 年代跨度较大】

安徽省亳州市发现古墓葬，经现场测量，该取土区长约50米，宽约30米，初步认定是汉、宋时期的遗物。

经过发掘，共清理出5座墓葬，其中一座汉墓出土完整陶罐1只、陶钵1只、陶盂2只、大量陶器碎片和部分青铜纹饰碎片。

这批古墓葬群的发现为研究汉、宋两代的历史、埋葬习俗提供了重要的参考资料。

【湖北: 叶家山一墓发现为西周考古之最】

叶家山墓地第一大墓葬M111中，二层台的发掘工作基本结束。现已发掘出5件方鼎、11件圆鼎、3件大镬鼎和12件簋，共计19鼎12簋。经初步测算，圆鼎直径约为20公分，三件大镬鼎直径为35公分至45公分，分布明确，保存完好。数量超过周朝传统礼制中最高规格的“九鼎八簋”，为目前国内西周考古发掘中，在同一墓葬中发现最多的鼎和簋。

【重庆：巫山发现东晋时期纪年墓 墓内壁砖刻“永和九年”】

重庆市文化遗产研究院考古人员在巫山发现了战国晚期至六朝时期的墓葬34座，共出土了铁釜、铜箭镞、铜钱币、琉璃耳珰、陶灶等各类遗物260余件。其中，一个古墓形似刀把，墓室内的石砖上竟然有“永和九年，岁在癸丑”的铭文。

而东晋时期的纪年墓十分罕见，这为考古学家对墓葬的断代提供了极大的方便。

【安徽：凌家滩遗址现大量红烧土遗迹】

凌家滩遗址经过2个月的发掘，发现了200多平方米的红烧土遗迹，红烧土遗迹占凌家滩遗址此次发掘面积的70%左右。

大量红烧土遗迹的出现，表明该遗址与凌家滩先民的房址有密切关联，这为寻找到凌家滩先民的居住区提供了十分有益的线索，也为未来对凌家滩遗址的保护、利用、展示提供了科学依据。

除了发现大量红烧土遗迹外，还发掘出少量石器或石块、陶片以及动物碎骨等，从这些有限的器物判断，红烧土遗迹的年代不晚于前五次发掘的贵族墓葬年代，也就是距今约5300–5800年。

【新疆：伊犁发现青铜鍑 初步断定为西汉文物】

伊犁哈萨克自治州发掘出一尊四耳喇叭足青铜鍑，高约60厘米，直径约为50厘米，文物专家经过与此前在伊犁出土的青铜鍑相对比，初步认定它是西汉时期文物。

这尊西汉青铜鍑共有4个耳，其中2个大耳，2个小耳。腹部和足部都遭到不同程度损坏。

【甘肃：武威发现魏晋时期砖室墓】

7月11日，武威市凉州区皇台小区保障房建设工地发现一座魏晋时期的古墓，并出土灰陶罐等文物。

经发掘发现，该墓葬为砖室墓，坐西向东，由墓道、前室、甬道、后室组成。共出土灰陶罐3件。

根据墓葬形制和出土文物推断，该墓葬为魏晋时期古墓，它的发现对研究武威地区魏晋时期的墓葬形制、葬俗等具有较高学术价值。

【湖南：益阳出土5000枚简牍 时间跨度从先秦到三国】

兔子山遗址出土的文物中，在一件觚上发现有“张楚之岁”的字样。

不仅如此，兔子山遗址目前已出土简牍5000余枚，简牍年代从战国、秦、汉，一直到孙吴时期，成为湖南乃至全国2013年度的重大考古发现。

兔子山遗址共发现简牍约5000枚，分为木牍和竹简，保存良好。长度一般为23.5厘米，宽为1.3厘米至2.8厘米。特殊的大型木牍已见3枚，长49厘米，宽6.5厘米。文字以毛笔墨书。简牍年代从战国、秦、汉，一直延续到孙吴时期。

兔子山遗址简牍发现之普遍、时代延续之长、数量之巨大，在湖南乃至全国都是极其罕见的。

各时期的简牍可以弥补历史文献的不足，既可编缀益阳乃至湖南的远古历史，也可以推而广之，据此研究各朝的政治、经济、司法制度，了解县乡政府的运作和普通吏员、百姓的生活情况。

【浙江：杭州萧山老虎洞遗址考古发掘取得重大收获】

老虎洞遗址位于杭州市萧山区闻堰镇老虎洞村北部，3 月 21 日至 7 月 29 日，杭州市文物考古研究所联合萧山博物馆对其进行考古发掘，取得重大收获。

此次发掘面积 1300 平方米，发现了一处商周时期的聚落遗址，并清理了从战国至明代的墓葬 34 座，出土各类遗物 255 件（组）。遗址地层堆积从上至下可分为 4 层：第 1、2 层均为近现代扰乱堆积层；第 3 层为商周时期堆积层，是该遗址的主体堆积；第 4 层为良渚文化堆积层。遗址内发现了至少 8 处干栏式建筑基址和大量灰坑，并出土了壶、坛、瓮、罐、瓿等印纹硬陶，以及原始瓷豆、盂、碗、盘、碟和杯等等。

【山西：太原龙山童子寺佛阁遗址考古发掘】

太原龙山童子寺佛阁遗址考古取得重大成果，新发现了北齐佛龛和中原地区保存年代最早的唐代寺院壁画，并在佛阁内清理出精美的北齐佛像、多个大佛头顶螺残件，以及从崖壁崩塌下来的大型佛龛造像碎块。

此外，在佛阁北壁护墙上新发现唐代绘制的佛龛壁画，有楣龛，内绘一高 1.65 米的坐佛，这是中原地区保存年代最早的寺院壁画。壁画揭去后，发现唐代护墙中镶嵌一块唐开元二年（714 年）童子寺浮图铭方石，正面雕坐佛龛，两侧面为精美的线刻佛说法图。在佛阁遗址内还出土了一批精美的北齐佛像。

佛阁的出现，与大佛雕造密切相关，它是我国现存最早的佛阁实例。

【江苏：扬州曹庄发现隋唐墓葬】

联合考古队对江苏扬州曹庄发现的隋唐墓葬进行全面的普探与局部的重点勘探，勘探面积 109000 平方米

通过出土的高等级文物，结合文献记载与人骨鉴定的结果，确认扬州曹庄隋唐墓葬为隋炀帝墓、萧后墓，是隋炀帝杨广与萧后的最后埋葬之地，印证了历史文献的记载。

【安徽：柳孜运河遗址 2012-2013 年发掘收获】

柳孜运河遗址位于安徽省淮北市濉溪县百善镇柳孜村。1999 年进行第一次发掘，发现沉船、石构建筑等重要遗迹，出土瓷器等一批珍贵文物，被评为 1999 年度全国十大考古新发现。

柳孜运河遗址第二次发掘工作由安徽省文物考古研究所承担，发掘面积 2000 平方米。发掘范围是在 1999 年发掘区域的东侧并把原南岸石桥墩包括在内，自上而下解剖了运河河道和河堤的堆积。文化层位堆积比较清晰，通过这些堆积现象可以大致了解运河的形成、使用、变迁、淤塞、废弃的整个历史变化过程。重要遗迹有：运河河道、两岸的河堤、两岸的石筑桥墩、河道中间的石板路、道路、建筑址和沉船等。

两岸河堤堆积情况略有不同，北河堤是自隋唐时期一直沿用的，基本没有位移过。隋唐的河堤堆积的土比较纯净，出土遗物也比较少。宋代在此之上进行增筑，宋代的河堤顶宽 13 米左右，所使用的土比较杂，河堤是呈斜坡状的层层叠压堆筑，每一层的厚度大概在 40-70 厘米不等。

此次发掘出土大量的遗物，主要是生活用具、娱乐用具、武器、漕运遗物等。器物的质地有瓷、陶、石、铜、骨、木、铁等。器形有瓷碗、瓷碟、瓷壶、瓷盏、瓷球、人俑、动物俑、陶盆、陶球、陶铃、骰子、瓷围棋子、象棋子、骨簪、铁矛、

铜钱、铜簪、木梳、石球、石锭等。瓷器残片数以万计，可复原的遗物数量达7000余件。

【新疆：塔克拉玛干沙漠最完整汉代古城现身】

新疆一个由多学科专家学者组成的考古队在塔克拉玛干沙漠腹地策勒县城约50公里的斯皮尔古城遗址，发现二牛抬杠木犁、马鞍形磨盘等5件文物，并利用三维技术现场还原古城面貌。斯皮尔古城是2012年4月首次被发现的。专家再次进入斯皮尔古城，实地测量获知，斯皮尔古城内径达300米，古城遗址超过8万平方米。是塔克拉玛干沙漠迄今为止保存最完整的汉朝风格古城。

该古城是一个非常典型的园林规划古城，年限应该在东汉时期，距今大约1800年。根据古文献记载，西域三十六国中的渠勒国时代与此对应，应为渠勒国古城，甚至可能是渠勒国王城。

【湖北：考古发现一古墓 朱绘壁画与砖雕共存】

湖北省文物考古研究所同谷城县博物馆对该县肖家营墓地进行了发掘。在发掘过程中，发现一古墓北宋朱绘壁画与砖雕共存，为研究宋代葬俗、建筑、绘画等提供了难得的实物资料。

该墓是一座凸字形砖室墓，由墓道、门楼、甬道、墓室组成，全长17.6米，长斜坡墓道有9级砖砌踏步。墓道底部为方砖铺成的平台，两侧用长条砖砌成护墙，建有4.3米高的仿木结构门楼，由墓门、立柱、斗栱、梁枋等构件组成，且在斗、栱、柱、枋等构件上绘有彩绘，较为精美。四壁砌仿木构砖雕，绘有红、黄、黑等色彩，尤其是长方形墓室内券顶朱绘壁画规模较大，色彩鲜艳如初，线条流畅飘逸，这在荆楚地区同时期、同类型墓葬中罕见。

【四川：广元剑阁发现53座汉代崖墓】

为配合亭子口水库建设工程，四川省文物考古研究院在剑阁县闻溪乡对一处崖墓群进行了发掘，期间发现东汉时期的崖墓53座。这是广元地区一次性发掘数量最多的崖墓群。

这些崖墓主体分布在闻溪河西岸，在400余米的岩体上，自西北向东南密集分布57座。在河东岸零散分布11座。

根据墓葬形制及器物特征，大体可将墓葬分为东汉、六朝两个时期。由于这些墓葬多数已经受到破坏，部分坍塌严重。期间，考古人员发现的随葬品以陶器为主，还有部分铁器、铜器，如铜镜、弩机等。

【陕西：神木石峁遗址考古新发现 4000多年前就有城防体系】

考古工作者近期在石峁遗址的一处城址，发现了城墙马面和角楼，这是我国目前发现最早的土石结构城防设施实物，距今已有4000多年。

目前在石峁城址外城东城门附近发现了马面1号和角楼1号两处遗址，均为土石结构，石头包裹土层，不仅规模大而且保持完整，说明早在4000多年前，就有了城防体系。

【河南：考古人员发现1900年前建造的“汉代金堤”】

新乡市文物考古研究所考古人员在南水北调支线受水工程中的新乡县田庄段，发现一段汉代黄河大堤。

本次挖掘的汉代黄河大堤，共分为4个探方进行，总面积400平方米，大堤的横断面呈梯形，东北西南走向，顶层宽11米，高2.5米，共分为11个层次，并有汉宋两代的叠压关系，出土了汉宋两代文物。

由考古挖掘的大堤位置证明，黄河在历史上曾经由北向南不断地迁动过。

此前，只有商丘挖掘过明代的黄河大堤。此次挖掘，印证和对比了史书上对汉代黄河金堤的记载，明确了汉代金堤的夯筑走向。

【重庆：发现罕见镇墓兽壁画汉代墓葬】

该崖墓群位于该县西沱镇西山村瓦屋组，本次发掘面积为800平方米，清理崖墓共15座，出土随葬品40余件，主要为青瓷器和陶器。

该崖墓群初步分析为汉代至六朝时期，成横排并列，凿于山顶，形制多样，内部空旷，保存完好，部分崖墓建有十分罕见的甬道、壁画、灶台和厨柜。其中，镇墓兽壁画更为汉代墓葬之罕见，对研究汉代至六朝时期丧葬习俗及陶瓷炼制工艺都具有重要意义。

【浙江：宁波轨道交通1号线二期沿线抢救性考古发掘】

为了保护文物古迹在施工中免遭破坏，宁波市文物考古研究所联合北仑博物馆，对北仑区霞浦街道的朱塘村和大碶街道的璎珞村两个地块进行了抢救性考古发掘。

共完成发掘面积700余平方米，发现了3座古代窑址和9座古代墓葬。

这些古墓的发现，对于研究东汉早期的墓葬制度、丧葬习俗、对外贸易和手工技艺等有着极大意义。

【河北：发现现存第三大明代长城墩台】

河北省张家口市桥东区姚家庄镇东榆林村发现一处围堡式空心墩台，经专家考证，这个墩台在体量上是继陕西榆林的镇北台、山西河曲的护城楼之后的第三大明代长城墩台。

该墩台平面呈矩形，剖面呈梯形，下为条石基础，上为青砖包砌，建筑形制为单体砖砌空心敌台。墩台南半部分建有围堡墙，南面居中有砖包堡门，院内三面铺房。这个墩台被当地人称为“威远台”，属明代长城建筑原迹。

【河南：新郑发现一批汉代清代墓葬】

新郑市旅游和文物局在配合新郑龙湖镇某置业公司建设工地进行文物勘探时，发现了一批汉代、清代时期古墓葬，并进行了抢救性发掘。

此次新发现的墓葬共11座，出土文物包括铜器、瓷器、陶器、铁器等二十余件。其中，东汉时期的龙虎对峙镜，纹饰精美，雕刻精细，镜面高浮雕的龙虎图案栩栩如生。此次出土的文物不仅客观反映了当时社会民众的生活状态，也为广大文物爱好者研究汉、清两代历史、文化、科学、艺术提供了重要实物依据。

【内蒙古：考古发现高等级战国贵族墓群】

内蒙古赤峰市博物馆主持发掘的喀喇沁旗西桥战国墓地，被专家确定为赤峰地区唯一发现的高等级战国贵族墓群，出土的一批铸工精湛的青铜礼器亦为内蒙古地区首次发现，填补内蒙古战国考古的空白，特别是人殉葬的发现为探索战国时期奴隶制度残余提供佐证。

该墓占地面积3万平方米，墓地排成10列，多为土坑竖穴墓，有单人葬、双人合葬，成年人、儿童均有。墓地等级分化悬殊，分为大、中、小三等，少数大墓长达7米，随葬有青铜鼎、敦、壶等礼器，以及耳杯、匕、枓等生活用具。

【江苏：镇江考古发现明清京口闸遗址】

明清京口闸遗迹位于镇江市区中华路鱼巷口东侧，西距中华路约4.6米，北临长江路约180米；平面大致呈“八”字口，南北走向，北通长江，南接运河。此次考古发现的为京口闸东侧一半。

京口闸遗址发掘的遗物有数百件，时代跨度从北宋至民国时期。主要有福建建阳窑黑釉瓷，江西景德镇青白瓷，枢府卵白瓷、青花瓷、甜白瓷、冬青瓷、粉彩瓷，吉州窑黑瓷、绿釉瓷，浙江龙泉青瓷，以及少量河北磁州窑白底褐彩瓷等日常生活用品和祭祀用品。器类有碗、盏、碟、炉、粉盒、玩具瓷球、瓷鹅、储蓄罐、四系罐、铭文砖、钱币等。另出有瓦当、滴水、砖饰等建筑材料。尤其出土的元代祭祀用品卵白釉瓷凤凰、麒麟、缠枝牡丹纹双耳扁瓶，孔雀蓝釉贴塑龙纹三足炉，青花海水龙纹、云龙纹三足香炉，其造型硕大、工艺精湛，尚属少见，尤为珍贵。

【陕西：宝鸡市凉泉村考古发掘一处汉代墓群】

陕西省考古研究院与宝鸡市考古队在宝鸡市马营镇凉泉村东，对宝兰专线客车场工程范围内发现的8座古墓葬进行了抢救性发掘。

8座墓葬均为斜坡道式土洞墓，多有土坯封门。多室结构在宝鸡地区很罕见。

本次发掘出土的随葬品，以M1出土玉人最为特殊，被认为是秦国祭祀器。马营汉墓从地理位置上看，与西北侧的苟家岭镇接近，该区域历年来多次发现汉墓。考古队正在开展进一步的勘探工作，希望能解决墓区围沟、界域等问题。

【山西：绛县周家庄遗址的发掘】

2012与2013年春季，由中国国家博物馆田野考古研究中心、山西省考古研究所和运城市文物保护研究所组成的联合考古队两次在周家庄遗址进行考古发掘，两次发掘共约2300平方米。为了解晋南乃至中原地区龙山时期的葬俗、社会结构提供了宝贵的资料。

本次发掘发现一批龙山时期的房址、灰坑、墓葬等，出土大量陶、石、骨器及动、植物标本。在南部的两个探沟还发现了集中分布的龙山时期墓葬，这些墓葬的头向与之前在遗址中部偏南所见者墓葬并不相同，应是遗址中的另一处龙山期墓地。

【内蒙古：考古首次发现红山文化双室房址】

内蒙古赤峰市文化局考古取得重大成果，首次发现了红山文化前后双室房址。

赤峰市博物馆和敖汉旗博物馆联合对位于敖汉旗玛尼罕乡皮匠营子村七家自然村西南约1.5公里处杏树山东南坡地上的七家遗址进行了一次抢救性考古发掘，首次发现红山文化前后双室房址，为红山文化的深入研究提供了新的考古资料。

该处遗址属于红山文化晚期聚落遗址，总面积约1万多平方米，地表暴露灰土圈（房址）数十个。此次发掘面积近2000平方米，共清理房址10座、灰坑62个、沟2条，出土了陶、石、蚌、兽骨等一批文物和标本。房址均为半地穴式建筑，分单室和前后双室两种建筑形式，前后双室的房址在红山文化已发表的资料中未见，当为首次发现。

【浙江：良渚官井头遗址发掘取得重要成果】

浙江省文物考古研究所配合良渚文化村，对杭州市余杭区良渚镇官井头遗址进行了抢救性考古发掘，揭露面积6600平方米，清理崧泽－良渚文化墓葬106座，良渚文化成组石砌遗迹1处、建筑基址7处、灰坑22个、灰沟2条，出土各类史前文物1200多件。此外还清理了战国灰坑4个、战国灰沟2条、汉代窑址1处、宋代砖室墓5座。已清理的100多座崧泽－良渚文化墓葬共计随葬品1100多件，其中玉器近700件、陶器近400件、石器60多件。

发掘所见最早的墓葬年代在崧泽文化晚期，最晚的墓葬年代在良渚文化末期，表明官井头遗址的延续时间很长。但从保存情况来看，多数墓葬属于良渚文化早期，而且这些墓葬的玉器普遍数量较多、玉质较好。位于遗址西部的大型成组石砌遗迹，是良渚文化考古史上的首次发现。

【湖北：随州发现一春秋时期随国古文化遗址】

随州叶家山墓地考古发掘的考古人员，对鲁

家湾遗址进行抢救性发掘。经发掘，鲁家湾遗址出土大量陶片。

鲁家湾遗址位于随州市随县厉山镇宇宙村八组，呈长方形，南北长300米，东西宽200米，总面积为6万平方米。遗址出土了大量红陶片、灰陶片、铜器残片等。

鲁家湾遗址反映出当时随国制陶业和农耕较为发达。在随州地区，像鲁家湾这样的遗址有200多处，充分说明春秋时期，随国社会经济发达，国力较强盛，为研究随国历史提供了很好的实证资料。

【陕西：考古研究院发掘唐昭容上官氏墓】

陕西省考古研究院在西咸新区空港新城园区南大道项目建设用地的考古工作中，发现一座带有5个天井的唐代墓葬。根据出土墓志记载，该墓墓主为唐中宗昭容上官氏，即唐代女诗人上官婉儿，葬于唐景云元年（710年）八月。

墓葬位于陕西省咸阳市渭城区北杜镇邓村北，东南距西安咸阳国际机场4.2公里，距唐长安城遗址约25公里。该墓是一座斜坡墓道多天井和小龛的单室砖券墓，坐北朝南。甬道内放置墓志一合，盖题“大唐故昭容上官氏铭”。志文楷书，近一千字，记载上官昭容世系、生平、享年、葬地等信息，可以确定墓主人的身份。

该墓墓主人上官氏，系唐中宗昭容（唐代九嫔之第二级，正二品阶），两唐书有传，是盛唐时代著名诗人、文学家，其诗风承乃祖上官仪，领一代风气之先，在中国古代文学史上具有一定的地位。该墓的发掘和出土文物的研究，将为唐代历史文化研究提供珍贵的实物资料。

【河北：南和发现大规模汉代墓群 出土文物200件】

文物工作者在河北省南和县北大召前东村近日发现较大规模汉代墓群，已清理出西汉中晚期墓葬62座，出土各类文物200余件。

该墓群皆为小型墓葬，墓葬结构均为长方形竖穴土圹砖椁墓。除个别为双室墓外，其余均为单室墓。因大多遭盗扰破坏，砖椁仅残留少部分墙体，部分墓葬只残留墓底，出土随葬品有陶、铜器等。

北大召前东村墓群属平民家族墓葬，是邢台东部区域首次发现的较大规模墓葬群。该墓群是研究西汉中小型墓葬文化因素、葬制葬俗等新的考古收获，为研究西汉时期郡国分制的政治制度提供了重要资料，同时对于中国历史时期考古学的分区研究也具有重要意义。

【河南：郑州发掘出古墓群 含商宋两代11座墓葬】

考古人员在人民公园南侧附近，发掘出古代墓葬11座，其中3座为商代时期的墓葬，距今3000多年，其余8座均为宋代墓葬，基本为长方形竖穴式土葬坑，为一般平民墓葬。发掘面上，呈圆形和不规则形状的为灰坑，该考古现场共发现了17个灰坑，均为商代遗存。

本次发掘出土完整陶器、瓷器10件及若干残片。墓葬群跨度数千年，说明此处从古至今，一直为人们的生活区，出土的随葬品为研究区域性文化习俗提供了有力证据。

【四川：德阳什邡金桥村遗址结束考古发掘】

四川省文物考古研究院顺利完成什邡市金桥村遗址考古发掘工作。本次发掘共清理各时期灰坑49座、沟14条，分属商周、汉晋、唐宋及近现代四个时期。

清理商周时期灰坑共18座，出土陶片多为夹砂陶，少量泥质，纹饰有凹弦纹、戳印纹、绳纹等；可辨器形的有小平底罐、器盖、坩埚、敛口瓮、高柄豆、折沿罐、高领罐等，从出土器物特征上判断，其年代相当于三星堆文化三期晚段。汉晋时期遗存包括灰坑26座、沟6条，灰坑多为圆形或椭圆形，出土有绳纹板瓦、筒瓦、罐、瓮、壶、纺轮、直百五铢等。唐宋时期遗存仅发现沟1条，应为灌溉渠，出土有碗圈足、饼足、执壶的流、罐及酱釉、白釉、黑釉瓷片等。

【安徽：凤阳乔涧子遗址考古发掘成果】

7月初至10月底，安徽省文物考古研究所和凤阳县文物管理所联合组成考古队，对凤阳县乔涧子明代琉璃窑遗址与战国、汉代墓葬群进行抢救性考古发掘，取得了重要收获。乔涧子遗址位于安徽省滁州市凤阳县府城镇齐涧村乔涧子自然村南约1000米，西北距凤阳县古堆桥商周遗址约327米，西南距明皇陵约3000米，俗名“窑顶头”，面积约6万平方米。共发掘明代早中期琉璃窑12座、汉墓3座、战国墓1座、明清墓2座。路基范围外经钻探还发现了19座陶窑。琉璃窑有两种类型，一类为半倒焰式馒头窑，另一类为半倒焰式马蹄窑。陶窑大部分保存较好，结构基本完整。

汉墓和明清墓为长方形或梯形竖穴土坑墓，汉墓随葬器物组合为陶鼎、豆、壶、罐、矮柄杯，另有陶俑，亦有仅随葬陶罐的。从随葬形制与组合初步判断，时代为西汉。

琉璃窑址各部分均保存基本完好，出土的龙纹、牡丹纹瓦当，龙纹、云纹和花卉纹滴水以及花卉纹雕砖均应为高等级建筑的用材，应是明代用于营建皇陵和明中都城的建筑材料。从窑内堆积和出土器物推测窑址应为明代早中期官窑。此次发掘为研究明皇陵建筑用材的产地、形制和明代陶窑形制结构、分布规律、窑业生产工艺等提供了珍贵的实物资料和科学资料。战国早期墓葬的发掘为安徽淮河流域战国墓葬分期以及探讨楚文化对淮河流域的影响提供了重要资料。

【河南：三门峡市考古发现一处唐代贵族墓葬群】

三门峡市文物考古研究所在发现一处唐代贵族墓葬群。

该墓群共发现唐墓11座，是三门峡市考古发现的一处较集中的唐代贵族墓葬群。墓葬南北走向，由台阶式墓道和土洞墓室构成，带一至两个天井，出土了陶壶、铜镜、铜簪、瓷碗等珍贵文物。从墓葬形制和出土器物判断，应为晚唐贵族或官吏的墓葬。这为研究三门峡市唐代历史和社会风俗提供了新的珍贵的实物资料。

【河北：蔡家坟遗址发现大量孤竹文化遗存】

河北省秦皇岛市文物管理在卢龙县蔡家坟遗址，发现了一系列孤竹文化遗存。

据文献记载，孤竹国建于夏末，兴于殷商。从立国到灭亡存在940多年（约公元前1600年至公元前660年）。孤竹国是滦河之滨最早的奴隶制诸侯国之一，是今冀东地区文明史的开端。

此次发掘发现灰坑、房子、灶台、墓葬等诸多遗迹，确定该遗址为千年孤竹国遗址。

【新疆：对哈巴河4000多年前古墓进行抢救性考古发掘】

新疆文物考古研究所考古人员对距今4000多年的哈巴河“托干拜2号墓地”的石板石棺古墓进行了考古发掘。

这次发掘的墓地离哈巴河县城有30公里，由于被盗而进行抢救性发掘。这些古文化遗存对于古代人类的民族迁移、原始宗教、生产生活提供了重要的考古依据。

【四川：石渠发现大规模吐蕃时期（唐代）石刻群】

考古专家在石渠县境内新发现规模宏大、分

布密集的吐蕃时期（唐代）石刻群。

新发现的石刻群分别位于石渠县以东雅砻江流域的长沙干马乡和石渠县以西金沙乡流域的洛须镇，保存状况良好，包括五方佛、大日如来像、菩萨像、度母像、古藏文题记等，图像特征基本符合吐蕃时期的典型风格。其中，须巴神山石刻群雕刻于吐蕃赞普赤松德赞时期，即8世纪末至9世纪初，填补了青藏高原东部唐蕃古道走向重要环节的资料空白，为研究吐蕃时期佛教史、佛教艺术史、唐和吐蕃关系史提供了十分珍贵的资料。

【黑龙江：桦川发现民国十八年名胜古迹古物调查表】

黑龙江省佳木斯市桦川县文物管理所，在对县图书馆进行国有单位文物收藏情况登记调查中，发现了民国十八年（1929年）桦川县境名胜古迹古物调查表。

调查表长145厘米，宽26厘米。文字为楷书繁体字。由前言叙述、文物照片、调查表格、备注说明组成。调查表中开篇记录了内政部、吉林省政府关于此次调查的目的、意义和要求。这是1928年国民政府内政部颁发的《名胜古迹古物保存条例》和1931年中国历史上由中央政府公布的第一个文物保护法规《古物保存法》这两个重要历史事件的一个珍贵的实物佐证，对研究黑龙江省民国时期的文物保护工作很有价值。

【内蒙古：呼伦贝尔发现东汉文物 出土金饰似有匈奴遗风】

文物工作者在内蒙古自治区呼伦贝尔市陈巴尔虎旗境内发现一批东汉晚期文物。这些陶罐、金饰件、耳环、串珠等文物属于同一墓坑殉葬品。

其中，一件长6厘米，宽3厘米，重4.5克，含金量在90%以上的长方形片状人面双马纹金饰最为珍贵。从打孔和切削边缘看没有使用痕迹，估计为宗教礼器。从金饰的形状来看，人面为鲜卑族典型的尖头、大眼、阔嘴，抽象而传神，与马的具象形成强烈反差。背面呈虎头纹，似有匈奴遗风。

【四川：广汉发现汉墓群及汉代遗址】

10月10日，四川省文物考古研究院公布，在广汉发现一处规模宏大的汉墓群和一处汉代遗址。

汉墓群位于广汉市三水镇落经村，面积20万平方米以上，包括檀木树、陈家院子、花庄地、大坟坝和圈圈地5个墓地。落经村墓群自6月开始发掘，已发现38座汉墓。探方中已发现有竖穴土坑墓、木椁墓、土坑砖室混合墓和砖室墓，形制结构颇为多样。砖室墓又有凸字形、刀把形和长方形等形状，大多为单室墓，带有券顶、斜坡墓道。还发现有夫妻合葬墓、家族墓等等。

墓内出土了200多件器物，包括有陶器、铜器、漆器、铁器、银器等各种类型。

广汉市向阳镇瓦店村汉代遗址面积有上万平方米，引起考古学家高度重视。遗址中带有小陶罐的长方形坑，在四川乃至全国都是首次发现。

【浙江：宁波新发现两处河姆渡文化遗址】

宁波市文物考古研究所发现了鱼山和乌龟山两处河姆渡文化遗址。

鱼山遗址位于宁波市镇海区九龙湖镇河头村鱼山南麓，分布面积约16500平方米。遗址地表可见零星汉唐时期的青瓷残片；厚约30厘米的表土之下为商周文化层，内含丰富的印纹硬陶、原始青瓷类遗物；距地表深约120–160厘米处为宁波地区普遍存在、因海浸形成的泥炭层；深约160–200厘米的地层内包含有夹砂红陶、夹砂灰陶、泥质红陶、泥质灰陶和夹炭黑陶等各类遗物，遗物特征近于河姆渡文化晚期；深约200–240厘米的地层内包含有数量众多的夹炭黑陶、夹砂黑陶和夹砂灰陶等各类遗物，其中黑陶占多数，胎厚而色黑，遗物特征近于河姆渡文化早期偏晚阶段。

【陕西：西安北郊发现汉代砖（石）椁墓】

西安市文物保护考古研究院在北二环基建项目中，发掘了10座汉代墓葬，其中砖椁墓5座、石椁墓2座，并且出土了石磬、陶埙、原始瓷器、铜投壶、铁铠甲、陶箸等一批珍贵的文物。

从墓砖及出土器物的特征看，这几座墓的年代大体相同，即西汉末年至新莽时期。

本次发掘的墓葬中两座分别出土一套石磬（15件和14件），从其尺寸大小看应不是专门用来随葬的明器，另外还出土2件陶埙，为研究汉代的乐器与音乐提供了重要实物资料。墓葬中有2座出土铁铠甲，甲片多为椭圆形，之间用丝或革连缀，另外还出土铁戟1件，为研究汉代兵器与军事提供了实物资料。

【陕西：咸阳周陵贺家发掘一批战国秦墓】

陕西省考古研究院于咸阳市渭城区周陵镇贺家村北建设用地范围内共发掘战国秦墓163座。贺家墓地位于秦咸阳城遗址西北直线距离7.5公里、“周陵”（实为秦陵）东1.7公里，这两处墓地相距500–600米，墓葬形制、规模、年代大致相同，似为同一墓地。

贺家秦墓出土陶器可分为仿铜陶礼器鼎、盒、壶和日用陶器釜、盆、罐，此外还有数量较多的陶蒜头壶和铲足跟袋足鬲1件，墓地年代为战国晚期至秦代。

【内蒙古：呼伦贝尔地区发掘出6座独木棺遗址】

由考古专业知名专家、学者和中央电视台《探索·发现》制作团队组成的呼伦贝尔联合考古队，在呼伦贝尔市陈巴尔虎旗呼和诺尔镇和海拉尔区谢尔塔拉镇发掘出6座独木棺遗址。6座墓葬均为独木棺，是呼伦贝尔市境内迄今为止发现独木棺数量最多的遗址。从出土的遗物来看，桦树皮箭囊、箭镞、马镫、马鞍等都具有典型的草原游牧民族的特点。本次发掘岗嘎墓地为蒙古族源国家项目提供了最新的考古实证，随着项目的不断推进，还会有更大规模、更多学科的综合性研究成果出炉。

【四川：广汉瓦店遗址发掘取得重要收获】

瓦店遗址位于广汉市向阳镇瓦店村7组。为配合兰州–成都铁路建设，8–10月，四川省文物考古研究院联合广汉市文物管理所对遗址进行发掘，发掘面积585平方米。

此次发掘共清理灰坑92座、灰沟13条、柱洞111个。

呈南北向两列分布，坑的长边或为南北向，或为东西向，出土遗物以陶片为主，可辨器类有罐、钵、碗和砖瓦等。比较重要的是在发掘区内发现9座长方形坑，每坑内均对称放置两件形制相同的小陶罐。

根据发掘情况分析，瓦店遗址应是一处烧制陶瓦的遗址。四川地区首次发现这类遗址，为研究汉代四川地区的制陶业及相关历史问题提供了极为宝贵的资料。

【河北：蠡县发现战国遗址和汉代墓葬】

考古工作者在河北省保定市蠡县南忠卫村发现了一处战国时期大型遗址，清理出20余座汉代墓葬，出土115件比较完整的各类器物和大量的汉代陶片。

在战国遗址内发现了灰坑、水井和壕沟等遗迹。初步推测为战国时期，功能可能是当时聚落的防御设施。可以推测出当时附近居住着一个比较大的聚落。在战国遗址附近，考古队还发掘出20余座墓葬，分为西汉和东汉两个时期，有瓦室墓、砖室墓和土坑墓三种形制。

瓦室墓为东西向，墓内出土随葬品以陶器为

主，器型有壶、罐、奁，另有两枚“五铢”铜钱。该墓的年代为西汉时期。这种形制的墓葬在本地区以往的考古发掘中未有所见。

砖室墓均属于东汉时期，墓内出土器物主要有罐、壶、奁、“田”字款耳杯等陶器，以及水井、灶、鸡等陶质冥器。

【宁夏：一新石器时代遗址发掘出罕见窑洞式房屋】

宁夏隆德县沙塘新石器时代遗址的考古发掘工作已接近尾声，发掘面积约400平方米，已清理出房址7座，其中6座为半地穴式房址，1座为窑洞式房屋，另外还清理出87处灰坑，是先民们储备粮食或其他杂物的地方。

窑洞式房屋的发现是此次考古发掘的主要收获，形制保存状况如此完整的房址在宁夏同期文化类型中极为少见，为揭示这一时期古人类的生产形态、生活方式提供了重要的实物资料。

出土器物主要有陶罐、陶盆、陶纺轮、陶鬲、陶拍等，另外还出土了石矛、石镞、石锛、石斧、石凿、石刀等石器和骨锥、骨针等骨器。从出土的器物判断，这一遗址的文化主体相当于东邻的陕西龙山时期的文化类型，并夹杂有马家窑文化的陶片，距今约4500年。

【广西：龙州县宝剑山发现“洞穴贝丘与岩洞葬叠加”式遗址】

位于龙州县上金乡两岸村的宝剑山A洞洞穴内面积约为120平方米，洞内堆积大致分为两个时期，上部为岩洞葬，下部堆积为贝丘遗址，墓葬葬式为屈肢葬。两个时期的文化大致衔接，为理清贝丘遗址和岩洞葬之间的发展序列具有重要意义。此次发掘出土的遗物有石器、陶器、蚌器等。出土的锯齿刃蚌器与骨质剑形器同为广西古代贝丘遗址首次发现。

专家初步判断遗址年代为新石器时代晚期。地域特色鲜明，为本地土著文化。这对破解左江花山岩画之谜、研究文化遗产的历史与演变等具有重大价值。

【陕西：秦始皇帝陵又有新发现】

2011–2013年秦始皇帝陵博物院与陕西省考古研究院联合组队，对始皇帝陵9901陪葬坑进行整体考古发掘，发掘面积约880平方米。

此次发掘共出土了铜器10多件、长方体铅砖10多块、铁器5件、锡器1件、石器3件、椭圆体石头3块、正方体石块2件、陶俑近30件、陶器残片若干件。其中2号过洞出土的青铜鼎，青铜球型器、椭圆体的石头、正方体的石块、长方体铅砖以及3号过洞出土的陶俑最为重要。本次9901陪葬坑考古发掘与现场文物保护同时进行，既有效地保存了文物出土时的信息，又及时地对文物进行拼对与修复，且以最快的方式把出土文物进行展出。

【安徽：亳州一处工地发现一座墓葬】

10月29日，亳州市涡阳路南段修建排水管道时发现一座墓葬。该墓葬为拱顶式砖室墓，长1.26米，宽1.14米，墓门南向，清理出土绿釉骨灰坛、灰陶骨灰罐、黑釉瓷碗各1件，另有黑花盏托残片等。根据该墓葬形制及出土器物确定，该墓年代为宋金时期。

该墓葬的发现，为研究该市宋金时期历史和社会风俗提供了新的珍贵的实物资料。

【安徽：济祁高速公路安徽利辛段文物考古发掘工作进展顺利】

安徽省文物考古研究所对济祁高速利辛段路基范围内黄堂林遗址进行考古发掘。目前考古发掘面积150平方米，出土了汉代至唐宋时期的遗存，其中以汉代遗存为主，有汉代陶器罐口沿、盆口沿、瓦当、缸片，宋代寿州窑瓷器残片、唐代碗底等。发现宋代蝉形砖室墓葬一座，因早期被盗，墓室内未发现文物遗存。该发掘点计划发掘面积450平方米。此次考古发掘工作将极大地丰富该县汉代至唐宋时期的考古资料。

【山西：长子发现大型西周墓地】

长治市文物旅游局人员发现了一处西周墓地。墓地位于山西省长治市长子县东南，行政隶属长子县南漳镇西南呈村。东距“二广”高速长治县出口5公里，西北距长子县城10公里。墓地东部为漳河支流陶清河。墓地在村内西南部的台地上，现呈日学校内。

已经发掘的14座小型墓葬中有2座被盗，为古代盗洞，其余保存完好。墓葬出土有青铜鼎、青铜戈、陶鬲、陶罐等，有散落玉器、玛瑙串饰，还有鹿角、海贝、海蚌等。从形制、埋葬方式以及随葬品特征看，已发掘的14座墓葬时代为西周，具体为西周中期偏晚，也可能延续至西周晚期偏早。

【陕西：秦始皇帝陵“百戏俑坑”考古工作结束 新发现两类陶俑】

秦始皇帝陵“百戏俑坑”考古工作近期基本结束，新出土两类陶俑，其中一类俗称“泡钉俑”。俑身上首次发现的“宫藏”文字表明其身份尊贵，为研究“秦俑家族”和秦宫制度，尤其是娱乐艺术和时尚生活等提供了鲜活的珍贵资料。

百戏俑坑中还出土了一类双手伸直交叉腹前的短裳陶俑。通过观察彩绘，均可观察出彩绘涂刷的方向与纹路，这对于秦俑研究的精细化具有重要意义。

【湖北：随州叶家山曾国墓地二期考古发掘再获大批西周青铜器】

3月26日至7月26日，湖北省文物考古研究所历时4个月，对叶家山墓地进行了第二次大规模的发掘，

本次发掘共发现马坑6座，分方形和长方形两种，其中方形2座、长方形4座。大多集中分布于大墓的周围。方形马坑一般较浅，保存较差，随葬马匹数只有2–4匹，长方形马坑一般较深，保存相对完好，随葬的马匹数在8–10匹之间。

本次发掘的绝大多墓葬都有随葬品，共出土随葬品约1300余件（套），质地主要有铜、陶、原始青瓷、玉、漆木器等。

部分铜器上还加施有红色彩绘。编钟是本次发掘的一个重要发现，共发现5件（套），其中由1个镈钟和4件甬钟所组成，保存完好，应是目前我国西周时期所见年代最早、出土数量最多的一套编钟。

【甘肃：新出土3800余件仰韶文化遗物】

甘肃岷县境内的山那树扎遗址抢救性发掘共出土陶器、石器、骨器等遗物3818余件。从清理的遗址和出土的器物初步判断，发掘的遗址区属于仰韶文化中晚期，距今已有4500年。

此次发掘显示，该遗址包含仰韶文化中期、晚期及马家窑文化三种文化因素，为研究洮河流域仰韶文化中期到马家窑文化时期的生产生活方式及自然环境等提供了重要资料，出土的大量石器、骨器、陶器等遗物具有重要的历史和科学价值。

【甘肃：进行黑水国遗址考古挖掘】

2010年开始进行考古挖掘的黑水国史前文化遗址，目前已出土1000多件文物标本，包含旧石器时期的生产工具和打制石器，大量彩陶片、玉、珍珠、玛瑙，同时还发现了大量的炭化小麦种子、动物骨骼。

黑水国遗址不仅留下了4000年前人类生产生活的详实资料，还保存了2000年来人类社会在这里从事的政治、军事、经济、文化生活的丰

富实物，包括汉唐古城、大型建筑遗址、古代寺院遗址、唐明时期完整的驿站建筑布局、明代壁画、明代耕地等。

【福建：福州地铁站挖出上千件文物 为闽越王都遗址】

福州屏山地铁站考古挖掘中，收获从西汉至清代的上千件文物。除了发掘出西汉、两晋、唐宋大量的建筑遗迹外，还有各个朝代遗留的瓷器用品。

工地遗址中出土了完整的“常乐万岁”瓦当，这在当时属皇室专用，显示这里确实是闽越王都城遗址。一起出土的还有人面、兽面等形状奇特的圆形瓦当。

【江西：九江发现汉唐墓葬群 出土器物110余件】

为配合高速公路建设，江西省考古专家对九江县荞麦岭汉唐墓葬群进行了抢救性考古发掘。此次考古发掘共清理汉唐墓葬18座，均为券顶砖室墓，其中汉代墓葬16座，唐代墓葬2座。考古人员从这些墓葬群中清理出土随葬器物110余件，有陶器、铁器、铜器、琉璃器、琥珀等。墓葬器物组合均有模型明器出土，16座汉代墓葬均出土有中国早期名片“石方”。我国汉代曾经流行过石质墨书书写的名片，这在中国古代名物制度进程中具有重要意义。

【河南：洛阳衡山路发现北魏大墓】

洛阳市文物考古研究院开始了处于邙山陵墓群西段的北魏陵区的发掘工作。虽经过多次盗掘，墓葬出土的遗物相对还是比较丰富的，可辨器形的有120余件，但是残损比较严重，几乎很少见到完整的器物。种类有陶器、瓷器、铜器、金币等，另外还有一些陶俑、模型等残块。陶器有陶册、陶壶、陶盏、陶案、陶杯、陶碗、陶盒、陶灯、陶盘等器物；瓷器有青瓷龙柄鸡首壶、青瓷碗两种；金币为拜占廷阿纳斯塔修斯一世金币。从墓葬形制结合出土器物，可以推测衡山路大墓的年代应为北魏末年。

比较遗憾的是在墓葬中没有找到文字性的遗物，文献也没有相关的记载，使得墓主人的确认变得比较困难。专家根据资料推测该墓应为北魏节闵帝元恭的墓葬。

【河南：洛阳邙山出土西汉原始青瓷】

2011年底，洛阳市文物考古研究院对新国道G310洛阳沿线进行考古勘探与发掘，在邙山地区的孟津县平乐镇天皇岭村南，共清理两汉时期墓葬30余座。其中5座为西汉时期墓葬，虽均遭盗扰，仍出土原始青瓷器共计19件。这是至目前为止，洛阳地区考古发掘项目中出土原始青瓷数量与种类最多的一次。

此次出土的原始青瓷器均为灰胎青釉，胎质坚硬，釉多施于器物口部内侧、肩部及上腹部，未施釉部分器表呈红褐色。制法以轮制为主，器耳为泥塑。器型主要有壶、瓿、罐等。

此次出土的西汉原始青瓷，无论是在器形上，还是工艺特点上，均与此前的商周原始青瓷、东汉以后的青瓷有较大不同，年代特征非常明显，并结合出土钱币，基本可以确定墓葬的年代集中于西汉晚期至新莽时期。

【福建：福州出土完整唐代古墓 出土超30件文物】

福建福州挖出一座保存完整的千年古墓，考古人员从中出土了30多件形制精美的唐代青瓷。

有五盅盘、盘口壶、四系罐、双耳罐、香炉、陶灶等，多为生活用具。由于墓葬没有被破坏，出土的器物都很完整，整体看来就是一个微缩的社会场景。此次考古发现对研究唐代福州的风俗文化以及制瓷工艺等有着重要价值。

【陕西：西安羊头镇住宅小区发掘古墓葬】

7月，西安市文物保护考古研究院在西安南郊发掘了18座古墓，其中汉墓7座、唐墓9座、宋墓1座。发掘的唐墓中有5座出土墓志，墓志纪年明确，内容丰富，为西安地区唐墓研究提供了重要资料。

汉代墓葬7座，其中竖穴墓道砖室墓5座，斜坡墓道砖室墓2座。

唐代墓葬9座，墓葬形制为斜坡墓道土洞墓，坐北朝南，平面呈“刀”形，由斜坡墓道（过洞、天井）甬道、墓室组成。

墓志5合，其中砖志2合，石志3合。

宋墓1座，随葬器物铜钱2枚（熙宁元宝）。

【浙江：德清成年坞宋代窑址发掘】

为配合德清县阜溪河道治理工程，浙江省文物考古研究所会同德清县博物馆，于7–9月对工程沿线、开发区郭肇村的成年坞窑址进行了发掘。此次发掘面积500平方米，清理出窑炉2座，其中完整揭露1座，并发现储泥池遗迹1处及许多黑釉、青釉碗、碟、瓶、烛台标本。

【陕西：宁强发现羌人古墓群 首次以墓葬群形式出现】

11月14日，陕西省宁强县文物旅游局考古人员在该县胡家坝镇胡家坝村发现一处羌人墓葬群，该墓群面积约1300平方米，含4座双室石板墓和2座单室石板墓。经初步判断，该墓葬群为清代羌人墓葬，与以往所发现的单体羌人墓形制不同，以墓葬群的形式出现的羌人墓葬在全国尚属首例。

羌人墓室是研究羌族文化重要依据，在宁强境内主要有宋代和清代两个朝代的羌人墓地，具有较高的艺术价值和研究价值。2013年5月，国务院核定公布了第七批全国重点文物保护单位，宁强羌人墓地（宋／清代）名列其中。

【陕西：西安考古发现两座“由隋入唐”墓】

西安市文物保护考古研究院在南郊发现了18座古墓，其中9座唐墓共出土5方纪年明确墓志，并有丰富的生活用品等相伴而出，为西安地区“由隋入唐”人士墓葬的考古学文化和制度史研究等提供了重要资料。

【湖南：铁铺岭古城址发现汉殇帝年号简牍】

益阳铁铺岭古城址发现上万枚简牍后，又出土了一批新的简牍。

此次发现的简牍出自15号古井，考古人员在发掘至4米深时，发现第一枚简牍。目前发掘深度已达6米，出土了上百枚，主要为封简及书写简牍。简牍上字迹清晰可见，其中数枚简牍书写有“延平元年”的字样，延平为东汉殇帝刘隆的年号，延平元年即公元106年。考古专家由此初步判断该古井为汉代井，废弃年代应为东汉中晚期。

此外，古井中还出土了少量的瓷片和瓦当。在遗址的西北角，考古人员也发现有护城河的遗迹，进一步佐证了该遗址为益阳古县衙所在地。

【浙江：杭州市对吉如遗址进行抢救性考古发掘】

杭州市文物考古研究所对吉如遗址进行了抢救性考古发掘。

本次考古面积总计800平方米，共发现良渚文化时期人工营建土台1处、房址1处、墓葬1座、灰坑12个、沟1条，出土玉器、石器、陶器等数十件完整器，以及大量良渚文化陶片和少量动物骨骼。另外还清理了1口六朝时期的砖砌水井和1座晚期墓葬。

发掘结果表明，吉如遗址是一处重要的良渚文化中晚期聚落遗址，有助于研究良渚文化农业生产状况。另外，出土器物上的刻画符号从笔画、笔顺、构形等方面观察，在已发现的良渚文化刻画符号中较少见，对史前刻画符号研究意义重大。

【四川：阆中发现明代四室墓】

10月28日，阆中市文物管理局在七里新区河口村一施工工地发现了一座古墓。共出土陪葬器物5件，青花三足炉、青釉陶罐和白瓷杯各一件，青花象耳瓶一对。经过探测，在这座双室墓地旁边还有墓地，经过发掘发现在双室墓的旁边又是一个双室墓，形成了四室墓，南北朝向，每个墓室长约2.5米，宽度为0.96米，距离地面约为1.5米。

由于墓室中没有任何铭文记载，所以无从考证此墓地的家族和姓氏。根据出土文物和墓室的型制来看，考古人员推测年代应为明朝后期。

【四川：眉山市东坡区发现大型唐宋券顶砖室墓葬】

眉山市象耳镇金象工业园区内发现一处古墓葬。该墓葬实为一座平行排列的双室墓，其建造形式独特，形制巨大，为四川地区罕见的唐宋墓葬，也是眉山地区首例大型唐宋古墓，具有极高的考古价值。

【山西：昔阳发现7座宋金墓葬 出土宋代罕见瓷枕】

山西昔阳县三处建设工地先后发现了7座宋金时期砖券单室墓，内有金代精美壁画和28件宋代器物。

山西省考古研究所、昔阳县文物管理所、昔阳县博物馆组成联合考古队进行了发掘。其中，昔阳县中医院发现4座墓葬，形制基本相同，均为坐北朝南，由墓道、甬道和墓室组成。

考古队从4座宋金墓葬中清理出了精美的壁画，其造型精致、色彩鲜艳，人物形象栩栩如生，充分反映了宋金时期的世俗风情和社会风貌。

其余3座墓葬在松溪路改造工地和澳垴山公园工地发现，均为坐北朝南，八角形仿木构砖雕墓。

【河南：濮阳发现唐代早期墓葬】

濮阳市濮阳新区南水北调支线工程工地发现一座唐代早期墓葬。

该墓为砖室墓，南北走向，由墓室、甬道、墓道组成。墓室平面呈方形，四壁略向外弧，长、宽各3.20米，残高3米。墓室南为甬道，长2.30米，宽1.30米，高1.70米。甬道中部偏南有石质墓门，甬道南为斜坡墓道。

该墓早期被盗严重，石棺已被打碎，从石棺残块来看，有浮雕“四神”图像。甬道内发现墓志一合，从志文可知，该墓为武周上轻车都尉王善护之墓，为唐代早期墓葬。这是濮阳市首次发现具有明确纪年的唐代早期墓葬，对于研究濮阳地区唐代早期的墓葬形制和丧葬习俗提供了珍贵的资料。

【山西：芮城县坑头墓地抢救性清理出西周青铜器】

芮城县坑头村发现一座西周墓室，该墓深约4.0米，长3.0米，宽1.8米。

虽然该墓葬此前并没有被盗过，但由于墓主人身份尚未确定，仅出土4件文物，包括青铜簋1件、青铜盘1件、青铜鼎1件、青铜匜1件。其中青铜匜是首次在该县境内被发现。

【山东：胶东地区首次发现宋代纪年壁画墓】

2012年11月，山东省莱州市文昌街道办事处南五里村旧村改造工程建设中，发现古墓葬一座，烟台市博物馆组织考古队进行抢救性发掘，在胶东地区首次发现了有明确纪年的宋代壁画墓。

随葬品仅发现铜钱16枚，多为宋钱，如元丰通宝、乾元重宝、天禧通宝、祥符通宝等。

该墓的壁画保存较好，主要绘制在墓门、甬道及墓室四壁。墓室内的壁画画面可分为三层，中间为仿木建筑结构，斗拱上为普拍枋，绘制缠枝牡丹，上层为穹窿顶下部为祥云纹，下层为壁画。墓室内的壁画上层、中层内容一致，下层壁画内容有区别。

【河北：发现西汉酿酒作坊遗址】

河北省献县河城街镇陵上寺村发现了一座汉代酿酒作坊遗址。

遗址位于西汉第一代河间国国王刘辟强王妃墓室旁，呈南北走向，灶台、灶囱都清晰可辨，在酒灶旁不远处，还发现了一部分残缺的酒具和已经炭化了的稻糠酒糟。

从灶台的分布情况分析，这里当时是西汉河间国规模较大的酿酒作坊。这批酿酒作坊的发现，对研究西汉河间国的经济、文化以及民风民俗提供了实物证据。

【江西：景德镇南窑发现唐代龙窑遗迹】

考古专家近期对景德镇南窑遗址进行了考古发掘，出土多达数十吨的窑具和瓷片标本。考古人员在遗址中清理出一座长达78.8米的龙窑遗迹。窑内出土有青釉和黑釉执壶、罐、盏、腰鼓等。

考古专家根据地层叠压关系以及出土遗物，推断出这座龙窑是特色鲜明的中晚唐时期龙窑，并认定这是迄今为止考古揭露最长的唐代龙窑遗迹，也是目前景德镇地区发现最早、保存最完整的窑炉遗迹。

【广东：包茂高速信宜段沿线遗址发掘】

广东省文物考古研究所组织考古队伍进入信宜市进行文物考古调查以及勘探工作，全线50公里共发现了20多处遗物点，并对其中7处遗物点进行了开挖探沟、钻探等勘探工作，确认水口镇简坡白坟岭遗址、丁堡镇大舍坡马鞍岭遗址、池洞镇岭砥村屋背山遗址3处为距今1000余年的南朝至晚唐时期遗址。

遗址的遗迹主要为灰坑、墓葬以及道路，出土了大量不同质地的各类器物。包括大量的陶器残片以及陶器小件，完整品有陶纺轮、陶釜、陶钵、石锛、滑石器、铁器等。

【安徽：战国古墓现身工地】

12月6日，在天长市发现了一战国时期的古墓葬。经初步确定，该墓葬为战国时期的古墓葬。目前，共出土文物5件，均为青铜器。其中，舟、凿、锛3件文物保存完整，青铜剑已经断为两截。保护性发掘正在进行。

【山西：建筑工地发现大型西周墓葬】

考古工作者在山西省长治市长子县西南呈村一建筑工地，发现一处大型西周墓地。从已出土的青铜器、玉器、陶器、海贝等随葬品和已探明的4座大型墓葬、1座车马坑判断，该墓地的墓主人级别堪比绛县横水及翼城大河口的西周大型墓葬的墓主人，该墓有可能是西周时期又一方国墓地。

【安徽：淮北柳孜运河遗址第二次考古发掘再获重要发现】

柳孜运河遗址第二次发掘工作，发掘面积2000平方米。

此次发掘出土大量的遗物，主要是生活用具、娱乐用具、武器、漕运遗物等。器物的质地有瓷、陶、石、铜、骨、木、铁等。器形有瓷碗、瓷碟、瓷壶、瓷盏、瓷球、人俑、动物俑、陶盆、陶球、陶铃、骰子、瓷围棋子、象棋子、骨簪、铁矛、铜钱、铜簪、木梳、石球、石锭等。瓷器残片数以万计，可复原的遗物数量达 7000 余件。

【甘肃：甘谷毛家坪遗址考古发掘获得重大发现】

毛家坪遗址位于渭河南岸台地，总面积约 60 万平方米，分沟东和沟西两部分。沟西的北部为居址区，大部分被村庄叠压，沟西的南部为墓葬区；沟东为墓葬区。2013 年发掘地点共 6 处，发掘面积近 2700 平方米，发掘墓葬、房址、陶窑、灶址、灰坑、灰沟等各类遗迹 735 处，其中墓葬 153 座，出土铜器、陶器、玉石器、骨角器、铁器等各类遗物 1000 余件。两年的勘探发掘工作显示，毛家坪遗址应与古文献记载的某处历史名城或县邑对应，可能是古冀县的县治。发掘的周代秦文化遗存，为研究早期秦文化及其编年、秦人的迁徙路线、秦与西戎的关系、秦人车马形制等提供了重要资料。

【河南：新郑发现东周时期墓葬群 已清理出 200 余座】

新郑市文物部门发现一处面积巨大的东周时期平民墓葬群，初步勘探已发现墓葬近 600 座。目前已由郑州市文物考古研究院发掘清理墓葬 200 余座。

此次发现的这批墓葬以东周时期为主，基本都是平民墓葬。由于墓葬年代久远，多数墓葬都有被盗扰的现象，已出土包括铜敦、铜镜、带钩等在内的一批珍贵文物。从地理位置来看，该墓葬区位于郑韩故城以北约 1000 米处，应该与郑韩故城有着十分密切的关系。这批墓葬的发掘为研究东周时期郑、韩两国埋葬制度、丧葬习俗以及当时的历史文化及社会发展状况提供了一批重要的实物资料。

【安徽：凌家滩遗址发掘又有新发现】

新一轮凌家滩遗址发掘又有重要新发现。与先前在墓葬区发掘出的大量精美玉器相比，此次在韦岗遗址出土的大量新石器时期的普通日用陶器表明，凌家滩文化中不仅有象征国家雏形期王权、宗教威权的玉器、祭坛等，还有平民聚居的地方。凌家滩遗址不是孤立存在，而是由多个小遗址支撑的中心性聚落遗址。这使考古专家从中窥见我国史前文明的更多历史文化信息。

此次重点发掘的韦岗遗址，发掘面积 226 平方米（勘探面积近 3 万平方米），发现该遗址共有新石器时代、汉代、唐宋至明清三个时期的文化层，而新石器时代文化层出土的主要是陶器和大量动物骨骼，表明该处早就是与墓葬区功能不同的生活区，长期以来有人的活动遗迹。这对确切了解凌家滩文化丰富内涵、存续年代、兴衰演变提供了实物证据。

【黑龙江：哈尔滨地区发现最大金代铜权】

哈尔滨市文管站文管人员在哈尔滨地区发现了重达 12.5 公斤的金代铜权。经鉴定，该铜权是目前中国已发现的最大金代铜权。

这枚铜权的正面刻着“南京”，背面写着“皇甫”，应该是在河南开封叫做皇甫的作坊出产，然后流通到哈尔滨地区，即当时金上京附近。

【四川：成都出土 2000 年前西汉古墓 扁鹊学派医术或现世】

四川成都出土了 2000 多年前西汉时期古墓出土遗物总计 620 余件、竹简 920 支、木牍 50 枚。

在出土的古墓文物中，记录有医学典籍的 920 支竹简尤为独特。在这些竹简中，还有 184 支竹简的内容为医疗马匹疾病的《医马书》。

这次出土的医书中有部《敝昔医论》，“敝”、“昔”二字有通假字，通假过来就是《扁鹊医论》，从出土的九部医书内容分析，这可能是失传了的中医扁鹊学派经典书籍。与医简一同出土的还有一个完整人体经穴髹漆人像，身体上用白色或红色描绘的经络线条和穴点清晰可见。

古墓中还出土了4部蜀锦提花机模型，是迄今我国发现的唯一有出土单位、完整的西汉时期织机模型。跟织机一起出土的还有十多件彩绘木俑，俑的身姿、铭文各不相同，极有可能为司职不同的织工，应是汉代蜀锦纺织工场实景模拟再现。同时，从织机复杂程度来说，和以前出土织机模型相比，其工作原理更加复杂、先进，对于研究中国乃至世界丝绸纺织技术的起源和发展具有重大意义。

【浙江：海宁酒地上遗址发现良渚文化早中期显贵墓葬】

浙江海宁酒地上遗址出现墓葬。经勘探，初步了解到遗址面积约30000平方米，已揭露1200平方米，发掘工作正在进行中。已发现多座崧泽文化晚期至良渚文化时期人工营建的土台，清理新石器时代墓葬30座。因遗址上部良渚文化晚期堆积已被夷平，现存的墓葬绝大多数属良渚文化早中期及崧泽文化晚期。

【甘肃：镇原县新发现北朝至唐代的龙枣寺石窟】

北石窟寺文物保护研究所专业人员在调查北石窟寺历史文化环境时，在镇原县屯子镇双合村发现龙枣寺石窟。该石窟开凿于该村传称龙枣寺遗址所在的红砂岩峭壁上，共有3窟1龛。部分窟内填满淤土，造像壁画保存状况不明。

【北京：朝阳区发现罕见辽代经幢】

北京朝阳区发现一件罕见的辽代经幢。经幢为非常好的整块汉白玉雕刻所成，为辽天庆元年（公元1111年）碑刻，是北京地区辽金经幢中单体最高的。此外，经幢刻录了多达十条密宗佛教陀罗尼（《陀罗尼经》中记载的咒语叫陀罗尼），是中国现存所有辽金经幢中镌刻陀罗尼数目最多的。

经幢上的10个陀罗尼咒语均为汉梵双文，具有鲜明的辽代晚期时代特征，也给后人留下了珍贵的语言文字资料。

【河南：南阳淅川马山根仰韶文化遗址发掘取得成果】

南阳市文物考古研究所对马山根遗址进行了抢救性发掘，揭露面积3000余平方米。

遗物主要有陶器、石器和动物骨骼等。陶器以夹砂灰陶和黑皮陶为主，泥质陶次之。陶器主要是手制，采用泥条盘筑法，经慢轮修整而成。陶器种类有红顶钵、盆形鼎、折沿罐、花边钮器盖、带流盆、平底杯等。另有陶环、纺轮、网坠等。石器以磨制为主，也有打制的石器。石料多为硅质岩、石英、石英砂岩和页岩等。磨制石器有斧、锛、铲、镞、刀，还有球、饼、环、臼和磨棒等；打制石器有尖状器、刮削器等。此外，还出土少量玉饰件和动物骨骼等。

【陕西：宝鸡石鼓山西周墓地考古发掘取得重大发现】

陕西省宝鸡石鼓山西周墓地取得重大发现，正在发掘中的四号墓已出土青铜器49件。

本次发掘中，已完成发掘小型墓葬10座、中型墓葬1座，共出土青铜鼎、簋、钺、戈、凿、镞、铃等12件，陶鬲6件，陶罐10件，另外有玉饰、石、贝等器物。

【云南：昌宁大甸山青铜时代墓地考古发现】

昌宁县大甸山古墓葬群考古活动从2012年10月开始，共发掘各类墓葬198座，其中土坑竖穴墓179座、土洞墓18座、瓮棺葬1座，出土各类随葬品280余件。出土器物按质地可分为青铜器、石器、陶器、铜铁合制品、铁器、琥珀、海贝、麻织品、竹藤等，尤其以青铜器数量最多。根据出土器物，考古队大致将墓地的年代断在青铜时代，不排除个别墓葬早至新石器晚期或铁器时代早期的可能。

第八部分　文物知识

明清家具

学术指导：胡德生

中华文化博大精深，在其悠久的发展长河中，产生了众多令人瞩目的文明成果。家具的发展源远流长：无论是商周时期具有强烈民族风格的家具、春秋战国秦汉时期的矮型家具、魏晋南北朝时期的婉雅秀逸家具、隋唐时期华丽润艳的高低家具、宋元时期的简洁隽秀家具，还是古雅精美的明式家具、雍容华贵的清式家具，都以其富有美感的永恒魅力都吸引着中外万千人士的钟爱和追求。

随着历史的发展，如今的家具市场已经自成体系。中国古典家具的发展以明清为最鼎盛时期，中国明清家具大胆创新、开拓，采用了许多坚硬细密、色泽优雅、纹理华美的紫檀、黄花黎、鸡翅木、铁力木等珍贵的制作材料，运用精密巧妙的榫卯结构和丰富多彩的装饰手法，创作出别具风格、形式多样的家具种类。明代家具的造型朴素、大方、流畅、舒适。其木材主要以黄花黎为代表，这些木材在比重、色泽、纹理等方面有其特有的物理性质。清代家具则是沉穆、庄重、华丽、富贵，其木材主要以紫檀为代表。虽然两者风格大不相同，却都是中国古典红木家具的集大成者，不仅造型美观，而且意韵深远。

鉴定家具年代首先要注意辨别材质。传世的明清家具中，有不少是用紫檀、黄花黎木或铁犁木等制作的。这几种木材在清代中期以后日见匮乏，称为罕见珍材。所以凡是用这几种硬木制作而成的又看不出改制痕迹的家具，大都是传世已久的明式家具原件。今存的传世硬木家具中，也有不少是使用酸枝木、花梨木制作的，这几种硬木是在紫檀、黄花黎等名贵木材日益难觅的情况下被大量使用的。

明清家具依质地可分为硬木家具和漆饰家具。漆饰家具从原始社会开始至明清乃至现代始终沿用不衰，可以说贯穿了中国家具史的始终。漆饰家具可大体分为单色漆、雕漆、描金漆、罩金漆、嵌螺钿、洒螺钿、堆灰及刻灰家具等；而紫檀、黄花黎等硬木家具的出现则应是明代隆庆、万历以后的事了。明式家具多用黄花黎木、紫檀木、鸡翅木及铁犁木等硬木，也采用楠木、樟木、胡桃木、榆木及其他硬杂木，这其中以花梨木中的黄花黎木效果最好。清式家具选料极为精细，表里如一，无节，无伤，完整得无一瑕疵。

从工艺上看古代家具更是由于时代的不同、地区的不同和工匠制作特点而种类繁多。中国明清家具的工艺包括木材干燥工艺、打样工艺、打坯工艺、雕刻工艺、打磨工艺、上蜡和髹漆工艺。这其中雕刻是明清家具的重要装饰手段，特别讲究细部的精致性。在明清家具的制作中，有“三分做工、七分打磨”的说法，有的紫檀家具甚至是用竹片一点一点的刮磨出来的。明清家具的髹漆工艺是“揩漆”，首先对家具进行打磨，以体现木材的天然纹理，然后用天然漆髹。所以，传世的优秀明清家具，一般都是“材美工巧”的完美结合，具有深邃的人文内涵，经得起细观慢品。

明式家具

从明清家具风格上看，明式家具的设计者大多是文人雅士，由他们设计出家具图样后，再交由出色的木工制作而成。在设计层面上，明式家具设计感要更高。在设计家具时，设计者往往会将自己的奇思妙想融合到家具设计中，甚至有些设计师认为明式家具是用来观赏而不是用来使用的。明式家具选材多数以黄花梨木，紫檀木等这些高级硬木为主，充分利用木材的纹理优势，发挥硬木材料本身的自然美，形成自己特有的审美趣味及独特风格，这也是明代硬木家具的一大特色。

论地方特色，明式家具以苏式家具为主。苏州在宋代以前是中国政治、经济和文化中心之一，是长江中下游地区的中心，因而各种民族手工业也相对集中在这一地区。到了明代，随着经济繁荣、城市建设和造园艺术的发展，还有众多文人和画家参与，这些都给当地的家具艺术注入了丰富的文化内涵。

与此同时，京作家具也在明式家具中占有很重要的地位。由于工匠来自全国各地，且优秀工匠都在皇宫造办处服役，故京作家具较其他地区的家具更是独具风格。在紫禁城外西南角曾设有专为皇家御制漆家具的果园厂，所制的漆家具无论造型还是艺术风格，均代表了全国最高水平。

明式家具中的晋作家具也是不可忽视的一个品种。明代晋作家具也以漆家具为主，尤以大漆螺钿家具最为著名。其特点是漆灰较厚，螺钿亦较厚。造型沉稳、凝重，富丽堂皇。在晋作家具中也有一定数量的硬木家具，民间则以核桃木和榆木最为常见，装饰花纹以类似西洋卷草的忍冬纹为主。故宫博物院收藏的黑漆螺钿花鸟床、黑漆螺钿花鸟罗汉床以及黑漆螺钿花鸟翘头案等，都是晋作家具的典型实例。

总的来说明式家具风格特点主要表现在以下五点上：第一，造型稳重大方，比例尺寸适度，轮廓简练舒展；第二，结构科学，榫卯精密；第三，精于选料配料，重视木材本身的自然纹理和色泽；第四，雕刻及线脚装饰处理得当；第五，金属饰件样式玲珑，色泽柔和，起到了很好的装饰作用。

清式家具

清代家具大体分为三个时段。康熙前期，家具基本保留着明代的风格特点，尽管和明式相比有些微妙的变化，但还应属于明式家具。自雍正至乾隆晚期，已发生了根本的变化，形成了独特的清式风格。嘉庆、道光以后至清末民国时期，由于国力衰败，加上帝国主义的侵略，国内战乱频繁，各项民族手工艺均遭到严重破坏。在这种社会环境中，根本无法造就技艺高超的匠师，再加上珍贵木材来源枯竭，家具艺术每况愈下，进入衰落时期。

清式家具与明式家具在造型艺术及风格上的不同首先是用材厚重，清式家具的总体尺寸较明式宽大，相应的局部尺寸也随之加大；其次是清式家具装饰华丽，表现手法主要是镶嵌、雕刻及彩绘等，给人的感觉是稳重、精致、豪华、艳丽，与明式家具的朴素、大方、优美及舒适形成鲜明的对比。其虽不如明式家具设计得那样科学，并且显得厚重有余、俊秀不足、沉闷笨重，但从另一方面说，由于清式家具以富丽、豪华、稳重和威严为准则，为达到设计目的，无所不用其极地装饰家具，所以清式家具仍不失为中国家具艺术中的优秀作品。

清式家具的产地主要有广州、苏州及北京三处。它们各代表一个地区的风格、特点，被称为清式家具的三大名作。这其中以广式家具最为突出，并得到皇家的赏识。明末清初，西方传教士大量来华，传播一些先进的科学技术，促进了中国经济和文化艺术的繁荣。广州由于它特殊的地理位置，便成为中国对外贸易和文化交流的一个重要门户。随着对外贸易的进一步发展，各种手工业也都随之繁荣和发展起来。加之广州是贵重木材的主要产地，南洋各国的优质木材也多由广州进口，制作家具的材料比较充裕，这些得天独厚的有利条件赋予了广式家具独特的艺术风格。

广式家具的特点之一是用料粗大，为了讲求木性一致，广式家具大多用一种木料制成。通常所见广式家具，或紫檀、或酸枝，皆为清一色的同一木质，决不掺杂其他木材。而且广式家具不加漆饰，使木质完全裸露，让人一看便有实实在在一目了然之感。

广式家具特点之二是装饰花纹雕刻深峻、刀法圆熟、磨工精细。它的雕刻风格在一定程度上受西方建筑雕塑影响，所刻花纹隆起较高，个别部位近似圆雕，加上磨工精细，使花纹表面莹华如玉，丝毫不露刀凿痕迹。

广式家具的装饰题材和纹饰也受西方文化艺术影响。明末清初之际，西方的建筑、雕刻和绘画等技艺逐渐为中国所应用，自清代雍正至乾隆、嘉庆时期，摹仿西式建筑的风气大盛。广式家具除了装饰西式花纹外，也有相当数量的传统花纹。清初，为适应对外贸易的发展，广州的各种官营和私营手工业都相继恢复和发展起来，给家具艺术增添了色彩，形成与明式家具截然不同的艺术风格。这种艺术风格主要表现在雕刻和镶嵌的艺术手法上。广式家具的镶嵌不见漆，这是有别于其他地区的一个明显特征。传世作品很多，内容多以山水风景、树石花卉、鸟兽、神话故事及反应现实生活的风土人情等为主题。

苏式家具是指以苏州为中心的长江中下游地区所生产的家具。苏式家具形成较早，举世闻名的明式家具即以苏式家具为主。它以造型优美、线条流畅、用料及结构合理、比例尺寸合度等特点和朴素大方的格调博得了世人的赞赏。

苏式家具注重装饰，又处处体现节俭意识。床榻椅子等类家具的座围，多用小块木料两端做格角榫攒成拐子纹，既有很强的装饰作用，又达到物尽其用的目的。

苏式家具的大件器物常采用包镶做法，即用杂木为骨架，外面粘贴硬木薄板。苏式家具在用料方面和广式家具截然不同。苏式家具以俊秀著称，用料较广式家具要小得多，但由于硬质木材来之不易，苏作工匠往往惜木如金，充分利用材料，哪怕只有黄豆大小的玉石或螺钿碎渣，都不会废弃。

苏式家具的装饰题材多取自历代名人画稿，其次是传统纹饰。局部装饰花纹以缠枝莲或缠枝牡丹为主，西洋花纹较为少见。一般情况下，苏式的缠枝莲与广式的西番莲已成为区别苏式和广式的明显特征。

京作家具一般以清宫造办处所制家具为主。造办处中设有单独的木作，从全国各地招募优秀工匠到皇宫服役。由于广州工匠技艺高超，故造办处又在木作中单设一广木作，作中全为广州工匠，所制家具带有浓厚的广式风格。它与纯粹广式家具的不同之处主要表现在用料方面。

广木作所使用的优质木材全部从广州运来，一车木料辗转数月才能运到北京，沿途人力物力，花费开销自不必说。皇帝本人也深知这一点，因此造办处在制作一件家具之前，先画样呈览，经皇帝恩准后，方可开工。在造办处档案中经常记载着皇帝看后如觉得某部分用料过大，令其改小。久而久之就形成了京作家具较广作家具用料小的特点。在造办处普通木作中多由江南地区招募优秀工匠，其做工趋向苏式。但不同的是，他们在清宫造办处制作的家具较江南地区用料要大，而且没有掺假现象。

从纹饰上看，京作家具较其他地区又独具风格。工匠们从皇家收藏的古代玉器、铜器上吸取素材，巧妙地装饰在家具上，清代在明代的基础上发展得更加广泛。明代多限于装饰翘头案的牙板和两腿间的镶板，清代则在桌案、椅凳、箱柜上普遍使用。明代多雕刻螭虎龙（北京匠师多称其为“草龙”）；而清代则以夔龙纹最为常见，其他还有夔凤纹、拐子纹、螭纹、饕餮纹、兽面纹、雷纹、蝉纹或勾卷云纹等。根据家具造型的不同特点而施以各种不同形态的纹饰，显示出各式古色古香、文静典雅的艺术形象。

明清家具对比

用料对比

明代家具与清代家具在用材方面因受社会环

境、生活习惯及材料来源等影响是有区别的。明代家具主要使用的材料有黄花黎、紫檀、鸡翅木、铁犁木及榉木等五个主要品种。黄花黎是这段时期制造考究家具的首要材料。清代家具就木材品种而言有紫檀、酸枝木、花梨木、楠木、乌木或榉木等。从故宫博物院收藏的传统家具来看，京作家具重紫檀、酸枝而轻黄花黎，这样导致许多黄花黎家具都被染成深色，这也是清代黄花梨家具存世不多的原因。清式家具发展到后来，由于紫檀来源枯竭、价格昂贵，只好采集酸枝、花梨等木料充数。清代家具在形式上还常见有仿竹、仿藤、仿青铜器甚至仿假山石的木制家具，反过来也出现了竹制、藤制的仿木家具。

制作工艺对比

明代家具发展到清代，制作工艺方面也有所改变。例如明代椅子的座面都以棕和藤皮编成，在边抹上穿孔装镶，扶手和直枨交接处有一简朴的托角牙子，一方面是为了美观，另一方面也使家具舒适度增强。家具除直足处，有鼓腿膨牙、三弯腿等向内或向外兜转的腿足，线条自然流畅。而清代的椅子一般都用直腿或展腿。清中期以后，椅子迎面的牙条仅有一直线，椅、几等家具的腿往往喜欢挖缺做。明式家具在制作风格上和清式家具另有一个明显区别是榫卯制作。明式较合乎规矩，精密严谨，不易散架；而清式家具往往一脱胶便全部散架。

装饰花纹对比

家具上的装饰花纹是反映时代的最好依据，因为它和其他工艺品的花纹一样本身有比较鲜明的时代性，有的花纹甚至可以作为确定年代的重要依据。明代器物上有较抽象的缠枝纹；而清代家具花纹图案整体较满，通常是一些代表吉祥瑞庆的花鸟纹等装饰花纹。同样类别的花纹，在明代与清代出现的面貌也大不相同。例如龙纹在宫廷家具中是应用比较普遍的一种纹饰，明代时期筋骨演变为在腿上全部拉结线，头上毛发上冲，龙须外卷或内卷，并出现风车状五爪；清代，龙头毛发横出，出现锯齿形腮，尾部有秋叶形装饰等。

装饰风格和手法对比

从装饰风格到手法，明代家具与清代家具都截然不同。清代家具骨架粗壮结实，方直造型多于明式曲圆造型，题材生动且富于变化，装饰性强，整体大方而局部装饰细腻入微。在装饰风格上与明代家具相比，两者的追求有本质上的不同。明代家具注重造型，常以很小的面积饰以精细雕镂，崇饰增华，并点缀装饰在最适当的部位，与大面程、大块面、大曲率暨总体形成强烈、有序、适宜和醒目的对比，使家具整体愈显明快、简洁、洗练、大方。明代家具装饰的另一特点就是附属配件的使用，通常指镶入凳、墩、桌、案面心及门框、床围子的各种纹饰，用丝绒、藤丝纺织成的软屉，铜铁片叶在柜、箱、橱、椅、交杌等上的裹饰家具，及作为面叶、拉手、合页的多种饰件等。它们根据功能要求配置附件，特别是铜饰件，既起到保护家具的作用，又起到了增强装饰性的功能。而清式家具则注重形式，不惜功力、用料，工艺精良达到了无以复加的程度。在装饰上力求华丽，使用了金银、玉石、宝石、珊瑚、象牙、百宝等不同质地的装饰材料；珐琅嵌、瓷嵌也是当时重要的装饰手法；描金、彩绘在清式家具中也占有一定地位。

造型特征对比

清代家具和明代家具在造型特征上表现出不同的美学风格，合理的功能与简练优美的造型是明代家具的重要特征。明代的家具设计讲求严密的比例关系和适宜的尺度，在此基础上与使用功能紧密地联系在一起，力求达到功能与形式的完美结合。例如明代的靠背椅，根据人体休息时的需要，靠背成 95° 至 96° 的倾角且呈“S”形曲线。如此人的后背与椅背有较大的接触面，韧带和肌肉能得到充分的休息，且椅背的搭脑高度与人的颈部平齐，头部恰好搭靠其上。明代家具在造型中运用曲线，无论是大曲率的着力构件还是小曲率的装饰线脚、花纹及牙板，大多简洁挺劲、圆润流畅，化简素为雍贵，从适用走向艺术，把清新典雅的明代风格衍化转变成繁缛富丽的清代风格。清代家具的总体尺寸趋于宽、高、大、厚，与此相应，局部尺寸与部件用料也随之加大变宽。如清三屏背式太师椅，稳妥浑厚的三屏背与粗硕流畅的腿脚扶手等浑然一体，协调一致，造成十分稳定、大气、宽厚和繁冗的气势。

明清家具结构鉴识

明代家具由于大量运用具有质地坚硬、强度高、色泽和纹理优美等特点的木材，采用木架构造形式，所以结构合理、造型优美。明代家具在制作上使用了极其精密科学的榫卯结构，加工工艺精巧，构件断面小而强度大，造型简洁秀丽、朴素。它强调家具形体的线条，且能作细致的雕饰和线脚加工，确立了以“线脚”为主的造型手法，体现了明快、清新的艺术风格。清代家具运用各种精湛的工艺技术，融合明代家具形制结构，使其形成了有别于明代风格的独特面貌。在造型上，它以豪华繁缛为风格，突出强调稳定、厚重的雄伟气度；装饰上大量采用隐喻丰富的吉祥瑞庆题材，来体现人的生活愿望和幸福追求；制作采用多种材料，手段汇集雕、嵌、描、绘、堆漆和剔犀等，镂镂雕刻巧夺天工，达到了威严、豪华和富丽的目的。

横材与竖材结合的丁字形结构

横材与竖材的结合又称“格肩榫”。如桌子、椅子及凳子的横枨，柜身与柜门的横带与腿足的结合，都用这种做法。格肩又分大格肩、小格肩、实肩和虚肩。

大格肩

大格肩有实肩和虚肩之分，小格肩都是实肩。实肩是在横材两端做出榫头，在榫头的外侧做出 45° 等边直角三角形斜肩，三角形斜肩紧贴榫头，然后在竖材上凿出榫窝，并在外侧开出与榫头上三角形斜肩相等的豁口，正好与榫头上的斜肩拍合。格肩的作用，一是辅助榫头承担一部分压力，二是打破接口处平直呆板的气氛。这种做法称为大格肩。

小格肩

小格肩是把紧贴榫头的斜肩抹去一节，只留一小部分，其目的是为了少剔去一些竖材木料，以增加竖材的承重能力，是一种较科学的做法。它即保持了竖材的支撑能力，同时也照顾到了辅助横材承重的作用。这种做法一般用于柜子的前后横梁或横带上。

虚肩与实肩

虚肩也叫飘肩，它与实肩的区别是三角形斜肩不是紧贴榫头，而是与榫头之间留出空隙，不与榫头相连。在竖材的榫眼外侧，也挖出与虚肩大小相同的豁口，但不与榫眼相连。这样做的目的也是为了少剔去一些竖材，以免削弱立柱的支撑能力。在桌类、椅凳类家具的上下横枨上，就常用这种做法。

丁字形结构鉴识

丁字形结构也有格肩与不格肩的区别。为追求美观，在明面上一般都用格肩榫。但在人们视线看不到的地方往往不用格肩榫，常见多为双头榫，既把横材的两端各开两个榫头，把竖材开出两个榫窝。这种不用格肩的做法，又有透榫与闷榫的区别。有的家具透榫与闷榫混合使用，使用时二者比例要视桌面长短、穿带多少而定。如桌面四框中间的穿带，为了加强边框的牢固性，通常将其做一条或两条透榫，其余做暗榫；如果是三条穿带，则只在中间一条做透榫，其余做暗榫；如果是五条，则把中带和两外侧带做成暗榫，间隔的两条做透榫。

长短榫

长短榫又分粽角长短榫和柱顶长短榫，特点是两个榫头一长一短，而且朝向两个方向。其作用是把边挺和抹头固定在一起，长榫连接边挺，短榫连接抹头。

柱顶长短榫与粽角长短榫的不同之处是榫头的外面没有斜肩，它和板面组合后，板面不是与腿足的外面齐平，而是板面伸出腿面。这种做法使腿足的形式富于变化，圆腿、方腿均可，不受面沿限制，还可在面下装饰束腰和各种形式的曲腿。而粽角榫的结构就不然，它只能随面沿形式做成平面，所以粽角榫结构的腿足都用方材。而柱顶长短榫的腿足不仅可方可圆，而且还可以装饰束腰和各式曲腿。

夹头榫

夹头榫多用在案或案形结体的桌子上。案形结体家具的腿与面的结合不在四角，而在长边两端收进一些的位置上。前后两面多采用通长的牙板贯通两腿，形成牙板固定腿足，腿足加固牙板，牙板又辅助腿足支撑案面的多功能结构。这种结构，人们称之为“夹头榫”。

插肩榫

插肩榫也属于夹头榫的一种形式，做法与夹头榫基本相同。因为它也同夹头榫一样，分前榫和后榫，中间横向开出豁口，把牙板插在里面，也要剔出与斜肩大小相等的槽口。它和夹头榫牙板所不同的是槽口朝前，组合后，牙板与腿面齐平。在看面上留下两条梯形斜线，在一定程度上还起着美化和装饰的作用。

抱肩榫

抱肩榫结构和粽角榫结构的原理差不多，它实际上是把粽角榫的斜肩移到榫头以下，这样斜肩交合的也就不是板面四边，而是面下的牙板了。粽角榫的板面斜肩因与边框以一木做成，所以两个斜面只要合缝就行了。而抱肩榫的牙板和腿部斜肩必须做出榫头和榫窝，才能使牙板固定在腿上，以辅助腿足支撑案面。这类榫卯大多用于束腰家具上。

挂榫

挂榫，是一种酷似抱肩榫的结构，从外表看，它和抱肩榫的位置、形式完全相同，其中除保留抱肩榫的结构外，又在榫头的两个外面的下部各做一竖向挂销，挂销的外面要比里面宽，在牙板内侧，也要做出与挂销大小形状相同的通槽对准挂销按下去，使腿和牙板的斜肩合严。这种结构既有拉的作用，又有挺的作用，有效地把四足及牙板牢固地结合起来。它一般用于大型家具中，如床榻类多采用这种结构。凡使用这种结构，足下无需另装底枨或托泥。故宫博物院藏品中尚有几例，其中平头、翘头均有，在榫卯结构中当属稀有品种。

勾挂榫

霸王枨与腿的结合部位通常使用勾挂榫。其做法是先在霸王枨的一端做出榫头，榫头的上边自顶部向根部被削成斜坡，在腿的内角线上凿榫窝，里侧要比外口高些，再做一小木塞。将榫头插进榫窝向上托，使榫头上斜面与榫窝上斜面抵紧，下面的空余部分用小木塞塞严，这样就把腿和枨牢固地连接起来了。

明清家具材质鉴识

明清是中国家具发展的鼎盛时期。采用坚硬致密、色泽优雅、花纹华美的珍贵木材是一个重要的因素。

黄花梨

黄花黎又称“老花黎”，属于豆科蝶形花亚科黄檀属植物，广东一带多称此木为“香枝”，其学名为“海南降香黄檀”。颜色由浅黄到紫赤，色彩鲜美，纹理清晰，有香味。

酸枝木

酸枝木有很多种，为豆科植物中蝶形花亚科黄檀属植物。在黄檀属植物中，除海南降香黄檀被称为“香枝”外，其余尽属酸枝类。酸枝木大体分为三种：黑酸枝、红酸枝和白酸枝。它们的共同特性是在加工过程中发出一股食用醋的味道，由于树种不同，有的味道浓厚，有的则很淡，故名酸枝。

紫檀木

紫檀是世界上珍贵的木材品种之一，由于数量稀少，见者不多，遂为世人所珍重。据史料记载，紫檀木主要产于南洋群岛的热带地区，其次为东南亚地区。中国广东、广西也产紫檀木，但数量不多，大批材料主要靠进口。紫檀为常绿亚乔木，高五六丈，叶为复叶，花蝶形，果实有翼，木质甚坚色赤，入水即沉。紫檀为豆科蝶形花亚科紫檀属植物，在紫檀木属植物中又分两个品种，只有生长在印度安德拉邦的檀香紫檀才是人们所称正规紫檀，除檀香紫檀外，其余紫檀属植物一律划归花梨木类。花梨木系一个种群包括很多树种，产地不同，特点各异。

铁犁木

铁犁木，或作“铁力木”、“铁栗木”。产于中国广东、广西，木质坚而沉重。心材淡红色，髓线细美，在热带多用于建筑。在硬木树种中，铁犁木是最高大的一种，因其料大，多用其制作大件器物。常见的明代铁犁木翘头案，成器往往长达三四米，宽约60–70厘米，都为一块整木制成。铁犁木材坚质重，色彩、纹理与鸡翅木相差无几，不仔细看很难分辨。

鸡翅木

鸡翅木为崖豆属和铁刀木属树种。分布较广，非洲的刚果、民主刚果，南亚，东南亚及中国的广东、广西、云南和福建等地区均产此木。大体可分为非洲崖豆木、白花崖豆木和铁刀木三种。鸡翅木属于红豆属，计约40种，中国产26种。有的色深，有的色淡，有的纹美，有的纹差，品种不同而已。

影木与乌木

影木，又称“瘿木”，泛指树木的根部和树干所生的瘿瘤，或泛指这类木材的纹理特征，并非专指某一树种。影木有多种，有楠木影、桦木影、花梨木影和榆木影等。

乌木，属于柿科植物，又作“巫木”。色黑有纹，亦谓之“乌文木”。质甚坚，置水则沉。

黄杨木与楠木

黄杨木为常绿灌木，树叶攒簇向上，叶初生似槐牙而丰厚，不花不实，四时不凋，生长缓慢。黄杨木木质坚致，因其难长故无大料。黄杨木色彩艳丽，佳者色如蛋黄，尤其镶嵌在紫檀等深色木器上，形成强烈色彩对比反差，互相映衬，异常美观。

楠木，又写作“柟木”，产于四川、云南、广西、湖南及湖北等地。楠木有三种：香楠、金丝楠、水楠。南方多香楠，川涧出金丝楠。明代宫廷栋梁必用楠木，因其材大质坚且不易糟朽。

榉木与樟木

榉木，也可写作“椐木”，中国江苏、浙江产此木。榉木属榆科，落叶乔木，高数丈，树皮坚硬，灰褐色，有粗皱纹和小突起，其老木树皮似鳞片而剥落。木材纹理直，材质坚致耐久。花纹美丽而有光泽，为珍贵木材，可作建筑及器物用材。

樟木，产于中国豫章（江西南昌）西南，处处山谷有之。木高丈余，小叶似楠而尖，背有黄毛、赤毛。四时不凋，夏开花结子。心材红褐色，边材灰褐色。木大者数抱，肌理细而错综有纹。切面光滑有光泽，其木气甚芬烈，可驱避蚊虫。多用于制作家具表面装饰材料和箱、匣及柜子等存贮用具。

榆木

榆木属落叶乔木，生长于寒地。中国华北及东北广大地区均有生产。皮色深褐有扁平之裂目，常为鳞状而剥脱。叶椭圆形，缘有锐锯齿，厚而硬，甚粗糙。其木纹理直，结构粗。材质略坚重，适用于制作各式家具。凡榆木家具均在北方制作和流行。

核桃木

核桃木很容易与楠木混淆，只是其木材表面纹理较粗些。与楠木的橄榄褐色相比，核桃木色泽趋于金褐色或红褐色。这是一种落叶乔木，可生长到二十米高，结核桃，可食用。它的边材色浅，心材呈红褐色或栗褐色，有时甚至带紫色。

楸木与柏木

楸木，为大戟科落叶乔木，干高三丈许，叶大圆形或广卵形，先端尖，叶有三尖或五尖者，木材细致。

柏木是中国分部最广的树种之一。柏木材质坚韧细密，纹理美观，芳香四溢，耐腐耐久，是造船、建筑、制作家具的良材。柏木有多种，以黄柏为上，其他次之。

高档木材分类细表

紫檀属木材

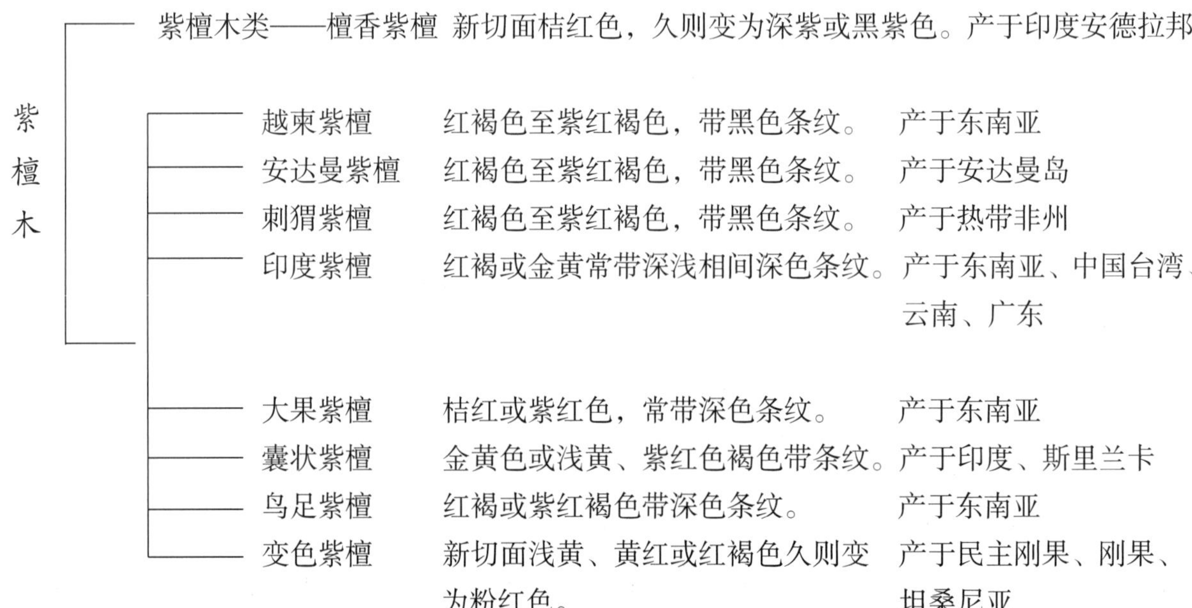

黄檀属树种

黄檀属树种	树种	材色	产地
香枝木类	降香黄檀（俗名：黄花梨）	新切面紫红褐或深红褐常带黑色条纹。	产于中国海南
	刀状黑黄檀	新切面紫黑或紫红褐，带深褐或栗褐色深条纹。	产于缅甸、印度
黑酸枝类	黑黄檀	新切面紫、黑或栗褐带紫或黑褐窄条纹。	产于中国、缅甸、印度越南
	阔叶黄檀	浅金褐、黑褐、紫褐或深紫红、有紫黑色条纹。	产于印度及印度尼西亚
	卢氏黑黄檀	新切面桔红色，久转为深紫。	产于马达加斯加
	东非黑黄檀	黑褐至黑紫褐、有黑色条纹。	产于东非
	巴西黑黄檀	黑褐至紫褐色有明显黑色窄条纹。	产于南美洲主要是巴西
	亚马孙黄檀	红褐、深紫灰褐、带细线深色条纹。	产于南美洲亚马孙
	伯利兹黄檀	浅红褐、黑褐或紫褐、有黑色条纹。	产于中美洲伯利兹
红酸枝类	巴里黄檀	新切面紫红褐或暗红褐，带黑褐或栗褐色细条纹。	产于南亚
	赛州黄檀	粉红褐、深紫褐或金黄，带紫褐或黑褐色细条纹。	产于南美洲，（主要是巴西）
	交趾黄檀	新切面紫红褐或暗红褐，带紫褐或黑褐色细条纹。	主要是产于中国、南亚半岛
	绒毛黄檀	微红、紫红、带深红褐或橙红褐色深条纹。	产于南美洲（巴西）
	中美洲黄檀	新切面暗红褐，桔红褐至深红褐带黑褐色条纹。	产于南美州及墨西哥
	奥氏黄檀	新切面柠檬红、红褐至深红褐，带明显黑色条纹。	产于中国、南亚半岛
	微凹黄檀	新切面暗红褐，桔红褐至深红褐，带黑褐色条纹	产于南美及中美洲

柿属树种

属	类	树种	颜色	产地
柿属树种	乌木类	乌木	全部乌黑、浅色条纹稀见	产于斯里兰卡、印度南部
		厚瓣乌木	全部乌黑	产于热带西非
		毛药乌木	全部乌黑	产于菲律宾
		蓬塞乌木	全部乌黑	产于菲律宾
	条纹乌木类	苏拉威西乌木	黑或栗褐色带深色条纹	产于印度尼西亚
		菲律宾乌木	黑、乌黑或栗褐色，带黑色及栗褐色条纹	产于菲律宾、斯里兰卡、产于中国台湾

崖豆属及铁刀木属

属	类	树种	颜色	产地
崖豆属及铁刀木属	鸡翅木类	非州崖豆木	黑褐，常带黑色条纹	产于刚果、民主刚果
		白花崖豆木	黑褐或栗褐，带黑色条纹	产于缅甸及泰国
	铁刀木类	铁刀木	栗褐或黑褐色，常带黑色条纹	产于南亚及东南亚、中国云南、福建、广东、广西

近现代书画

学术指导：张忠义

近现代书画一般指鸦片战争至中华人民共和国建国前后一个多世纪的历史阶段所产生的书画。这一时期人民苦难深重，社会动荡剧烈，颠覆性重大事件频发，各种思潮汹涌澎湃。革命与反革命、保守与创新、继承与发展交织冲撞，无论政治、经济，还是科学、教育、文化、艺术，都呈现出史无前例波澜壮阔的场面。时势造英雄，在各个领域都前赴后继地出现无数杰出人物和丰硕成果，就书画艺术而言，也创作了许多不朽作品，培养了许多伟大艺术家。美术史、书画史按传统地域划分，将这时期作品梳理归纳为五大画派，并把一些有成就的书画艺术家分别列入其中。实际上，艺术家与艺术作品的情况很复杂，这只是把复杂问题简单化处理的一种方式，为我们寻找共同规律创造条件，也为学习研究提供了方便。

五大画派

海上画派

中国画画派之一，又称“海派”或“沪派”，一般指的是从清末民初开始一直到近现代活跃于上海地区，从事书画创作、交易的书画家群体。书画家来自本地区及全国各地，虽然画风各有特色，但有共同的流派特征：画家的职业化、作品的商业化、审美的市俗化及形式上的新颖性和风格上的民族性。“海上画派”的形成与发展和上海这座新城市的崛起直接相关。在第一次鸦片战争之前，上海只是海滨小渔村，黄浦江上仅泛着几只小渔船。自 1840 年开埠，上海既成为西方殖民者渗透中国的桥头堡，又成为中西文明的交融点。在短短的四十年间，它已经成为一座在各种政治、经济、文化势力共同作用下的，近代中国乃至远东地区最具魅力与活力、光华四射的大都会。富商阶层可在此寻找商机，达官贵人可在此享受奢华生活，知识分子可在此觅得更多知音，年轻学生可在此学习新知，艺术家当然也不能例外。海上画派上承唐宋传统技艺，吸取明清陈淳（白阳）、徐渭（青藤）、陈洪绶（老莲）、八大山人、石涛和“扬州八怪”等诸家之长，并且借鉴民间与西洋绘画艺术，对传统中国画进行大胆的改革创新，作品体现时代生活气息，在“正统派”外别树一帜，融贯中西，独成一派。就内容来说，花鸟画最多，其次为人物，再次山水画，依序再为杂项题材。就传统意义来说，有古诗词、文学作为基调，再佐以西方反衬法、结构法、设色法等。在笔法墨法的应用上，简逸而明快，只求意境而略其形式。

代表画家：

虚谷（1823–1896），清代著名画家，海上四大家之一，有“晚清画苑第一家”之誉。俗姓朱，名怀仁，僧名虚白，字虚谷，别号紫阳山民、倦鹤，室名觉非庵、古柏草堂、三十七峰草堂。籍新安（今安徽歙县），居广陵（今江苏扬州）。初任清军参将与太平军作战，意有感触，后出家为僧。工山水、花卉、动物、禽鸟，尤长于画松鼠及金鱼。亦擅写真，工隶书。作画有苍秀之趣，敷色清新，造型生动，落笔冷峭，别具风格。性情孤僻，非相处情深者不能得其片纸。早年学界画，后以擅画花果、禽鱼、山水著名。风格冷峭新奇、秀雅鲜活，无一笔滞相，匠心独运，别具一格。

任熊（1823–1857），清代晚期著名画家，“海派”艺术的代表人物之一。字谓长，一字湘浦，号不舍，浙江萧山人。幼时家贫，跟塾师学画人像，后寓居苏州、上海以卖画为生。曾流浪到宁波，得遇名师姚燮，在其家“大梅山馆”学画，深得宋人笔法。任熊是绘画全才，人物、花卉、山水、翎毛、虫鱼、走兽，无一不精。画法宗陈洪绶，与弟任薰、儿子任预、侄任颐合称“海上四任”，又与朱熊、张熊合称“沪上三熊”。

赵之谦（1829–1884），初字益甫，号冷君，后改字撝叔，号铁三、憨寮、又号悲庵、梅庵等。所居曰“二金蝶堂”、“苦兼室”。官至江西鄱阳、奉新知县。工诗文，擅书法，初学颜真卿，篆隶法邓石如，后自成一格，奇倔雄强，别出时俗。擅绘画，花卉学石涛而有所变化，为清末写意花卉之开山。篆刻初学浙派，继法秦汉玺印，复参宋、元及皖派，博取秦诏、汉镜、泉币、汉铭文和碑版文字等入印，一扫旧习，所作苍秀雄浑。青年时代即以才华横溢而名满海内。他在书法方面的造诣是多方面的，可使真、草、隶、篆的笔法融为一体，相互补充，相映成趣。赵之谦曾说过：“独立者贵，天地极大，多人说总尽，独立难索难求”。他一生在诗、书、画、意上进行了不懈的努力，终于成为一代大师。

钱慧安（1833–1911），字吉生，祖籍浙江湖州，出生于宝山高桥镇（旧属江苏，今上海辖区）。钱慧安别号清溪樵子、退一老人，因其画室名为双管楼，所以又号双管楼主。天资聪颖的钱慧安自少年时代就从民间画师的写真技艺中汲取营养，早年关注明代仇英、唐寅、陈洪绶的画风，继而学习清代费丹旭、改琦、上官周等名家，对清初《晚笑堂画传》更是心追手磨，终将诸家之法融会贯通。

任薰（1835–1893），字舜琴、阜长，籍贯浙江萧山，“海上画派”代表人物之一，与兄任熊、侄任预、族侄任颐被后人合称“海上四任”。擅画人物、山水、花卉、禽鸟。亦长于园林设计。其人物画取法陈洪绶及任熊，神态肃穆，面部夸张，须髯细密，衣纹飘逸，然奇躯伟貌，别出匠心。尤其晚年大作，运笔有如行草，气势沉雄。花鸟画则工写兼善，取景布局，富有奇趣。

蒲华（1839–1911），与虚谷、吴昌硕、任伯年合称“清末海派四杰”。原名成，字作英，亦作竹英、竹云，号胥山野史、种竹道人，一作胥山外史，室名九琴十砚斋、芙蓉庵，亦作夫蓉盦、剑胆琴心室、九琴十研楼。浙江省嘉兴人。曾参加科举考试，最终只得秀才，从此绝念仕途，专心致志于艺术创作。后携笔砚出游四方，以卖画为生，最后寓居上海。生性嗜酒，疏懒散漫，有“蒲邋遢”的雅号。去世后由其好友吴昌硕为他料理丧事。

任伯年（1840–1896），名颐，字伯年，一字次远，号小楼（亦作晓楼），籍贯浙江山阴。为避免被造假，故画面署款多写“山阴任颐”。十五六岁即在上海卖画。任伯年的绘画题材广泛，人物、肖像、山水、花卉、禽鸟无不擅长。用笔用墨丰富多变，构图新巧，主题突出，疏中有密，虚实相间，浓淡相生，富有诗情画意。清新流畅是他的独特风格，在“正统派”外别树一帜。

吴昌硕（1844–1927），浙江安吉人。原名俊，字昌硕，别号缶庐、苦铁等，是我国近现代书画艺术发展过渡时期的关键人物，诗、书、画、印四绝的一代名家，晚清民国时期著名国画家、书法家、篆刻家，与任伯年、赵之谦、虚谷齐名为“清末海派四大家”。吴昌硕的艺术另辟蹊径、贵于创造，最擅长写意花卉。他以书法入画，把书法、篆刻的行笔、运刀、章法融入绘画，形成富有金石味的独特画风。他以篆笔写梅兰，狂草作葡萄。所作花卉木石笔力敦厚老辣、纵横恣肆、气势雄强，构图也近书印的章法布白，虚实相生、主体突出，画面用色对比强烈。

王一亭（1867–1938），浙江吴兴人。名震，号白龙山人、觉器。早年曾任商务买办，入同盟会，资助辛亥革命和二次革命，为上海商界名人。他一生虔信佛教，为近代上海著名居士，曾任中国佛教会执行委员兼常委，上海居士林副林长、林长，上海佛学书局董事长，并积极致力于各种慈善事业。诗画方面的著作传世者甚多。早年学画得徐小仓指点，后与任颐、吴昌硕友善。能画人物、花鸟、走兽、山水，尤擅佛像。

吴湖帆（1894–1968），江苏苏州人，为吴大澄嗣孙。初名翼燕，字遹骏，后更名万，字东庄，又名倩，别署丑簃，号倩庵，书画署名湖帆。三四十年代与吴待秋、吴子深、冯超然并称为“三吴一冯”。1949 年后任上海中国画院筹备委员、画师，上海大学美术学院副教授，中国美术家协会上海分会副主席，上海市文史馆馆员，上海市文物保管委员会委员。收藏宏富，善鉴别、填词。山水从“四王”、董其昌，上溯宋元各家，冲破南北宗壁障，以雅腴灵秀、缜丽清逸的复合画风独树一帜，尤以熔水墨烘染与青绿设色于一炉并多烟云者最具代表性。并工写竹、兰、荷花。他是 20 世纪中国画坛一位重要的画家，在中国绘画史上的意义其实已远超出他作为一名山水画家的意义。

江寒汀（1903–1963），江苏常熟虞山镇人。原名荻、庚元，笔名江鸿、石溪，号寒汀居士。16 岁从同里陶松溪习花鸟画，28 岁开始卖画为生。中年流寓上海，曾任教于上海美术专科学校。1949 年后曾任上海中国画院画师、中国美术家协会会员、美协上海分会理事、上海市第二、三届政协委员。1963 年在上海逝世，终年 60 岁。

此外还有**谢稚柳**、**程十发**、**朱屺瞻**、**陈佩秋**等代表性书画家。

岭南画派

岭南画派是海上画派之后崛起的另一个画派体系，也是影响巨大的一个画派。主要创始人为高剑父、高奇峰、陈树人，简称“二高一陈”。许多都有参加革命的经历，是中国传统国画中的革命派。他们主张创新，主张写实，主张引入外来画法，是中华民族绘画史上的一个重要的绘画流派。这一画派是在西方艺术思潮的冲击下和近代中国艺术革新运动中逐步形成的。19 世纪末，辛亥革命元老、中国现代教育奠基人何子渊、丘逢甲等冲破顽固守旧势力的禁锢，积极创办和推广新式学堂，不仅培育了一大批思想进步、锐意创新的社会精英，而且还催生了岭南画派，给岭南文化注入了勃勃生机，并为辛亥革命积蓄了巨大能量。

岭南画派注重写生，融会中西绘画之长，以革命的精神和强烈的时代责任感改造中国画，并保持了传统中国画的笔墨特色，创造出有时代精神和地方特色、气氛酣畅热烈、笔墨劲爽豪纵、色彩鲜艳明亮、水分淋漓、晕染柔和匀净的现代绘画新风格。

岭南画派是岭南文化最具特色的优秀文化之一，是中国传统国画中的革命派。它主张创新，以岭南特有景物为丰富题材，主张写实，引入西洋画派，博取诸家之长，发扬了国画的优良传统。在绘画技术上，一反勾勒法而采用“没骨法”和“撞水撞粉法”，以求其真。

在香港的赵少昂、杨善深，在广州的黎雄才、关山月，这四位大师是当代岭南画派的主要代表。赵少昂被誉为高奇峰之后的最佳传人。海外友人多以收藏赵少昂的花鸟为贵。黎雄才、关山月都在美术学院任教，弟子颇多。杨善深在香港主持他开创的“春风画会”，传授画艺。他们于 20 世纪 80 年代初期合作完成了百余幅作品，每幅作品都凝聚着集体智慧，体现了四位大师谐和默契、心照神交的深厚友情，可谓“岭南四家荟萃一堂叹为观止”。岭南画派的产生和发展，体现了一种新的文化精神。

岭南画派拥有相当完整的体系，也是这一画派历久不衰的重要原因。革命精神是岭南画派的思想基础。这种革命精神又是和岭南画派创始人的特殊经历和思想倾向分不开的。时代精神：岭南画派在题材内容上大胆革新，也是这一画派能够永葆青春的原因。兼容精神: 也就是“折衷中外，融合古今”，这是岭南画派最重要的主张，是它的艺术原则，也是它革新的途径。创新精神：这是岭南画派前进的动力，也是它历久不衰的奥秘。

代表画家：

高剑父（1879–1951），广东番禺（今广州）人。早年师从居廉。1903 年赴澳门求学，1906 年游学日本，毕业于东京美术院。1908 年归国，主持广东同盟会，广州起义中任联军总司令。辛亥革命后，从事美术教育，创办春睡画院、南中美术院。历任广东省立工业学校、广州市立艺专、南中美术院校长，中山大学、中央大学艺术系教授，广东美术会会长。1949 年移居澳门，1951 年卒于澳门。与陈树人、高奇峰一起致力于中国画改革，后人称岭南画派。擅画山水、花鸟、走兽，亦作人物画，兼长书法。

陈树人（1884–1948），原名政，以字行，名韶，字树人。广东番禺（今广州）人。年十七学画于居古泉（廉），与高剑父为同门。夫人居若文，即居古泉（廉）孙女。留学日本，先后毕业于西京美术学校绘画科、东京立教大学文科。虽与高剑父、高奇峰开岭南画派先河，但其画风有个人面目，异于高氏兄弟。他绘画注意写生，并弃仿古，花卉赋色别有技巧，能表现其娇艳柔嫩，而有清秀明丽之气。国际间如莫斯科、列宁格勒、巴黎、柏林、比利时等博物馆均藏其画。从事政治工作二十余年，绘事吟咏，未尝中断。写字如画竹，别具一格。诗则纯乎天籁，少用典故。

高奇峰（1889–1933），广东番禺（今广州）人。幼年多斋，因家境贫寒，曾寄食于他人之家为小役，至其兄高剑父振兴家道方挈之归。17 岁时随兄赴日本留学，21 岁学成归粤，作品初露于社会。民国初年由广东省政府资助，与兄高剑父同至上海创办《真相画报》及审美书馆。后高剑父随孙中山奔走国事，审美书馆馆务由高奇峰担任。1918 年受广东工业学校之聘任职于该校美术制版科，同时自设美学馆，开馆课徒。高氏擅画花鸟走兽，亦能山水、人物，用笔能粗能细，能工能写。其工者用笔细致入微，写者则水墨淋漓，笔力豪放。尤擅画雄狮猛禽。后因染肺疾，迁居珠江之滨天风楼，杜门作画以自娱。1933 年被中央政府任命为赴德国柏林中国美术展览会专使，在赴南京途中于上海病逝。他与高剑父、陈树人被称为“二高一陈”、“岭南三杰”，为岭南派创始人之一。

黎雄才（1910–2001），广东肇庆人。生前为广州美术学院教授、副院长兼国画系主任，岭南画派纪念馆馆长，中国美术家协会广东分会副主席，广东省第五届人大代表，第五、六、七届全国政协委员。擅长中国画，尤其擅长巨幅山水作品，有“黎家山水”之美誉，为当代岭南画派重要代表之一。

关山月（1912–2000），原名泽霈，广东阳江人。擅长中国画。1933 年毕业于广州市师范学校，后任小学教师，1936 年到中山大学听岭南派高剑父授课，并进春睡画院学习。1939 年第一次在澳门、香港和湛江举办个人画展，后开始“行万里路”，从广东出发，到广西、贵州、云南、四川、甘肃、青海、陕西等省沿途深入生活，收集素材。又漫游南洋诸岛，描绘异国风光。

赵少昂（1905–1998），字叔仪，广东番禺人，16 岁学艺于高奇峰私立美学馆。后创立岭南制片所，任教于佛山市立美术学校。1929 年《画鼠》入选教育部第一次全国美术展览会，次年作品入选比利时万国博览会获金牌奖。1930 年在广州创立岭南艺苑。1937 年任广州市立美术学校中国画系主任。1948 年任广州大学美术科教授，同年移居香港，复设岭南艺苑授徒。60 年代曾在美国哈佛大学及加州大学讲学，并在世界各国多次举办个人画展。1982 年在北京中国美术馆举办个展。擅长中国画。

杨善深（1913–2004），字柳斋，1913 年出生于广东台山赤溪镇象岭村，12 岁开始临摹古画，17 岁移居香港，20 岁时师承高剑父，21 岁时作品首次在广州展出。1935 年留学日本京都堂本美术专科学校，攻读美术。1938 年返回中国，在东南亚举行个人画展。抗日期间避居澳门。在此期间，他与“岭南画派”大师、创始人高剑父交往甚密，对“岭南派”画艺有颇深刻的研究，受高剑父影响很大。1941 年与高剑父、冯康侯等人在澳门成立“协社”。1945 年与高剑父、陈树人、赵少昂、关山月、黎葛民五人在广州成立“今社”。1949 年定居香港。1958 年于美国纽约、三藩市、檀香山等地举办个展。1970 年在香港成立春风画会，传授画艺，并于同年获台湾学术研究所颁赠哲士衔。1971 年游历世界 10 多个国家。1972 年始，多次回大陆于名山胜水写生作画。1983 年于日本东京、大阪举办个展。后移居加拿大。擅长中国画。兼长山水、花鸟、人物。

此外还有**刘春草**、**杨之光**等代表性书画家。

京津画派

京津画派是清末民初京津两地国粹文化继承与发展的结晶性产物。基本沿袭清代正统派的画学思想，同时提倡开拓创新。其宗旨为“精研古法，博采新知”。共同特点是讲究笔墨功夫，入古出新，既继承传统又不脱离生活。京津画派主要起源于四个国画团体：宣南画社、中国画学研究会、湖社画会和松风画会。从产生的起因和脉络上看，前三者是由北洋政府的官员、北洋遗臣为骨干的文化组织，而松风画会是以清室贵胄、清廷遗老、遗臣、宫廷画家为主的书画团体。中国画学研究会是由民国总统徐世昌扶植，以保留、复兴传统文化为目的而成立的。松风画会则是紫禁城宫廷艺术的延续，因宣统 1924 年冬出宫而诞生。1927 年宣南画社解体。1945 年中国画学研究会终止了活动。1957 年北京中国画院成立，大部分湖社、松风画家被吸收为画院专职画家，从此湖社画会、松风画会终止了独立的活动。

代表画家：

齐白石（1864–1957），湖南湘潭人。原名纯芝，字渭青，号兰亭，后改名璜，字濒生，号白石、白石山翁、老萍、饿叟、借山吟馆主者、寄萍堂上老人、三百石印富翁。近现代中国绘画大师，世界文化名人。早年曾为木工，后以卖画为生，57 岁后定居北京。擅画花鸟、虫鱼、山水、人物，笔墨雄浑滋润，色彩浓艳明快，造型简练生动，意境淳厚朴实。所作鱼虾虫蟹天趣横生。齐白石书工篆隶，取法于秦汉碑版，行书饶古拙之趣，篆刻自成一家，善写诗文。曾任中央美术学院名誉教授、中国美术家协会主席等职。

陈师曾（1876–1923），又名衡恪，号朽道人、槐堂，江西义宁（今江西省修水县）人，生于湖南凤凰。为湖南巡抚陈宝箴孙，陈三立（陈散原）长子，陈寅恪之兄。曾留学日本，攻读博物学。归国后从事美术教育工作，1913 年到北京，历任北京各大学教授。善诗文、书法，尤长于绘画、篆刻。其山水画注重师法造化，从自然景观中汲取创作灵感；写意花鸟画风雄厚爽健，富有情趣；人物画以意笔勾描，注重神韵，带有速写和漫画的纪实性；风俗画多描绘底层人物。

陈半丁（1876–1970），即陈年，浙江山阴（今绍兴）人。家境贫寒，自幼学习诗文书画。拜吴昌硕为师。40 岁后到北京，初就职于北京图书馆，后任教于北平艺术专科学校。擅长花卉、山水，兼及书法和篆刻。曾任中国美术家协会理事、北京画院副院长、中国画研究会会长。

金城（1878–1926），中国近现代画家。字巩北，一字拱北，原名绍城，号北楼，又号藕湖，祖籍浙江省吴兴县。生于北京，卒于上海。任中国画学研究会会长。他去世后，画学研究会的部分会员为纪念他，于 1927 年由他的儿子金潜庵发起，组织湖社画会，并编辑出版半月刊《湖社》，后改为月刊，刊登社员及名人作品、介绍古代名画、宣传维护传统画法。湖社影响很大，成员几乎遍及全国，盛极一时。

萧谦中（1883–1944）原名萧愻，字谦中，号大龙山樵。安徽安庆人。早年师从姜筠学习山水画，成绩显著。后出游西南、东北名胜，行万里路，开阔艺术视野。1921 年重返北京，广泛涉猎历代名家作品，深得传统艺术精华，尤醉心石涛、龚贤、梅清。1920年与周肇祥、金城、陈师曾等人发起成立中国画学研究会。曾任教北京美术专科学校及中国画学研究会。

于非闇（1889–1959），原名于魁照，后改名于照，字仰枢，别署非闇，又号闲人、闻人、老非。原籍山东蓬莱，出生于北京，自幼得书画家传。1912年入师范学校学习，后任教于私立师范校、私立华北大学美术系，兼任古物陈列所附设国画研究馆导师。1935年起专攻工笔花鸟画。1949年后历任中央美术学院民族美术研究所研究员、北京中国画研究会副会长、北京画院副院长。

溥心畬（1896–1963），原名爱新觉罗 · 溥儒，初字仲衡，改字心畬，自号羲皇上人、西山逸士。北京人，满族，为清恭亲王奕訢之孙。曾留学德国，笃嗜诗文、书画，皆有成就。画工山水、兼擅人物、花卉及书法。与张大千有"南张北溥"之誉，又与吴湖帆并称"南吴北溥"。

李苦禅（1899–1983），原名李英杰，改名英，字励公。山东高唐人。现代书画家、美术教育家。出身贫寒。1923年拜齐白石为师。曾任杭州艺专教授、中央美术学院教授、中国美术家协会理事、中国画研究院院务委员。擅画花鸟和鹰，晚年常作巨幅通屏。

李可染（1907–1989），江苏徐州人。自幼习画，早年先后入上海美专、国立西湖艺术院学习。1946年任教于北平艺专。1956年为变革山水画，行程数万里旅行写生。其山水画早年取法八大，笔致简率酣畅，后从齐白石习画，用笔趋于凝练。又从黄宾虹处学得积墨法，并在写生中参悟林风眠风景画中前亮后暗的阴影处理方式，画风趋于谨严，笔墨趋于沉厚，至晚年用笔趋于老辣。亦擅画牛，笔墨颇有拙趣。曾任中央美术学院教授、中国美术家协会副主席等职。

叶浅予（1907–1995），浙江桐庐人。从事绘画教学和以舞蹈、戏剧人物为主的国画创作，是中国漫画和生活速写的奠基人。曾任中国美协副主席、中国文联委员、中国画研究院副院长、中央美院教授。擅人物、花鸟、插图、速写等。曾为矛盾小说《子夜》、老舍剧本《茶馆》等书插图，出版个人画集多种。

陈少梅（1909–1954），男，汉族，名云彰，又名云鹑，号升湖，字少梅，以字行。生于湖南衡山的一个书香之家，自幼随父学习书画诗文，深受中国传统文化的熏陶。15岁加入金北楼、陈师曾等发起组织的中国画学研究会。17岁成为名噪一时的湖社画会之骨干。22岁主持湖社天津分会，成为津门画坛领袖。1930年作品获"比利时建国百年国际博览会"美术银奖，以后开始在画坛崭露头角，成为京津一带颇有影响的画家。新中国成立后，曾任中国美术家协会天津分会主席、天津美术学校校长。

此外还有**萧俊贤、汤定之、周肇祥、胡佩衡、徐操、王雪涛**等代表性书画家。

新金陵画派

新金陵画派是新中国画坛最具影响力的绘画流派之一。冠以"新"，是为区别中国古代曾有过的金陵画派之说。在古代金陵画派原有基础上，依托江苏美术家协会与江苏国画院组织机构，涌现一批大胆创新，表现新社会山水的国画家群体，突出创新意识、民族意识、写意精神和人文精神，被称作新金陵画派。新金陵画派缘起于20世纪60年代，由傅抱石、钱松喦、亚明、宋文治、魏紫熙等老一辈艺术家创立，影响深远。在建国初提倡写生，多以江南山水为表现内容，作品大多雄伟而秀丽，极具江南山水特色。新金陵画派的艺术观念集中体现在傅抱石、钱松喦两位长者的论著中，归纳起来大体有四点：自觉的创新意识、辩证的民族意识、高尚的人文精神、激情的写意精神。

代表画家：

钱松喦（1899–1985），江苏宜兴人。曾任江苏省国画院院长、名誉院长，江苏省美术家协会主席，中国美术家协会常务理事、顾问，第四、五、六届全国人大代表。当代中国山水画主要代表人之一。

傅抱石（1904–1965），江西新余人。原名长生、瑞麟，号抱石斋主人。早年留学日本，回国后执教于中央大学。1949年后曾任南京师范学院教授、江苏国画院院长等职。擅画山水，中年创“抱石皴”，笔致放逸，气势豪放，尤擅作泉瀑雨雾之景。晚年多作大幅作品，气魄雄健，具有强烈的时代感。人物画多作仕女、高士，形象高古。

魏紫熙（1915–2002），原名显文，1915年生于河南遂平。1934年毕业于开封河南艺师。任教于河南中、小学。1938年后，于河南、湖北等地多次举办个人画展。1946年主办《河南民报》之副刊《美育》。1949年后，相继于南京文工团、南京美术工厂、江苏省美术工作室工作。历任江苏国画院画师、徐州国画院名誉院长、中国美术家协会理事、江苏省人大代表。

宋文治（1919–1999），江苏太仓人。早年从张石园学习山水，后得陆俨少指授并拜吴湖帆为师。1951年入江苏省国画院，受傅抱石影响，致力于山水画创新。其早年作品风格疏秀；中年笔墨劲健，意境灵奇，时代气息浓郁；晚年变法，尝试没骨泼彩，格调清新，意境空蒙迷茫。曾任南京大学教授、江苏省美协副主席、江苏省国画院副院长等职。

亚明（1924–2002），安徽省合肥市人。1941年毕业于淮南艺术专门学校，新金陵画派的中坚推动者和组织者。亚明主张“中国画有规律无定法”。他先后多次受命出访，进行友好访问和开展中外文化交流工作。曾任江苏省国画院副院长、江苏省美协主席等。

此外还有**吕凤子**、**陈之佛**等代表性书画家。

长安画派

西安古称长安，地处关中平原、渭水之滨，是我国古代文明的发祥地之一，文化悠久、古迹繁多。长安画派诞生于20世纪60年代，是一个以赵望云、石鲁为代表的钟情于陕北黄土高原山水水的西安美术团体。他们倡导中国画继承与创新，专事表现黄土高原古朴倔强为特征的山水画和表现西北勤劳淳朴的农民形象的人物画，在中国画坛引起轰动，被人称作“长安画派”。

此创作手法上，他们致力于中国画的继承与创新，以巧妙的构思和苍浑质朴的笔墨，表现浑朴苍茫的西北风光，在当时的中国画坛上引起了极大反响，之后“文革”爆发，中断创作。80年代以后，在长安画派老一代画家创作的基础上，又涌现出新一代如刘文西、王子武等画家，在题材内容的开拓和表现形式的创新上做出了有益的探索。

代表画家：

赵望云（1906–1977），河北束鹿人。早年与王森然、李苦禅等组织艺术社。1937年创办《抗战画刊》。擅长山水、人物。创作面向生活，画风于质朴厚重中蕴含秀雅，尤长于表现陕北山水和各族人民的劳动生活，为长安画派的开创画家之一。曾任西北军政委员会文化部文物处处长、中国美术家协会常务理事、陕西省美术家协会首任主席、陕西省人大代表、陕西省政协委员、陕西省文化局副局长等职。

何海霞（1908–1998），北京人。名瀛，字海霞，以字行。早年从师张大千学画，1946年随张氏入川写生。1956年调入陕西美协从事专业创作，为长安画派代表画家之一。1983年任陕西省国画院副院长。擅长山水，亦能花卉。其创作往往将青绿工笔与水墨笔意融为一体，立意新奇，笔力雄健，风格浑厚而不失秀丽。

石鲁（1919–1982），四川仁寿人。原名冯亚珩。早年就学于成都东方美专，1940年赴延安入陕北公学院，从事版画创作，后专攻中国画。1959年创作《转战陕北》，名声日隆。后与赵望云创立长安画派。擅长人物、山水、花鸟。早期画风偏于写实，用笔坚实谨严，多画革命题材；后期画风奇崛劲健，常以华山、荷花为题，笔力纵恣雄豪。曾任中国美术家协会常务理事、中国画研究院院务委员、中国美术家协会陕西分会主席、陕西国画院名誉院长等职。

康师尧(1921–1985),河南博爱人。笔名康巽。曾任中国美术家协会陕西分会理事、书协陕西分会理事、陕西国画院院长、中国工艺美术学会民间工艺专业委员会副主席、西安工艺美术学会第一副理事长等。1944年毕业于武昌艺专绘画科国画专业,从唐一禾、张肇名学画,以工笔花鸟、仕女为主,兼工写意,融工写为一体,别开生面。1956年任美协西安分会国画院研究室主任,与赵望云、石鲁等人共研艺道,在"一手伸向传统、一手伸向生活"的倡导下,积极探索中国花鸟画的创新。他对传统中国画技法进行过认真学习和研究,十分重视到大自然里去观察,勤于写生。从艺四十多年来,他的足迹遍及祖国天南海北,勇于探索,勤于实践,博采众长,自成一家,取得了显著的成就,成为长安画派中花鸟画创新的主将。

方济众(1923–1987),陕西勉县人。号雪农。早年曾任中小学美术教师。1946年师从赵望云,后长期从事美术创作和宣传工作。1978年后任陕西美协副主席、陕西省国画院院长。擅长山水、花鸟。作品取材于西北农村、牧区风光,注重自然性灵。水墨小品浑厚清新,将现实生活导入田园诗情化的艺术感受之中,形成了自己独特的田园风光模式。

黄胄(1925–1997),河北蠡县人。著名中国画画家、收藏家,杰出的社会活动家。曾受命文化部,领导创造了中国画研究院,任副院长。历任中国美术家协会理事、全国政协常委、炎黄艺术馆馆长。在艺术道路上遵循"生活是创作的唯一源泉",长期深入生活,足迹遍布祖国边疆、海岛、高原、牧区,勤奋作画上万幅,人物、动物、山水、花鸟无所不精。尤擅画场面宏大、人物众多的主体性巨作,不少作品陈列于国家重要政务场合或以国礼赠送外国首脑。

此外还有**刘文西**、**王西京**等代表性书画家。

其他书画艺术大家

黄宾虹(1865–1955),原籍安徽歙县,生于浙江金华。初名懋质,后改名质,字朴存,号宾虹,别署予向、虹叟、黄山山中人。擅画山水,为山水画一代宗师。6岁时临摹家藏的沈庭瑞山水册。曾从郑珊,陈崇光等学花鸟。精研传统与关注写生齐头并进。早年受新安画派影响,以干笔淡墨、疏淡清逸为特色,为"白宾虹";80岁后以黑密厚重、黑里透亮为特色,为"黑宾虹"。他的技法行力于李流芳、程邃以及髡残、弘仁等,但也兼法宋、元各家。所作重视章法上的虚实、繁简、疏密的统一,用笔如作篆籀,洗练凝重,遒劲有力。在行笔谨严处有纵横奇峭之趣。所谓"黑、密、厚、重"的画风,正是他显著的特色。其画风苍浑华滋,意境深邃。书法"钟鼎"之功力较深。偶作花鸟草虫亦奇崛有致。曾在北京、杭州等地美术学院任教,任中国美术家协会华东分会副主席。

李叔同(1880–1942),又名李息霜、李岸、李良,谱名文涛,幼名成蹊,学名广侯,字息霜,别号漱筒。李叔同是著名音乐、美术教育家,书法家,戏剧活动家,是中国话剧的开拓者之一。他从日本留学归国后,担任过教师、编辑之职,后剃度为僧,法名演音,号弘一,晚号晚晴老人,后被人尊称为弘一法师。1913年受聘为浙江两级师范学校(后改为浙江省立第一师范学校)的音乐、图画教师。1915年起又兼任南京高等师范学校(南京大学及东南大学前身)的音乐、图画教师。

徐悲鸿(1895–1953),江苏宜兴人。曾留学法国学西画,归国后长期从事美术教育,先后任教于国立中央大学艺术系、北平大学艺术学院和北平艺专。1949年后任中央美术学院院长。擅长人物、走兽、花鸟,主张现实主义,于传统尤推崇任伯年,强调国画改革融入西画技法,作画重视光线、造型,讲求对解剖结构、骨骼的准确把握,并强调作品的思想内涵,对当时中国画坛影响甚大。所作国画彩墨浑成,尤以奔马享名于世。

潘天寿(1897–1971),浙江宁海人。早年名天授，字大颐，自署阿寿、雷婆头峰寿者、心阿兰若主持、寿者。擅画花鸟、山水，兼擅指画，亦能书法、诗词、篆刻。1915 年考入浙江省立第一师范学校，受教于经亨颐、李叔同等人。其写意花鸟初学吴昌硕，后取法石涛、八大，布局奇险，用笔劲挺洗练，境界雄奇壮阔。曾任中国美术家协会副主席、浙江美术学院院长等职。为第一、二、三届全国人大代表，中国文联委员。1958 年被聘为苏联艺术科学院名誉院士。

黄君璧（1898–1991），广州南海人。原名允瑄，晚号君翁，本名韫之，以号行，中国现代著名国画艺术家、教育家。父仰荀，家藏甚富。早年毕业于广东公学，后从画家李文显游，并与粤东藏家交往。致力于山水画，尤以画云水瀑布为长。1929 年任广州市立美术专科学校教务主任。1937 年后任国立中央大学艺术系教授。1949 年迁居台湾，任今台湾师范大学艺术系教授、主任。多次在国内外举办个人画展。作品传统功底深厚，又经历了现代中国画的继承、演变、革新的过程。

张大千（1899–1983），四川内江人，祖籍广东番禺。1899 年出生于四川省内江市中区城郊安良里的一个书香门第家庭。与其二哥张善孖（1882–1940）创立“大风堂派”，是 20 世纪中国画坛最具传奇色彩的泼墨画大师，特别在山水画方面卓有成就。后旅居海外，画风工写结合，重彩、水墨融为一体，尤其是泼墨与泼彩，开创了新的艺术风格。

林风眠（1900–1991），原名林凤鸣，生于广东梅州市梅县区。国立艺术学院（现更名为中国美术学院）首任院长。自幼喜爱绘画，擅长描写仕女人物、京剧人物、渔村风情和女性人体，以及各类静物画和有房子的风景画。从作品内容上看有一种悲凉、孤寂、空旷、抒情的风格。历任国立北平艺术专科学校校长、国立艺术学院院长、中国美术家协会上海分会副主席。

蒋兆和（1904–1986），湖北麻城人，生于四川泸州。原名万绥，自幼家贫。1920 年至上海，曾画广告，从事服装设计，并自学西画。被称为 20 世纪中国现代水墨人物画的一代宗师、中国现代画坛独领风骚的艺术巨匠。其学贯中西的代表作《流民图》以其前所未有的宏大、悲壮，以及浑厚有力的笔触揭示了大师至真至善的人性，倾泻着对战争的愤怒，表达了对正义与和平的呼唤，为现代中国水墨人物画在世界艺坛上确立了光荣的地位。

吴作人（1908–1997），安徽泾县人，生于江苏苏州。1926 年入苏州工业专科学校建筑系。1927 年至 1930 年初先后就读于上海艺术大学、南国艺术学院美术系及南京中央大学艺术系，师从徐悲鸿先生，并参加南国革新运动。早年攻素描、油画，功力深厚，间作国画，富于生活情趣，不落传统窠臼。晚年后专攻国画，境界开阔，寓意深远，以凝练而准确的形象融合了中西艺术。在素描、油画、艺术教育方面都造诣甚深。在中国画创造方面更是别具一格，自成一家。是继徐悲鸿之后中国美术界的又一领军人物。

陆俨少（1909–1993），上海嘉定人。又名砥，字宛若。1926 年考入无锡美术专科学校，次年师从冯超然学画，并结识吴湖帆，遍游南北胜地。1956 年任上海中国画院画师。1962 年起兼课于浙江美术学院，1980 年在该院正式执教。任浙江画院院长。擅画山水，尤善于发挥用笔效能，以笔尖、笔肚、笔根等的不同运用来表现自然山川的不同变化。线条疏秀流畅，刚柔相济。云水为其绝诣，有雄秀跌宕之概。勾云勾水，烟波浩淼，云蒸雾霭，变化无穷，并创大块留白、墨块之法。兼作人物、花卉，书法亦独创一格。

吴冠中（1919–2010），江苏宜兴人。致力于风景油画创作，并进行油画民族化的探索。擅于表现江南水乡景色，如初春的新绿、薄薄的雾霭、水边村舍、黑瓦白墙，和谐清新的色调使画面产生一种抒情诗般的感染力。他致力于油画民族化和中国画现代化的探索，形成了鲜明的艺术特色。

近现代书画过亿元作品及书画家

1. 齐白石：《松柏高立图 · 篆书四言联》，2011 年 5 月成交价 4.26 亿。

2. 李可染：《万山红遍》，2012 年 6 月成交价 2.93 亿。

3. 徐悲鸿：《九州无事乐耕耘》，2011 年 12 月成交价 2.67 亿。

4. 傅抱石：《毛主席诗意册页》，2011 年 11 月成交价 2.30 亿。

5. 张大千：《嘉耦图》，2011 年 5 月成交价 1.59 亿。

6. 黄胄：《欢腾的草原》，2013 年 12 月成交价 1.28 亿。

近现代书画新的作伪方式

一、电脑复制（包括用电脑重新拼凑、排列）和电子扫描。这种方法，又名克隆复制，其优点是与真迹如出一辙，弱点是有形无神，在作品的神韵上与真迹相距甚远。

二、照相复制。将真迹按原样大小拍成照片，然后用新科技进行复制作旧。这类伪作百分之百与原件相同。但仔细观察，会发现它有照片的余光，用手摸则无真迹的手感。

三、集团化作伪。分工协作，其赝品和真品非常接近，很难辨识。

四、出版物作伪。在书籍中插入一些伪作，或将赝品送交小拍卖会，借拍卖图录行骗。

五、伪造收藏经历。这一作伪方法比较常见，且多是高仿。作伪者仿照领导人或大收藏家、书画家、名人笔迹题写收藏题跋，以图“保真”、“保价”。

第九部分 文化机构名录

全国文物拍卖企业名单

序号	名称	拍卖范围	行业资质	文物资质年检情况
		北京市		
1	北京雍和嘉诚拍卖有限公司	一、二、三类	行业自律公约成员单位 行业等级资质A级	
2	北京泰和嘉成拍卖有限公司	一、二、三类	行业自律公约成员单位 行业等级资质A级	
3	北京嘉德在线拍卖有限公司	一、二、三类	行业自律公约成员单位	
4	太平洋国际拍卖有限公司	一、二、三类	行业自律公约成员单位 拍卖标准化达标企业 行业等级资质AA级	
5	北京市古天一国际拍卖有限公司	一、二、三类	行业自律公约成员单位	
6	北京长风拍卖有限公司	一、二、三类	行业自律公约成员单位 拍卖标准化达标企业 行业等级资质AA级	
7	北京瑞平国际拍卖行有限公司	一、二、三类	行业自律公约成员单位 拍卖标准化达标企业 行业等级资质AAA级	
8	北京明珠双龙国际拍卖有限公司	一、二、三类		
9	北京歌德拍卖有限公司	二、三类	行业自律公约成员单位	
10	北京九歌国际拍卖股份有限公司	一、二、三类	行业自律公约成员单位	
11	北京金仕德国际拍卖有限公司	一、二、三类		
12	北京匡时国际拍卖有限公司	一、二、三类	行业自律公约成员单位 拍卖标准化达标企业 行业等级资质AA级	
13	北京中博国际拍卖有限公司	一、二、三类		
14	北京诚轩拍卖有限公司	一、二、三类	行业自律公约成员单位 拍卖标准化达标企业 行业等级资质AA级	
15	北京中招国际拍卖有限公司	一、二、三类	行业自律公约成员单位 拍卖标准化达标企业 行业等级资质AAA级	
16	大象（北京）国际拍卖有限公司	一、二、三类		
17	东方国际拍卖有限责任公司	一、二、三类	行业自律公约成员单位 行业等级资质AA级	
18	北京玄和国际拍卖有限公司	一、二、三类		
19	北京嘉宝国际拍卖有限公司	二、三类		暂停资质
20	中鸿信国际拍卖有限公司	一、二、三类	行业自律公约成员单位 行业等级资质AAA级	

序号	名称	拍卖范围	行业资质	文物资质年检情况
21	北京盛佳国际拍卖有限公司	一、二、三类		
22	北京今典联合国际拍卖有限公司	二、三类		
23	北京保利国际拍卖有限公司	一、二、三类	行业自律公约成员单位 拍卖标准化达标企业 行业等级资质 AA 级	
24	北京德宝国际拍卖有限公司	一、二、三类	行业自律公约成员单位 拍卖标准化达标企业 行业等级资质 A 级	
25	金懋国际拍卖有限公司	一、二、三类		
26	中宝拍卖有限公司	一、二、三类	行业自律公约成员单位 行业等级资质 A 级	
27	北京东正拍卖有限公司	一、二、三类	行业自律公约成员单位	
28	北京万隆拍卖有限公司	一、二、三类	行业自律公约成员单位	
29	中都国际拍卖有限公司	一、二、三类	行业自律公约成员单位 拍卖标准化达标企业 行业等级资质 AAA 级	
30	北京永乐国际拍卖有限公司	一、二、三类	行业自律公约成员单位 行业等级资质 A 级	
31	北京盘古拍卖有限公司	一、二、三类		
32	中安太平（北京）国际拍卖有限公司	二、三类	行业等级资质 AA 级	
33	北京三希堂国际拍卖有限公司	二、三类	行业自律公约成员单位	
34	北京东西方国际拍卖有限责任公司	一、二、三类		
35	北京中鼎国际拍卖有限公司	一、二、三类	行业等级资质 AA 级	
36	北京荣宝拍卖有限公司	一、二、三类	行业自律公约成员单位 拍卖标准化达标企业 行业等级资质 AAA 级	
37	北京盈时国际拍卖有限公司	一、二、三类	行业自律公约成员单位	
38	中国嘉德国际拍卖有限公司	一、二、三类	行业自律公约成员单位 拍卖标准化达标企业 行业等级资质 AAA 级	
39	北京中拍国际拍卖有限公司	一、二、三类	行业自律公约成员单位 拍卖标准化达标企业 行业等级资质 A 级	
40	北京建亚世纪拍卖有限公司	二、三类	行业自律公约成员单位	
41	北京富比富国际拍卖有限公司	一、二、三类		
42	北京开元天兴拍卖有限公司	二、三类	行业自律公约成员单位	
43	北京东拍国际拍卖有限公司	一、二、三类		
44	中贸圣佳国际拍卖有限公司	一、二、三类	行业自律公约成员单位 拍卖标准化达标企业	
45	北京远方国际拍卖有限公司	一、二、三类	行业自律公约成员单位	
46	北京亚洲宏大国际拍卖有限公司	一、二、三类	行业自律公约成员单位	
47	北京华辰拍卖有限公司	一、二、三类	行业自律公约成员单位 拍卖标准化达标企业 行业等级资质 AAA 级	
48	北京江洋富通国际拍卖有限公司	一、二、三类	行业自律公约成员单位 行业等级资质 A 级	

序号	名称	拍卖范围	行业资质	文物资质年检情况
49	北京传是国际拍卖有限责任公司	一、二、三类	行业自律公约成员单位	
50	北京百衲民间艺术品拍卖有限责任公司	一、二、三类		
51	北京翰海拍卖有限公司	一、二、三类	行业自律公约成员单位 拍卖标准化达标企业 行业等级资质 AAA 级	
52	北京印千山国际拍卖有限公司	一、二、三类	行业自律公约成员单位	
53	北京荣海嘉国际拍卖有限公司	二、三类	行业自律公约成员单位	
54	北京太和天辰国际拍卖有限公司	二、三类		
55	北京中汉拍卖有限公司	一、二、三类	行业自律公约成员单位	
56	北京海王村拍卖有限责任公司	一、二、三类	行业自律公约成员单位	
57	北京中嘉国际拍卖有限公司	一、二、三类		
58	北京华铭国际拍卖有限公司	二、三类		
59	舍得拍卖（北京）有限公司	一、二、三类		
60	大唐国际拍卖（北京）有限责任公司	二、三类		
61	东方求实国际拍卖（北京）有限公司	二、三类		
62	中通得利（北京）国际拍卖有限公司	二、三类		暂停资质
63	北京海士德国际拍卖有限公司	二、三类		
64	中联环球国际拍卖（北京）有限公司	二、三类	行业自律公约成员单位 行业等级资质 A 级	
65	北京华夏藏珍国际拍卖有限公司	一、二、三类		
66	更乐（北京）国际拍卖有限公司	二、三类		
67	北京宣石国际拍卖有限公司	二、三类	行业自律公约成员单位	
68	北京亚洲容海国际拍卖有限公司	二、三类		
69	北京琴岛荣德国际拍卖有限公司	一、二、三类	行业自律公约成员单位	
70	北京宝鼎拍卖有限责任公司	一、二、三类	行业自律公约成员单位	
71	北京都市联盟国际拍卖有限公司	一、二、三类	行业自律公约成员单位	
72	北京文博苑国际拍卖有限公司	一、二、三类		
73	北京嘉禾国际拍卖有限公司	二、三类	行业自律公约成员单位 行业等级资质 AAA 级	
74	北京宝瑞盈国际拍卖有限公司	一、二、三类		
75	汉秦（北京）国际拍卖有限公司	二、三类	行业自律公约成员单位	
76	北京卓德国际拍卖有限公司	二、三类	行业自律公约成员单位	
77	北京景星麟凤国际拍卖有限公司	二、三类		
78	北京宏正国际拍卖有限公司	二、三类		
79	北京中贸拍卖行有限责任公司	二、三类	行业等级资质 AA 级	
80	北京鼎时国际拍卖有限公司	二、三类	行业自律公约成员单位	
81	亚洲上和（北京）拍卖有限公司	二、三类		
82	北京维塔维登国际拍卖有限公司	二、三类		
83	朔方国际拍卖（北京）有限公司	二、三类	行业自律公约成员单位	
84	宝腾国际拍卖有限公司	二、三类		
85	北京诚灏国际拍卖有限公司	二、三类		
86	北京华夏传承国际拍卖有限公司	二、三类	行业自律公约成员单位	
87	北京世纪盛唐国际拍卖有限公司	二、三类		
88	北京海华宏业拍卖有限责任公司	二、三类	行业自律公约成员单位 行业等级资质 A 级	
89	北京际华春秋拍卖有限公司	二、三类		
90	中恒一品（北京）国际拍卖有限公司	二、三类		

序号	名称	拍卖范围	行业资质	文物资质年检情况
91	北京文津阁国际拍卖有限责任公司	二、三类		
92	中联国际拍卖中心有限公司	一、二、三类		
93	北京西荣阁拍卖有限公司	二、三类		
94	北京中投嘉艺国际拍卖有限公司	二、三类		
95	北京隆荣国际拍卖有限公司	二、三类		
96	北京银座国际拍卖有限公司	二、三类	行业自律公约成员单位	
97	北京瓯江城成国际拍卖有限公司	二、三类	行业自律公约成员单位	
98	北京宝笈轩国际拍卖有限公司	二、三类		
99	北京东方大观国际拍卖有限公司	二、三类		
100	北京盛天泰国际拍卖有限公司	二、三类	行业自律公约成员单位	
101	品盛（北京）国际拍卖有限公司	二、三类	行业自律公约成员单位	
102	北京美三山拍卖有限公司	二、三类		
103	北京亨申世纪拍卖有限公司	二、三类		
104	北京恒盛鼎国际拍卖有限公司	二、三类		
105	北京瑞雅斋拍卖有限公司	二、三类		
106	北京嘉利年华国际拍卖有限公司	二、三类		
107	北京东方利德拍卖有限公司	二、三类	行业自律公约成员单位	
108	北京旷深国际拍卖有限公司	二、三类	行业自律公约成员单位	
109	北京鼎兴天和国际拍卖有限公司	二、三类		
110	北京中行天下国际拍卖有限公司	二、三类		
111	北京华夏金典国际拍卖有限公司	二、三类		
112	北京湛然国际拍卖有限公司	二、三类		
113	北京盈昌国际拍卖有限公司	二、三类		
114	北京艺融国际拍卖有限公司	二、三类		
115	北京大晋浩天国际拍卖有限公司	二、三类		
116	北京八方经典国际拍卖有限公司	二、三类		
117	北京新华拍卖有限公司	二、三类		
118	北京玉德金泉国际拍卖有限公司	二、三类		
119	北京冉东国际拍卖有限公司	二、三类		
120	北京华软信诚拍卖行有限公司	二、三类		
121	北京亚洲艺苑国际拍卖有限公司	二、三类		
122	北京亚洲宸泽拍卖有限公司	二、三类		
123	北京双龙盛世国际拍卖有限公司	二、三类		
124	北京天雅恒逸国际拍卖有限公司	二、三类		
125	北京新民勤拍卖有限公司	二、三类		
126	北京富古台国际拍卖有限公司	二、三类		
127	一得阁（北京）拍卖有限公司	二、三类	行业自律公约成员单位	
128	北京宏展国际拍卖有限公司	二、三类		
129	北京中梓国际拍卖有限公司	二、三类		
130	北京天琅文晖拍卖有限公司	二、三类		
131	中诚鼎立国际拍卖（北京）有限公司	二、三类		
132	北京泽康国际拍卖有限公司	二、三类		
133	北京聚金源国际拍卖有限公司	二、三类		
134	北京盛世嘉宝拍卖有限公司	二、三类		
135	北京东联盛世宝国际拍卖有限公司	二、三类		
136	北京双宝通国际拍卖有限公司	二、三类		
137	恒艺印象（北京）国际拍卖有限公司	二、三类		

序号	名称	拍卖范围	行业资质	文物资质年检情况
138	龙泽德拍卖（北京）有限公司	二、三类		
天津市				
139	天津国际拍卖有限责任公司	一、二、三类	行业自律公约成员单位 行业等级资质 A 级	
140	海天国际拍卖（天津）有限公司	一、二、三类	行业自律公约成员单位	
141	天津市同方国际拍卖行有限公司	二、三类	行业自律公约成员单位 行业等级资质 A 级	
142	天津瀚雅拍卖有限公司	二、三类		
143	天津蓝天国际拍卖行有限责任公司	一、二、三类	行业自律公约成员单位 拍卖标准化达标企业 行业等级资质 AAA 级	
144	天津福信国际拍卖有限公司	一、二、三类	行业自律公约成员单位 行业等级资质 AAA 级	暂停资质
145	天津鼎天国际拍卖有限公司	二、三类	行业自律公约成员单位 行业等级资质 A 级	
146	天津博世嘉拍卖行有限公司	二、三类		
河北省				
147	河北翰华拍卖有限责任公司	二、三类		暂停资质
148	大马河北拍卖有限公司	二、三类		
149	河北省嘉海拍卖有限公司	二、三类	行业等级资质 AAA 级	
150	石家庄盛世东方国际拍卖有限公司	二、三类		
山西省				
151	山西晋通拍卖有限公司	一、二、三类	行业自律公约成员单位 行业等级资质 A 级	
152	山西晋德拍卖有限责任公司	一、二、三类	行业自律公约成员单位	
153	山西百业拍卖有限公司	一、二、三类	行业自律公约成员单位 行业等级资质 AAA 级	
154	山西兴晋拍卖股份有限公司	一、二、三类	行业等级资质 AA 级	
155	山西晋宝拍卖有限公司	一、二、三类	行业自律公约成员单位 拍卖标准化达标企业 行业等级资质 AA 级	
156	山西融易达拍卖有限公司	二、三类	行业等级资质 AA 级	
辽宁省				
157	辽宁国际商品拍卖有限公司	一、二、三类		
158	辽宁建投拍卖有限公司	一、二、三类	行业自律公约成员单位 行业等级资质 A 级	
159	辽宁中正拍卖有限公司	一、二、三类		
160	富佳斋拍卖有限公司	一、二、三类	行业等级资质 AA 级	
161	辽宁光大拍卖行有限公司	二、三类		暂停资质
162	辽宁友利拍卖有限公司	二、三类		
163	辽宁中兴国际拍卖有限公司	二、三类		
164	辽宁华安拍卖有限公司	二、三类	行业等级资质 A 级	
黑龙江省				
165	黑龙江嘉瑞拍卖有限公司	二、三类		
上海市				

序号	名称	拍卖范围	行业资质	文物资质年检情况
166	上海敬华艺术品拍卖有限公司	一、二、三类	行业自律公约成员单位	
167	上海长城拍卖有限公司	一、二、三类	行业自律公约成员单位 拍卖标准化达标企业 行业等级资质 AAA 级	
168	上海朵云轩拍卖有限公司	一、二、三类	行业自律公约成员单位 拍卖标准化达标企业 行业等级资质 AAA 级	
169	上海国际商品拍卖有限公司	一、二、三类	行业自律公约成员单位 拍卖标准化达标企业 行业等级资质 AAA 级	
170	上海新华拍卖有限公司	一、二、三类		
171	上海嘉泰拍卖有限公司	一、二、三类		
172	上海青莲阁拍卖有限责任公司	一、二、三类	行业自律公约成员单位 拍卖标准化达标企业 行业等级资质 AAA 级	
173	上海国泰拍卖行有限责任公司	一、二、三类	行业自律公约成员单位 拍卖标准化达标企业 行业等级资质 AAA 级	暂停资质
174	上海拍卖行有限责任公司	一、二、三类	行业自律公约成员单位 拍卖标准化达标企业 行业等级资质 AAA 级	
175	上海信仁拍卖有限公司	一、二、三类		暂停资质
176	上海东方国际商品拍卖有限公司	一、二、三类	行业自律公约成员单位 拍卖标准化达标企业 行业等级资质 AAA 级	
177	上海老城隍庙拍卖行有限公司	一、二、三类	行业自律公约成员单位 行业等级资质 AAA 级	
178	上海黄浦拍卖行有限公司	二、三类	行业自律公约成员单位 行业等级资质 AAA 级	
179	上海华夏拍卖有限公司	二、三类	行业自律公约成员单位 行业等级资质 AAA 级	
180	上海中天拍卖有限公司	二、三类		暂停资质
181	上海天衡拍卖有限公司	二、三类		
182	上海博海拍卖有限公司	二、三类		
183	上海金槌商品拍卖有限公司	二、三类	行业等级资质 AA 级	
184	上海中亿拍卖有限公司	二、三类		
185	上海泓盛拍卖有限公司	一、二、三类	行业自律公约成员单位 行业等级资质 A 级	
186	上海和韵拍卖有限公司	一、二、三类		
187	上海博古斋拍卖有限公司	一、二、三类	行业自律公约成员单位	
188	上海恒利拍卖有限公司	二、三类		
189	上海驰翰拍卖有限公司	一、二、三类	行业自律公约成员单位	
190	上海大众拍卖有限公司	一、二、三类	行业自律公约成员单位 拍卖标准化达标企业 行业等级资质 AAA 级	
191	上海工美拍卖有限公司	一、二、三类	行业自律公约成员单位	
192	上海崇源艺术品拍卖有限公司	一、二、三类		

序号	名称	拍卖范围	行业资质	文物资质年检情况
193	上海鸿海商品拍卖有限公司	一、二、三类	行业等级资质 AA 级	
194	上海道明拍卖有限公司	一、二、三类	行业自律公约成员单位	
195	上海宏大拍卖有限公司	二、三类		
196	上海鸿生拍卖有限公司	二、三类		
197	上海晟安拍卖有限公司	一、二、三类	行业自律公约成员单位 行业等级资质 AA 级	
198	上海和润拍卖有限公司	二、三类		
199	上海聚德拍卖有限公司	二、三类		
200	上海汇元拍卖有限公司	二、三类		
201	上海瑞星拍卖有限公司	二、三类		
202	上海涵古轩拍卖有限公司	二、三类	行业自律公约成员单位	
203	上海中福拍卖有限公司	一、二、三类	行业自律公约成员单位	
204	上海汉霖拍卖有限公司	二、三类		
205	上海离原拍卖有限公司	二、三类	行业自律公约成员单位	
206	上海传世拍卖有限公司	二、三类		
207	上海春秋堂艺术品拍卖有限公司	二、三类		
208	上海宝龙拍卖有限公司	二、三类	行业自律公约成员单位	
209	上海协合拍卖有限公司	二、三类		
210	上海厚宝拍卖有限公司	二、三类		
211	荣宝斋（上海）拍卖有限公司	二、三类	行业自律公约成员单位	
212	上海嘉禾拍卖有限公司	二、三类	行业自律公约成员单位	
213	上海嘉玺拍卖有限公司	二、三类		
214	上海元亨利贞拍卖有限公司	二、三类		
215	上海华宇拍卖有限公司	二、三类		
216	上海骏达拍卖有限公司	二、三类		
217	上海雅藏拍卖有限公司	二、三类		
218	上海铭广拍卖有限公司	二、三类	行业自律公约成员单位	
219	上海海同拍卖有限公司	二、三类	行业等级资质 AA 级	
220	上海产权拍卖有限公司	二、三类	行业等级资质 AA 级	
221	上海孟真拍卖有限公司	二、三类		
222	上海华博拍卖有限公司	二、三类		
223	上海泛华拍卖有限公司	二、三类		
224	上海中汉拍卖有限公司	二、三类		
225	上海奇贝拍卖有限公司	二、三类	行业等级资质 AA 级	
226	上海宝江拍卖有限公司	二、三类	行业等级资质 AA 级	
227	上海禾缘拍卖有限公司	二、三类		
228	上海明轩国际艺术品拍卖有限公司	二、三类		
229	上海金艺拍卖有限公司	二、三类		
230	上海天赐玉成拍卖有限公司	二、三类		
231	上海金沪拍卖有限公司	二、三类		
232	上海中南拍卖有限公司	二、三类		
233	上海品藏拍卖有限公司	二、三类		
234	上海大公拍卖有限公司	二、三类	行业等级资质 A 级	
江苏省				
235	江苏省实成拍卖有限公司	一、二、三类	行业自律公约成员单位 行业等级资质 AAA 级	

序号	名称	拍卖范围	行业资质	文物资质年检情况
236	南京正大拍卖有限公司	一、二、三类	行业自律公约成员单位	
237	江苏省拍卖总行有限公司	一、二、三类	行业自律公约成员单位 拍卖标准化达标企业 行业等级资质 AAA 级	
238	江苏五爱拍卖有限公司	二、三类	行业等级资质 AA 级	
239	苏州东方艺术品拍卖有限公司	一、二、三类	行业自律公约成员单位 拍卖标准化达标企业 行业等级资质 AA 级	
240	江苏嘉恒国际拍卖有限公司	二、三类		
241	江苏省南京十竹斋拍卖有限公司	一、二、三类		
242	苏州市吴门拍卖有限公司	一、二、三类	拍卖标准化达标企业 行业等级资质 AA 级	
243	江苏万达国际拍卖有限公司	一、二、三类		暂停资质
244	江苏聚德拍卖有限公司	一、二、三类	行业自律公约成员单位	
245	江苏爱涛拍卖有限公司	一、二、三类	行业自律公约成员单位 拍卖标准化达标企业 行业等级资质 A 级	
246	江苏淮海拍卖有限公司	一、二、三类	行业等级资质 A 级	
247	无锡金鼎来拍卖有限公司	二、三类		暂停资质
248	南京经典拍卖有限公司	一、二、三类	行业自律公约成员单位 拍卖标准化达标企业 行业等级资质 AA 级	
249	江苏中山拍卖有限公司	一、二、三类		
250	南京嘉信拍卖有限公司	一、二、三类	行业自律公约成员单位 拍卖标准化达标企业 行业等级资质 AA 级	
251	常州沧海拍卖有限公司	二、三类	行业自律公约成员单位	
252	江苏九德拍卖有限公司	二、三类		
253	江苏景宏拍卖有限公司	二、三类		
254	江苏真德拍卖有限公司	二、三类		
255	江苏凤凰拍卖有限公司	二、三类		
256	江苏龙城拍卖有限公司	二、三类		
257	无锡阳羡拍卖有限公司	二、三类		
258	江苏天诚拍卖有限公司	二、三类	行业等级资质 A 级	
259	江苏苏天拍卖有限公司	二、三类	行业等级资质 AA 级	
260	江苏两汉拍卖有限公司	二、三类		
261	江苏旷世国际拍卖有限公司	二、三类		
浙江省				
262	浙江浙商拍卖有限公司	一、二、三类	行业等级资质 AA 级	
263	浙江省省直拍卖行	二、三类	行业等级资质 AA 级	
264	浙江中财拍卖行有限公司	一、二、三类	行业等级资质 A 级	
265	浙江世贸拍卖中心有限公司	一、二、三类	行业自律公约成员单位 行业等级资质 A 级	
266	浙江丽泽拍卖有限公司	一、二、三类		
267	浙江盛世拍卖有限公司	一、二、三类		
268	浙江保利国际拍卖有限公司	二、三类	行业自律公约成员单位 行业等级资质 AA 级	暂停资质
269	西泠印社拍卖有限公司	一、二、三类	行业自律公约成员单位 拍卖标准化达标企业	

序号	名称	拍卖范围	行业资质	文物资质年检情况
270	浙江民和拍卖有限公司	二、三类		
271	宁波富邦拍卖有限公司	一、二、三类	行业自律公约成员单位	
272	浙江萧然拍卖有限公司	二、三类	行业等级资质 AA 级	暂停资质
273	浙江长乐拍卖有限公司	二、三类	行业自律公约成员单位	
274	浙江南北拍卖有限公司	二、三类		
275	浙江佳宝拍卖有限公司	一、二、三类	行业自律公约成员单位 拍卖标准化达标企业 行业等级资质 A 级	
276	浙江一通拍卖有限公司	一、二、三类	行业自律公约成员单位 行业等级资质 A 级	
277	浙江国际商品拍卖中心有限责任公司	二、三类	行业自律公约成员单位 拍卖标准化达标企业 行业等级资质 AAA 级	
278	绍兴翰越堂拍卖有限公司	二、三类		
279	浙江中钜拍卖有限公司	二、三类	行业等级资质 A 级	
280	浙江时代拍卖有限公司	二、三类	行业自律公约成员单位 行业等级资质 A 级	
281	浙江联合拍卖有限公司	二、三类	行业等级资质 AAA 级	
282	浙江钱塘拍卖有限公司	一、二、三类	行业自律公约成员单位	
283	浙江大地拍卖有限公司	二、三类		
284	浙江皓翰国际拍卖有限公司	一、二、三类	行业等级资质 AA 级	
285	浙江隆安拍卖有限公司	二、三类		暂停资质
286	温州汇丰拍卖行有限公司	一、二、三类	行业自律公约成员单位 行业等级资质 AAA 级	
287	浙江诚信拍卖有限公司	二、三类		暂停资质
288	浙江骏成拍卖有限公司	一、二、三类		
289	浙江经典拍卖有限公司	二、三类	行业等级资质 A 级	
290	浙江三江拍卖有限公司	二、三类	行业自律公约成员单位 行业等级资质 AAA 级	
291	浙江永暄拍卖有限公司	二、三类		暂停资质
292	浙江汇通拍卖有限公司	二、三类	行业等级资质 AA 级	
293	浙江鸿嘉拍卖有限公司	二、三类	行业等级资质 A 级	
294	浙江美术传媒拍卖有限公司	二、三类	行业自律公约成员单位	
295	浙江横店拍卖有限公司	二、三类		
296	杭州天工艺苑拍卖有限公司	二、三类		
297	浙江嘉瀚拍卖有限公司	二、三类	行业自律公约成员单位	
298	浙江其利拍卖有限公司	二、三类		
299	浙江六通拍卖有限公司	二、三类		
		安徽省		
300	安徽艺海拍卖有限责任公司	一、二、三类		
301	安徽盘龙企业拍卖有限公司	二、三类	行业等级资质 AA 级	
302	安徽星汉拍卖有限公司	二、三类		
303	安徽古今天元拍卖有限公司	二、三类		
		福建省		
304	海峡拍卖行有限公司	二、三类	行业自律公约成员单位 行业等级资质 AAA 级	暂停资质
305	福建运通拍卖行有限公司	一、二、三类	行业等级资质 AA 级	

序号	名称	拍卖范围	行业资质	文物资质年检情况
306	厦门特拍拍卖有限公司	一、二、三类	行业等级资质 AAA 级	
307	福建省拍卖行	一、二、三类	行业自律公约成员单位 行业等级资质 A 级	
308	福建华兴拍卖行	二、三类	行业等级资质 AA 级	暂停资质
309	福建省贸易信托拍卖行	一、二、三类	行业自律公约成员单位 拍卖标准化达标企业 行业等级资质 AAA 级	
310	福建省顶信拍卖有限公司	二、三类	行业自律公约成员单位 行业等级资质 AAA 级	
311	福建静轩拍卖有限公司	二、三类	行业自律公约成员单位	
312	福建省定佳拍卖有限公司	二、三类		
313	厦门谷云轩拍卖有限公司	二、三类		
314	福建省华夏拍卖有限公司	二、三类	行业等级资质 AAA 级	
山东省				
315	山东新世纪拍卖行有限公司	二、三类	行业等级资质 A 级	
316	青岛天麒阁拍卖有限公司	二、三类		
317	青岛中艺拍卖有限公司	二、三类		
318	山东同亨拍卖有限公司	二、三类	行业等级资质 AA 级	
319	迦南国际拍卖有限公司	二、三类		
河南省				
320	河南省方迪拍卖有限公司	二、三类	行业等级资质 AA 级	
321	河南鸿远拍卖有限公司	二、三类		
322	嘉信诚（郑州）拍卖有限公司	二、三类		暂停资质
323	河南省新恒丰拍卖行有限公司	二、三类	行业自律公约成员单位 行业等级资质 A 级	
324	河南原田拍卖有限公司	一、二、三类		
325	河南省日信拍卖有限公司	一、二、三类	行业自律公约成员单位 行业等级资质 A 级	
326	河南省豫呈祥拍卖有限责任公司	一、二、三类	行业自律公约成员单位 行业等级资质 A 级	
327	郑州拍卖总行	二、三类	行业自律公约成员单位 行业等级资质 AAA 级	
328	河南金帝拍卖有限公司	二、三类	行业自律公约成员单位 行业等级资质 A 级	
329	河南华宝拍卖有限公司	二、三类		
330	河南省清风拍卖行有限公司	二、三类	行业等级资质 AA 级	
331	河南拍卖行有限公司	二、三类	行业等级资质 AAA 级	
332	河南省匡庐拍卖有限公司	二、三类		
333	河南厚铭拍卖有限公司	二、三类		
334	河南和同拍卖有限公司	二、三类		
335	河南福德拍卖有限公司	二、三类		
湖北省				
336	武汉市大唐拍卖有限责任公司	一、二、三类		
337	武汉中信拍卖有限公司	一、二、三类		
338	湖北诚信拍卖有限公司	二、三类	行业自律公约成员单位 行业等级资质 AAA 级	
339	湖北金信拍卖有限公司	二、三类		

序号	名称	拍卖范围	行业资质	文物资质 年检情况
340	湖北嘉宝一品拍卖有限公司	二、三类		
341	湖北圣典拍卖有限公司	二、三类		
		湖南省		
342	湖南省国际商品拍卖有限公司	二、三类	行业等级资质A级	
343	湖南雅丰拍卖有限公司	二、三类		
		广东省		
344	广州华艺国际拍卖有限公司	一、二、三类	行业自律公约成员单位 拍卖标准化达标企业 行业等级资质AAA级	
345	广东省古今拍卖有限公司	一、二、三类	拍卖标准化达标企业 行业等级资质A级	
346	广东凤凰拍卖有限公司	二、三类	行业自律公约成员单位	暂停资质
347	广东保利拍卖有限公司	二、三类	行业等级资质AA级	
348	广东旭通达拍卖有限公司	二、三类	行业自律公约成员单位 行业等级资质A级	暂停资质
349	广东省拍卖行有限公司	一、二、三类	行业自律公约成员单位 拍卖标准化达标企业 行业等级资质AAA级	
350	安华白云拍卖行有限公司	一、二、三类	行业自律公约成员单位 行业等级资质AAA级	
351	深圳市拍卖行有限公司	一、二、三类	行业自律公约成员单位 拍卖标准化达标企业 行业等级资质AAA级	
352	广州市银通拍卖行有限公司	二、三类		
353	珠海圣荣拍卖有限公司	二、三类		暂停资质
354	广州市皇玛拍卖有限公司	一、二、三类	行业自律公约成员单位 拍卖标准化达标企业 行业等级资质AA级	
355	深圳市城投拍卖有限公司	二、三类	行业自律公约成员单位 行业等级资质A级	
356	广东浩宏拍卖有限公司	二、三类	行业自律公约成员单位 行业等级资质A级	
357	广东衡益拍卖有限公司	二、三类	行业等级资质AA级	
358	广东中翰清花拍卖有限公司	二、三类		暂停资质
359	广东崇正拍卖有限公司	二、三类		
360	珠海龙禧拍卖有限公司	二、三类		
361	深圳市华夏典藏拍卖有限公司	二、三类		
362	广东光德拍卖有限公司	二、三类	行业等级资质AA级	
363	广东华友拍卖有限公司	二、三类		
364	广东侨鑫拍卖有限公司	二、三类		
365	广东精诚所至艺术品拍卖有限公司	二、三类		
		广西壮族自治区		
366	广西邕华拍卖有限责任公司	一、二、三类		暂停资质
367	广西正槌拍卖有限责任公司	二、三类	行业等级资质AAA级	
		海南省		
368	海南安达信拍卖有限公司	二、三类		
369	海南泰达拍卖有限公司	一、二、三类	行业自律公约成员单位 行业等级资质AAA级	

序号	名称	拍卖范围	行业资质	文物资质年检情况
		四川省		
370	四川联拍拍卖有限公司	二、三类	行业等级资质AA级	
371	成都八益拍卖有限公司	一、二、三类	行业自律公约成员单位	
372	四川达州市万星拍卖有限公司	二、三类	行业等级资质AA级	
373	成都市金沙拍卖有限公司	一、二、三类	行业等级资质AA级	
374	四川省嘉诚拍卖有限公司	二、三类	拍卖标准化达标企业 行业等级资质AAA级	
375	四川德轩拍卖有限责任公司	二、三类		
376	四川东方拍卖有限责任公司	二、三类	行业等级资质A级	
377	四川嘉宝拍卖有限公司	二、三类		
378	四川省梦虎拍卖有限责任公司	二、三类	行业自律公约成员单位	
379	四川世玺拍卖有限公司	二、三类		
380	成都诗婢家拍卖有限责任公司	二、三类		
381	四川中天拍卖有限责任公司	二、三类	行业等级资质A级	
382	四川盈信天地拍卖有限公司	二、三类	行业等级资质AAA级	
383	四川重华拍卖有限公司	二、三类		
		云南省		
384	云南典藏拍卖集团有限公司	一、二、三类	行业自律公约成员单位 行业等级资质A级	
385	昆明雅士得拍卖有限公司	二、三类		
386	云南国信拍卖有限公司	二、三类	行业等级资质AA级	暂停资质
		重庆市		
387	重庆恒升拍卖有限公司	一、二、三类	行业自律公约成员单位 拍卖标准化达标企业 行业等级资质AAA级	
388	重庆华夏文物拍卖有限公司	一、二、三类	行业自律公约成员单位 拍卖标准化达标企业 行业等级资质A级	
		陕西省		
389	陕西文德拍卖有限公司	一、二、三类	行业自律公约成员单位	暂停资质
390	陕西瑞晨拍卖有限公司	一、二、三类		
391	陕西大德拍卖有限责任公司	一、二、三类	行业等级资质A级	
392	陕西华秦拍卖有限公司	二、三类		暂停资质
393	陕西宝隆拍卖有限责任公司	一、二、三类	行业等级资质AA级	
394	陕西诚挚拍卖有限责任公司	一、二、三类	行业等级资质A级	
395	陕西华夏国际拍卖有限公司	二、三类		
396	陕西秦宝斋拍卖有限责任公司	二、三类		暂停资质
397	西安力邦拍卖有限公司	二、三类		
398	陕西天龙国际拍卖有限公司	二、三类	行业等级资质AAA级	
399	陕西天一国际拍卖有限公司	二、三类		
400	陕西秦商拍卖有限责任公司	二、三类		
		甘肃省		
401	未来四方集团拍卖有限公司	一、二、三类	行业自律公约成员单位 拍卖标准化达标企业 行业等级资质AAA级	
		宁夏回族自治区		
402	宁夏佳朋拍卖行（有限公司）	二、三类	行业等级资质AA级	暂停资质

序号	名称	拍卖范围	行业资质	文物资质年检情况
403	宁夏力鼎拍卖有限公司	二、三类		

注：行业资质数据来源于中国拍卖行业协会的《中国文物艺术品拍卖企业自律公约》成员单位（简称“行业自律公约成员单位”）、“文物艺术品拍卖标准化达标企业分级”（简称“拍卖标准化达标企业”）、和“行业等级资质分级”。

全国主要艺术收藏组织名录

单位名称	联系电话	通信地址
中国文物学会	010-84020901	北京市东城区雍和宫大街戏楼胡同1号 邮编：100007
中国文物保护基金会	010-64025850	北京市东城区五四大街29号 邮编：100009
中国博物馆协会	010-64031809	北京市东城区戏楼胡同1号 邮编：100007
中国书法家协会	010-64916670	北京市朝阳区农展馆南里10号 邮编：100026
中国美术家协会	010-59759390	北京市朝阳区北沙滩1号院32号楼B座18层 邮编：100083
中国文学艺术界联合会	010-59759350	北京市朝阳区北沙滩1号院32号楼 邮编：100083
中国艺术研究院	010-64891166	北京市朝阳区惠新北里甲1号 邮编：100029
中国艺术科技研究所	010-67172619	北京市崇文区广渠门南小街领行国际1号楼2单元20层 邮编：100061
中国国家画院	010-68411369	北京市海淀区西三环北路54号 邮编：100044
北京画院	010-65025171	北京市朝阳区朝阳公园南路12号院 邮编：100026
李可染艺术基金会	010-67203123 010-67206303 13801326799	北京市朝阳区王四营观音堂文化大道21-23号 邮编：100023
中国长城学会	010-58772531	北京市朝阳区北辰西路69号峻峰华亭C座1010 邮编：100029
李可染画院	010-68252398 010-68250507	北京市海淀区翠微中里12号 邮编：100036
中国收藏家协会	010-64012635 010-84027307	北京市朝阳区高碑店西店1118号国粹苑C座二层 邮编：100124
中国书画收藏家协会	010-64897301 010-64923517	北京市东城区东直门内北小街2号楼 邮编：100007
北京市收藏家协会	010-63370493	北京市复兴门外大街16号首都博物馆内 邮编：100045
天津市收藏家协会	022-86218642	天津市南开区城厢中路778号9号楼3门 邮编：300101
河北省收藏家协会	0311-86212249	河北石家庄市西大街46号省文物局107房间 邮编：050011
山西省收藏家协会	0351-4085545	山西太原市太原广场收投分公司01012信箱 邮编：030001

单位名称	联系电话	单位名称
内蒙古收藏家协会	0471–6916317	内蒙古呼和浩特市新华大街 18 号 邮编：010010
辽宁省收藏家协会	024–23848168	辽宁沈阳市沈河区青年大街 215 号 62B 邮编：110016
吉林省收藏家协会	0431–86772798	吉林长春市重庆路 279 号吉林古玩城内五楼西侧 邮编：130041
黑龙江省收藏家协会	0451–87000845	黑龙江哈尔滨市道外区靖宇大街 368 号同记珠宝古玩城五楼 邮编：150020
上海市收藏协会	021–63140930	上海市中山南路 1551 号 邮编：200003
江苏省收藏家协会	025–68580985 025–84823476	江苏南京市石头城路 99 号南艺后街艺术收藏品市场 D2–18 室 邮编：210013
浙江省收藏协会	0571–86053603	浙江杭州市文晖路 269 号通盛嘉苑 1 栋 902 室 邮编：310014
安徽省收藏家协会	0551–4692776	安徽合肥市长江东路 1121 圣大国际大厦 5–1706 邮编：230011
福建省收藏家协会	0591–83435868	福建福州市仓山区东升路 17 号 邮编：350007
江西省收藏家协会	18070097629	江西南昌市西湖区丁公路 98 号恒茂 22 栋 B302 邮编：330046
九江市收藏协会	13907029179	江西九江市浔阳东路 39 号东区 10 栋 邮编：332000
山东省收藏家协会	0531–2060628	山东济南市马鞍山路 15 号新世界商城 3 楼东厅 609 室 邮编：250000
河南省收藏家协会	0371–65865531	河南郑州市经五路 1 号附 5 号 邮编：450003
湖北省收藏家协会	027–83744659	湖北武汉市硚口崇仁路 92 号 3 楼 邮编：430030
湖南省收藏协会	0731–4443953	湖南长沙市韭菜园路大麓珍宝古玩城旁富顺大厦 403 室 邮编：410011
广东省收藏家协会	020–83333406	广东广州市解放北路 542 号 邮编：510030
广西省收藏协会	0771–2564939	广西南宁市民主路北四里 12–3 号 邮编：530023
海南省收藏家协会	0898–68928942	海南海口市琼山区国兴大道 68 号省博物馆 邮编：570200
新疆自治区收藏家协会	0991–8877177	新疆乌鲁木齐市幸福路 9 号名家古玩城 4 楼 邮编：830001
重庆市收藏协会	023–63528552	重庆市渝北区红锦大道金山路 3 号汇景台东宫会所 邮编：401120
四川省收藏家协会	028–86932300	成都市青羊区酱园公所街 9 号 4 楼 邮编：610071
贵州省收藏协会	13985424779	贵州贵阳市新添大道南段 187 号（大营坡）银佳花园 5 栋 2 单元 5 号 邮编：550004
云南省收藏家协会	0871–5389989	云南昆明市人民西路 124 号昆明潘家湾文化市场办公楼二楼 邮编：650031
西藏自治区收藏家协会	0891–6887792	西藏拉萨市巴尔库路 10 号自治区文物局 邮编：830000
陕西省收藏家协会	029–84352528	陕西西安市东新街 2 号西北古玩城 F1 层 7 号 邮编：710004
甘肃省收藏协会	0931–4607166	甘肃兰州市城关区陇西路金城大剧院西侧（金城四合院） 邮编：730030
青海省收藏家协会	0971–7115771	青海西宁市七一路 328 号一楼青海省西宁市军区办公楼 邮编：810000
宁夏收藏协会	0951–4123896	宁夏银川市兴庆区北京东路 365 号国际花园 3 号楼 2 单元 504 室 邮编：750004

单位名称	联系电话	单位名称
宁夏收藏家协会	0951-5025665	宁夏银川市兴庆民族南街博文大厦 8 楼兴业律师事务所 邮编：750001

全国主要博物馆名录

序号	名称	性质	地址	邮政编码
北京市				
1	故宫博物院	文物	东城区景山前街 4 号	100009
2	中国国家博物馆	文物	东城区东长安街 16 号	100006
3	首都博物馆	文物	西城区复兴门外大街 16 号	100045
4	中国钱币博物馆	行业	西城区西交民巷 17 号	100031
5	北京古代钱币展览馆	文物	西城区德胜门东大街 9 号（近德胜门箭楼）	100009
6	北京古代建筑博物馆	文物	西城区东经路 21 号先农坛内	100050
7	大钟寺古钟博物馆	文物	海淀区北三环西路甲 31 号	100098
8	徐悲鸿纪念馆	文物	西城区新街口北大街 53 号	100035
9	北京大葆台西汉墓博物馆	文物	丰台区花乡郭公庄世界公园（村南隅）	100160
10	北京中国紫檀博物馆	民办	朝阳区兴隆西街 9 号（建国路 23 号）	100123
11	观复博物馆	民办	朝阳区大山子张万坟金南路 18 号	100015
12	中国国家画院美术馆	行业	海淀区西三环北路 54 号	100048
13	中国美术馆	行业	东城区五四大街 1 号	100010
14	中国印钞造币博物馆	行业	西城区西直门外大街甲 143 号凯旋大厦	100044
15	恭王府博物馆（恭王府）	文物	西城区前海西街 17 号	100009
16	北京艺术博物馆	文物	海淀区苏州街万寿寺（西三环北路）	100081
17	北京皇城艺术馆	行业	东城区菖蒲河沿 9 号	100006
18	炎黄艺术馆	民办	朝阳区亚运村慧忠路 9 号	100101
19	中央美术学院美术馆	行业	朝阳区花家地南街 8 号	100102
20	民族文化宫博物馆	行业	西城区复兴门内大街 49 号	100031
21	北京韩美林艺术馆［韩美林艺术馆（北京）］	行业	通州区梨园镇九棵树东路 68 号	101101

序号	名称	性质	地址	邮政编码
22	保利艺术博物馆	行业	东城区东四十条桥西南角新保利大厦 9 层、10 层	100007
天津市				
23	天津博物馆	文物	河西区平江道 62 号	300201
24	蓟县文物博物馆	文物	蓟县武定街 41 号	301900
25	近代天津与世界博物馆	行业	和平区河北路 314 号	300050
26	天津鼓楼博物馆	文物	南开区老城厢鼓楼中路中心	300090
27	天津美术学院美术馆	行业	河北区天纬路 4 号	300141
28	天津市三条石历史博物馆	文物	红桥区博物馆大街 5 号	300000
29	天津文庙博物馆	文物	南开区东马路东门里 1 号	300090
30	天津杨柳青木版年画博物馆	文物	河西区佟楼三合里 111 号	300074
河北省				
31	河北省博物馆	文物	石家庄市东大街 4 号	050011
32	保定市博物馆	文物	保定市朝阳北大街 599 号	071000
33	沧州市博物馆	文物	沧州市运河区浮阳南大道 33 号	061011
34	武安市磁山文化博物馆	文物	武安市磁山镇磁山二街村东 300 米	056300
35	中国磁州窑博物馆	文物	邯郸市磁县磁州路中段路北	056500
36	定州市博物馆	文物	定州市刀枪街 1 号	073000
37	邯郸市博物馆	文物	邯郸市中华北大街 118 号	056002
38	廊坊博物馆	文物	廊坊市和平路 238-1 号	065000
39	满城县汉墓博物馆	文物	保定市满城县汉墓景区	072150
40	石家庄市博物馆	文物	石家庄市建设北大街 65 号	050000
41	唐山博物馆	文物	唐山市路北区凤凰道 13 号	063000
42	蔚县博物馆	文物	张家口市蔚县城南关释迦寺	075700
43	武强年画博物馆	文物	衡水市武强县新开街 1 号	053300
44	临城县邢窑博物馆	文物	邢台市临城县临泉路临城文保所	054399
45	张家口市博物馆	文物	张家口市桥东区东兴街 14 号	075000
山西省				
46	山西博物院	文物	太原市滨河西路北段 13 号	030024
47	山西省艺术博物馆	文物	太原市起凤街 5 号	030001

序号	名称	性质	地址	邮政编码
48	大同市博物馆	文物	大同市华严街下寺坡街 14 号	037000
49	临汾市博物馆	文物	临汾市鼓楼西街海子边 40 号	041000
50	吕梁汉画像石博物馆	文物	吕梁市离石区龙凤南大街	033000
51	太原市晋祠博物馆	文物	太原市晋源区晋祠镇晋祠公园内	030025
52	长治市博物馆	文物	长治市太行西街 259 号	046011
内蒙古自治区				
53	内蒙古博物院	文物	呼和浩特市新华东街 27 号	010010
54	赤峰市博物馆	文物	赤峰市新城区锦山路南段（富河街中段）	024000
55	鄂尔多斯博物馆	文物	鄂尔多斯市康巴什新区文化西路南 5 号	017000
56	鄂尔多斯青铜器博物馆	行业	鄂尔多斯市东胜区准格尔南路 3 号	017000
57	红山文化专题博物馆	行业	赤峰市红山区三中街居委会新华路东	024000
58	呼和浩特博物馆	文物	呼和浩特市新城区通道北路 62 号	010051
59	满洲里市博物馆	文物	满洲里市华埠大街套娃广场西侧满洲里三道街	021400
60	包头市博物馆	文物	包头市昆都仑区阿尔丁大街 25 号	014010
辽宁省				
61	辽宁省博物馆	文物	沈阳市沈河区市府大路 363 号	110013
62	鞍山市博物馆	文物	鞍山市铁东区千山中路 41 号	114003
63	本溪市博物馆	文物	本溪市明山区峪明路	117020
64	东港市博物馆	文物	东港市孤山镇正堂路 5 号	118313
65	抚顺市博物馆	文物	抚顺市东洲区南昌路 13 号	113017
66	阜新市博物馆	文物	阜新市细河区工业街 44–2 号	123000
67	葫芦岛市博物馆	文物	葫芦岛市连山区红星路 5 号	125001
68	锦州市博物馆	文物	锦州市古塔区北三里 1 号	121004
69	辽阳博物馆	行业	辽阳市白塔区中心路 2 号	111000
70	凌源市博物馆	行业	凌源市南大街建设路 7 号	122500
71	普兰店市博物馆	文物	普兰店市府前路 50 号	116200
72	沈阳故宫博物院	文物	沈阳市沈河区沈阳路 171 号	110011
73	铁岭市博物馆	文物	铁岭市银州区文化街 88 号	112000
74	营口市博物馆	文物	营口市站前区少年宫里 21 号	115000

序号	名称	性质	地址	邮政编码
75	庄河市博物馆	文物	庄河市世纪大街一段 32 号	116400
吉林省				
76	吉林省博物院	文物	长春市人民大街 3188 号	130041
77	白城市博物馆	文物	白城市金辉北街文化中心 C 座	137000
78	大安市博物馆	文物	大安市人民路 32 号	131300
79	敦化市博物馆	文物	敦化市六顶山旅游区	133700
80	吉林市文庙博物馆	行业	吉林市南昌路 2 号	132001
81	吉林市博物馆	文物	吉林市丰满区吉林大街 100 号	132013
82	辽源市博物馆	文物	辽源市龙山区龙首山魁星楼北门	136200
83	梅河口市博物馆	文物	梅河口市人民大街 2008 号	135000
84	舒兰市博物馆	文物	舒兰市舒兰大街 4617 号	132600
85	四平市博物馆	文物	四平市铁西区南新华大街 647 号	136000
86	延边博物馆	文物	延吉市长白路北侧，延川街西侧，州体育中心东段	133000
87	延吉市博物馆	文物	延吉市延朝路 1–4 号	133001
88	长春市文庙博物馆	文物	长春市南关区东天街 239 号	130031
黑龙江省				
89	黑龙江省博物馆	文物	哈尔滨市南岗区红军街 50 号	150001
90	黑河市博物馆	文物	黑河市海兰街 237 号	164399
91	北安市博物馆	文物	北安市龙江路东华山街北 100 米	164000
92	大庆市博物馆	文物	大庆市开发区火炬新街	163316
93	哈尔滨市博物馆	文物	哈尔滨市南岗区一曼街 253 号	150001
94	哈尔滨市钱币博物馆	文物	哈尔滨市道里区尚志大街 160 号	150010
95	海伦市博物馆	文物	海伦市体育广场东侧文化艺术中心	152300
96	鹤岗市博物馆	文物	鹤岗市工农区电信路艺博图大厦内	154101
97	黑龙江美术馆	文物	哈尔滨市道里区地段街 133 号	150010
98	黑龙江省民族博物馆	文物	哈尔滨市南岗区文庙街 25 号	150001
99	鸡西市博物馆	文物	鸡西市文化路 191	158100
100	佳木斯市博物馆	文物	佳木斯市前进区长安路 922 号	154002
101	牡丹江市博物馆	文物	牡丹江市太平路 156 号	157011

序号	名称	性质	地址	邮政编码
102	齐齐哈尔市博物馆	文物	齐齐哈尔市建华区中华西路 1 号	161006
103	绥芬河市博物馆	文物	绥芬河市长江路 17 号（北山新区环湖路）	157300
104	绥化市博物馆	文物	绥化市北林区新兴西街 1 号（绥化市北林区迎宾路南）	152000
105	伊春市博物馆	文物	伊春市新风街	153000
106	肇东市博物馆	文物	肇东市人民东路（肇东市五权北路）	151100
上海市				
107	上海博物馆	文物	黄浦区人民大道 201 号	200003
108	复旦大学博物馆	行业	杨浦区邯郸路 220 号复旦大学 200 号楼文博系楼	200433
109	刘海粟美术馆	文物	长宁区虹桥路 1660 号	200336
110	上海美术馆	文物	黄浦区南京西路 325 号	200003
111	上海吴昌硕纪念馆	民办	浦东新区陆家嘴东路 15 号	200120
112	朱屺瞻艺术馆	文物	虹口区欧阳路 580 号	200081
江苏省				
113	南京博物院	文物	南京市中山东路 321 号	210016
114	常熟博物馆	行业	常熟市北门大街 1 号	215500
115	常熟美术馆	行业	常熟市西门大街 117 号	215500
116	常州博物馆	文物	常州市新北区龙城大道 1288 号	213022
117	大丰市博物馆	文物	大丰市飞达东路	224100
118	丹阳市博物馆	文物	丹阳市丹金路 1 号	212300
119	东台市博物馆	文物	东台市东亭南路 26–8 号	224200
120	高邮市博物馆	文物	高邮市人民路 507 号	225600
121	淮安市博物馆	文物	淮安市清河区健康西路 146–1	223001
122	江苏宜兴美术馆（尹瘦石艺术馆）	文物	宜兴市宜城镇公园路 1 号	214200
123	江阴市博物馆	文物	江阴市澄江中路 128 号	214431
124	姜堰市博物馆	文物	姜堰市姜堰镇南大街 219 号	225500
125	句容市博物馆	文物	句容市葛仙湖公园内	212400
126	李可染艺术馆	行业	徐州市云龙区建国东路广大北巷 16 号	221003
127	连云港市博物馆	文物	连云港市朝阳东路 68 号	222006
128	南京市博物馆	文物	南京市王府大街朝天宫 4 号	210000

序号	名称	性质	地址	邮政编码
129	倪瓒纪念馆	行业	无锡市锡山区东北塘街道芙蓉三路旁	214191
130	苏州博物馆	文物	苏州市东北街 204 号	215001
131	苏州工艺美术博物馆	行业	苏州市姑苏区西北街 88 号	215001
132	苏州碑刻博物馆	文物	苏州市沧浪区人民路 613 号	215007
133	太仓市博物馆	文物	太仓市上海东路 100 号	215400
134	泰兴市博物馆	文物	泰兴市府前街 2 号	225400
135	泰州市博物馆	文物	泰州市青年北路 20 号	225300
136	翁同龢纪念馆	文物	常熟市翁家巷门 2 号	215500
137	无锡博物院	文物	无锡市钟书路 100 号	214023
138	无锡书画博物馆	行业	无锡市运河公园 23 号	214031
139	无锡窑群遗址博物馆	行业	无锡市清名桥历史文化街区	214021
140	新沂市博物馆	文物	新沂市大桥西路 8 号	221400
141	兴化市博物馆	文物	兴化市牌楼北路 2 号	225700
142	宿迁市博物馆	文物	宿迁市世纪大道 88 号	223800
143	宿迁市古黄河诗词书法艺术馆	文物	宿迁市黄河公园	223800
144	徐州博物馆	文物	徐州市和平路 101 号	221009
145	徐州汉画像石艺术馆	文物	徐州市泉山区湖东路	221006
146	南京颜真卿纪念馆	文物	南京市鼓楼区广州路 221	210000
147	扬州八怪纪念馆	文物	扬州市淮海路驼岭巷 18 号	225000
148	扬州博物馆	文物	扬州市邗江区文昌西路 416 号	225126
149	扬州汉广陵王墓博物馆	文物	扬州市平山堂东路 98 号	225007
150	仪征市博物馆	文物	仪征市解放西路 201 号	211400
151	宜兴陶瓷博物馆	文物	宜兴市丁蜀镇丁山北路 150 号	214221
152	宜兴徐悲鸿纪念馆	文物	宜兴市公园路 1 号	214200
153	镇江博物馆	文物	镇江市润州区伯先路 85 号	212002
154	镇江焦山碑刻博物馆	文物	镇江市东吴路焦山风景区内	212008
155	朱屺瞻纪念馆	行业	太仓市郑和南路	215431
浙江省				
156	浙江省博物馆	文物	杭州市西湖区孤山路 25 号	310007

序号	名称	性质	地址	邮政编码
157	慈溪市博物馆	文物	慈溪市寺山路 352 号	315300
158	东阳市博物馆	文物	东阳市城南东路 77 号	322100
159	桐乡市丰子恺纪念馆	文物	桐乡市石门镇大井路 1 号	314512
160	海宁市博物馆	文物	海宁市硖石镇西山路 542 号	314400
161	海宁市徐邦达艺术馆	文物	海宁市建设路 122 号	314400
162	韩美林艺术馆	文物	杭州市西湖区桃源岭 3 号	310013
163	杭州博物馆（原名杭州历史博物馆）	文物	杭州市上城区粮道山 18 号	310002
164	杭州南宋官窑博物馆	文物	杭州市上城区南复路 60 号	310008
165	杭州市余杭博物馆	文物	杭州市余杭区临平南苑街 95 号	311100
166	湖州市博物馆	文物	湖州市仁皇山新区吴兴路 1 号	313000
167	嘉善县博物馆（吴镇纪念馆）	文物	嘉兴市嘉善县魏塘街道花园路 178 号	314100
168	嘉兴博物馆	文物	嘉兴市南湖区海盐塘路 485 号	314050
169	嘉兴市蒲华美术馆	文物	嘉兴市中和街 36 号	314000
170	兰溪市博物馆	文物	兰溪市横山路 19 号	321102
171	乐清市文物馆	文物	乐清市乐成乐湖路 26 号	325600
172	良渚博物院	文物	杭州市余杭区良渚街道美丽洲路 1 号	311113
173	临海市博物馆	文物	临海市东郭巷 73 号	317000
174	龙泉青瓷博物馆	文物	龙泉市剑川大道 258 号	323700
175	陆游纪念馆	文物	杭州市下城区孩儿巷 98 号	310003
176	潘絜兹艺术馆	行业	金华市武义县柳城畲族镇龙山公园	321203
177	潘天寿纪念馆	行业	杭州市南山路 212 号	310002
178	平湖市博物馆	文物	平湖市当湖街道新华南路 372 号	314200
179	平湖市李叔同纪念馆	文物	平湖市当湖街道叔同路 29 号	314200
180	平湖市陆维钊书画院	文物	平湖市乐园路 80–136 号	314200
181	钱君匋艺术研究馆	文物	海宁市西山路 493 号	314000
182	衢州市博物馆	文物	衢州市新桥街 98 号	324000
183	瑞安市文物馆	文物	瑞安市玉海街道道院前街 5 号	325200
184	上虞博物馆	文物	上虞市人民中路 300	312399
185	绍兴博物馆	文物	绍兴市偏门直街 75 号	312000

序号	名称	性质	地址	邮政编码
186	绍兴鲁迅纪念馆	文物	绍兴市鲁迅中路 235 号	312000
187	桐乡市博物馆	文物	桐乡市庆丰南路 8 号	314500
188	温州博物馆	文物	温州市鹿城区市府路 491	325014
189	吴茀之纪念馆	文物	金华市浦江县浦阳街道书画街 5 号	322200
190	义乌市博物馆	文物	义乌市城中北路 126 号	322000
191	永康市博物馆	文物	金华市永康市文博路 1 号	321300
192	余姚博物馆	文物	余姚市龙泉山西麓广场	315400
193	余姚市河姆渡遗址博物馆	文物	余姚市河姆渡镇芦山寺村	315414
194	中国湖笔博物馆	行业	湖州市莲花庄路 258 号	313000
195	中国印学博物馆	行业	杭州市西湖区孤山后山路 10 号	310007
196	诸暨市博物馆	文物	诸暨市东一路 18 号	311800
197	诸乐三艺术馆	文物	湖州市安吉县递铺镇东庄弄路 2 号	313300
		安徽省		
198	安徽博物院	文物	合肥市政务区怀宁路 268 号（新馆）； 庐阳区安庆路 268 号（老馆）	230000
199	安徽省九华山历史文物馆	文物	沧州市九华山风景区九华街化城路 41 号	242811
200	安庆市博物馆	文物	安庆市沿江东路 150 号	246003
201	蚌埠市博物馆	行业	蚌埠市胜利中路 51 号	233000
202	亳州博物馆	文物	亳州市芍花路 209 号	236813
203	巢湖市汉墓博物馆（原名巢湖市博物馆）	文物	巢湖市放王岗	238000
204	池州市博物馆	文物	池州市池阳路（府儒学内）	247000
205	阜阳市博物馆	文物	阜阳市清河东路 13 号	236013
206	合肥市赖少其艺术馆	行业	合肥市政务文化新区石台路（艺术公园内）	230022
207	淮北市博物馆	文物	淮北市相山区博物馆路 1 号	235000
208	淮南市博物馆	文物	淮南市洞山中路 15 号	232001
209	歙县黄宾虹纪念馆	文物	黄山市歙县西潭渡村	245200
210	林散之艺术馆	行业	马鞍山市采石唐贤街 1 号采石风景区	243041
211	马鞍山市博物馆	文物	马鞍山市太白大道 2006–1 栋	243000
212	天长市博物馆	文物	天长市石梁西路 131 号	239300
213	桐城市博物馆	文物	桐城市和平路 60 桐城文庙内	231404

序号	名称	性质	地址	邮政编码
214	铜陵市博物馆	文物	铜陵市学院路 477 号	244000
215	宿州市博物馆	文物	宿州市政府广场对面	234000
216	宣城市博物馆	文物	宣城市宣州区府山广场	242000
		福建省		
217	福建博物院	文物	福州市鼓楼区湖头街 96 号	350001
218	福安市博物馆	文物	福安市福安公园路 58 号	355000
219	福鼎市博物馆	文物	福鼎市中山中路 211 号	355200
220	福清市博物馆	文物	福清市玉屏街道向高街豆区园内	350300
221	福州市博物馆	文物	福州市晋安区文博路 8 号	350011
222	建阳市博物馆	行业	南平市建阳市上水南路 42–44 号	354200
223	晋江市博物馆	文物	晋江市世纪大道 382 号	362200
224	龙海市博物馆	文物	龙海市石码镇九二〇路 114–116 号	363100
225	南安市博物馆	文物	南安市柳新路 12 号文化中心	362300
226	南平市博物馆	文物	南平市马坑路 124 号	353000
227	莆田市博物馆	文物	莆田市荔城区文献东路 99 号	351100
228	泉州市博物馆	文物	泉州市区北清东路西湖北侧	362000
229	三明市博物馆	文物	三明市沙溪河畔西岸列东大桥北侧列西街 1 号	365000
230	厦门市博物馆	文物	厦门市思明区体育路 95 号	361012
231	邵武市博物馆	文物	邵武市新建路 6 号	354000
232	石狮市博物馆	文物	石狮市宝塘路中段	362700
233	武夷山市博物馆	文物	武夷山市武夷宫仿宋古街	354302
234	永安市博物馆	文物	永安市大同路 123 号	366000
235	漳平市博物馆	文物	漳平市东山公园内	364400
236	漳州市博物馆	文物	漳州市龙文区迎宾路与龙文路交接处	363005
237	长乐市博物馆	文物	长乐市爱心路 198 号	350200
		江西省		
238	江西省博物馆	文物	南昌市新洲路 2 号	330025
239	八大山人纪念馆	文物	南昌市青云谱区青云谱路 259 号	330043
240	德兴市博物馆	文物	德兴市银城镇朝阳路 54 号	334299

序号	名称	性质	地址	邮政编码
241	抚州市博物馆	文物	抚州市迎宾大道 586 号	344000
242	赣州市博物馆	文物	赣州市章贡区西津路 4 号	341099
243	高安市博物馆	文物	高安市筠泉路 1 号	330800
244	贵溪市博物馆	文物	贵溪市雄石路 38 号	335499
245	黄秋园纪念馆	民办	南昌市小桃花巷 21 号	330003
246	吉安市博物馆	文物	吉安市吉州区西肖家巷 7 号	343000
247	景德镇御窑博物馆	文物	景德镇市珠山中路 187 号	333000
248	景德镇民窑博物馆	文物	景德镇市珠山区新厂湖田航空大道 18 号	333000
249	景德镇陶瓷馆	文物	景德镇市莲社北路 169 号	333000
250	九江市博物馆	文物	九江市浔阳区浔阳路 1 号 九江市庐山区八里湖东路	332000
251	乐平市博物馆	文物	乐平市翥山西路 109 号	333399
252	南昌市博物馆	文物	南昌市八一大道 376 号	330006
253	南康市博物馆	文物	南康市蓉江街道办事处宝林路 7 号	341400
254	瑞昌市博物馆	文物	瑞昌市人民北路 167 号	332200
255	上饶市博物馆	文物	上饶市新市路 4 号	334099
256	新余市博物馆	文物	新余市仙来中大道	338000
257	宜春市博物馆	文物	宜春市袁山大道中路 18 号	336000
258	樟树市博物馆	文物	樟树市广场路 35 号	331200
		山东省		
259	山东博物馆	文物	济南市经十东路 129 号	250014
260	山东省石刻艺术博物馆	文物	济南市历下区青年东路 6 号	250011
261	安丘市博物馆	文物	安丘市潍安路北首 127 号	262199
262	淄博市博山陶瓷琉璃艺术博物馆	文物	琉璃博物馆：淄博市博山西冶街南首 17 号 陶瓷博物馆：淄博市颜山公园北路 1 号	255200
263	昌邑市博物馆	文物	昌邑市利民街 5 号	261300
264	高密市博物馆	文物	高密市振兴街西首	261599
265	海阳市博物馆	文物	海阳市文山街 11 号	265100
266	菏泽市博物馆	文物	菏泽市华英路 537 号	274000
267	即墨市博物馆	文物	即墨市中山街 48 号	266200
268	济南市博物馆	文物	济南市历下区经十一路 30 号	250014

序号	名称	性质	地址	邮政编码
269	济宁市博物馆	文物	济宁市市中区古槐路 38 号	272000
270	胶南市博物馆	文物	胶南市文化路 103 号	266400
271	胶州市博物馆	文物	胶州市兰州东路 113 号	266300
272	莱西市博物馆	文物	莱西市上海西路 17 号	266600
273	莱阳市博物馆	文物	莱阳市大寺街 45 号	265200
274	莱州市博物馆	文物	莱州市府前西街 666 号	261400
275	聊城市博物馆	文物	聊城市东关双街南首	252000
276	临清市博物馆	文物	临清市鳌头矶	252600
277	临沂市博物馆	文物	临沂市兰山路 117 号	276002
278	龙口市博物馆	文物	龙口市东莱街 137 号	265701
279	青岛市博物馆	文物	青岛市崂山区梅岭路 27 号	266100
280	青岛崇汉轩汉画像砖博物馆	民办	青岛市崂山区中韩枯桃四零九医院院内	266100
281	青州市博物馆	文物	青州市范公亭西路 1 号	262500
282	曲阜汉画艺术博物馆	文物	曲阜市明故城墙南展厅（西马道南城墙）	273100
283	曲阜市汉魏碑刻陈列馆	文物	曲阜市后作街	273100
284	日照市博物馆	文物	日照市烟台路 33 号	276826
285	寿光市博物馆	文物	寿光市迎宾路 139 号	262700
286	泰安市博物馆	文物	泰安市泰山区朝阳街 7 号（岱庙内）	271000
287	滕州市博物馆	文物	滕州市学院路 82 号	277500
288	滕州市汉画像石馆	文物	滕州市府前东路 1 号龙泉广场正北侧	277500
289	滕州市砚台博物馆	文物	滕州市龙泉文化广场砚台博物馆	277500
290	王学仲艺术馆	文物	滕州市塔寺街 20 号王学仲艺术馆	277500
291	威海市博物馆	文物	威海市文化中路 73 号	264200
292	潍坊市博物馆	文物	潍坊市东风东街 198 号	261036
293	文登市博物馆	文物	文登市柳营街 57 号丛氏宗祠旧址	264499
294	烟台市博物馆	文物	烟台市芝罘区南大街 61 号	264008
295	兖州市博物馆	文物	济宁市兖州市文化东路 53 号	272100
296	枣庄市博物馆	文物	枣庄市市中区龙庭路 56 号	277010
297	章丘市博物馆	文物	章丘市清照路 135 号	250200

序号	名称	性质	地址	邮政编码
298	招远市博物馆	文物	招远市府前路 128 号	265400
299	诸城市博物馆	文物	诸城市和平北街 125 号	262200
300	淄博市博物馆	文物	淄博市张店区商场西街 153 号	255035
301	淄博市陶瓷博物馆	文物	淄博市张店区西四路 119 号	255033
302	淄博艺术博物馆	民办	淄博市周村区银子市 23 号	255300
河南省				
303	河南博物院	文物	郑州市农业路 8 号	450002
304	安阳博物馆	文物	安阳市文明大道东段 436 号	450000
305	巩义市博物馆	文物	巩义市杜甫路 82 号	451200
306	河南古代壁画馆	文物	洛阳市机场路 45 号	471002
307	鹤壁市博物馆	文物	鹤壁市华夏南路与湘江路交汇处	458000
308	济源市博物馆	文物	济源市天坛路 1087 号	454650
309	焦作市博物馆	文物	焦作市建设中路 72 号	454002
310	开封市博物馆	文物	开封市鼓楼区迎宾路 26 号	475000
311	开封市艺术博物馆	文物	开封市徐府街 85 号	475001
312	林州市博物馆	文物	林州市翠薇路 5 号	456550
313	灵宝市博物馆	文物	灵宝市北区函谷大道东侧	472500
314	洛阳匾额博物馆	文物	洛阳市瀍河区新街 433 号	471000
315	洛阳博物馆	文物	洛阳市新区聂泰路	471000
316	洛阳古代艺术博物馆	文物	洛阳市机场路 45 号	471002
317	孟州市博物馆	文物	孟州市北环路中段	454750
318	南阳市博物馆	文物	南阳市卧龙路 121 号	473000
319	南阳市汉画馆	文物	南阳市汉画街 398 号	473000
320	濮阳市博物馆	文物	濮阳市华龙区开州中路 165 号	457000
321	汝州市汝瓷博物馆	文物	汝州市望嵩中路 65 号	467599
322	三门峡博物馆	文物	三门峡市陕州风景区内	472000
323	新乡市博物馆	文物	新乡市人民东路 697 号	453003
324	新野汉画像砖博物馆	文物	南阳市新野县汉城街道办事处文化广场	473500
325	新郑市博物馆	文物	新郑市轩辕路 228	451199

序号	名称	性质	地址	邮政编码
326	许昌市博物馆	文物	许昌市文峰路中段	461000
327	安阳市殷墟博物馆	文物	安阳市西北郊小屯村	455000
328	禹州钧官窑址博物馆	文物	禹州市钧官窑路 60 号	461670
329	郑州博物馆	文物	郑州市嵩山南路 168 号	450007
330	中国文字博物馆	文物	安阳市人民大道 656 号	455000
331	周口市博物馆	文物	周口市东新区文昌大道东段	466001
332	驻马店市博物馆	文物	驻马店市通达路中段	463000
		湖北省		
333	湖北省博物馆	文物	武汉市武昌区东湖路 160 号	430077
334	安陆市博物馆	文物	安陆市解放大道 210 号	432600
335	赤壁市博物馆	文物	赤壁市陆水湖大道 229 号	437300
336	大冶市博物馆	文物	大冶市青铜广场湛月路 2 号	435100
337	丹江口市博物馆	文物	丹江口市十堰均州二路	442700
338	鄂州市博物馆	文物	鄂州市鄂城区寒溪路 7 号	436000
339	恩施市博物馆	文物	恩施市解放路 111 号	445000
340	广水市博物馆	文物	广水市东正街 24 号	432799
341	湖北艺术博物馆	文物	武汉市武昌区东湖三官殿 1 号	430077
342	黄冈市博物馆	文物	黄冈市黄州区明珠大道 110 号	438000
343	黄石市博物馆	文物	黄石市团城山广会路 12 号	435000
344	荆门市博物馆	文物	荆门市象山大道 19 号	448000
345	荆州博物馆	文物	荆州市荆中路 134 号	434020
346	潜江市博物馆	文物	潜江市章华南路 27 号	433100
347	十堰市博物馆	文物	十堰市北京北路 91 号	442000
348	石首市博物馆	文物	石首市南岳山大道 178 号	434400
349	松滋市博物馆	文物	荆州市幸福路 8 号	434200
350	随州市博物馆	文物	随州市擂鼓墩大道 98 号	441300
351	随州市曾侯乙墓遗址博物馆	文物	随州市擂鼓墩大道 44 号	441300
352	天门市博物馆	文物	天门市竟陵镇西寺路 14 号	431700
353	武汉市博物馆	文物	武汉市江汉区青年路 373 号	430023

序号	名称	性质	地址	邮政编码
354	武穴市博物馆	文物	武穴市玉湖路 46 号	435499
355	仙桃市博物馆	文物	仙桃市仙桃大道 60 号	433000
356	咸宁市博物馆	文物	咸宁市咸安区金桂路	437100
357	襄阳市博物馆	文物	襄阳市襄城北街 1 号	441021
358	襄阳米芾纪念馆	文物	襄阳市樊城区解放路 2 号	441000
359	孝感市博物馆	文物	孝感市城站路 87 号	432000
360	宜昌博物馆	文物	宜昌市夷陵大道 115 号	443000
361	宜城市博物馆	文物	宜城市中华大道 9 号	441400
362	宜都市博物馆	文物	宜都市陆城园林大道 29 号	443300
363	枣阳市博物馆	文物	襄樊市枣阳市西环一路 52 号	441200
364	枝江市博物馆	文物	枝江市马家店街办南岗路 50 号	443200
365	钟祥市博物馆	文物	钟祥市莫愁湖路 28 号	431900
湖南省				
366	湖南省博物馆	文物	长沙市开福区东风路 50 号	410005
367	郴州市博物馆	文物	郴州市日月路 3 号	423000
368	衡阳市博物馆	文物	衡阳市石鼓区明翰路 28 号	421001
369	怀化市博物馆	文物	怀化市迎丰中路 360 号	418000
370	临湘市博物馆	文物	临湘市河西南路 16 号	414399
371	浏阳市博物馆	文物	浏阳市圭斋东路 81 号	410300
372	娄底市博物馆	文物	娄底市长青中街 17 号	417000
373	齐白石纪念馆	文物	湘潭市雨湖区大湖路 2 号	411100
374	湘潭市博物馆	文物	湘潭市雨湖区平政路 392 号	411100
375	湘乡市博物馆	文物	湘乡市工贸新区桑梅中路	411400
376	益阳市博物馆	文物	益阳市康复南路（益阳大剧院旁）	413000
377	永州市博物馆	文物	永州市零陵区南津南路 414 号	425000
378	长沙简牍博物馆	文物	长沙市天心区白沙路 92 号	410002
379	长沙市博物馆（中共湘区委员会旧址纪念馆）	文物	长沙市开福区八一路 538 号	410011
广东省				
380	广东省博物馆	文物	广州市天河区珠江东路 2 号	510623

序号	名称	性质	地址	邮政编码
381	潮州市博物馆	文物	潮州市人民广场福安路与潮州大道交处	521000
382	从化市博物馆	文物	从化市河滨北路 74 号	510900
383	东莞市博物馆	文物	东莞市城区新芬路 36 号	523007
384	佛山市博物馆	文物	佛山市禅城区汾江中路 43 号	528000
385	高剑父纪念馆	文物	广州市越秀区盘福路朱紫街 87 号	510013
386	高要市博物馆	文物	肇庆市高要市南岸镇世纪大道 15 号	526100
387	高州市博物馆	文物	高州市城区西郊观山上	525200
388	广东石湾陶瓷博物馆	行业	佛山市禅城区石湾镇高庙路 5-6 号	528031
389	广州博物馆	文物	广州市越秀区解放北路 988 号越秀公园镇海楼	510040
390	广州艺术博物院	文物	广州市麓湖路 13 号	510095
391	河源市博物馆	文物	河源市源城区滨江大道龟峰塔下	517000
392	鹤山市博物馆	文物	鹤山市沙坪镇人民东路 45 号	529700
393	惠州市博物馆	文物	惠州市江北市民乐园西路 3 号	516003
394	江门市博物馆	文物	江门市白沙大道西 37 号	529000
395	揭阳市博物馆	文物	揭阳市榕城区韩祠路 7 号	522031
396	乐昌市博物馆	文物	乐昌市环城路榴村小学后山	512200
397	雷州市博物馆	文物	雷州市雷城镇曲街 04 号	524299
398	连州市博物馆	文物	连州市燕喜路 34 号侧（文化广场内）	513499
399	罗定市博物馆	文物	罗定市罗城街道文博街	527200
400	茂名市博物馆	文物	茂名市人民北路 20 号	525000
401	南雄市博物馆	文物	南雄市三影塔广场 59 号	512400
402	普宁市博物馆	文物	普宁市流沙赤华路南段西侧	515300
403	清远市博物馆	文物	清远市新城 18 号区银泉路图书博物馆大楼 2-3 楼	511518
404	汕头市博物馆	文物	汕头市金平区月眉路与韩堤路交界处（中山公园内）	515031
405	韶关市博物馆	文物	韶关市工业西路 90 号	512028
406	深圳博物馆	文物	深圳市福田区同心路 6 号	518027
407	四会市博物馆	文物	四会市广场北路行政中心侧四会市博物馆	526200
408	台山市博物馆	文物	台山市环北大道 146 号	529211
409	兴宁市博物馆	文物	兴宁市兴田街道办事处兴田一路人民公园内	514500

序号	名称	性质	地址	邮政编码
410	阳春市博物馆	文物	阳春市中心广场西南侧	529600
411	英德市博物馆	文物	英德市和平北路	513000
412	云浮市博物馆	文物	云浮市府前路博物馆大楼	527300
413	增城市博物馆	文物	增城市荔城街前进路 31 号	511300
414	湛江市博物馆	文物	湛江市赤坎区南方路 50 号	524038
415	中山市博物馆	文物	中山市孙文中路 197 号	528403
416	珠海市博物馆	文物	珠海市吉大景山路 191 号九洲城	519015
广西壮族自治区				
417	广西壮族自治区博物馆	文物	南宁市青秀区民族大道 34 号	530022
418	广西民族博物馆	文物	南宁市青环路 11 号	530028
419	北流市博物馆	文物	北流市城东一路 0090 号	537400
420	广西地质博物馆	行业	南宁市建政路 1 号	530023
421	桂北民俗博物馆	文物	桂林市灵川县灵北路 15 号	541200
422	桂海碑林博物馆	文物	桂林市七星区龙隐路 1 号	541004
423	桂林博物馆	文物	桂林市秀峰区西山路 4 号	541001
424	桂平市博物馆	文物	桂平市城西街 42 号	450881
425	贺州市博物馆	文物	贺州市体育路 65 号	542899
426	柳州市博物馆	文物	柳州市解放北路 37 号	545001
427	南宁市博物馆	文物	南宁市兴宁区朝阳路 3 号	530012
428	凭祥市博物馆	文物	崇左市凭祥市北环路新洞口旁	532600
429	钦州市博物馆	文物	钦州市钦南区四马路 2 号	535000
430	梧州市博物馆	文物	梧州市万秀区大中路 102 号	543099
海南省				
431	海口市博物馆	文物	海口市海府路 169 号	571100
432	海南省博物馆	文物	海口市国兴大道 68 号	570203
433	海南省民族博物馆	文物	五指山市泰翡路	572200
434	琼海市博物馆	行业	琼海市加积镇官塘大道	571400
435	文昌市博物馆	文物	文昌市文城镇文东里 20 号	571300
重庆市				

序号	名称	性质	地址	邮政编码
436	重庆市巴渝名匾文化艺术博物馆	民办	渝中区李子坝正街 101 号	400043
437	重庆市民族博物馆	文物	黔江区新华大道西段 1558 号	400050
			四川省	
438	四川博物院	文物	成都市浣花南路 251 号	610071
439	成都博物馆	文物	成都市蜀都大道大慈寺路 23 号	610016
440	成都画院书画博物馆	文物	成都市下同仁路 80 号	610015
441	成都金沙遗址博物馆	文物	成都市青羊大道 227 号	610074
442	成都隋唐窑址博物馆	文物	成都市一环路西二段 31 号	610071
443	成都武侯祠博物馆	文物	成都市武侯祠大街 231 号	610041
444	德阳市博物馆	文物	德阳市文庙街 133 号	618000
445	峨眉山博物馆	文物	峨眉山市报国寺景区凤凰堡旁	614201
446	广安市博物馆（广安三线工业遗产陈列馆）	文物	广安市青莲东街 1 号	638000
447	广元市博物馆	文物	广元市文化艺术中心（东坝利州广场旁）	628000
448	江油市博物馆	文物	江油市文风街 1 号	621799
449	内江市张大千纪念馆	文物	内江市东兴区东桐路圆顶山	641002
450	彭州市博物馆	文物	彭州市天彭镇金彭西路 403 号	611930
451	蓬溪书法艺术博物馆	文物	遂宁市蓬溪县赤城镇中河街 156 号	629100
452	眉山三苏祠博物馆	文物	眉山市东坡区沙縠行南段 72 号	620010
453	广汉三星堆博物馆	行业	广汉市西安路 133 号	618300
454	四川宋瓷博物馆	文物	遂宁市船山区西山路 613 号	629000
455	雅安市博物馆	文物	雅安市雨城区文定街 12 号	625000
456	宜宾市博物院	文物	宜宾市翠屏区真武山七组 46 号	644000
			贵州省	
457	贵州省博物馆	文物	贵阳市北京路 168 号	550004
458	毕节市博物馆	文物	毕节市七星关区百花路 19 号	551700
459	仁怀市博物馆	文物	仁怀市盐津河风景名胜区	564500
460	遵义市博物馆	文物	遵义市人民路与珠海路交汇处	563000
			云南省	
461	云南省博物馆	文物	昆明市五华区五一路 118 号	650032

序号	名称	性质	地址	邮政编码
462	安宁市博物馆	文物	昆明市安宁市连然街 110 号	650300
463	玉龙县白沙壁画博物馆	文物	丽江市玉龙县白沙镇白沙村委会三元村	674101
464	大理市博物馆	文物	大理市古城复兴路 111 号	671003
465	昆明市博物馆	文物	昆明市拓东路 93 号	650041
466	丽江市博物院	文物	丽江市黑龙潭公园北端	674100
467	普洱市博物馆	文物	普洱市思茅区北部滨河路文化中心	665000
468	玉溪市博物馆	文物	玉溪市红塔区红塔大道 30 号	653100
469	云南民俗博物馆	民办	昆明市滇池路云南民族村故城 13 幢	650228
470	云南民族博物馆	行业	昆明市滇池路 1503 号	650228
471	保山市博物馆	文物	保山市隆阳区永昌文化园 4 号	678000
472	昭通市博物馆	文物	昭通市昭阳区昭通大道中段	657000
			西藏自治区	
473	藏东南文化遗产博物馆	文物	林芝地区八一镇巴吉村	860000
474	西藏博物馆	文物	拉萨市民族南路 2 号	850000
			陕西省	
475	秦始皇帝陵博物院	文物	西安市临潼区	710600
476	宝鸡青铜器博物院	文物	宝鸡市滨河大道中华石鼓园	721006
477	宝鸡大唐秦王陵博物馆	文物	宝鸡市金台区金河镇陵原村东侧	721001
478	韩城市博物馆	文物	韩城市金城区学巷 45 号	715400
479	汉阳陵博物馆	文物	西安市咸阳国际机场专线公路东段	712000
480	汉中市博物馆	文物	汉中市汉台区东大街 26 号	723000
481	乾陵博物馆	文物	咸阳市乾县	713300
482	陕西元代建筑博物馆	文物	韩城市昝村镇西街	715403
483	商洛市博物馆	文物	商洛市商州区工农路中段	726000
484	西安碑林博物馆	文物	西安市碑林区三学街 15 号	710001
485	西安博物院	文物	西安市碑林区友谊西路 72 号	710068
486	西安钱币博物馆	行业	西安市西大街 188 号	710002
487	西安中国书法艺术博物馆	行业	西安市自强东路 585 号南宫墙西段	710015
488	兴平市博物馆	文物	兴平市县门街东路 29 号	713100

序号	名称	性质	地址	邮政编码
489	铜川市耀州区博物馆	文物	铜川市耀州区北大街学古巷34号	727001
490	榆林市汉画像石博物馆	文物	榆林市新建北路世纪广场北一楼	719000
491	昭陵博物馆	文物	咸阳市礼泉县烟霞镇	713206
492	周陵博物馆	文物	咸阳市渭城区周陵镇	712023
甘肃省				
493	甘肃省博物馆	文物	兰州市七里河区西津西路3号	730050
494	白银市博物馆	文物	白银市白银区长安路16号	730900
495	定西市博物馆	文物	定西市安定区中华路23号	743000
496	敦煌市博物馆	文物	敦煌市阳关东路8号	736299
497	马家窑彩陶文化博物馆	民办	定西市临洮县洮阳镇南关1号	730500
498	甘肃省钱币博物馆	行业	兰州市城关区东岗西路698号	730000
499	金昌市博物馆	文物	金昌市金川区新华路83号	737100
500	兰州市博物馆	文物	兰州市城关区庆阳路240号	730030
501	临夏市博物馆	文物	临夏市红园5号临夏州博物馆	731199
502	陇南市博物馆	文物	陇南市武都区钟楼滩文广大厦	746000
503	平凉市博物馆	文物	平凉市宝塔梁	744000
504	庆阳市博物馆	文物	庆阳市西峰区弘化西路4号	745000
505	天水市博物馆	文物	天水市秦州区伏羲路110号	741000
506	武威市博物馆	文物	武威市凉州区新青年巷43号	733000
507	玉门市博物馆	文物	玉门市新市区玉苑路文化三馆大楼	735211
508	张掖市博物馆	文物	张掖市区西南隅民主西街大佛寺巷	734000
青海省				
509	青海省博物馆	文物	西宁市西关大街58号	810008
510	西宁市博物馆	文物	西宁市西关大街74号（虎台公园）	810000
宁夏回族自治区				
511	宁夏回族自治区博物馆	文物	银川市金凤区人民广场东街6号	750002
512	西吉钱币博物馆	文物	固原市西吉县东什字南街1号	756200
513	西夏博物馆	文物	银川市城区东南隅，与武威文庙毗邻	750000
514	须弥山博物馆	文物	固原市原州区黄铎堡街78号（须弥山石窟）	756003

序号	名称	性质	地址	邮政编码
515	银川世界岩画馆	行业	银川市贺兰山岩画风景区	750200
新疆维吾尔自治区				
516	新疆维吾尔自治区博物馆	文物	乌鲁木齐市西北路 581 号	830099
517	阿勒泰市博物馆	文物	阿勒泰市解放路 8 号附近	836599
518	吐鲁番地区博物馆	文物	吐鲁番市高昌中路 224 号	838099
519	乌鲁木齐市博物馆	文物	乌鲁木齐市前进路 15 号（文庙）	830002

主办单位：中国收藏家协会、中国拍卖行业协会、雅昌文化（集团）有限公司

2015年版 限量订购

- 整合各大拍卖公司全年重要拍品，提供一手 **权威资料**
- 年鉴顾问委员会专家精心筛选，确保 **海量资讯** 准确无误
- 专业市场 **精研报告**，用数据直观解读全年拍卖市场走势

专家论著
艺术市场报告
年度重要拍品
艺苑撷英
政策法规
业界动态
考古发现
文物知识
文化机构名录

人民美術出版社 出版发行

张忠义 主编

《中国收藏拍賣年鑑》 编辑委员会

地址：北京市朝阳区广渠门外大街 8 号优士阁大厦 A 座 12A05
邮编：100022
电话：010 58612331/58613396
邮箱：s@ccay.cn

Artron Books

遼寧人民出版社、雅昌文化集團聯手打造
記錄歷史、積累文化、服務當代、傳播文明、展示中華民族藝術精髓
爲子孫後代留下一筆價值永恆的精神財富
一部集紀實、研究、鑒定、賞析於一身的皇皇巨著

一部衆志成城的鴻篇巨製　一代鑑定宗師的傾情奉獻

《中國古代書畫鑑定筆記》

《中國古代書畫鑒定筆記》為著名古書畫鑒定大師楊仁愷先生在中國古代書畫鑒定小組1983-1990年全國古代書畫巡回鑒定期間全方位盤點總結、闡釋解讀中國古代書畫的權威力作。

即日起至12月15日止
預售 7.5 折

中國古代書畫鑑定小組

謝稚柳、啓　功、徐邦達、楊仁愷、劉九庵、傅熹年、謝辰生

歷史上的瞬間，藝術上的永恆

中華文明歷史進程中的一次重大事件—中國古代書畫鑑定回顧

壹個中國文物保護史上難以復制的空前壯舉之後重大成果
壹位古書畫鑒定大師全面盤點總結中國古代書畫的權威力作
壹代古書畫鑒定宗師的傾情奉獻、整個鑒定小組智慧的集體呈現
壹部全面反映中國古代書畫全部內涵的百科全書

壹部關於中國古代書畫全方位鑒定的學術寶典
壹部集紀實、研究、鑒定、賞析於壹體的鴻篇巨制
壹項中國出版史上難以再現的、眾誌成城的重大文化工程
壹筆價值難以評估、生命異常恒久的精神財富

辽宁人民出版社
微信公众平台

雅昌艺术图书
微信公众平台

1983　8年時間／遍及25個省、直轄市、自治區／121個市、縣／208個書畫收藏單位及部分私人藏家／過目書畫61596件／本書評鑑作品40000件左右　1990

圖書名稱：《中國古代書畫鑑定筆記》
圖書卷數：全書共9卷
圖書定價：4480元（全套）
題　　簽：馮其庸
作　　者：楊仁愷
裝　　幀：硬精裝
出 版 社：遼寧人民出版社
圖書印製：北京雅昌藝術印刷有限公司

圖書開本：230mm×300mm，1/16
字　　數：246萬字
文　　字：中文繁體橫排
全書配圖：3000幅
印　　刷：全彩四色
圖書發行：遼寧人民出版社發行部
北京雅昌藝術圖書有限公司

訂購電話：400-6677-600
訂購地址：
（遼寧）瀋陽市和平區十一緯路25號遼寧人民出版社發行部
（北京）北京市順義區天竺空港工業區A區天柱路28號
空港科技大廈9層
（深圳）深圳市南山區深雲路19號雅昌藝術中心
（上海）上海市嘉定區嘉羅公路1022號雅昌藝術中心